KB210246

# 신학, 神學
# 타자의 他者
# 텍스트를
# 읽다

# 신학, 神學
# 타자의 他者
# 텍스트를
# 읽다

**이정배 지음**

세 가지의 눈[觀]을 통해 기독교는 기독교 이후시대(Post-Christian Era)의 종교로서 사실 적합한 길을 걸을 수 있다. 하지만 본 책이 특별히 강조하는 것은 '자기 발견의 눈'이라 할 것이다. 두 번째 종교개혁을 앞둔 시점에서 기독교가 특별하게 관심해야 될 부분이라 생각하는 탓이다. 사실 이런 세 관점은 종교개혁의 3대 원리로 치환될 수 있다. 믿음과 은총 그리고 성서가 각각의 눈[觀]에 해당된다는 사실이다.

도서출판 모시는사람들

## 신학, 타자의 텍스트를 읽다

등록 1994.7.1 제1-1071
1쇄 발행 2015년 9월 15일

지은이  이정배
펴낸이  박길수
편집인  소경희
편  집  조영준
관  리  위현정
디자인  이주향
펴낸곳  도서출판 모시는사람들
       110-775 서울시 종로구 삼일대로 457(경운동 88번지) 수운회관 1207호
전  화  02-735-7173, 02-737-7173 / 팩스 02-730-7173

인  쇄  상지사P&B(031-955-3636)
배  본  문화유통북스(031-937-6100)
홈페이지  http://modl.tistory.com/

값은 뒤표지에 있습니다.
ISBN  979-11-86502-15-0  93230

이 도서의 국립중앙도서관 출판예정도서목록(CIP)은 서지정보유통지원시스템 홈페이지(http://
seoji.nl.go.kr)와 국가자료공동목록시스템(http://www.nl.go.kr/kolisnet)에서 이용하실 수 있습
니다.(CIP제어번호: 2015021001)

# 책을 펴내며

 어느덧 61번째의 생일을 맞고 있다. 소위 환갑이 된 것이다. 불혹의 40세와 지천명의 나이 50을 지나면서 환갑을 아득히 먼 세월로 미뤄 놓았는데 시간은 기다려 주지 않았다. 갑자기 몸과 마음이 늙어진 느낌도 든다. 어느덧 신학에 입문한 지도 40년을 넘겼고 교수로서 강단에 선 날도 30년 가까운 세월이 흘렀다. 올해로 귀천하신 지 20년 되는 변선환 선생님을 만나 학문에 뜻을 두게 되었고 그분 덕에 아내를 만났으며 함께 스위스 유학을 떠났고 이렇듯 일찍이 교수가 되어 긴세월 가르쳤으니 참으로 복이 많은 인생이라 할 것이다. 그동안 억울하게 세상 떠난 스승을 생각하며 많은 책을 썼고 글을 남겼으나 교회와 세상을 조금도 흔들지 못한 것 같다. 그래도 어느 해인가는 한국 사회에 가장 영향을 미친 신학자 세 사람 중 하나로 주요 일간 신문이 뽑아 주었음에도 말이다. 그럴수록 아내 이은선 선생과 횡성 현장 아카데미에서 함께 예배를 보며 학문적 수행 공동체를 꿈꾸는 것이 여전히 희망이고 낙(樂)이다. 살아생전 짧게 만났으나 사상의 여운을 길게 남긴 장인 이신(李信) 박사의 초현실주의 신학 역시 여전히 상상력의 보고(寶庫)라 할 것이다.

 종교개혁 500년이 눈앞인데 상상력을 잃은 탓에 목하 교회는 개혁의 방향을 상실하였다. 세상을 향한 저항의 주체가 되기는커녕 개혁과 지탄의 대상이 되고 만 것이다. 세상과 조금도 다르지 않은 교회가 주는 물을 누구도 마시려 들지 않는다. 자신들 안에만 구원이 있다한들 오늘을 사는 젊은이들이 제대로 눈길 한번 주지 않는 상황이다. 하여 60을 넘겼다 하여 뒷전으로 물러날 수 없게 되었다. 더욱 치열하게 상상하며 창조적으로 사유할 책임을 아직 나의 몫이라 여길 것이다. 90을 훌쩍 넘긴 한 철학자가 자신이 돌아가고픈 인생의 나이를 60이라 하였단다. 자기 아닌 남에게 따뜻한 눈길을 줄 수 있고 제대로 된 꿈을 꿀 수 있는 나이가 바로 환갑이라 여긴 것이다. 그의 말에 다시 용기를 얻어 나 역시 더욱 젊게 살 작정이다. 누구도 품지 못한 창조적 상상력을 달라고 기도할 것이며 미래를 빼앗긴 사람들 곁에 머물며 교회와 세상을 바꾸는 일에 힘을 보탤 생각이다. 주지하듯 세월호 참사를 통해 '이것이 공동체인가?'를 물었던 필자는 지난 학기 내내 몸담은 대학과 교단을 향해서도 똑같은 질문을 던지며 살아야 했다. 국가는 물론 교회, 교권이란 제도가 도대체 정의 곧 하느님의 의로움과 너무도 무관했던 탓이다. 따라서 이 책은 이런 절망감을 희망으로 바꾸려는 한 신학자의 몸부림의 산물이라 여겨주면 고맙겠다. 바로 그런 고통 한가운데서 본 책,『신학(神學), 타자의 텍스트를 읽다』가 구상된 것이다.

본문에서도 밝혔듯이 오래전부터 필자는 신학 함에 있어 세 종류의 눈(觀)이 필요하다고 역설했었다. '믿음의 눈'이 첫째이지만 동시에 '의심의 눈' 역시 소중하며 나아가 '자기발견의 눈' 또한 없어서는 아니 된다 한 것이다. 성서와 자연 속에서 활동하는 하느님을 믿고 내 삶을 이끄는 그의 영을 믿으며 예수처럼 살고픈 것이 내 삶의 목적이 되었으니 나는 기독교인 된 것을 내 인생에서 가장 좋은 선택이라 생각하며 살고 있다. 하지만 이런 믿음의 세계를 문자화한 2천년의 기독교 전통에 대해, 어거스틴은 물론 심지어 종교개혁자 루터조차도 나는 의심한다. 이미 성서 속 어느 부분도 그 자체로 화석화된 이데올로기로서 역할 하는 상황에서 말이다. 하느님의 뜻(義)을 인간의 편의에 맞게 길들여 온 배반의 흔적들이 성서는 물론 전통 속에 너무도 많이 남겨져 있다. 이를 성서학자 크로산은 '하느님의 급진성'과 '문명의 정상성'으로 대별시켰다. 그럴수록 성서 안에서 '돌이 아니라 빵'을 얻고자 할 경우 의심의 눈은 필요막급이다. 이와 비슷하면서 다른 것이 '자기 발견의 눈'이다. 의심의 눈이 기독교 전통 안에서의 이데올로기 비판 형식을 지녔다면 자기 발견의 눈은 성서를 비롯한 기독교 전통을 넘어서 있다. 특정 세계관에 의존된 자기 종교의 태생적 한계를 인정하자는 것이다. 아시아 신학자 파니카는 이를 '대화적 대화'를 통해 넘고자 하였다. 자신들 종교 속에는 부재한 사유(진리)를 이웃 종교들 경전에서 찾을 수 있다는 것이다. 예컨대 존재근거에 대한 것은 힌두교에서, 신적 우발성(역사성)은 기독교(예수)를 통해 그리고 삼라만상과 그의 관계성은 불교의 연기론을 통해 더 잘 배울 수 있다. 이를 일컬어 일종의 지평확대라 해도 좋겠다.

　이렇듯 세 가지의 눈(觀)을 통해 기독교는 기독교 이후시대(Post-Christian Era)의 종교로서 사실 적합한 길을 걸을 수 있다. 하지만 본 책이 특별히 강조하는 것은 '자기 발견의 눈'이라 할 것이다. 두 번째 종교개혁을 앞둔 시점에서 기독교가 특별하게 관심해야 될 부분이라 생각하는 탓이다. 사실 이런 세 관점은 종교개혁의 3대 원리로 치환될 수 있다. 믿음과 은총 그리고 성서가 각각의 눈(觀)에 해당된다는 사실이다. 여기서 믿음은 종래와 같이 '행위 없는 믿음'을 말하지 않고 오히려 '신앙 없는 행위'의 문제점을 적시한다. 세상 속에서 세상을 달리 만들고자 하는 일, 곧 하느님 나라사유는 반드시 행위(正行)을 동반해야 하기 때문이다. 동양적으로 말하면 사람은 행하는 것만큼만 아는 것(知行合一)이라는 의미로서 믿음과 율법을 분리시킨 종교개혁 신학과 크게 변별된다. 또한 희랍적 사유의 얼개 하에서 인간의 이성, 자유의지와 마주했던 은총개념 역시 달리 이해된다. 여기서 은총이란 하느님 나라의 가치인 정의를 말하기 때문이다. 세월호 특별법 공방을 통해 여실히 경험했듯 법은 기득권을 지킬 뿐 약자의 아픔을 대신할 수 없다. 하지만 하느님 정의는 인간의 인과성을 깨트리며 역사에 개입한다. 되갚을 수 없는 힘없는 자들을 위하여 잔치를 베푸는 것이 성서가 말하는 하느님 나라였던 것이다. 이런 점에서 은총은 세상의 법에 저항한다. 즉 은총은 인간의 자유의지의 대응어가 아니라 세상의 불의, 그것을 유지시키는 세상의 법에 대한 항거라 할 것이다. 따라서 성서는 닫혀진 텍스트가 아니라 옳은 평화를 위한 인간 상상력의 보고(寶庫)라는 것이 필자의 생각이다. 신학자 알타이저는 '성서 66권 속에 하느님 계시가 완결되어져 있다는 제사장적 확신이야 말로 우리 시대의 미신'이라 말한 바 있다. 따라서 성서, 특히 예수의 언어는 교리가 아니라 비유라는 것이 중요하다. 지금도 하느님의 계시는 끊임없이 발생한다. 그 계시를 교회가 독점할 수 없고 해서도 아니 될 일이다. 과학을 통해서, 자연 생태계 안에서 그리고 이웃 종교들 속에서 신적 계시성을 새롭게 찾아야 옳다. 기독교가 과거의 종교가 아니라 미래를 위해 역할하려면 새로운 계시적 사건에 눈뜰 일이다. 이를 위해 필요한 것이 바로 '자기 발견의 눈'이라 하겠다.

필자는 이런 세 형태의 '관'(觀)을 2013년 출판된 한 책에서 이신(李信)에게서 배운 바, 고독, 저항 그리고 상상(창조성)이라 달리 표현했었다. 고독이 없으면 저항의 힘을 잃고 상상력이 빈곤하면 그 방향성을 상실하는 법이다. 하느님 나라를 믿음의 눈으로 관조하는 우리는 세상 안에서 세상 밖을 살아야 할 존재로 운명 지워졌다. 예수가 전한 하느님 나라, 그것을 담고 있는 성서를 그래서 상상력의 보고라 했던 것이다. 지금 성서는 우리에게 더 큰 눈을 뜨고 세상을 바라볼 것을 주문한다. 과거 어느 시점에 쓰여진 한 줄 문장 가지고 오늘의 현실을 부정하고자 한다면 그것이야 말로 하느님 영의 활동을 문자에 가두는 일이 될 것이다. 종교개혁 500년을 앞두고, 그 숫자가 주는 의미에 중압감을 느낀다면 우선 우리들 '믿음 없는 행위'를 크게 반성할 일이다. 하느님의 급진성(하느님 나라)을 살지 못하고 그것을 우리 식으로 길들였던 지난 세월을 회개해야 마땅하다. 이를 위해 하느님 은총을 그분 식(式) 정의의 차원에서 독해해야 지당하다. 불의를 지속시키는 세상의 법과 그를 전복시키려는 하느님의 법(정의) 사이에서 고민하는 것이 이 시점에서 성서(바울)을 읽는 의미라 할 것이다. 이 점에서 분배문제의 불균형, 핵무기의 과다보유 그리고 자연 생태계의 파괴(JPIC)의 문제가 해결되지 않는 한 기독교의 구원은 아직 멀었다고 외친 폰 바이젝커의 말이 새삼 기억되면 좋겠다. 이 점에서 성서는 오늘을 제대로 읽을 수 있는 자기발견의 눈(觀)을 선사하는 책일 수 있다. 성서가 그 시대의 문제를 풀어냈던 하느님의 지혜였듯이 우리 시대의 구원을 논하고자 한다면 하느님을 그로부터 자유롭게 해야 마땅할 것이다. 성서는 상상력의 보고(寶庫)이지 정형화된 교리적 족쇄일 수 없다.

이런 맥락에서 볼 때 본 책, 『신학(神學), 타자의 텍스트를 읽다』는 자기 발견적 해석학에 근거하여 쓰여진 것이다. 주지하듯 앞선 두 눈(觀)을 갖고 논술된 책들은 시중에 무수히 많다. 보수적 기독교가 첫 번째 눈을 중시했다면 진보적 기독교는 의심의 눈을 갖고서 무수한 비평 작업을 수행해 왔던 것이다. 특별히 여성학과 탈식민주의 신학 등이 이에 해당될 수 있겠다. 하지만 이 책에서 필자는 토착화 신학 전통을 계승하는 차원에서 세 번째 눈(觀)을 중시했다. 타자의 텍스트를 통해 자신을 새롭게 재구성할 수 있을 때 신학이 시대를 구원하는 담론이 될 수 있다고 본 것이다. 이런 눈을 통해서 하느님의 살아있는 활동을 만날 수 있다는 것이 필자의 확신인 탓이다. 이런 차원에서 본 책은 서론과 결론 이외에 다음과 같은 세 부분으로 구성되어 있다.

우선 서론을 통해 필자는 시공간적 풍토에서 저마다 태생적 한계를 갖고 역사에 등장한 종교들 실상을 소개했고 진리의 보편성이 요구되는 현실에서 앞서 말해왔듯이 자기 발견적 해석학의 필요성을 역설했다. 이를 토대로 본 책 1장에서는 자본주의와 가톨릭 그리고 민중신학(김재준)의 텍스트를 읽었고 '다른 기독교'를 생각해 보았다. 자본주의에게 먹혀버린 기독교 복음을 구출하기 위하여 탈자본주의적 영성을 말했고 교회의 복음화를 세상 복음화를 위한 선결과제로 인식한 프란치스코 교종의 생각을 배웠으며 끝으로 토착화 신학자로서 민중 신학의 텍스트를 읽음으로서 기독교 안에서 '다른 기독교'를 상상해 본 것이다.

두 번째 장에서는 기독교와 이질적일 수밖에 없는 주제 넷을 택해 보았다. 우선 이슬람이라는 낯선 텍스트를 소개했고 이어서 무신론과의 대화를 시도했으며 그리고 매해 세계 13억의 인구가 관심하는 한류에 대한 신학적 성찰을 심화시켰고 이 땅의 24절기 문화를 재의미화 한 것이다. 이 과정에서 초기 이슬람과 기독교간의 상호 영향 사를 밝혔고 이슬람 속에 담겨진 보편적 사유를 신학자 큉의 시각에서 제시했으며 그것이 우리 문화와 어떻게 만날 것인지를 토론했다. 이 땅을 사랑하는 지젝의 무신론적 기독교를 힘겹게 읽고 가능한 쉽게 풀고자 노력했다. 오늘의 기독교가 무수한 이데올로기를 생산하여 사람들을 상징계의 노예로 만들고 있다는 것이 지젝 사유의 핵심골자였다. 신구약성서를 연결 짓는 수많은 고리 중에서 흥미롭게도 지젝은 욥기와 십자가를 연결 지었다. 욥과 예수 속에서 지젝은 대답하는 하느님(Deus loquentis)이 아니라 침묵하는 神(Deus Absconditus)을 보았고 그로써 상징을 실재로 오도하는 인습화된 기성 기독교를 비판할 수 있었던 것이다. 마지막 한류 관련 논문은 실상 이전 책에 부분적으로 수록된 글이었다. 본 책 속에 크게 보완하여 재 수록한 것은 한류에 대한 토착 신학적 관심 때문이었다. 오늘의 한류를 시공간적 혼종성의 산물로서 보았고 그 바탕에서 이해된 한국적 기독교가 세상을 어찌 달리 만들 것인지를 상상해 본 것이다. 본 글은 수용자의 관점에서 한류를 이해하고 평가한 좋은 시도라 자평할 수 있겠다. 마지막 글로서 삶에 있어 가장 소중한 먹거리, 곧 음식문화와 종교 간의 상호성에 주목하며 24절기 우리 문화의 독특성을 강조했다. 먹거리와 유관한 24절기 생태문화를 기독교 예배의식에 접목시켜 이 땅에 생명문화를 꽃피게 할 목적에서였다. 이 역시 이전에 생각해 둔 것을 다시 확장시킨 논문임을 밝힌다.

마지막 세 번째 장에서는 한 보수 신학자와의 종교다원주의 논쟁, 김균진 교수와의 한국적 신학에 대한 토론 그리고 세월호 참사에 대한 신학적 견해를 담아냈다. 비록 짧은 글이지만 한국적 풍토에서 보수 신학자와 종교다원주의 논쟁을 시도한 것은 낯선 경우로서 신선했다. 다원주의를 현상으로서만 인정한 채 기독교의 절대성을 지키려는 현실적 몸부림을 공유하면서도 상호간 차이를 명시했고 오히려 신학의 틀 자체를 달리 할 것을 주문했다. 이어진 글 역시 한국 신학에 대한 논쟁적 성격을 담고 있다. 세 번에 걸쳐 주고받은 토론이었으나 본 책에서는 필자의 글만 수록하였다. 감리교 신학대학에서 일어난 토착화 신학 운동에 대한 서구 신학적 비판을 숙지할 수 있었고 성찰적으로 답할 수 있는 기회가 되었다. 토론을 먼저 시작하였고 성실하게 답해준 김균진 교수님에게 고마움을 전한다. 이 장 마지막 논문은 지난해 이 땅에서 발생한 세월호 참사를 신학적으로 분석, 성찰한 내용이다. 필자는 우리 현실의 총체적 부실을 들어낸 세월호 참사를 유대인 학살을 야기한 아우슈비츠의 경우와 견주며 논리를 전개했다. 경제적 불평등의 심화, 파시즘적 정치 분위기 그리고 이분법적 이념을 확대 재생산하는 교회들의 실상이 당시 독일을 닮았고 아우슈비츠를 연상시켰던 탓이다. 당시 유대인을 죽음으로 내몰았으나 정작 독일 기독교가 역사 속에서 죽임을 당했듯이 이 땅의 기독교 또한 그 민낯의 들어냄을 통해 퇴출당하고 있다. 이에 필자는 소위 '세월호 이후' 신학을 통해 '다른 기독교의 가능성'을 전개시키고자 했다. 우리 현실 속에 '다른 기독교'도 있음을 말하고 싶었던 것이다. 이것을 필자는 우리 시대의 '선교'라 생각하고 있다. 결국 마지막 장의 세 논문은 이 땅 한국의 총체적 현실, 즉 신학적, 생태적, 사회 정치적 현실에 대한 성찰의 산물로서 '다른 기독교'에 대한 강한 열망의 표현이라 하겠다. 마지막 결론에서는 필자의 최종 관심사인 다석(多夕) 유영모 선생과 그 학파에 대한 짧은 글 몇 편을 소개했다. 새로운 상상력을 통해 찾고자 했던 '다른 기독교'의 전모가 다석(多夕) 학파들 사상 속에 충분히 펼쳐졌다고 믿었기 때문이다. 다석이야 말로 성서뿐 아니라 한글을 상상력의 보고라 여긴 기독교 이후 시대의 창조적 지성이었다. 타자의 텍스트를 읽고 신학을 달리 구성한 다석과 그 직계 제자들의 상상력이 한없이 그리운 시대를 우리가 살고 있는 것이다.

이 책은 2013년 출간된 『고독하라, 저항하라 그리고 상상하라』의 후속편이라 말할 수 있겠다. 특별히 상상력에 방점을 두고 타자의 텍스트를 읽었으며 그로부터 신학을 새롭게 구성코자 했다. 종교개혁 이후 신학을 염두에 두고서 말이다. 앞으로 2017년까지 본격적으로 개신교 3대 신앙 원리에 대한 메타 크리틱을 통해 두 번째 종교개혁 신학을 전개시킬 작정이다. 이것은 필자가 공동대표를 맡고 있는 새로운 에큐메니칼 그룹, '생평마당'에서 주관하는 작은 교회운동과 맥을 같이 하게 될 것이다. 이런 작업은 지금껏 연구한 결과물들 일체를 활용한 새로운 신학적 시도로서 여전히 방점은 상상(창조)력에 있을 듯싶다. 스승들에게서 배운 토착화 신학 전통을 자기발견의 눈[觀]

을 통해 창조적으로 계승코자 하는 것이다. 여하튼 이 책은 과도기적 저술로서 이후 작업을 위해 비판적 토론을 필요로 한다. 필자의 마지막 신학 작업이 옳게 마무리될 수 있도록 독자들의 사랑어린 비판을 기대할 것이다.

　본 책『신학(神學), 타자의 텍스트를 읽다』는 이은선 교수의 신작『다른 유교, 다른 기독교』와 비슷한 시기에 동일한 출판사에서 엮어져 나올 것이다. 유교와의 만남을 통해 '다른 기독교'를 꿈꾸는 이은선 교수의 작업으로부터 크게 배웠음을 고백하며 이 자리를 빌어 감사의 마음을 전한다. 아울러 지난 학기 내내 학내 문제로 상처받았을 감신의 제자들을 기억하고 싶다. 교수를 믿고 120년 역사를 지닌 감신을 올곧게 지켜준 그들이 고맙다. 처음에는 스승이 있어 제지가 있겠으나 이제는 제자들이 있어 선생이 존재하는 것이라 고백해야겠다. 2015년도 1학기 내내 함께 기도하고 단식하며 밤새워 토론했던 동료 교수들께도 이 지면을 통해 감사의 말을 전한다. 우리들 인생 여정에서 이 시기를 영원히 잊지 못할 것이다. 우리 대학의 운명이 어찌 될 것인지 아직도 모르겠으나 의(義)의 최후 승리를 믿고 모든 것이 협력하여 선(善)을 이룬다는 말씀을 붙들고 삶을 이어가고 싶다. 이렇듯 혼동 속에서 엉성하게 준비된 이 책의 출판을 선뜻 응해 주신 〈모시는사람들〉의 대표님에게 머리 숙여 고마움을 표한다. 우리 부부의 글을 좋아했고 같은 마음으로 세상을 바라보고 응원하고 있으니 이런 기쁨이 어디 있을 것인가? 신심(信心) 깊은 동학(東學)의 후예이면서도 기독교 신학자들의 책을 힘껏 출판하는 〈모시는사람들〉에게 필자 역시 하느님의 은총이 임할 것을 소망한다. 모든 것이 고맙고 감사하다. 60세, 새롭게 삶을 시작할 수 있어 참 좋다.

2015년 7월 15일 환갑(還甲) 날에

강원도 횡성 현장(顯藏) 아카데미에서

充然齋 이정배 삼가 모심

# 신학, 타자의 텍스트를 읽다

# [서론]

# 타자의 텍스트, 자기 발견적 눈
# 그리고 신학의 재구성
## - 두번째 종교개혁을 향한 여정

땅에도 고유한 자기만의 특색이 있다는 것을 사람들이 잊고 산 지 오래이
다. 넓게는 자연을 칭(稱)하는 땅, 그 속의 고유한 생명력 탓에 땅 역시도 자기
만의 역사를 갖고 있다는 사실을 말이다. 땅의 역사를 일컬어 종종 땅의 무
늬, 곧 지문(地文)이라 한다. 과거 조상들은 풍수에 입각해 땅을 형국(形局)론의
시각에서 이해했었다. 그곳에 깃든 기(氣)의 흐름에 맞게 인간의 삶이 살아
지기를 바라서이다. 하지만 땅이 물질로 이해되고 돈으로 계산되는 현실에
서 땅의 무늬는 너무도 쉽게 무너져 내렸다. 땅의 생명력, 그로써 형성된 땅
의 역사가 졸지에 사라지고 있는 '터(땅) 무늬' 없는 세상이 되고 말았다. 하지
만 어디 땅만이 그러하던가? 인간 역시도 실종되고 있지 않은가? 지문(地文)
의 뜻처럼 인문(人文) 또한 인간 삶의 흔적을 일컫는다. 하지만 사람이 사람대
접 받지 못하는 세상이 되었으니 인간의 무늬 역시 말뿐이다. 인간의 가치,
저마다 고유한 개성이 획일성의 잣대로 평가되고 인간 역시 소유의 유무에
따라 계급화된 탓이다. 결국 근대 이후에 생긴 자본주의 체제가 지문(地文)과
인문(人文)을 지우고 말살하는 근본 원인이라 할 것이다. 교환가치가 사용가

치를 대신하게 되면서 자본과 물질이 초자연적 성격을 갖게 되었고 그 자체로 성스러워졌다. 하지만 그럴수록 노동은 추상화되고 세상은 생명을 잃어갔다. 오늘날 생태계의 위기뿐 아니라 인간성의 종말이 말해지는 것도 이 때문이다. 지문(地文)과 인문(人文)이 동시에 실종되고 있는 것이다.

이렇듯 터 무늬[地文] 뿐 아니라 인간의 흔적[人文]조차 지워지는 현실에서 종교란 과연 무엇이고 어떻게 존재하는 것일까를 묻는다. 본래의 모습이 그런 것이 아니겠으나 목하 종교들 역시 자본주의에 찌들어 있는 듯싶다. 기독교를 비롯한 유불선을 신앙하는 이들이 이 땅의 인구만큼이나 많다고 자랑하나 실상 대한민국은 OECD 가입국 중에서 욕망지수가 가장 높은 나라로 판명되었고 자살지수 역시 최고라는 불명예를 얻었다. 본래 종교(신앙)와 욕망은 반비례하는 것이 정상이지만 이 땅의 경우 이들이 정비례했다는 사실은 한마디로 종교무용론을 노출시킨 것이다. 종교가 인문·지문을 말살하는 자본주의를 넘어서야 마땅하지만 현실에서는 종교자체가 자본주의화되었다는 사실이다.

이 점에서 최근 종교로서의 자본주의를 논하는 글들이 봇물 터지듯 출판되는 중이다. 자본주의가 이전의 종교 역할을 대신하고 있는 탓일 것이다. 그렇기에 지금 '시장 종교'라는 말도 회자, 성행하고 있다. 시장에서 물건이 사고 팔리듯 교회와 사찰에서 은혜(가피)가 팔리고 인간의 죄(죄책)와 돈이 교환되는 까닭이다. 시장에서 물건이 팔리듯 제도(기관)로 전락한 교회가 값싼 은총을 팔고 신자들은 헌금을 내고 그를 구매한다. 시장이 거짓 욕구를 거듭 창출하듯이 종교 역시 인간의 죄성을 지속적으로 강조하는 것도 크게 닮았다. 하지만 자본주의는 절망이 약속된 경제체제일 뿐이다. 오늘의 종교가 이런 자본주의와 짝하려 든다면 인문·지문을 살려내야 할 자기역할의 배반일 수밖에 없다. 따라서 오늘의 종교는 서로들 차이로 갈등하기 이전에 인간을 욕망덩어리로 만드는 자본주의와의 결별을 공동과제로 인식해야 옳다. 기독교의 경우 첫 번째 종교개혁이 중세 봉건주의로부터의 일탈이었다면 그 500년 역사가 눈앞인 지금 이 땅에 부정의를 만연시키는 자본주의 체제를 극복하는 것을 당면 과제로 삼아야 한다.

이를 위해 본 서론에서 우선 종교가 본래 풍토(성), 곧 자연과의 밀접한 관계에서 생겨났으며 인간을 인간답게 할 목적으로 존재했음을 밝힐 것이다. 종교를 계시종교와 자연종교로 나누는 기독교적 시각을 벗고 좀 더 근원적이며 포괄적인 차축시대의 관점에서 말이다. 기독교 이후 시대(Post-christian Era)란 말이 생겼듯이 기독교 중심적으로 세상을 보는 시대가 이미 지난 탓이다. 다문화적 정황 속에서 세계 종교를 이해하는 것이 종교의 인문학적 가치를 논하는데 더욱 유익할 것이란 판단도 작용했다. 우선 차축시대의 시각에서 종교를 논한다는 것의 뜻부터 살펴볼 일이다. 여기서 차축(車軸) 혹은 축(軸)이란 지렛대를 사용하여 큰 물건을 들어 올릴 때 지렛대와 물건이 닿는 지점을 일컫는다. 큰 물건일지라도 축(軸)에 놓인 지렛대로 인해 그것이 쉽게 움직여지는 것은 당연한 이치이다. 이에 철학자 야스퍼스는 인류의 오랜 역사가 이전과 이후로 나뉠 만큼 영향력 있던 시기를 기원전 800에서 200년 사이로 보았다. 이 기간을 인류역사의 축이라 한 것이다. 지구 곳곳에서 동시다발적으로 이전과 다른 새로운 종교(에토스)들을 탄생시켰던 까닭이다. 중국의 경우 노장사상과 유교가 이 시기에 시작되었고 힌두교와 불교가 같은 시기 인도에서 생겨났으며 소크라테스와 플라톤으로 대변되는 희랍철학이 그리스서 생기했고 이스라엘에선 새로운 예언종교로서의 유대교-특히 예레미아-가 탄생했던 것이다. 야스퍼스는 이런 종교들로 인해 인류의 윤리적 정조(ethos)가 급속히 달라져 인간 삶에 새로운 방향성이 부여되었다고 평가했다. 이렇듯 각기 다른 풍토에서 시작되었으나 이들 종교들 간의 공통점 역시 없지 않았다. 인간의 한계상황, 곧 죄와 운명과 같은 인간의 불가피한 실존 속에서 저마다 초월에로의 길을 연 것이 바로 이들 종교였던 것이다. 이 점에서 야스퍼스는 이들 종교 창시자들을 표준적 존재(massgebender Mensch)라 했고 인간에게 초월을 길을 열어준 위대한 스승이라 여겼다. 기독교가 절대적으로 여기는 예수 역시 동일선상 즉 차축시대의 정점에서 이해될 존재였다. 인류의 위대한 이전 역사를 무화(無化)시킬 만큼 예수 탄생의 역사적 일점(一點)을 결코 절대시할 수 없었던 것이다. 이로 인해 철학자 야스퍼스는 다수의 신학자들과 깊은 갈등을 겪어야만 했다. 특히 바젤대학교의 동료로서 계시실증주의를 말하는 계시신앙의 신봉자 칼 바르트와의 논쟁은 세기적으로 유명하다. 철학자의 시각에서 볼 때 계시사건으로서 예수 그리스도를 절대화하는 것은 정치적 파시즘과 비견할 만한 종교적 전체주의(파시즘)였던 것이다. 오히려 종교란 인간에게 자유를 선사하는 진리와 같은 것이라고 믿었다. 진리로 인해 인간이 자유롭게 되고 그로써 자기만의 삶의 흔적[人文]을 창조할 경우, 그를 종교라 일컫는다는 것이다. 이는 한계상황 속에서 초월로의 비약이 가능하며 그로써 자유로울 수 있다는 앞선 주장의 다른 표현이다. 여기서 중요한 것은 종교가 자유를 선사한다는 점이다. 예수에 대해 절대적 신뢰를 바치는 기독교 역시 이 점에서 결코 예외일 수 없다. 예수 역시 사람이 안식일(종교)의 노예일 수 없고 오히려 그것이 사람을 위해 존재할 것을 강력히 시사했던 탓이다. 하지만 현실의 종교는 너나 할 것 없이 인간을 종(노예)삼아 종교 자체를 살찌우고 있다. 저마다의 욕망을 부추겨 인간을 종교에 복종시키고 있는 것이다. 따라서 종교는 인간에게 자유를 선사하여 그에게 창조성을 부여하는 것을 자기 사명으로 인식해야 옳다. 이 점에서 러시아 사상가 베르자이에프의 다음 말이 정말 중요하다. "인간의 노예상은 인간의 타락과 죄를 말해 주는 것으로서, 이 타락은 특이한 의식 구조를 갖고 있어 단순히 회개하고 속죄하는 그것만으로 극복될 수 잇는 것이 아니라 인간의 모든 창조적 활동에 의해서 극복될 수 있는 것이다."[1] 아마도 이 말은 본론 내용 속에서도 수차례 반복되어 질 것이다.

최근 여성 종교학자 카렌 암스트롱이 이런 야스퍼스의 견해를 발전적으로 전개시켜 주목을 받고 있다. 자신의 저서 『축의 시대』[2]를 통하여 저자는 인류의 문명이 진보하듯 보이나 아직까지 축의 종교들의 통찰과 문제의식을 넘어서지 못했다고 비판한 것이다. 야스퍼스보다 더욱 철저하게 또한 정교하게 기독교 중심적 종교이해를 넘고자 했던 저자는 이들 종교들 모두를 인류 미래를 위해 지금도 곱씹어야 할 지혜의 보고(寶庫)라 여겼다. 축(軸)의 영성의 개화 속도가 상호 다른 탓에 600-700년의 시차가 생겼으나 그럼에도 폭력이 일상이던 정황에서 인간 내면에로 방향을 돌려 폭력의 악순환을 끊고자 했던 것에 주목한 것이다. 즉 야스퍼스가 축의 종교들 속에서 한계상황을 발견한 것과 달리 종교학자에게는 폭력에 대한 거부, 즉 자신이 원치 않은 것을 결코 타자에게 강요치 않으려는 자기성찰이 중요했다. 달리 말하면 타자의 고통에 대한 공감력이 축의 종교의 핵심이었다는 점이다.

이 점에서 우리 시대를 〈공감의 시대〉[3]라 정의한 리프킨의 통찰이 새삼 중요해진다. 서구 중세의 기독교가 인간의 죄, 타락상에 기초하여 믿음을 통한 내세적 천국 삶을 목적했다면 반면 근대 서구는 인간의 이성에 기초하여 진보를 추동하였으나 작금의 인간에겐 공감(共感)이 기본 정조가 되었다는 것이다. 이 경우 공감은 인간의 죄 성과도 다르고 낙관적 이성과도 변별된다. 공감이란 자신의 나약함과 상처받음을 잘 알기에 타자 또한 그런 존재란 것을 미루어 느끼는 마음이다. 여기서 공감은 인간의 나약함을 말하기에 죄 성과 흡사하나 그것으로 타자를 품고 이해할 수 있는 탓에 오히려 자신에 대한 긍정 역시 배제하지 않았다. 따라서 시대의 화두가 된 '공감하는 인간'(Homo

Empatipicus)은 저자도 인정하듯 축의 시대 종교들의 공리와 다를 수 없다. 남들이 싫어하는 것을 하지 말라는 축(軸)의 종교들의 재(再)의미화라 할 것이다. 따라서 우리 시대의 공감(력)은 종교의 다른 이름이 되었다. 공감할 수 없다면 인간은 종교적일 수 없다는 말이다. 공감력의 회복을 통해서 우리는 인문·지문을 회복할 수 있다. 인간간의 공감력이 항차 자연 및 우주 생태계로 확장될 수 있는 탓이다. 만물을 하느님의 살아계신 공간(몸)으로 보았고 천지를 부모처럼 느꼈던 것이 종교의 본래적 모습이었다. 종교마저 자본주의화되어 터 무늬 없는 세상을 만들고 반인반수(半人半獸)[4]의 인간을 만드는 현실에서 공감은 종교 속에 내재된 인문학적 가치라 할 것이다.

그렇다면 종교에 대한 인문학적 이해를 위해 종교 발생에서 천지인(天地人)의 상관성을 언급해야 할 것 같다. 흔히 종교와 세계관의 관계는 물고기와 물의 관계로서 비유된다. 물과 물고기가 하나는 아니지만 나눌 수 없듯이 종교와 세계관 역시 그와 같다는 것이다. 이 경우 세계관은 종교를 탄생, 유지시키는 토대로서 천지인(天地人)의 상관성을 일컫는다. 우선 풍토는 종교발생에 있어 으뜸 조건이라 할 것이다. 주지하듯 인간이 처한 풍토(자연환경)의 차이에 의해 인간의 자기이해 방식이 생겨나고 그런 인간이해에 터해 종교적 표상도 달리 형성되어 왔다.[5] 여기서 풍토와 인간이해 그리고 종교적 표상, 이 셋의 아우른 상태를 세계관이라 하며 그 핵심에 바로 종교가 자리하고 있다. 이는 종교와 문명의 발생지가 정확히 중첩되기에 더욱 분명한 사실이다. 하지만 그들 각 지역의 풍토가 확연히 달랐다는 것에 주목할 필요가 있다. 흔히 종교, 문명 발생지역은 자연환경에 따라 몬순형, 사막형 그리고 목장형 풍토로 대별하여 설명되어지곤 했다. 몬순형이란 자연이 주는 득과 실이 너무도 엄청나 감히 자연에 맞서려는 생각조차 품을 수 없는 풍토를 일컫는다. 자연으로부터 받은 은총과 폐해가 번갈아가며 인간 삶의 향방을 결정했던 까닭이다. 바로 이런 풍토 하에서 인도문명 곧, 힌두교나 불교와 같은 종교가 탄생되었다. 이렇듯 자연이 절대적 위력을 지닌 풍토(공간)하에서 인간의 자기이해 방식은 대개 '순응' 내지 '수용'이었다. 자연의 흐름에 삶을 맞춰 살고자 했던 것이다. 이런 순응(수용)적 인간이해로부터 업(業)이나 윤회의 표상이 생겨났다. 물론 힌두교나 불교는 서로 다르겠으나 이런 풍토 없이 이런 유형의 종교들은 생각될 수 없을 것이다. 이런 종교들이 서구와 다른 문명을 일궈 인류역사에 기여해 왔다는 것은 놀라운 일이다. 한편 사막형 풍토 역시도 종교와 문명을 발생시켰다. 몬순형 풍토와 달리 사막이란 곳은 인간 생존자체가 불가능한 척박한 곳을 일컫는다. 자연의 은총(恩)자체를 도무지 경험할 수 없는 공간이라 할 것이다. 하지만 이곳에서도 사람은 살았고 종교가 생겼으며 문명이 시작되었다. 이런 사막형 풍토에서 인간은 무엇보다 의지적 존재가 되어야 했다. 생존 자체가 어려운 곳에서 생존하려면 풍토의 제약을 넘어서야 했고 그럴수록 강력한 초월적 의지가 요구된 것이다. 이 경우 의지는 개인적 성향을 훌쩍 뛰어 넘는다. 다수(공동체)의지가 집약되어 표출되지 못한다면 자연을 넘어설 수 있는 힘을 기대할 수 없기 때문이다. 이런 자기이해 속에서 인간은 초자연적인 신의 표상을 지닐 수밖에 없었다. 척박한 풍토를 이겨내기 위해 자연을 능가하는 초자연적 종교성이 요구된 것이다. 이에 해당되는 것이 히브리 종교였고 또한 이집트 문명이었다. 이런 초자연적 특성을 지닌 종교들의 공헌은 역사적으로 지대했다. 자연을 정복하고 발전시키는 에토스를 추동시킨 탓이다. 성서가 말하듯 땅을 지배하여 생육하고 번성하는 종교가 된 것이다. 순응적인 종교성을 지닌 힌두교와 불교로서는 생각할 수 없는 업적이었다. 하지만 지금처럼 생태학적 위기가 목하의 현실인 정황에서 의지적 종교성의 한계 역시 적시될 필요가 있고 수용적 인간이해의 중요성 또한 높게 평가되어야 마땅하다. 주지하듯 그리스 지역을 중심한 목장형 풍토 역시 인류 문명과 사상의 발생지 중 하나였다. 목장형 풍토란 인간이 관리할 수 있는 자연환경을 일컫는다. 최초의 자연 상태는 거칠고 조야하지만 관리를 통해 통제될 수 있는 질서를 유지한 탓이다. 이 지역에서 자연을 우주(Cosmos) 곧 질서라 부른 것도 이런 이유와 맥락에서다. 이렇듯 통제 가능한 풍토 하에서 인간 역시 합리적 존재가 된다. 인간의 자기이해 방식이 자연 질서에 따라 합리성을 띠게 된 까닭이다. 이는 몬순형, 사막형 풍토와는 전혀 다른 형태의 인간 상(像)일 것이다. 바로 이런 인간이해로부터 우주의 근원을 묻는 철학, 곧 밀레토스 학파의 자연철학이 등장했다. 합리성의 바탕에서 종교대신 철학이 시작된 것이다. 그리스가 문명의 발생지가 되고 희랍철학의 발생지로서 명성을 얻은 것이 바로 이런 합리적 인간이해로 인함이었다.

이상에서 보았듯이 풍토(자연)는 종교를 발생시킴에 있어 일차적 역할을 감당했다. 인간 생존을 위해 마주쳐야 할 최초의 환경이었기에 특히 중요했던 것이다. 이런 이유로 종교들을 서구 (기독교) 중심적 시각으로 바라보는 것은 옳지 않다. 인간이 흑인, 백인, 황인으로 태어나듯 종교 역시 그들이 처한 환경에서 그들 방식으로 생겨난 까닭이다. 인간의 자기이해 방식 역시 수용적, 의지적 그리고 합리적으로 다양할 수 있었던 것이다. 이 모든 가치들은 옳고 그른 것이 아니라 인류의 미래를 위해 상호 보완되어야 할 필요한 지혜들이다. 바로 이것이 차축시대를 주장했던 학자들이 하고픈 말이었을 것이다. 특정 종교 이념으로 세상을 단숨에 바꿀 수 있는 현실을 어느 누구도 살고 있지 못하다. 그렇기에 종교간 대화 없이 세상의 평화 없다는 말도 회자되고 있다. 이는 우리 시대의 공리이자 화두가 되어야 할 말이다. 그동안 절대성을 주장했던 기독교 신학이 다문화, 다종교적 상황에서 종교간 공존을 중시한 것은 의미 있는 변화라 하겠다. 주지하듯 각각의 전통에서 종교는 자기 어머니와 같은 존재로 비유된다. 자기 어머니를 비방, 무시하는 상대방에게 관용을 베풀기는 결코 용이하지 않을 것이다. 못난 어미라도 자식에게 한없이 소중한 존재이듯이 타자의 어머니 역시 귀하게 생각하자는 것이 축의 종교성을 강조하는 이들의 마음이리라. 그렇다고 종교를 환경(풍토)결정론적으로 말하는 것도 결코 정당치 못하다. 단지 사막풍토에서 비롯한 서구종교들이 자신들 계시만을 절대시하여 아시아의 종교들을 홀대하고 이단시하는 풍토에 이의를 제기할 목적에서 그리 강조했을 뿐이다.

종교를 말함에 있어 의당 풍토 외적인 요소 역시 수없이 많을 것이다. 처음 그리 시작되었을지라도 직면한 역사적 경험 탓에 달리 변화될 개연성 역시 없지 않다. 그럼에도 차축시대가 말하였듯 종교들은 서로 다를 뿐 본질적으로 차별될 수 없다는 것이 종교에 대한 인문학적 성찰인 것을 숙지하면 좋겠다. 문제는 이런 종교들이 저마다 자신의 본래성을 잃고 자본주의 체제에 종속된 현실이다. 불교가 불교다울 때 어느 종교보다 상실된 '터 무늬'(地文)를 회복시킬 것이며 기독교가 자신의 처음을 회복할 시 인간다움의 흔적(人文)을 가장 잘 들어 낼 것인 바, 현실은 전혀 그렇지 못하다. 이로 인해 종교를 논할 경우 반듯이 이데올로기 비판의 형식이 수반될 필요가 있다. 그들 신념체계를 존중하면서도 말이다. 본 주제를 다루기 앞서 축의 종교들의 본질을 재차 명료화, 구체화 할 필요가 있겠다.

풍토적 배경하에서 각기 다른 형태로 축의 종교들이 공재했으나 인간 역사의 전개 속에서 이들은 고난과 역경, 전쟁과 폭력적 상황에 노출되었다. 우선 힌두교 경전 〈우파니샤드〉는 인도를 점령한 아리안 인들의 거듭된 영토 정복사의 비극을 반영한다. 이 정황 속에서 인간 삶 자체가 고통(dukkha)이었으나 그들은 오히려 우주(브라만)를 본래의 자신(아트만)이라 믿으며 보복대신 내면적 일치를 향한 구원(moksha)의 길을 추구했다. 불교 역시 자신 속의 불성(佛性)을 자각하여 일체가 상호 의존적인 연기적 존재인 것을 역설하는 평화의 종교로 시작되었다. 상대방을 이롭게 함으로 자신 역시도 이롭게 되는 이타자리(利他自利), 곧 상생의 가치를 추구했던 것이다. 예레미아 같은 이스라엘의 선지자들 역시 바빌론에 의한 국가의 멸망을 보면서도 오히려 백성들에게 민족차원의 회개를 요구했던 축의 시대의 인물이었다. 하느님 의(義)를 외면한 채 외세의 불의한 권력에 빌붙어 생존했기에 이스라엘의 멸망을 필연적 결과로 여겼던 탓이다.

앞서 말했듯 성서의 예수 역시 이런 선상에서 이해될 기독교의 핵심 존재라 할 것이다. 그리스 경우도 이와 조금도 다르지 않았다. 합리성을 근간으로 철학을 태동시켰으나 이후 도시국가(Polis)들 간의 거듭된 전쟁으로 인해 인간에 대한 잔혹사가 펼쳐졌던 것이다. 하지만 당대 그리스 철학자들은 비극을 통해 인간의 고통과 아픔을 정화시키려 했고 이후 무지(無知)의 지(知)를 통해 삶의 신비를 깨우치려 하였다. 분노를 타자에게 돌리는 대신 자신을 반성하고 질문하는 길을 택했던 것이다. 앞서 논하지 않았으나 유교 역시 주나라 이후 춘추전국 시대라는 난맥상을 통해 뿌리내린 종교라 하겠다. 천명(天命)이 붕괴되고 기존 질서[禮]가 해체되는 폭력적 정황에서 공자는 오히려 자신을 살펴 이웃을 자신처럼 대하고 그들에게 고통 주는 일을 삼갈 것[忠恕]을 요구했기 때문이다.

이 점에서 충서(忠恕)를 줄인 한마디 말, 인(仁)은 지금껏 동아시아 종교의 핵심어로 기억되고 있다. 이렇듯 축의 종교들의 특성을 재차 요약하자면 폭력적 현실에서 밖(초월, 자연)을 향한 종교에서 자신들 내면에 무게중심을 두었다는 사실이다. 하늘을 향한 제의나 예배보다 자기 속의 신(神)에 대한 자각을 중시하기 시작했다는 말이다. 한국의 자생적 종교인 동학에서는 이를 향아설위(向我設位)라 하였다. 자신의 고통을 깊이 성찰하여 그 힘을 갖고 타자의 고통에 공감하라는 것이다. 우리가 믿는 예수 역시 '제 뜻 버려 하늘 뜻 구한' 존재로서 세상의 고통을 온몸으로 마주하신 분이 아니던가? 그런데 지금의 종교들은 왜 이렇게 초라하게 변질 되었는가를 물어야 할 것이다. 어느 종교를 막론하고 축의 정신과 한없이 멀어졌으며 상대를 적삼아 자신의 존재를 뽐내려 하고 있으니 이런 비극도 없다. 종교가 세상을 염려하는 것이 아니라 세상이 종교를 염려하는 시대가 되었으니 말이다. 지금 세상은 오히려 종교로 인해 불안하다. 모든 갈등이 그로부터 비롯하여 세상을 전쟁으로 치닫게 하는 것이다. 이는 모두 종교가 자신들 본뜻을 잃고 이념으로 전락했거나 배타적 교리 속에 안주한 탓이다. 우리가 속한 기독교의 경우도 예외일수 없다.

신학자 본회퍼는 성도, 교인이 아닌 예수제자의 필연성을 역설하며 이런 제자를 만들지 못하는 교회는 그를 한갓 신화나 이념으로 전락시킨 것이라 일침을 놓았었다. 이런 이유로 종교는 반드시 이데올로기 비판의 형식을 빌려 비판받아야 지당하다. 종교 자체를 비판, 부정할 목적에서가 아니라 종교답게 만들고 처음으로 돌아갈 목적에서다. 어느 종교를 막론하고 자신들 신학(종교)을 무용지물로 만들고 있는 현실에 대해 깊이 회개할 일이다. 이 과정에서 종교들 간의 대화 역시 시대의 구원을 위해 반드시 필요하다. 말했듯이 종교간 대화 없이 세상의 평화 없다는 말이 예사롭지 않게 여겨져야 할 것이다. 세상 속 어떤 하나로도 신적 신비를 온전히 나타낼 수 없고 오로지 다양성 속에서만 그를 들어낼 수 있다는 중세 신학자 토마스 아퀴나스의 말도 거듭 기억되면 좋겠다.

그럼에도 모든 종교가 그 공동체에 속한 이들에겐 어머니와 같은 존재이기에 사실 '신앙의 눈(觀)'이 가장 중요하다. 종교와 관계하는 일차적 방식이 바로 믿음인 까닭이다. 비판에 앞선 신뢰는 신앙인들이 자신들 종교와 관계하는 최초의 태도라 하겠다. 기독교가 믿음의 종교로서 역할하는 것도 같은 이치이다. 신앙인인 우리는 성서를 읽지만 성서가 오히려 우리 삶을 읽는다고 고백해야 마땅할 것이다. 마찬가지로 안식일을 지키라는 계명은 오히려 그것이 허우적 거리며 분주하게 살고 있는 우리 삶을 지켜 보호하기에 중요하다. 불교 역시도 믿음의 형태는 다르나 자신 속 불성을 믿는 믿음(信)을 으뜸이라 여긴다. 그 믿음(信)을 토대로 사유(解)가 시작되고 행동(行)이 나오며 궁극적으로 그것을 증거(證)하는 것이 화엄경에서 말하는 불교라 할 것이다. 이런 이유로 믿음, 곧 자기 종교를 신앙의 눈(觀)으로 본다는 것은 종교의 본질에 속한다. 하지만 믿음만이 강조될 경우 앞서 지적했듯 종교가 이데올로기로 변질될 수 있다. 사람을 위한 종교가 사람 잡는 종교로 타락될 여지가 많다. 성서의 예수께서 안식일을 위한 종교가 아니라 사람을 위한 종교(안식일)가 되기를 당시로선 목숨 바쳐 증거했던 것을 기억할 일이다. 그의 죽음은 관행(인습)적 성직에 대한 거부이자 성전 울타리를 허물었던 결과였다.

종교가 사람에게 생명의 빵이 되지 못하고 무거운 돌덩이를 안기고 있는 것은 그것이 교리라는 탈을 쓰고 이념으로 변질된 탓이다. 그렇기에 종교는 자신에 대해 '의심의 눈'을 과감하게 허락해야 옳다. 자신의 종교적 전통을 비판적으로 해석할 필요가 있다는 말이다. 한강물이 아무리 넓고 화려해도 그것은 강원도 산골에서 흐르는 원류와 같을 수 없다. 그렇기에 자신들 경전 자체에 대해서도 수많은 비평의 잣대가 필요한 것이다. 경전 역시도 시대상을 반영했고 특정 계층을 대변했으며 역사적 산물인 까닭이다. 그렇기에 문자적으로 경전을 독해하는 것은 득보다 실이 될 경우가 많다. 기독교의 경우 '예수가 대답이라면 도대체 우리의 문제(물음)가 무엇인지'를 더욱 많이 생각하란 말이다. 예수가 대답인 이유가 반듯이 그 시대적 언어로 재해석(구성)되어 선포될 일이다. 욥을 찾아왔던 당시 신학자 친구들은 과거의 교리(신명기

<sup>사관)</sup>로 욥의 고통을 이해했기에 오히려 그에게 고통을 주고 말았다. 세월호 참사를 겪으며 한국 교회 역시 유족들에게 답이 되지 못했음을 겸허히 인정 해야 할 것이다. 내세를 믿고 슬픔을 그치라는 교회의 위로는 오히려 유족들 의 분노를 자아냈고 교회로부터 멀어지게 했다. 불교, 유교 그리고 이 땅의 어느 종교를 막론하고 이 점을 숙지할 일이다.

하지만 의심의 눈만 가지고도 오늘의 종교를 옳게 이해할 수 없다. 무엇 보다 전 지구적 차원에서 일어나는 생태계의 대재난. 세계적 규모로 일어나 는 전쟁의 위기에 직면하여 종교들 각각이 저마다 상호 지혜를 구하지 않을 수 없게 된 것이다. 근본적으로는 '자기 종교만 알면 자기 종교도 모른다'(One who knows one, knows none)는 종교학적 공리가 다시 중요해 졌다. 우리들 일상 적 경험이 그렇듯 우리는 늘 타자를 통해서 자신을 옳게 이해할 수 있을 뿐 이다. 오히려 '나는 나다'란 주장은 반쪽 견해라 하겠다. 이 점에서 인도의 가 톨릭 신학자(R. 파니카)는 '대화적 대화'란 방식을 주장했다. 각기 다른 풍토 속 에서 생겨난 종교들은 저마다 낯선 타자에 대해 절대적 한계를 지니며 그 한 계란 상호간 대화를 통해서만 극복될 수 있다고 본 것이다. 물론 이것은 개 별 종교들의 결핍 및 불완전성을 강조하려는 뜻이 아니다.

앞서 보았듯 모든 종교는 신앙하는 이들에 있어 무제약적 의미를 지니고 있다. 하지만 인간이해의 차이에 따라 종교적 표상이 달라졌고 그로써 자연 및 세상과 관계하는 방식 자체가 달랐음을 인정하는 것 역시 필요하다. 문명 발전을 위해 초자연적인 의지적 종교의 역할이 소중했겠으나 '터 무늬'(地文) 가 사라진 오늘의 현실에선 자연과의 하나 됨을 강조하는 동양 종교들의 지 혜 역시 폄하될 수 없는 상황에 이르렀다. 이 점에서 타자의 텍스트 속에서 시대에 필요한 지혜를 찾는 '자기 발견의 눈'이 절대 필요하다. 자신들의 변 혁을 위해 타자의 텍스트(경전)를 진리의 보고(寶庫)로 생각하는 것은 인류의 미래를 위해 참으로 유익한 일들이다. 이 점에서 인도의 독립을 이끈 간디에 게서 배울 바가 적지 않다. 예수의 산상수훈을 사랑했던 그는 이를 통해 힌 두교 경전 바가바기타를 달리 해석했고 그 과정에서 비폭력이란 개념을 발 견했으며 그에 힘입어 다른 세상을 창조할 수 있었던 것이다. 이렇듯 타자의 텍스트 즉 이웃 종교의 경전들은 '자기 발견의 눈'을 통해 자기 종교를 창조 적으로 변혁시킬 수 있는 위대한 자산이자 보고(寶庫)가 아닐 수 없다. 공감적 정의를 위해서 우리가 축의 시대의 에토스에 관심을 갖는 것도 결국 이런 맥 락일 것이다. 이는 궁극적으로 종교다원주의란 사조를 전제할 때 가능한 일 이다. 지금껏 서구 기독교가 여타 종교들과 맺었던 관계방식은 주로 배타주 의와 포괄주의였다. 전자는 신앙유비(Analogia fidei)에 토대를 둔 개신교의 경 우이고 후자는 존재유비(Analogia entis)에 기초한 가톨릭 자연신학 전통이 해당 된다. 개신교의 경우 복음(그리스도)의 절대 우위성을 강조했기에 타자 부정적 기조가 강했고 혼합주의를 경멸하였다. 하지만 자기 정체성의 확장을 목적 으로 한 혼합주의는 부정될 이유가 전혀 없다.

지난 이천 년간 기독교만큼 자기 정체성을 확장시킨 종교도 없었다. 반면 포괄주의는 자연신학적 관점에서 기독교와 이웃 종교들을 전체와 부분의 관 계로 공식화해왔다. 타자의 종교에도 초자연(그리스도)의 빛이 있다 여긴 탓에 배타주의와 다를 수 있겠으나 기독교 체계 속에 일체 진리가 갖춰져 있다는 포괄적 확신 역시 합리화된 형태의 배타주의와 다름없다. 여기서도 타자의 텍스트는 있는 그대로 보이고 읽힐 수 없을 것이다. 본래 가톨릭 체계는 히 브리 문명의 초자연적 신관이 그리스의 합리적 토양에서 토착화 된 것이라 말할 수 있다. 하지만 합리화된 배타주의로서의 포괄주의 역시 이웃종교들 과의 공존을 어렵게 한다. 이런 이유로 저마다 타자의 텍스트를 존중하는 가 치(종교)다원주의 사조가 생기(生起)한 것은 인류의 미래를 위해 유익한 일이자 자기 종교를 다시 보고 변혁시킬 수 있는 기회가 될 것이다. 그럴수록 타자의 텍스트를 자기 발견적 눈을 갖고 해석하는 일이 종교의 미래뿐 아니라 인류의 미래를 위해 절대 중요할 수밖에 없다.

마지막으로 타자의 텍스트에 대한 자기발견의 해석학으로서 '토착화' 문제를 짧게나마 언급할 필요가 있겠다. 교통의 발달로 우리 시대는 인간의 왕래가 잦고 그 결과 낯선 종교들과의 만남 역시 쉽게 이뤄지고 있다. 얼마 전까지도 이 땅에 이슬람 신도들이 생겨날 것을 상상한 사람은 없었을 것이다. 수많은 종교들이 한 사회 내에 공존하게 된 다원적 사회가 그 실상이다. 일찍이 한 종교사회학자는 이런 우리 시대를 일컬어 소위 '이단(異端)의 시대'라 하였다. 본래 기독교는 물론 불교, 유교 역시도 우리들 토양에서 자생한 종교는 아니었다. 이 땅에 뿌리 내리면서 그곳의 자양분을 흡수하고 새로운 역사경험을 통해 발생지의 종교와는 다른 모습을 띠게 되었으니 이를 토착화 내지 문화이입과정이라 부른다. 외래 종교일지라도 이 땅에 들어오면 이 땅의 방식으로 이해되고 해석되는 것이 자연스러울 수 있다. 이 경우 발생지의 종교가 씨앗이라면 수용지의 마음 밭을 풍토(土壤)라 비유할 수 있겠다. 씨앗이 중요하나 풍토가 다르면 맺는 열매의 향과 크기 그리고 맛이 다른 것은 당연한 이치이다. 단지 여기서 중요한 것은 씨를 받는 우리들 풍토를 바르게 가꾸고 지키는 일이다. 풍토라 하여 다 좋고 바른 것만 있는 것이 아닌 탓이다. 그럼에도 종교를 수용하여 토착화시키는 주체적 과정이 반드시 필요하고 중요하다. 우리의 유교와 불교가 훌륭한 것은 발생지 중국의 그것이상으로 이 땅에 토착화되었던 까닭이다. 원효의 회통(回通)불교, 퇴계 · 율곡의 성리학, 수운의 시천주 동학사상은 모두 저마다의 방식으로 외래종교들을 토착화시킨 결과물들이다.

그렇다면 오늘 이 땅에서 다수자의 종교가 된 기독교는 어떤 모습인가를 생각해 보아야 할 것이다. 무엇보다 서양의 건축 양식, 서구의 의례, 서구적 의복 그리고 설교의 내용조차 서구화된 오늘의 기독교를 반성할 일이다. 이 점에서 다석(多夕) 유영모와 함석헌의 기독교 이해는 우리들에게 한국적 기독교의 아름다움을 적시한다. 우리 민족의 역사를 성서(뜻)의 관점에서 전혀 새롭게 해석한 것에 크게 놀라야 마땅하다. 이렇듯 타자의 텍스트를 읽고 토착화를 생각하는 것이 이 땅에 사는 기독교인들의 과제이자 사명이 되었다. 그로써 우리는 기독교를 자본주의화 시킨 서구적 기독교로부터 탈주할 것이며 지문(터 무늬)과 인문(인간 무늬)을 회복할 수 있는 탓이다.

이 글에서 마르크스 철학자 지젝의 무신론을 비롯하여 이슬람종교를 큰 주제로 다룬 것도 이런 문제의식의 발로였다. 결국 우리시대의 기독교는 서구적 교리로서가 아니라 이 땅의 풍토와 공감(토착화)할 필요가 있으며 이를 위해 인문학적 성찰의 대상이 되어야만 마땅하다. 2, 3년 앞으로 다가온 종교개혁 500년은 기독교를 비롯한 모든 종교들에게 자기변혁을 철저하게 요구할 것이다. 스스로 변화하지 못하면 외부로부터 강제로 개혁될 운명에 처해 있음을 '오래된 미래'를 뽐내는 종교들이 각성할 일이다.

# 1부

# 기독교 속의 '다른' 텍스트

# 01 ── 기독교 속의 '다른' 기독교
## - 자본주의 이후 기독교

## 자본주의 체제 속의 기독교-탈 세속화 시대의 영성[1]

한국 개신교의 양극적 실상을 노출시킨 지난 2013년 10월 이 땅 한반도에서 열렸던 WCC 10차 총회와 견줄 때, 2차 바티칸 공의회(1963년) 50주년을 기리는 축하 모임에서 한국 가톨릭 교회가 보여준 자기 성찰은 성숙했고 배울바가 컸다. 개신교의 모임에 비해 상대적으로 조용히 치러진 가톨릭 대회에서 그들은 교회의 복음화 없이 세상의 복음화란 불가능하며 교회 복음화를 위한 최대 방해거리가 실상은 밖이 아니라 교회 내 성직자 자신들에게 있음을 반성했던 까닭이다.[2]

주지하듯 가톨릭이 말하는 복음화는 진보적 성향의 WCC의 기본 정책과 크게 다르지 않고 다를 수 없다. 그럼에도 복음화를 분명 '기독교화'와 달리보는 한에서 오히려 WCC보다 진일보한 측면도 엿볼 수 있었다. 자본주의체제를 거론하며 가난의 구조적 모순을 비판하는 프란치스코 교황의 최근언사와 행보 역시 이를 잘 적시하고 있다. 이처럼 비판의 칼날을 오히려 자신들 내부로 향했던 가톨릭과, 세상의 뭇 질타에도 불구하고 과시적 욕망의잔치였던 WCC 실상이 서로 대조되는 듯싶어 부끄러움과 아쉬움이 크다. 주지하듯 2014년은 갑오경장과 동학혁명이 일어난 지 120년이 되는 시점이었다. 하지만 두 사건의 성격이 전혀 달랐던 점을 주목해야 마땅하다.[3] 그것은 오늘 우리에게 교회가 사회로부터 개혁의 대상이 될 것인지 아니면 스스로 그 주체가 될 것인지의 선택과 결단을 요구하기 때문이다.

일찍이 함석헌은 『뜻으로 본 한국 역사』에서 이 땅에 들어온 기독교마저 성직자의 종교로 변질된 것을 크게 안타까워했다. 뿌리 깊은 사대주의, 숙명주의, 계급주의를 난파시켜 씨알을 생각하는 주체로 불러 세워 평화를 위한 세계사적 과제를 자각케 하는 것을 기독교 본연의 과제라 여겼던 때문이다.[4] 하지만 성직이 새로운 종교계급이 되었고 믿음이 오히려 생각을 단절시켰으며 교회가 자신들만의 폐쇄공간으로 변질된 것이 어느 종파를 막론한 기독교의 슬픈 자화상이다. 교회와 성직자가 씨알 민중을 위해 존재하는 것이 아니라 역으로 그들이 교회 조직의 유지, 존속을 위해 필요한 존재가 되어 버린 것도 부정할 수 없다. 신학대학들의 경우도 이와 결코 다른 상황에 있지 않다. 대학의 생존을 위해 학생의 질보다 숫자를 걱정하는 처지가 되었고 사람을 낚을 사명을 지닌 목회자의 자질, 곧 영성·품성·인성에 대한 관심이 학위 과정을 앞세우는 정책 탓에 뒷전으로 밀려나 있음을 누구든 부인 못할 것이다. 목회(교회)가 거룩 혹은 사명을 빌미 삼아 명분을 이어가곤 있으나 전반적으로 세속적 직업과의 변별력을 잃은 지 오래되었고, 그렇기에 신학교 역시 목사 되는 직업학교로 전락했으며 신학생의 경우도 부모의 기득권을 발판 삼아 가업을 잇는 수단으로 목사직을 생각하는 경우가 다반사가 되어 버렸다. 결국 사람을 위한 종교가 아니라 안식일을 위한 자신들의 종교를 만들고 있는 교회 성직자, 신학대학 교수들이 예수 정신, 곧 복음화의 장애물인 것을 부정할 수 없게 되었다. 그러나 이렇듯 우리 사회가 알고 비판하는 일을 정작 교회가, 성직자들이 그리고 신학대학이 애써 외면하고 있으니 참으로 큰일이며 걱정스럽다.

대다수 교회들은 원치 않겠으나 예산과 신도 숫자 그리고 교회 크기에 따라 분류되며 궁극적으로는 자립/미(未)자립의 기준으로 대별된다. 교파마다 다르겠으나 통계에 의하면 대략적 한국 교회의 70~80% 정도가 연 예산 3천5백 만원에 못 미치는 미자립 교회에 속한다.[5] 사력을 다한다 해도 이 비율에 해당되는 목회자들의 경우 세속적 용어로 영원한 비정규직의 운명에 처할 수밖에 없다는 것이 비극이다. 이런 추세가 반전되기는커녕 향후 개신교인 숫자가 더욱 줄어 목회자의 미래가 더 어두울 것이라는 진단 역시 회자된다. 그럴수록 목회자들 세계에선 20%에 속하는 안정된 길을 위해 세속보다 추한 경쟁이 일상이며 그를 위한 정치가 다반사고 그럴수록 성직은 기능직으로 인식되어 본래적 자존감을 지키며 사는 이를 찾기 어려워질 것이다. 이런 현실에서 영성신학을 말하고 그에 합당한 목회를 실험한다는 것은 연목구어(緣木求魚)와 같은 공허한 일일 수밖에 없다. 대다수 목회 활동, 즉 예배, 부흥회 심지어 새벽기도회조차 모두가 생존을 위한 경영 마인드의 바탕에서 이뤄지는 때문이다.

이렇듯 양극화되고 자본주의에 침식당한 교회의 구조적 개혁 없이 영성 목회를 논하는 것은 분명 백사천난(百死千難)한 일이겠다. 그럼에도 교회가 의당 교회다워야만 한다는 것은 포기할 수 없는 진실이다. 세상 한가운데 있으나 세상 밖을 살아야 할 운명을 걸머졌기에 본회퍼의 말처럼 체제 밖을 살아내는 수도원 운동을 지금 여기서 펼쳐 내야만 할 것이다.[6] 그래야 교회도 살고 예수도 살며 기독교의 미래도 있을 것인 바, 성직자의 존재 이유도 다시 소생할 수 있다. 종교개혁 500주년을 눈앞에 둔 우리가 신학과 목회를 통해 교회를 새롭게 하는 일에 전력투구해야 할 이유도 바로 여기에 있다. 이런 점에서 WCC 대회가 열리던 시점인 지난해 종교개혁의 달에 '작은교회가 희망이다'란 주제 하에 대안적 교회를 향한 작은 열망이 표출된 것은 결코 가볍게 넘길 사안이 아닐 듯싶다.[7] 탈(脫)성장, 탈(脫)성직 그리고 탈(脫)성별의 세 개의 '탈'(脫)을 통해 하느님 나라에 합당한 새로운 공동체로의 '향'(向)을 목적했던 까닭이다. '탈'과 '향'의 이런 변증적 여정 속에서 이 글의 주제인 '다른' 기독교 즉 기독교적 영성의 본질을 찾는 것이 이하 언급될 주 내용이 될 것이다. 이는 우리가 속한 기독교마저 타자의 텍스트로 여길 때 가능할 수 있다.

이런 맥락에서 이 글은 다음 서너 절차에 의거하여 진행될 것이다. 우선 탈세속화 시대가 직면한 자본주의 현실을 조망하고 종교가 영성으로 대치되는 탈(脫)현대주의적 실상의 긍·부정적 실상의 양면을 비판적으로 조망할 것이다. 다음으로 기독교 영성의 특징이자 본질로서 고독, 저항 그리고 환상 혹은 상상을 논하고 이를 세 가지 유형의 해석학적 눈과 관계시켜 볼 것이다. 마지막으로 자본주의로 채색된 한국 교회의 양극적 실상을 넘을 수 있는 가능성을 목회적 차원에서 생각해 볼 것인데, 이는 초대교회로 돌아가자는 운동과 맥을 같이하게 될 것이나 인습적 개념과는 결코 다른 방향에서이다. 초대교회에 대한 이해가 본질적으로 서로 다른 까닭이다. 이는 앞서 언급한 소위 '작은교회 운동'과도 깊게 연계하여 다룰 수 있는 주제가 될 것이다. 결론에서는 세 개의 '탈'(脫)을 지향하는 한국적 교회론의 가능성을 최근 회자되는 한류의 영성과 관계 지어 짧게나마 성찰해 볼 수 있겠다.

## 탈(脫)세속화 시대의 영성-포스트모던 사조를 넘어

어느 경우라도 신학은 자신들이 살고 있는 시대에 대한 성찰과 무관할 수 없다. 이 글의 주제인 영성신학이란 것도 시대 인식의 산물이자 그로부터 비롯된 결과물인 것이 분명하다. 그럼에도 영성신학이란 개념은 신학적으로 뭔가 어색하다. 역전(前)앞과 같이 동어반복의 느낌을 지울 수 없는 때문이다. 신학은 본래 영성과 불가분리적 차원으로 얽혀져 있어야 마땅하다. 따라서 '영성'이란 말이 신학 앞에 생태, 여성, 민중 등과 같이 덧붙여져야 할 이유가 애시당초 없어야 한다. 그럼에도 불구하고 '영성'신학이 말해지는 것은 통용되는 신학의 제 역할 못함을 반증하는 것이자 역으로 그것이 시대의 절실한 요구인 것을 보여준다. 한마디로 영성의 잦은 회자는 체제, 교리로서의 종교가 삶의 내면(심층)과 접촉치 못하며 실재(하느님)와 공명치 않을뿐더러 현실과도 동떨어져 있는 현실의 투영이란 사실이다. 종교가 삶을 달리 만들 수 있는 힘, 즉 수행적 진리를 상실했고 신학 또한 자기 논리에 갇혀 세상과 옳게 소통치 못함에 대한 항거이자 이건 표출이라 보아도 좋겠다.

하지만 영성에 대한 지나친 요구 역시 달리 생각될 부분이 있다. 영성이 체제 밖의 사유로 확장되지 못한 채 체제 속에 함몰되거나 그와의 어색한 공존 상태로 머물 위험성을 갖는 까닭이다. 현실 교회들에서 보이듯 영성이 감성적 차원의 위로와 개인적 치유 등과 같이 좁은 의미로 이해될 경우 그 실상은 자본주의 체제 모순을 유지ㆍ존속시키는 일과 결코 무관치 않다. 실제로 자본주의는 탈현대적 정서와 결합하여 자신들 죄과를 덮고 체제를 유지할 목적으로 달콤한 치유책을 신앙처럼 전파해 왔다. 이는 오늘날 만연하는 영성이 아편 역할을 할 수 있다는 경고라 하겠다. 이 점에서 복음의 사회적 차원을 망각한 채 인간 내면만을 치유하려는 작금의 상담(영성) 중심의 신학 사조 및 목회 이론에 대한 노(老)신학자 J. 캅 교수의 분노는 대단했다.[8] 얼마 전 한국에 왔던 바디유(A. Badiou)와 지젝(S. Zizek) 같은 사상가들 역시 자신들 철학이 자본주의 체제를 넘고자 하는 방책이라 일갈했고 진정한 희망을 위해서라도 예수가 하느님 나라를 선포했듯 자본주의 체제 밖을 사유하고 오히려 '예외적 사건'(예외자)에 주목할 것을 요구했던 것이다.[9]

여하튼 우리 시대를 성찰한 결과물로서 영성과 관계된 다수 개념들이 혼재된 상태로서 나열되고 있는 것이 오늘의 실상이다. 공히 '영성의 신학'을 언급하지 않을 수 없을 만큼 영성에 대한 깊은 이해들이 속출하고 있는 중이다. 인류의 역사가 신앙(중세)과 이성(근대)의 시대를 지나 '공감'의 시대에 이르렀다 하며 그것을 영성의 신조어라 여긴 이론도 있고,[10] 종교의 세속화를 필연적이라 여겼던 과거를 돌이켜 그 속에서 오히려 성스런 것의 재발견을 영성과 연루시키는 견해[11]도 생겨났다. 또는 존재유비(Analogia entis)나 신앙유비(Analogia fidei)로 대변되는 기존하는 가톨릭, 개신교 신학의 두 유형을 넘어 초자연과 자연과의 새로운 종합(범재신론)을 시도하는 범(汎) 경험적 영성[12]도 그 의미를 더하고 있으며 분화되었던 일체 종교들을 재결합시키는 '두 번째 차축시대'의 도래를 영성의 중핵이라 여기는 종교학적 발견도 영향력을 과시 중이다.[13] 한 가톨릭 생태 신학자는 자신 안에서 우주를 발견하고 우주 속에서 인간 자신을 발견하는 것을 영성이라 정의하였고, 그를 근거로 신생대를 넘어서 생태대로의 인류의 진입을 역설한 바 있다.[14] 최근 인간의 의식을 통해 무의식(서구 심리학)과 초의식(동양종교)을 매개하려는 통합심리학[15]이 새로운 영성의 보고(寶庫)로서 평가받는 것 역시 전혀 낯설지 않는 상황이다. 이렇듯 시대적 통찰에 기인하는 뭇 영성 이론, 새로운 종교성에 대한 성찰은 각기 시대 적합한 '영성신학'과 목회를 위해 큰 역할을 할 수 있을 것이다. 필자는 이들 모두를 가치 다원적 차원에서 그리고 자본주의를 넘고자 하는 열망 하에 '탈세속화 시대의 영성'이란 이름으로 통칭할 생각이다. 이들은 각기 표현은 달랐으나 무시되고 탈각된 진리를 존재론적으로 새롭게 복원시키려는 시도였기 때문이었다. 즉 저마다 신 죽음 이후의 신학, 포스트모던 이후의 종교, 비종교적 기독교, 기독론의 성령론적 지평 확대, 자연의 재활성화, 탈인간중심주의 그리고 탈자본화의 이름하에 차이를 횡단하며 전체를 아우르는 새 차원의 보편성을 추구했던 것이다. 이렇듯 인간의 내외적 조건을 재결합시켜 진리를 복원하고 그것으로 거짓과 맞섰던 보편성을 '탈세속화' 시대의 신학 혹은 영성이라 말할 수 있다.[16]

주지하듯 여기서의 탈세속화란 의당 근대 이전에로의 신앙 양식의 복귀와 무관하며 탈현대 사조와도 크게 변별된다. 우리 시대에 만연된 근본주의 폐해 역시 과거로의 회귀라기보다 '개방적' 탈세속화의 한 역행적 현상이라 보는 것이 좋을 것이다. 그를 변화(革)에 대한 일종의 두려움의 표현이라 볼 수도 있는 까닭이다. 이보다 중요한 것은 탈세속화가 동일성 철학을 부정했던 포스트모던처럼 차이를 소중히 여기지만 결코 보편적 가치를 포기하지 않는다는 사실이다. 따라서 탈세속화는 탈현대 '이후'(Post-postmodernism)란 말로 달리 개념화되어야 마땅하다.[17] 이는 차이 내지 개별화의 이름하에 개인을 사사화(私事化)시키는 탈현대 사조와 달리 사적 개인을 인류가 감당해야 할 공통의 난제 앞에 세우는 까닭이다. 이 점에서 오늘 한국 교회가 영혼(내세) 구원에 무게중심을 두고 지나칠 정도로 개(個)교회 중심주의를 지향하는 것은 시대적 흐름을 역행하는 사사화(私事化)된 영성의 면모라 해도 틀리지 않다. 누구나 공히 인정하듯 우리 시대는 지금 인간을 포함한 전 지구적 가난을 부추기는 자본주의, 곧 영토를 갖지 않은 제국(Empire)의 폐해에 노출되어 있다.[18] 한국 사회가 전반적으로 안녕치 못한 사회가 된 것도 바로 초국적 형태를 띤 비가시적 제국의 횡포 때문이다. 자유와 평등 양대 이념 간의 투쟁에서 평등이 사라진 후 홀로 남은 자유가 신자유주의라는 괴물로 진화되어 사회적 약자들의 고통을 가중시키는 보편적 이념으로 변질된 결과다. 그 결과 자연 또한 모든 것을 약탈당해 '새로운 가난한 자'(new poor)란 이름을 얻게 된 것도 주지할 바이다. 프랑스 원작인 '설국열차'란 만화가 한국에서 영화로 만들어져 주목된 배경도 인류의 총체적 난국에 대한 공감의 표현이었다. 철도 민영화 문제를 비롯하여 4대강 부실사업 그리고 세월호 참사로 밝혀진 한국 사회의 총체적 부정과 갈등 역시 향후 엄청난 부담으로 작용할 것이다. 그럴수록 우리 시대를 파국으로 몰아가는 '제국'이란 보편 이념에 맞설 새로운 보편적 영성 혹은 보편 윤리를 절대적으로 요청한다. 재차 강조하는 바, 차이에 안주하지 않고 그것을 가로지르는 보편적 가치의 구축을 정언명령으로 수용해야할 중요한 시점에 이른 것이다.

서구철학자들이 성서적 가치들, 예컨대 예수의 하느님 나라 사상과 바울의 회심에 주목했던 것도 차이들 간의 위계를 논함이 없이, 즉 그들 상호간의 관용적 평등성을 통해 거짓된 보편(자본)과 맞설 수 있는 '영성적 힘'을 얻기 위함이었다.[19] 예수의 하느님 나라 사상은 로마의 제국신학과 성전종교 그 너머를 적시했고, 바울의 종교체험 역시 헬라의 지혜와 유대인의 율법담론을 아우르며 넘는 세계주의를 표방했던 때문이다. 이렇듯 체제 밖을 사유할 수 있는 새 보편성을 낳는 무수한 차이들 간의 소통을 '새로운 오순절 사건'[20]이라 칭해도 과하지 않다. 더구나 성서의 핵심 인물들을 우리와 같은 동시대인으로 소환하고 기독교적 특수성을 보편적(비종교적) 방식으로 전달하는 것 역시 성령의 역사이자 탈세속화적 영성의 본질에 속한다고 보아도 좋다. 이렇듯 새로운 보편성은 존재의 취약성에 근거한 '공감'의 결과이자[21] 일체의 경계를 부수는 하느님 영의 활동이며 그리고 범(汎) 경험주의에 터한 관계적 유신론의 근본 취지 등과도 너무 잘 부합한다는 것이 필자의 발견이자 확신이다.

## 보편적 영성으로서의 기독교적 가치 - 고독, 저항 그리고 환상[22]

이상에서 필자는 제국(자본)의 힘에 맞서기 위해 차이를 횡단하는 보편성을 영성의 새 이름이라 칭했고, 기독교의 특수성을 탈자본화를 위해 시대가 공감하는 보편적 언어로 치환하는 것이 탈세속화 시대에 걸맞는 에토스인 것을 역설하였다. 이를 토대로 기독교가 자본주의 체제하의 뭇 예외자들 편에 서고 그들로 하여금 체제 밖의 희망을 바랄 수 있도록 불온케 하는 것이 탈세속화 시대 속 영성의 과제라 생각한 것이다. 이런 구상은 민족을 '생각하는 백성'으로 만들고자 애썼던 함석헌 씨알사상의 본질과 잇닿아 있다.

하지만 여기서 필자는 기독교적 영성을 탈세속화 시대에 합당한 언어들, 즉 '고독', '저항' 그리고 '환상' 또는 '상상'이란 말로서 재개념화할 것이다.[23] 이 세 표현들은 향후 영성신학과 영성목회 그리고 교회론의 골자가 될 것인 바, 이런 성서적 영성이 통/공시적 차원에서 재활성화시키는 힘을 지녔다 믿는 까닭이다. 본 개념들을 통해 성서와 우리 시대의 동시성은 물론 이 땅의 이웃종교들과도 혼종되어 기독교가 세상을 살리는 보편적 영성의 모습으로 재구성될 수 있을 것이다.

무엇보다 '고독'은 기독교적 영성의 근본 에토스를 지칭한다. 성서는 하느님(진리)을 사랑하는 까닭에 부모와 자식 심지어 자신까지도 버릴 것을 요구하는 지독한 고독의 종교임이 틀림없다. 처녀잉태란 거친 부름에 호출당하면서도[24] 성탄의 첫 주인공이 된 마리아의 삶에서부터 광야로 불리어진 예수의 시험, 제자들의 배반, 겟세마네 동산에서의 누혈(漏血)의 기도, 제 뜻 버려 하늘 뜻 구한 예수의 십자가 사건 등 예수의 생애 전체를 '고독'이란 한 마디로 풀어낼 수 있을 정도다.

하지만 예수의 고독은 결코 닫혀진 외로움(loneliness), 고립이 아니라 세상을 향해 열려(loneness) 있었다. 그렇기에 그의 고독은 탈세속화 시대의 보편 영성으로 공히 재현될 필요가 있다. 본래 고독을 탈세속적 영성의 중핵으로 풀어낸 이는 카푸토(Caputo)란 학자였다.[25] 그는 고독을 '불가능한 것을 향한 열정'이라 해석했고 믿음의 다른 표현이라 여긴 것이다. 진리 말씀에 대한 순종, 제자됨의 다른 표현이라 해도 좋겠다. 하지만 목하 기독교는 대중성에 묻혀 있고 관료화되었으며, 인간적 취향을 우선하는 사적 공간의 형태로 변질되어 이런 에토스와는 무관한 집단이 되어 버렸다. 루터가 오늘의 사람이라면 '오직 믿음'이란 말을 거뒀을 것이라며, 대중성에 길들여진 덴마크 교회에게 불가능성에 대한 열정을 환기시켰던 한 신학자의 외침이 영원히 제도 속에 묻힌 때문이다.[26] 이런 고독만이 우리에게 역사적 예수를 향한 믿음의 눈을 선사할 수 있을 것이다. 예수와의 동시성-예수살기-을 회복·발생시킬 수 있는 토대인 까닭이다. 따라서 믿음의 눈은 교조화된 '오직 믿음'과 같은 차원일 수 없다. 믿음의 신조, 율법화가 대세이며 세속적 기복이 은총을 대신하고 있으나 '고독'을 사랑하는 종교로서 재탄생되어야 기독교는 희망을 전할 수 있다. 기독교는 고독을 사랑해야만 미래가 있는 종교인 것이 분명하다. 진정한 에큐메니즘 역시 고독을 사랑함에서 비롯하는 결과물인 것을 숙지하면 좋겠다. 교회 밖 구원을 부정하기 전에 자신 속 구원의 실상(Reality)을 정직하게 묻는 것이 고독한 자의 실상일 것이다.[27]

분명한 것은 고독하지 않으면 저항도 없는 법이라는 사실이다. 자신의 내면을 정직하게 성찰하지 못했기에 거짓된 사회와 국가 체제에 거룩한 분노를 잃은 때문이다. 기독교가 저항의 영성을 잃고 개신교가 프로테스탄트답지 못한 것은 고독의 부재에서 연유했다. 그럴수록 예수가 당시 제국신학과 성전 종교에 저항하며 씨알 민중의 종교를 탄생시킨 것은 하늘 아버지에 대한 철저한 신뢰, 제 뜻 버려 하늘 뜻 구한 고독의 열매라 확언할 수 있다. 오늘의 교회는 자본에 먹힌 자신의 현존 방식에 항거하고 사적 공간으로 전락시킨 자신들 공동체에 대한 그릇된 관습에 저항해야 할 적기에 이르렀다. 더 이상 지체한다면 우리가 부정했던 유불선 전통종교들처럼 역사에서 잊혀질 수도 있다. 이를 위해 그 옛날 로마가 기독교를 로마화했듯 자본주의가 기독교를 자본주의화하는 현실에 대한 정직한 분노와 저항을 표해야 옳다. 추상적 화폐가치에 종속된 종교적 삶의 양식에 대한 거룩한 분노가 속에서 치밀어야만 할 것이다. 이 같은 저항의 영성은 의심의 눈(해석학)에서 비롯한 선물이다. 고독해야 남의 '티끌'이 아닌 자기 속의 '들보'를 볼 수 있는 까닭이다.

체제 속 인습화된 가치관으로 인해 교회는 동시대를 사는 뭇 예외자들 예컨대 여성, 장애인, 성소수자들에게, 그리고 뭇 예외적 사건들에 대해 생명의 빵이 되기는커녕 돌덩이를 안겨준 경우가 허다했다. 마치 욥의 세 친구들처럼 성서(신명기)에 기록되었다는 이유만으로 그것을 정답이라 여기며 살도록 강요된 것이다. 하지만 예수를 대답이라 고백한다면 도대체 직면한 문제와 물음이 무엇인지를 치열하게 묻고 성찰할 일이다. 누구나 졸지에 예외적 존재로 내몰릴 수 있는 것이 우리의 현실인 것도 인정해야 마땅하다. 누가 졸지에 장애인이 되고프고 거리로 쫓겨나기를 바랐으며 스스로 동성애자로 살려 했겠는가? 하지만 예외자로 내몰린 사람들이 도처에 산재한 것이 일상적 현실이다. 예수는 하느님 나라라는 체제 밖 사유를 통해 이들을 품었고 그를 상상하는 것으로 현실을 치유코자 했던 것으로, 이는 기존 질서와 체제에 대한 일종의 저항 영성일 수밖에 없다. 바로 하느님 나라의 비유로 설명된 '포도원 일꾼의 이야기', '천국 잔치의 비유'가 그것을 적시한다. 일용할 양식을 위해 노동시간에 관계없이 동일한 품삯을 주었고, 되갚을 능력 없는 자들을 위한 잔치 자리가 천국의 실상을 말하며 동시에 체제에 반한 저항의 실상이었던 것이다. 이처럼 체제 속 절망을, 체제 밖을 꿈꿔 넘어서라는 하느님 나라 사상은 시대가 요구하는 저항 영성을 담지했다.

주지하듯 본회퍼 목사는 국가사회주의를 표방한 히틀러 정권이 루터의 두 왕국설에서 비롯했다고 비판하면서 당시 교회에게 이렇듯 급진적인 저항 영성을 요구했다. "교회가 새 출발을 하려면 전 재산을 궁핍한 사람에게 나눠주어야 한다."[28]는 자기비판도 서슴지 않았다. 이는 교회 공동체뿐 아니라 기독교 신앙을 지닌 개인에게도 해당되는 사안이다. 부와 가난이 세습되는 자본주의 현실에서 자신의 재산을 처리하는 방식에 변화가 있어야 한다는 것이다. 참으로 지난한 일이겠으나 이는 교회, 종교인 탓에, 불가능한 열정, 곧 신앙을 지닌 존재로서 할 수 있고 해야 될 과제라 하겠다. 최근 대가 없는 순수한 증여를 경제학적 성령론이라 일컫는 기독교윤리학적 관점도 생겨났다.[29] 전혀 낯선 경제 양식으로서 순수한 증여란 자본주의 체제 속에 있으면서 그것을 극복하는 방식이기에 내재적 초월이라 명명되기도 한다. 여하튼 이를 수용하고 연습하는 일이 바로 탈세속화 시대에 걸맞는 영성이자 신앙의 형태인 것이 분명하다. 단 한두 사람, 교회라도 이런 삶의 양식을 표출할 수 있다면 종교가 개벽하여 자본주의 병폐는 축소되고 세상은 살 만해질 것이다.

이런 저항은 실상 환상 혹은 창조적 상상력 없이는 불가한 법이다. 역으로 고독과 저항이 전혀 이질적인 환상을 창조할 수 있다고 해도 틀리지 않을 것이다. 저항이 환상을 통해 힘을 얻고 고독 속에서 성장하는 것이라고 말해도 좋다. 예수의 하느님 나라 비전은 고독을 통한, 저항을 위한 창조적 상상의 결과라 보는 것이 옳다. 그의 죽음은 당시 인습화된 지혜에 물든 종교인들에게 낯선 하느님 나라를 상상했고 그를 열망했던 결과였다. 여하튼 환상 곧 창조적 상상은 기독교 영성의 절정을 일컫는 것으로서 탈세속화시대에 자본주의와 맞서게 하는 보편적 가치라 하겠다.

여기서의 환상은 의견이 분분하나 후기 유대교의 묵시적 환상이 기독교의 모체였다는 주장과 맞닿아 있다.[30] 초현실주의 신학자 이신(1927-1981)은 이런 묵시적 환상을 변증법적 전환을 위한 '영적 양극성'의 상태라 하였고, 그의 궁극성이 현실 부정이 아닌 미래를 위한 역사 변혁에 있다고 보았다.[31] 이런 근원적 의식(환상)이 오늘 우리들 모두의 의식이 되어야 한다는 것 역시 그가 역설했던 바다. 그에게 종교적 타락이란 눈이 있어도 보지 못하고 귀가 있어도 듣지 못하는 우리 의식의 둔화 내지 퇴화를 일컫는다. 환상이 부재하기에 사회와 교회를 부정할 의지도 잃었고, 원형(하느님 나라)의 상실이 역사의 목표 즉 공동체의 미래를 흐릿하게 만들었다는 것이다. 이는 모두 신앙을 전통 혹은 교리의 고수나 모방으로만 생각했던 노예적 병폐로 인한 것이었다. 그렇기에 '제 십자가를 지고 따르라'는 예수의 명령은 이제 원형을 재생산하되 창조적으로 그리 하라는 말로 재해석될 일이다.

성육신 역시 말씀이 육신이 되었으나 그 육신을 다시 영적인 것으로 재창조하는 일이 될 수밖에 없다.[32] 유물론적 신학이나 민중신학 일반과 달라지는 지점일 것이다. 기도 또한 자신 삶을 창조하는 과정일 뿐 제 욕심 채우는 일과는 동이 서에서 멀 듯 무관할 수밖에 없다. 인간의 타락은 단지 속죄만으로 해결되지 않고 창조적 활동에 의해서 극복될 수 있다는 말도 귀담아 들을 필요가 있겠다. 이는 오늘 우리 기독교인들에게 '자기 발견의 눈', 곧 아시아적 주체성을 요구한다. 기독교 전통 밖, 더구나 영성의 보고인 아시아에서 진리 찾기를 게을리 하지 말라는 것이다. 세계 13억 인구가 열광하는 한류 역시 이 땅의 문화를 통한 혼종성의 산물인 것을 부정할 수 없다면 말이다.[33]

하지만 당시 예수가 탄식했듯 지금 성직자의 의식이 돌처럼 굳어졌고 구원을 독점한 교회는 하느님을 성전에 가두어 버렸다. 믿음의 율법화, 축복의 물질화로 인간 의식을 마비시킨 기독교 교회의 죄악이 세월호 참사마저 왜곡시키고 있다. 죄 없는 아이들의 희생을 하느님이 원했다는 발상은 그 진의를 떠나 독선적 판단이다. 이처럼 신앙 독점주의, 종교적 전체주의가 생각을 멈추고 상상을 거둔 인간을 만들 때 세상이 얼마나 악해질지 더 두고 볼 일이다. 오늘날 교회의 타락은 상상력의 부재 때문이다. 교회 내 공공적 환상이 실종된 것이다. 그럴수록 '천국은 침노하는 자의 것'이란 예수의 말씀을 믿고 그리워하는 사람들이 많아져야만 한다.

## 초대 공동체와 '복음의 정치학'-작은교회 운동의 원형

앞에서 살핀 내용은 탈세속화 시대의 정조(에토스)에 합당한 기독교적 영성에 관한 것이었다. 고독, 저항 그리고 상상력, 이 셋을 통/공시적으로 소통되는 기독교의 핵심 에토스라 보았던 것이다. 이들을 통해 기독교가 자신의 근본을 되찾고 안팎에 저항하면서 스스로의 미래를 개척해 나갈 수 있다고 믿었고 동시에 전 지구적 가난을 초래하며 안녕치 못한 현실로 치닫는 우리 사회와 국가를 치유할 수 있다고 본 것이다. 지금껏 교회가 영혼구원을 위한 죄용서에 초점을 둔 반면, 이제 영육을 아우르고 개인과 사회를 통전시켜 공히 '오이쿠메네'의 차원을 회복해야 마땅하다. 어원적으로 구원(Salvation), 거룩(Holiness), 전체(Wholeness), 건강(Healthy)이 같은 뿌리에서 나온 개념이란 사실이 이런 논지를 충분히 뒷받침할 수 있겠다. 따라서 고독, 저항 그리고 상상이 영성신학의 골자라 할 경우, 그에 기초한 목회가 구체적으로 어떤 모습을 지녀야 할지를 물어야 할 것이다. 이를 위해 먼저 당연시 혹은 이상시했던 초대교회의 실상을 재검토할 필요가 있다. 막연히 추측하는 초대교회 상(像)과 실제의 그것 간의 차이를 아는 것이 현실 교회의 껍질을 벗길 수 있는 첩경일 것이라 믿는 때문이다.

성서에 의하면 임박하게 기다렸던 하느님 나라 대신에 이 땅에 세워진 것이 유대인 회당과 비견되는 교회였다. 따라서 교회는 하느님 나라와 등가는 아니겠으나 상응하는 가치와 권위를 지녀야만 했다. 그러나 정작 중세 가톨릭 시대를 거치면서 교회 자체를 존재론적으로 우상화시킨 것에 항거하며 회중(신도)들의 모임이라 소박하게 재정의한 것이 바로 종교개혁자들이었다.

하지만 지나치게 거룩의 의미를 부여하는 것도 문제겠으나 그 존재 양태가 자본주의를 빼닮고 있는 오늘의 세속적 현실이 더욱 절망스럽다. 방주와 같은 고립된 이미지 역시 흩어진다는 뜻의 '에클레시아'의 본뜻에 역행하며, 복음의 전령사란 말 또한 우리 시대에 결코 합당치 않다. 따라서 혹자는 교회를 일컬어 세상 안에서 세상 밖을 사는 사람들의 공동체라 했고 '불가능한 열정'을 실험하는 새로운 수도원 운동과 같은 모습이 되기를 바라고 있다.[34] 예수와 동시성을 사는 제자들을 만들어 내지 못하는 현실 교회를 향해 기독교를 이념 혹은 신화로 만들고 있다고 일갈(一喝)한 본회퍼도 같은 마음일 듯싶다.[35] 향후 20년 이내에 개신교 인구가 현재의 절반으로 줄어들 것이란 냉혹한 자본주의적 진단만이 두렵고, 예수를 이념화시키고 기독교를 가현설로 전락시켰다는 준엄한 신학적 경고를 가볍게 여긴다면 영성신학과 목회란 말은 원초적으로 성립 불가능하며, 교회 역시 더 이상 신뢰의 그루터기가 될 수는 없는 노릇이다. 더욱이 목사의 크기를 교회의 크기와 연루시키는 한, 영성은 더 이상 교회 내 언어로 회자되어서는 아니 될 것이다.

이런 이유로 우리는 종종 성서에 기록된 초대교회로의 회귀를 열망하고 있다. 하지만 주변에 만연된 초대교회에 대한 오해부터 바로잡는 일이 중요하다. 우선 초대교회가 분열된 오늘의 교회상과 대조되는 단일한 모습(형태)일 것이라는 환상이 우리 뇌리에 가득하다. 또한 초대교회가 현실교회처럼 동일한 믿음을 지닌 신조(교리) 공동체였다는 굳은 믿음 역시 떨쳐 버릴 수 없을 것이다. 하지만 콘스탄티노플 이전까지의 초대교회는 실상 이런 두 모습과는 한없이 거리가 멀다. 이 시기까지 교회들은 저마다 각기 다른 경전을 텍스트 삼아 다양한 신학과 삶의 양식을 지닌 해석 공동체로서 성장했기 때문이다.[36] 무엇보다 당시 지배 체제의 가치관을 전복시킬 만큼 정치적으로 급진적(radical)이었던 것도 이후의 교회와 명백히 구별될 일이다.[37] 이처럼 당시 교회들은 무수히 달랐고 그럼에도 오로지 뿌리 정신, 곧 그들이 기억하는 예수 삶에 대한 헌신이 있었기에 공통적일 수 있었던 것이다. 그렇기에 오늘 우리에게 초대교회란 이렇듯 소위 '언더그라운드 교회'로 통칭되는 콘스탄티노플 이전의 교회상을 적시한다.[38]

이후 제국의 종교가 된 기독교는 비록 '하나'의 교회를 이뤘으나 그것은 로마를 위한 정치이념적 색체를 띨 수밖에 없었다. 여기서부터 초대교회의 본유적 에토스가 상실되었고 해석 공동체로서의 교회의 역할과 사명이 흐릿해졌다. 현실의 교회가 콘스탄티노플 '이전' 시대를 망각하고 '이후'의 모습만을 기억하며 세속적 제도(기관)로서 안주하는 한, 그리고 기독교 이후 시대를 살고 있다는 자각을 결핍할 경우 기독교의 미래는 더욱 더 불행해질 것이 명확하다. 여기서는 고독, 저항 그리고 상상, 곧 차이를 횡단하는 탈세속적 기독교 영성이 결코 자신의 자리를 찾을 수 없는 까닭이다.

당시 이런 '언더그라운드 교회'에는 '복음의 정치학'이란 것이 존재했다.[39] 이는 오늘날 우리의 '목회' 활동의 토대이자 그 내용을 규정하는 핵심 용어 (Keyword)라 말할 수 있겠다. 주지하듯 복음의 정치학은 당시 체제를 불편하게 했고 체제 자체를 위협할 만한 내적 권위를 지녔다. 체제가 요구하는 현상유지(status quo)의 상태를 넘고자 했던 때문이다. 복음의 정치학은 하늘의 정의를 이 땅에 심고자 했던 예수를 기억했기에 때론 과격했다. 예수가 제국 신학과 성전종교에 늘상 불편한 존재였듯이 그들 역시 당시 정황에 이질적일 수밖에 없었다.[40] 당시 세례란 로마식 체제가 당연시하던 노예제도를 거부하고 평화주의자가 되며 가난한 이들을 환대하는 삶을 살겠다는 의지 표명이었다.[41] 지금처럼 행위가 실종된 '오직 믿음' 만을 말하지 않았던 것이다.[42] 당시는 사도직이란 개념 역시 충분히 발달되지 않았다. 남녀를 막론하고 주어진 카리스마들만 존재할 뿐 오늘과 같은 계급화된 성직제도는 아주

후대의 산물일 뿐이었다.[43] 이는 결국 예수 운동의 실상들로서 반제국주의적 색체를 지닐 수밖에 없었다. 그들에게 예수가 주님이란 것은 의당 제국 신학에 대한 거부였고 그들의 죽임의 방식에 맞서는 오로지 대안적 삶의 실천으로 표현될 뿐이었다. 이런 지난한 삶을 지탱한 것은 일치된 신조가 아니라 오늘 우리에게 부재한 예수를 추종하는 진정한 제자도였던 것이다.

오늘의 정황에서 목회란 이런 복음의 정치학을 새롭게 실험하는 일이라 생각한다. 이를 위해 필요한 것이 바로 고독, 저항 그리고 상상으로서의 기독교적 영성일 것이다. 당시와 같은 제국주의는 없으나 '자본'이란 제국이 전 지구를 황폐케 하고 인간 삶을 노예화시키며 대형교회를 통해 근본주의적 기독교 제국주의를 꿈꾸며 시대를 역주행하는 교리주의자들이 대세인 정황에서 '다른' 기독교란 이런 추세를 거스르려는 저항이자 창조적 대안을 꿈꾸는 일이어야 할 것이다. 재론하는 바 영성이란 말이 자주 회자되나 체제 유지적인 담론을 보완 내지 강화시킬 목적이라면 그것이 약이 아니라 독이 될 것이 분명하다. 물론 일상에 지친 회중들이 요구하는 메시지의 성격을 모르지 않으나 교회의 존재 이유를 그렇게 설정할 경우 하느님 나라를 닮아 있는 교회, 하늘 뜻이 땅에서 이뤄지는 교회는 지상에서 영영 찾을 수 없을 것이다. 제 뜻 버려 하늘 뜻 구했으며 '체제 밖 사유'(하느님 나라)를 통해 씨알 민중들에게 희망을 주었고 세상의 중심은 약자에 있다고 외친 예수, 그가 행한 '복음의 정치학'이 흔적 없이 사라져 버린다면 기독교는 이념이 되고 현실 부재한 가현(假現)의 종교로 타락할 비극적 운명에 처하고 말 것이다. 우리의 삶 전체가 뭇 약자들과 함께 엮어낸 '공통체'(Common wealth)[44]임을 증거하는 것이 결국 복음의 방편으로서 '다른' 기독교를 실험하는 이유일 것이다. 이는 다시금 거짓된 보편(제국)과 맞서는 일로서 고독, 저항, 환상이란 통/공시적 영성을 화급히 필요로 할 것이다.

## '다른' 기독교의 화두-작은교회가 희망이다

화두란 잡기가 힘든 것이지 얻었다면 그것과 치열하게 사투를 벌려야 할 주제이고 사안일 것이다. 목회 앞에 '영성'이란 말이 붙어 그 뜻을 이루려면 그것은 결코 평탄하게 이뤄질 일이 아닐 것인 바, 삶의 방향과 가치관을 달리하는 사생결단이 요구된다. 동서양의 어떤 수행이나 명상을 방편 삼는 것-그것 역시도 필요한 일이겠으나-을 갖고 '다른' 기독교라 자족하기 어렵다는 말이겠다.

앞서도 말했듯 영성이란 '탈(脫)'과 '향(向)'의 변증적 과정을 성사시키는 뿌리 힘[根氣]으로서 고독, 저항, 그리고 상상이 그 핵심 본질일 것이다. 이를 통해 초대교회가 지녔던 다양성, 삶-지향성, 가치의 급진성 등을 동시대에 구체화시켜 교회의 존재 위상을-세상 안에서 세상 밖을 지향하는-높이고 존재 이유를 명백히 할 필요가 있겠다. 체제 밖(하느님 나라) 사유를 갖고 희망을 전하며 스스로 예외자가 됨으로써 누구라도 예외자를 만들지 않고 모두를 공적 존재로 불러내 보편적 악과 마주하는 삶을 꿈꾸게 하는 것이 목회적 사명이자 교회의 존재 이유일 것이다. 이를 위해 교회 및 성직자들에게 근본적이면서도 급진적인 가치관의 역전이 요구된다.[45] 그것이 바로 종교개혁 500년을 앞두고 새로운 에큐메니칼 모임인 생명평화마당이 붙잡은 화두, '작은교회가 희망이다'란 것이다.[46] 여기서 작다는 말은 종래와 같이 자본주의화된 성장을 거부하는 것이자 좀 더 다양해지는 것(카리스마 공동체)이며, 역사적 뿌리에 충실한 것(언더그라운드 교회)이고 종국에는 치열하게 대안적 신앙 양식을 창출하는 것을 함의한다. 본 화두와 씨름하기 위해 최소한 세 개의 '탈(脫)', 즉 탈성장, 탈성직, 탈성별이 필요했고 그것은 자연스레 동수의 '향(向)', 곧 성숙, 평신도 그리고 여성을 앞세워야 했다. 정작 생명의 빵을 주지도 못하면서 허울 좋은 구원기관, 제도로 전락한 안정된 교회를 지향하는 대신 힘겹지만 상대적 약자를 대변하며 현장의 소리를 청취하는 '예수 살이' 공동체로 거듭날 목적에서였다. 요컨대 교회의 존재 양식 자체를 탈자본주의화함으로써 교회를 교회답게 하는 일 그리고 세상을 향한 사랑, 곧 우환의식이 '작은교회가 희망이다'란 화두가 품은 본뜻인 것이다.

지난한 과정이겠으나 세 개의 '탈'과 '향'이 복음적이고 생명적인 초대교회의 실상 곧 복음의 정치학과 정확히 중첩되는 가치라 믿기에 이는 고독, 저항 그리고 상상을 통해 실현되어야 마땅한 과제이다. 이들 세 '탈'과 '향'의 의미를 좀 더 상세히 언표하자면 다음과 같다. 우선 탈성장은 성숙을 지향하는 바, 획일성보다 다양성을, 믿기만이 아닌 살기를, 그리고 소수의 대형 교회가 아닌 다수의 작은 카리스마 공동체를 선호한다. 두 차례에 걸친 작은교회 박람회를 통해 밝혀졌듯 이미 여러 형태의 다양한 공동체 모습들이 존재하고 있었다. 모든 것을 지닌 백화점식 교회가 아니라 자기 고유한 역할을 지닌 은사 공동체들 숫자가 의외로 컸다. 앞으로도 상이한 은사 공동체 형태로 교회들이 존재할 것인 바, 현 신학생들의 미래도 이런 가치관과 더불어 준비되는 것이 좋을 듯싶다. 또한 초대 공동체들이 보여준 성서 해석의 다양성 역시 긍정되어야 마땅하다. 교리 지상주의를 내걸고 하나의 획일적 가치만을 선호하는 대형 소수의 교회들이 오히려 제국의 기독교를 닮아 있음을 반성해야 할 것이다.

이런 카리스마 공동체는 의당 탈성직의 사안과 연루된다. 종교개혁 원리 중 지나쳐서 문제가 된 것도 있으나 '만인 제사직론' 같은 것은 제대로 시작조차 못했다. 한국 사회 안에서 기독교를 포함 종교의 이름을 걸고 생활하는 성직자의 수가 너무 많은 것이 문제다. 생활이 어려워 대리운전, 퀵 서비스 같은 험한 일을 병행하는 목회자들 숫자가 결코 작지 않다. 목회자 수가 많다 보니 서로들 경쟁하며 자신들 권위를 스스로 지켜 내지 못하고 있다. 성직자들 중 스스로 거룩타 하며 자신을 신비화하고 때론 위압적 방식으로 권위를 행사하여 사회문제를 야기시키고 있다. 이런 정황에서 평신도 교회들이 탄생했고 이를 힘겹게 실험하는 교회도 제법 늘어나는 중이다. 향후 성직자와 평신도가 수직적 계급 차원이 아닌 동반자 관계로 협력할 수 있는 구체적 방안들을 찾을 필요가 있을 것이다.

탈성별 역시 기독교 성숙의 잣대이자 민주사회의 역량을 반영하는 지표라 하겠다. 기독교이후 시대를 살고 있는 우리는 교회 구성원이기도 하나 동시에 이웃종교인과의 공존을 배우는 시민사회의 일원이기도 하다. 그러나 종종 교회는 교인이 후자의 실존도 지녔다는 사실을 쉽게 망각해 왔다. 여성을 자신들이 보유한 마지막 식민지 사람들처럼 관계하는 경우도 줄어들지 않고 있다. 어느 교단을 막론하고 교회를 대표하는 여성 비율이 현저히 낮고 여성 목회자들에 대한 인식 및 처우 역시 열악한 상황이며 교회 안팎 성가신 일은 여전히 여신도들의 몫으로 남아 있다. 앞으로 민주사회 속에서 교회가 양성평등 가치에 익숙할 수 없다면 여성들의 급격한 이탈을 허탈하게 바라보게 될 것이다. 로마서 안에 기록된 바울의 동역자들 중 과반수 정도가 여성이었다는 사실을, 직간접적 성폭력에 익숙한 남성 목회자들이 두렵게 생각할 일이다.[47]

이상과 같은 세 개의 '탈'과 '향'은 바로 '작은' 속에 담긴 대안적 가치로서 혹은 '다른' 기독교의 중핵으로서 탈세속화 시대를 사는 예수 제자들이 걸머져야 할 과제가 되었다. 이는 자본주의에 젖어 있는 대형교회들이 감당할 수 없는 가치들이다. 무엇보다 성숙 없는 성장이 어떤 결과를 가져올 것인지, 그것이 혹 죽음은 아닐 것인지를 자문해야 할 것이다. 이는 깊은 고독이 우리의 영성이 되어야 할 필연적 이유를 현시한다. 하느님과 인간 간의 일체

장벽을 허문이가 예수였건만 그 예수를 빌미 삼아 성직 자체를 특권화시킨 허물을 인정해야 옳다. 우리들 목회가 사람을 위한 종교가 아니라 종교(성직)를 위해 그들을 수단화한 것에 용서를 구할 일이다. 이를 위해 먼저 우리 자신들에 대한 저항이 요구된다. 자신에 대한 저항(부정) 없이 악의 보편성과 맞서 싸울 수 없다. 앞으로 여성의 시대가 도래할 것이며 여성적인 것만이 구원을 이룰 수 있다는 말 역시 흘려 보낼 수 없다. 이 땅의 민중 종교들의 의지처인 후천개벽 사상 역시 천지(天地, 양음) 비(否)괘가 지천(地天, 음양) 태(泰)괘로 바뀌는 과정에서 비롯한 것을 숙지할 일이다. 선천 시대 억눌렸던 여성적 상상력이 후천의 시대를 맞아 만개할 때가 된 것이다. 꼭 그럴 필요는 없으나 상상의 영성을 여성들의 몫으로 남겨 두는 것도 인류의 선한 미래를 위해 바람직한 일일 수 있겠다. '여성적인 것이 세상을 구원할 것'이란 한 문학가의 말을 기억한다면 말이다.[48]

콘스탄티노플 이전까지의 교회 공동체가 예수 삶에 초점을 둔 탓에 당시 세상을 불편하게 만들었듯이, 오늘의 교회 또한 작은교회 운동을 통해 인습화된 이념을 뒤집는 대역전의 삶을 준비해야 옳다. 하지만 이는 본래 평등적 질서로 세상을 위협했던 예수운동이 어느덧 위계질서를 지닌 폐쇄적 조직, 신조를 강조하는 율법 공동체, 혹은 값싼 은총 공동체로 변질되어 세상(제국)에 길들여져 있는 것에 먼저 소스라치게 놀라야 가능한 일이다. 지금 교회는 겨자씨 비유가 말하듯 세상을 불편하게 하기는커녕 이/저 세상을 두루 누리겠다는 종교적 탐욕을 전하는 값싼 복음 전령사가 되고 말았다. 그리하여 혹자는 종교개혁의 원리 중 하나인 '오직 은총으로만'이 중세의 면죄부보다 기독교의 현실적 타락을 더욱 방조하고 있다는 무서운 말도 서슴지 않고 있다. 이런 모습으로 2017년 종교개혁 50주년을 맞을 생각을 하니 하늘이 두렵고 무서울 뿐이다. 오늘 우리가 꿈꾸는 '다른' 기독교 혹은 영성목회는 바로 자본주의적 가치체계에 깊게 물든 기존의 종교적 틀과 판을 달리하려는 치열한 현실인식에서 비롯해야 한다. 그럴수록 작은교회가 정말 희망일 수 있는지, 희망이라 생각하는지를 스스로 정직하게 되물어 볼일이다. '작다'는 말 속에서 복음의 순수성과 교회 공동체의 카리스마적 특성이 회복될 수 있다는 것이 필자가 생각한 탈세속적 영성, 곧 고독, 저항 그리고 상상의 결론이었던 때문이다.

## '다른' 기독교를 위한 한국적 영성의 기여

마지막에 이르러 이렇듯 '다른' 기독교와 그에 근거한 목회 활동을 위해 이 땅의 종교들, 즉 한국적 영성이 기여할 수 있는 여지가 있는지를 묻고 싶다. 지젝 같이 유물론적 신학을 주창하는 사상가는 이런 시도 자체를 자본주의 체제에 안주하는 미봉책이라 평하지만 꼭 그리 볼 일도 아닐 것이다.[49] 서구 내 불교 열풍을 두고 염려하는 방식이겠으나 서구 유물론자의 한 시각일 뿐이다. 그럼에도 현실을 지탱하며 선악의 근거가 되는 기존 이데올로기(the Real), 즉 자본주의 자체를 비판하며 넘어서려는 그의 문제의식에 얼마든 마음을 보탤 수 있다. 본 사안은 추후의 과제로 남겨둘 것이다.

여기서 중요한 것은 한국 내지 아시아의 종교성이 기독교 영성만큼이나 중요하고 탈자본화를 지향한 기독교 자신을 위해서도 가치 있다는 사실이다. 이는 기독교 영성의 마지막 차원, 곧 상상으로서의 일명 자기 발견적 눈이자 아시아적 주체성의 역할에 대한 기대이기도 하다.[50] 상상이 때론 낯설고 이질적인 것을 자신의 전통과 합류시키며 나아가 부재한 것조차 복원할 수 있는 창조적 힘을 지녔기 때문이다. 이런 혼성화(Hybridity) 과정은 종교가 본래 명사(실체)로 존재치 않고 형용사적 날것[生物]임을 보여준다. 따라서 이 땅의 종교 역시 유불선이란 고유명사로 불리기보다 특수성(차이언어)을 횡단하는 보편적 가치(영성)로서 달리 언급될 일이다. 실제로 이 땅의 샤머니즘, 유교 그리로 불교는 지금 미학자들에 의해 각기 저마다 흥(興), 정(情) 그리고 한(아우름)의 미감(美感)으로 재언표되고 있다.[51] 이들을 세계와 소통하는 작금 한류의 원류(原流)라 명명하는 학자도 있을 정도다.

본 책 2부에 상세히 재론될 것이나 약술하면 '흥'이란 여기서 당신이 지은 창조 세계를 보며 '참 좋다' 하신 하느님 마음과 공명할 수 있다. 세상을 흥의 공동체로 만들고자 하는 것이 하느님 나라 비전이었고 복음의 핵심이라 믿는 때문이다. '정' 역시 누구도 홀로 기쁘거나 슬프지 않고 이들을 함께 공감하는 '공통체'(Common Wealth)의 성립을 돕는 민족 고유한 에토스이다. 이는 누구도 배제되지 않는 예수의 식탁공동체를 상상토록 한다. 끝으로 '한' 또한 일체 갈등(限)을 아우르며 경계를 넓히는 일에 기여한다. 세상 안에서 세상 밖을 살고자 하는 것도 실상은 한의 종교성의 산물일 것이다. 이렇듯 탈경계를 지향하는 '한'의 종교성은 불고 싶은 대로 부는 성령과도 닮아 있다. 여기서 '흥'을 근원적인 생명의 환희로, '정'을 정의의 감각으로, 또한 한을 공공적 평화의 마음으로 풀어낸다면 이들은 이 땅에서 열렸던 WCC의 주제, '생명의 하느님, 저희를 정의와 평화로 이끄소서'의 정신과 명확히 중첩될 수 있을 것이며 자본주의로부터의 일탈을 꿈꾸는 한국교회를 위한 영적 자산이 될 수 있을 것이다.[52]

이렇듯 자기 발견의 눈, 창조적 상상력을 근거로 '흥' '정' '한'이 기독교 영성에 접목될 수 있다면 기독교의 지평 확대는 물론 틀 자체를 달리하려는 목회적 구상에 큰 도움이 될 수 있다는 것이 필자의 생각이다. 이에 더해 루터의 종교개혁이 독일적 정신 풍토의 산물인 것이 일정 부분 사실로 밝혀졌고 그 신학적 한계가 노출되는 현실에서 흥·정·한을 통해 복음을 재해석하여 희랍적 '가톨릭(존재유비)', '독일적 개신교(신앙유비)'를 넘어 한국적인 제 3의 '다른 기독교'를 꿈꿔 보고도 싶다. 필자에게 종교개혁 500년은 이런 의미로 다가오고 있다. 하지만 이 역시 차이를 횡단하는 새로운 보편성(문화 담론)이 요구되는 탈세속화 시대에 인간을 사적 개인으로 붕괴시켜 보편적 악의 희생제물 만드는 사악한 자본주의를 향해 어떤 영성으로 맞설 것이며 어떤 가시적 결과를 만들 수 있을까에 대한 고민의 한 표현일 것이다. 이에 대해 답하는 것이 영성 신학의 과제이자 목회의 방향성 그리고 교회의 존재이유가 아닐까 생각해 본다. 이 점에서 상상력과 자유의 철학자인 러시아 사상가 베르자이에프의 말이 대단히 중요하다. 기독교 신앙의 요체를 탈인습화된 방식으로 표현하기 때문이다.

> 인간의 노예상은 인간의 타락과 죄를 말해 주는 것으로서, 이 타락은 특이한
> 의식구조를 갖고 있어 단순히 회개하고 속죄하는 그것만으로 극복될 수 있는
> 것이 아니라 인간의 모든 창조적 활동에 의해서만 극복될 수 있는 것이다.[53]

그렇기에 한국 교회가 자본주의로부터 탈주코자 한다면 성서가 말하는 하느님 나라를 지금 이 땅의 현실, 우리의 정신적 에토스와 더불어 새롭게, 걸맞게 상상하고 꿈꿔야만 할 것이다. 앞서도 말했듯 성서의 예수는 단순히 자신을 본받는 것(Imitatio Christi)이 아니라 자기 십자가를 지고 따르기를 원했던 때문이다. 한국 교회의 앞날을 염려하는 우리들에게 자기 십자가는 고독, 저항 그리고 상상, 즉 믿음과 의심, 나아가 자기 발견의 눈을 함께 작동시킬 것을 요구하고 있는 것이다. 기독교를 향해 탈자본적, 탈서구적인 불온한 상상력을 펼치는 것이 '다른' 기독교, 즉 작은교회 운동을 위해 이 땅의 기독교인들이 져야 할 십자가라 생각해 본다.

# 02——가톨릭 속의 개신교적 에토스
- 『복음의 기쁨』에 대한 개신교적 독해

앞글에서도 밝혔듯이 2013년 이 땅의 개신교가 10차 세계교회협의회(WCC) 개최를 앞두고 한껏 분주했던 것에 반해 가톨릭교회는 비교적 조용하게 자신들 정체성의 토대인 2차 바티칸 공의회(1963년) 50주년 행사를 성찰하며 기념했다.[1] 물론 교종 방문을 계획했던 가톨릭 주교단의 바쁜 정치적 행보가 없었던 것은 아니겠으나 적어도 학자들 그룹에서는 자신들을 거듭나게 했던 2차 바티칸 공의회 의미를 오늘의 한국적 현실에서 차분히 재(再)해석하였다. 많은 의제가 도출되었지만 그들의 지속적 문제의식은 한마디로 '복음화'란 말로 요약될 수 있겠다. 복음화란 개신교가 줄곧 강조했던 선교와 맥락이 같겠으나 후자가 복음의 종교적·개인적·교리(형식)적 차원에 중점을 두었다면 전자는 사회적·포괄(공동체)적·실천적 의미에 무게를 실었다. 한마디로 개종 강요와 복음화는 다르다는 것이다.[2] 그렇기에 가톨릭은 변화하는 사회적 위기와 복음을 맞닥뜨렸고 복음의 지속성은 그의 새로워짐을 통해서 가능타고 결론지었다.

여기서 중요한 것은 '복음의 지속성' 또는 '새로운 복음'에 대한 가톨릭 측의 고민이자 문제의식이다. 교회들이 존재하나 복음의 기쁨을 전하지 못했고 그렇기에 기쁜 소식인 복음이 현실 사회에서 지속적으로 복음이 되지 못했다는 자기반성이었다. 그렇기에 그들은 그 지속성을 위해 복음의 새 차원, 곧 새로운 복음화를 시도했고 그 첫 단추가 교회의 자기반성이었다. 교회의 복음화가 없었기에 세상의 복음화가 어려웠고 교회 복음화를 힘들게 한 주체가 정작 사제, 성직자들이라는 성찰에 이른 것이다.[3] 교종께서 고위 성직자들의 귀족적 삶의 방식을 질타했고, 바티칸 은행을 개혁하려 했으며, 구조선이 되지 못하고 방주처럼 군림하는 교회의 현실 모습에 이의를 제기했던 것도 그것들이 복음의 기쁨을 실종시킬 수 있다는 우려 때문이었다. 금번 교종의 방한 목적 역시 가톨릭 교회 내부적으로는 이와 유관할 것인 바, 역풍 역시 만만치 않다는 후문이다.[4]

하지만 문제의식이 분명해진 만큼 해결 역시 피할 수 없는 과제가 되었다. 또한 '새로운' 복음화를 위해 교회의 자기반성 이상으로 중요한 것은 현실사회에 대한 정확한 이해와 진단이었다. 세계화의 여파로 가난한 자들이 양산되고 세계 자체가 위험사회로 치닫는 현실에서 성장과 번영 이데올로기와의 싸움이 교회 안팎에서 일어날 것을 주문한 것이다. 한마디로 사회 현실에 주눅 들어 복음을 약화시키거나 세속성에 안주하지 말라는 것이다. 오히려 복음이 사회적 위기를 해결할 수 있을 때 비로소 진정한 기쁨이 될 수 있고 그 지속성이 유지될 수 있다는 것이 교종의 확신이었던 때문이다.

이런 이유로 이 글은 2차 바티칸 공의회 정신을 잇는 교종의 '새로운' 복음, 곧 복음에 대한 '새로운' 이해 및 내용을 정리하고 그것이 한국 개신교에 주는 의미를 찾고자 한다. 짧은 방문이었으나 한국 사회가 교종께 보여준 열광과 지지는 결국 '복음'을 그리는 마음의 표현이라 생각한다. 새로운 복음화가 가능하다면 기독교에 대한 한국 사회의 냉담, 불신의 마음이 종식될 수 있을 것 같다. 이에 현대사회 속에서 복음 선포의 의미와 방식을 논한 타자의 텍스트, 교종의 『복음의 기쁨』을 주 텍스트 삼아 그의 논지를 다음 절차를 통해 개신교적으로 성찰해 볼 작정이다. 우선 교종 프란치스코를 지금의 모습으로 이끈 사상적 배경 내지 현실적 이유 등을 소개하고, 이어서 교종이 말한 '새로운' 복음화의 교회 내적인 차원으로서 교회 개혁(쇄신)의 차원을 말할 것이며, 셋째로는 복음화의 교회 외적인 영역으로서 '사회화'와 '토착화'를 복음화의 시공간적 차원에서 바라볼 것이고, 마지막으로는 복음화에 대한 교종의 생각이 이 땅 개신교회에게 미칠 수 있는 영향에 대해 생각해 볼 작정이다. 이 과정에서 의당 가톨릭 신학에 대한 개신교적 시각이 다소 비판적으로 반영될 수도 있겠다. 개신교 신학은 여럿이 함께 가는 가톨릭교회의 경우와 달리 홀로 앞서 가는 성향 탓에 현실과는 거리가 있되 사상에 있어 분명 진일보된 측면을 소유한 까닭이다.[5]

## 해방신학을 품은 교종 프란치스코의 복음 이해
### - 교종의 사상적 배경들과 관련하여

교종의 파격적(?) 행보에 대해 놀라는 이들이 세계적으로 적지 않다. 그럴수록 그가 남미 아르헨티나의 빈민 사목자 출신이란 것이 부각되고, 해방신학의 수용 여부에 대한 관심이 지대해졌으며, 예수회 출신으로서 자기 운명을 성 프란치스코와 일치시키는 일을 흥미롭게 생각한다. 중세교회가 수도원을 빌미로 엄청난 부를 축적하여 오히려 세속을 힘들게 했을 때 '가난'의 이름으로 교회 개혁 요구했던 그의 이름을 빌려 교종직을 수행하는 그를 걱정 반 기대 반 지켜 보았던 것이다. 이런 이유로 교종의 저서 『복음의 기쁨』을 온건하긴 하나 해방신학적 관심의 결과물이라 평하는 학자들도 있다.[6] 바로 앞 교종에 이르기까지 해방신학 사조를 거부했고 해방신학자들과 거리 둘 것을 공식화했으나 프란치스코 교종의 가난한 자를 편드는 개혁적 행보는 분명 현실 교회 안팎을 한동안 혼절케 했다. 앞서 말했듯 고위 성직자들의 부패 척결을 비롯하여 바티칸 은행 개혁을 강력히 요구한 탓에 교종의 생사를 걱정하는 이들이 생겨날 정도가 된 것이다. 방한 시, 이 땅의 가장 작은 차를 타고 백성들을 맞이했던 겸손, 세월호 유족들에게 보여준 진심어린 따뜻한 위로, '무거운 짐을 남에게 지우고 자신의 손가락 하나 움직이지 않는'[7] 관료화된 성직자들에 대한 고발 등은 정말 신(神)의 육화된 모습을 보는 듯했다. 세상은 이런 그를 강력한 노벨 평화상 후보군에 포함시켰으나 정작 그가 이를 수락할지 모를 일이다.

일반적으로 이런 교종의 삶과 신학을 이해하는 열쇠말로서 다음 세 가지를 일컫는다. 이는 그의 사상적 배경이자 해방신학과의 필연적인 만남을 예고하는 것으로서 성 프란치스코, 예수회 그리고 아르헨티나이다.[8] 프란치스코는 교종의 정신적 멘토이고, 예수회는 그의 소속 단체이며 아르헨티나는 그를 낳은 조국이다. 주지하듯 프란치스코는 '가난'을 주제로 교회개혁을 주창한 성인으로서 교종의 의식과 삶을 가장 많이 지배하고 있는 존재라 하겠다.[9] 좀 더 확장하자면 가난과 평화란 두 단어가 그에게 프란치스코 성인을 상징하는 대명사가 된 것이다. 따라서 교종 역시도 스스로 가난을 택해야 했고 그 바탕에서 교회를 개혁하고 세상을 달리 만들고자 했다. 프란치스코의 전 생애가 교회 개혁을 목표했던 것이기에 가난의 잣대를 의당 교회를 향해 들이댔고 교황청이 우선적으로 그 표적이 될 수밖에 없었다. 이런 이유로 남미 해방신학자들 다수가 그가 세운 프란치스코 수도회 출신이란 것은 결코 예사롭지 않다. 교종께서 해방신학을 품을 수밖에 없는 결정적 이유도 바로 여기서 찾을 일이다. 이 외에도 세계평화를 위한 전쟁반대, 종교 간 대화, 자연 생태계와의 공존 등에 관심을 갖는 그의 영향력이 교종의 현재적 삶을 지배하고 있다 해도 과언이 아닐 듯싶다. 하지만 화급한 사안임에도 『복음의 기쁨』속에 자연 생태계에 대한 관심이 상대적으로 적게 표명되었고, 결국 가난과 생태가 동전의 양면처럼 상호 연계된 사안이란 관점이 분명히 적시되지 않은 듯하여 아쉬운 바, 후술할 주제로 남겨 둔다.

　주지하듯 예수회는 루터 종교개혁 이후 잃어버린 형제를 유럽 밖에서 찾고자 하는 열망으로 대응종교개혁(Gegenreformation) 차원에서 생겨난 가톨릭 수도회이다. 주로 선교를 소명으로 하는 단체로서 항시 가톨릭 속 야당의 역할을 감당해 왔었다.[10] 주로 로마 밖에서 선교 활동에 주력했기에 선교지의 실상과 로마의 현실 간의 괴리와 차이를 느꼈던 탓이다. 실제로 중국 최초의 선교사로서 한문을 공부하여 사서삼경을 읽고 그와의 적응 속에서 성서를 해석했던 마태오 리치가 대표적 예가 될 듯하다. 그가 이탈리아어로 쓴 선교 보고서와 한문으로 간직한 보고서 내용간의 차이가 발견된 것이다.[11] 중국의 문명, 문화를 실제로 접한 그는 개종주의를 표방한 로마와 입장을 같이 할 수 없었던 때문이다. 이처럼 변방에서 이방 문화를 접할 수 있던 예수회는 신학에서 급진성을 지녔고 따라서 로마 교회를 향해 개혁성을 지속적으로 요구했다. 교종 역시도 남미 이민자로서 변방에서 선교에 주력했던 까닭에 동일한 입장을 지닐 수밖에 없었고, 더구나 예수회 창시자 로욜라(Ignatius de Loyola, 1491-1556) 신부의 멘토가 프란치스코였다는 사실도 그가 예수회에 소속된 핵심 이유 중 하나였다. 2차 바티칸 공의회를 주도했고 교종의 사상적 배경이 된 칼 라너(Karl Rahner, 1904-1984) 역시 예수회 소속 신부로서 해방신학을 지지했으며 이웃종교를 향한 개방(포괄)적 시각을 신학적으로 충분히 보증할 수 있었다.[12] 그가 주창한 초월신학은 전통적인 가톨릭 자연신학(Analogia Entis)의 재해석으로서 은총(초월)을 그리는 내적 성향으로서의 인간 자유의지를 강조했고, 이로써 이웃종교와의 대화는 물론 가난한 자의 눈으로 성서를 읽는 가능성을 제시할 수 있었다. 이 점에서 교종께서 예수회에 속한 것이—물론 한국 예수회의 경우 이와 크게 다른 현실이지만−프란치스코 교단과 맞물려 가톨릭 교회 쇄신에 박차를 가할 수 있는 내적 동인이 되었다 하겠다.

　마지막으로 교종의 조국 사랑, 아르헨티나에서의 삶의 경험을 말하지 않을 수 없다.[13] 앞서 언급했듯 이탈리아계 이민자로서 이곳에 정착한 그의 가족은 가난하지만 정직하게 생활했고 집안을 일으키라는 부모의 뜻과 달리 교종은 성직의 길에 들어섰다. 인구 90% 이상이 가톨릭교도인 상황에서 이는 어쩌면 자연스런 일일 수도 있었다. 하지만 성직자 재직 시, 아르헨티나는 페론주의를 표방하는 군사독재 체제 하에 있었고 교회는 이에 침묵・동조하는 입장이었다. 교종과 그의 동료들은 당시 빈민사목의 길에 들어섰고 가난을 묵인하는 정권과 맞서지 않을 수 없었으며, 독재정권에 의해 희생당하는 동료들 모습을 지켜보아야 했다. 그가 관구장으로 재직하던 시기 반독재・반자본 운동을 이끌던 상당수 신도들이 포획・구금・실종된 적도 있었다. 이 상황에서 베르골리오란 이름의 당시 추기경, 오늘의 교종은 예수회 소속 신부들의 희생을 온몸으로 막아냈으나 이를 두고 군사정권과의 밀약・공조탓이란 평가도 없지 않았다. 하지만 해방신학자 L. 보프(L. Boff) 등에 의해 혐의는 벗겨졌고 오히려 군사정권 시기, 인권운동을 도와준 소중한 존재로 기억되고 있다. 하지만 당시 교종은 그 일에 더욱 열심치 못한 것을 후회했고 급기야 다시 교회 및 성직자들의 죄를 고백하는 문헌 〈내 죄(Mea Culpa)〉를 발표했다.[14] 이후 남미 주교회의를 주관하면서 교종은 가난한 자를 주변인, 변방 존재 심지어 쓰레기 취급하는 세계 경제 질서(신자유주의)를 세차게 비판했다. 서구 자본에 종속된 남미, 조국 아르헨티나 정황에서는[15] 교회 가르침보다 경제적 종속 현실 분석이 먼저 필요했고, 그것을 복음의 빛에서 해석하고 살아내는 것을 자신의 신학적 과제이자 교회적 실천이라 여겼다. 심지어 교회 전통을 깨트리는 것을 진정한 개혁이라 생각하였다. 한마디로 전통적인 수직적 교회 대신 현실 적합한 수평적 교회관을 정립한 것이다.[16] 여기서 말하는 수평적 교회란 교회의 현존을 강단이 아닌 거리, 주변부 인생들의 거처로 옮기는 것을 뜻한다. 이는 방한시 교종이 교회를 방주가 아닌 구조선, 야전 사령부로 비교한 것과 맥을 같이 한다. 이후의 주제겠으나 그가 미혼모, 동성애자 심지어 매춘 여성의 세례에 주저함 없었던 것도 오로지 '새로운' 복음의 차원에서였다. 교회가 세상의 권력과 달리 가난한 자의 편이 될 때, 즉 경제(체제)가 아니라 '사람' 그 자체를 위할 경우 비로소 그것을 복음 선포라 칭한 것이다.[17]

이상에서 보았듯 『복음의 기쁨』을 시대에 선포한 교종의 사상은 가난한 이를 내치는 아르헨티나 현실 속에서 변방의 사제들인 예수회와 성 프란치스코 정신이 합류된 결과였다. 그가 말한 새로운 복음화란 일차적으로 빈곤한 이들을 편드는 교회를 일컬었고 그를 위해 사제는 의당 가난해야 했으며 '전적(全的) 무(無)'(to do Nuda)를 실천하는 존재이자 예수와의 동시성을 살아내야 할 존재가 되어야 마땅했다. 선악과가 상징하듯 하느님의 것이란 모두의 것[公]일 터인데, 그것을 사(私)적으로 취해 가난을 확대재생산하는 신자유주의 경제 체제에 대한 교종의 비판은 분명 해방신학적 모티브를 지녔다.[18] 더욱이 가난한 자를 편드는 교회, 곧 복음의 당파성을 가감 없이 주장하는 교종에게서 해방신학의 씨앗을 찾는 것은 결코 어렵지 않은 일이다. 해방신학의 핵심 주제가 교회론에 있다는 주장은 이런 생각을 한번 더 뒷받침한다.[19] 그렇기에 교종에게 있어 교회개혁과 사회개혁은 함께 가는 것이며 전자를 통해 후자에 이르는 과정을 일컬어 교종은 '지속적' 복음화라 명명한 것이다.[20] 교회 복음화의 열매는 사회 복음화일 것이며 사회 복음화를 위해서는 반드시 교회 복음화라는 꽃이 먼저 피어야 한다는 것이 교종의 생각이었다. 이 점에서 해방신학의 핵심이 교회론에 있다는 주장은 백번 지당한 바, 해방신학적 모티브를 거부할 이유가 온전히 실종되어야 옳다.

## 지속적 복음화를 위한 교회의 내적 쇄(갱)신 과제
## - 복음의 새 차원을 지녀야 할 교회

교종은 교회의 성장이 개종 강요를 통해서가 아니라 자체의 매력 혹은 향기로부터 비롯한다고 했고, 안식일이 사람을 위해 존재한다는 예수 말씀을 상기시키듯 종교의 종살이로부터 자유 할 것을 무엇보다 강조했다.[21] 현실 교회가 신도들에게 생명의 빵을 주기는커녕 무거운 돌덩이를 안기고 있다는 것을 공감했기 때문이다. 또한 교종은 교회가 걸레처럼 더럽혀질지라도 세상을 깨끗하게 할 수만 있다면 좋은 일로 여겼다. 즉 상처받고 더럽혀진 교회가 더욱 그리스도의 몸 된 교회의 자화상이란 것이다.[22] 그렇다면 일전에 그리스도 교회를 '거룩한 창녀'로 비유한 한 가톨릭 신학자에 대한 교황청의 정죄는 금번 교종에 의해 거둬들여져야 지당하다.[23] 교회는 더러워지고 세상이 깨끗해질 수 있다면 그것으로 족할 일인 까닭이다. 따라서 교회는 세상의 복음화를 위해 복음의 신비, 곧 자신의 소명을 창발시킬 수 있어야 한다. 세상의 구원을 위해 자신을 더럽히는 것이 복음의 신비이고 교회의 소명이란 말이다. 오늘의 세계화가 실상 '무관심의 세계화'인 이상 교회는 누구라도 배척하거나 경계를 설정할 수 없다는 것이 교종의 시종일관된 생각이었다.[24] 가난한 자, 병든 자, 소수자 누구라도 받아들일 수 있도록 항시 개방되어 더럽혀질 준비가 되어 있어야 한다는 것이다. 이들이야말로 복음의 참된 수용자이기 때문이다.

그러나 신앙이 가난한 이들과의 유대를 갖기 위해 가장 중요한 것이 복음의 기쁨을 제대로 증거하는 일이다.[25] 교종 역시 개신교 성직자들만큼이나 설교를 중시했다. 가톨릭교회가 상대적으로 성례전에 무게를 두는 탓에 강론을 소홀하게 한다는 기존 선입견을 불식시켰다. 하지만 이 경우 강론은 단순한 성서 풀이와도 변별되며 예화, 사례, 개인 이야기 등과 같은 것으로 시간을 채우는 통상적 설교 형태와 크게 다르다. 복음화가 교외의 과업인 이상 예수 그리스도를 탁월한(?) 방식으로 선포할 책임이 있다는 것이다. 예수 그리스도와의 인격적 만남을 일컫는 것이 여기서 말하는 탁월함의 의미이다. 성직자 역시 예수의 고유성, 혹은 예수와의 동시성을 살아내는 제자로서의 자의식을 요구받는다.[26] 선포를 통한 인격적 만남을 교종은 종종 부활 체험이라 하였다.[27] 왜냐하면 복음은 사람들을 기쁨으로 이끄는 까닭이다. 성서 곳곳에서 적시하는 내용 역시 인격적 만남을 통해 회복된 기쁨에 관한 증언들뿐이다. 불행하게도 교회가 선포하는 복음이 이런 기쁨을 선사치 못하고 있다. 더구나 교종은 기쁨 중 가장 큰 기쁨을 가진 것 없이 가난한 소외자들이 복음 선포를 통해 삶의 새 시각을 얻고 방향을 찾는 기쁨이라 하였다.[28] 이들을 고립감으로부터 탈출시켜 사랑을 나눌 수 있는 존재로 양육시키는 것이 복음 선포의 이유란 것이다. 그러나 이는 신/구교를 막론한 성장 지향적 교회에서는 쉽지 않다. 교회가 돈 버는 수익 재단을 갖게 되고 교회 증/건축헌금이 요구되는 탓에 가난한 이들의 교회 생활은 참으로 버거울 뿐이다.

그럴수록 교종은 복음의 기쁨에만 관심을 갖는다. 그리스도 복음이 인간 삶에 영원한 새로움, 열정을 가져온다는 확신 때문이다. 따라서 이런 복음을 전하지 않는 것을 가장 불행한 일로 여긴 바울의 말씀을 좋아했다.[29] 완전한 '새로움'으로 다가오는 복음만이 개인은 물론, 교회 공동체 나아가 세상을 바꿀 수 있다고 믿는 것이다. 이런 선교를 할 수 있는지의 여부가 현실 교회의 가장 큰 도전이 될 것이라 하였다.[30] 이를 위해 교종은 복음을 선포하는 기관으로서의 교회 구조와 복음 선포자인 사제의 자세 그리고 정작 복음을 준비하고 선포하는 옳은 방식들에 대해 권고하였다.

　우선적으로 복음의 기쁨이 선포되려면 교회의 구조 자체가 변해야 한다고 교종은 확신했다. 앞서 본 대로 교종에게 교회는 수직적 구조가 아닌 수평적 구조로 재편되어야 할 기관이었다. 하지만 긴 세월 로마의 하이라키(hierarchy, 계층, 서열) 구조를 원용한 가톨릭교회 생리상 쉽게 납득할 수도 없고 실현 가능할지 그 여부도 알 수 없다. 실상 개(個)교회주의에 터해 한 사람 성직자에 과도하게 집중된 개신교의 경우 문제는 더 심각할 수 있다. 하지만 교종의 의지만큼은 너무도 확고부동했다. 교회가 항시 변방에 위치해야 하기 때문에 조직 자체가 수평적으로 재편되어야 옳다는 것이다. 이런 변화는 단지 사회학적 차원만이 아닌 교회적 소명의 충실성 잣대에 의한 결론이었다.[31] 교회 구조가 자기 보전보다는 세계 복음화를 위한 적절한 경로가 되어야 한다는 것이다. 교회 수호를 그치고 개혁하라는 2차 바티칸 공의회 정신을 따른 결과이다.[32] 복음의 기쁨을 방해하는 구조들이 존재했다는 것에 대한 암묵적인 동의라 하겠다. 또한 교회 내 자체 부패가 종교개혁을 발화시켰던 과거 역사를 뼈저리게 기억했기 때문이다. 따라서 교종은 교회의 절대화(신성화)를 한사코 거부했고 그를 나그넷길에 비유했다.[33] 교회 구조를 복음의 기쁨을 전할 수 있는 포괄적·개방적 형태로 바꾸라는 주문이다. 이것이야 말로 교회 쇄신 능력의 실상이라 하였다. 결국 교회가 자기도취적이고 폐쇄적인 자폐 증세를 떨쳐내라는 요구이다. 목마른 사람들이 자발적으로 찾아올 수 있는 공간으로 만들라는 것이다. 나아가 개별 교회를 해당 지역의 얼굴을 지닌 형태로 바꿀 것을 주문했다.[34] 비록 하나이고 거룩하며 보편적인 사도의 교회라는 정식이 존재하나, 지역 교회는 그곳의 색깔을 갖고 그에 합당한 옷을 입고 특화되어야 마땅하다는 것이다. 결국 교회는 조직이 아니라 사람을 하느님 백성, 예수의 제자로 만드는 구체적 일(활동)이란 것이 교종의 생각이다.

따라서 복음 선포자인 주교들, 사제들에 대한 이해 역시 남달랐다. 스스로를 교종이 아니라 로마교회의 주교라 여겼던 그는 무엇보다 교종직 쇄신에 관심을 기울였다.[35] 전통을 고수하는 것만이 능사가 아니라 복음의 기쁨을 위해 창조적 개혁에 망설임 없기를 자신과 주교단에 주문한 것이다. 그가 교종 사저를 사용하지 않고, 특별한 복장을 고집하지 않으며, 전용차를 거부하고, 바티칸 은행을 개혁하려는 것도 늘 그래 왔던 안이한 태도와의 결별 때문이다. 자신의 권위를 앞세우기보다 주교들 간의 합의체 정신에 더욱 무게중심을 실은 것도 그로 인한 한 변화라 하겠다. 결코 혼자 앞서가지 않고 주교들이 친교의 과제를 걸머졌듯 자신 역시도 그들 지도력에 잇대어 존재할 것을 다짐한 바 있다. 이처럼 자신에 대해 철저했던 그는 소위 고위 성직자들인 주교들에 대해 혹독한 주문을 서슴지 않았다. 방한 시 이 땅 주교단을 만난 자리에서 그가 일갈한 메시지는 인습적 관례를 뛰어넘는 내용을 담았다. "성공과 권력이란 세속적 유혹에 빠지지 말고, '가난한 이들을 위한, 가난한 이들의 교회'가 되어 희망의 지킴이가 되어 달라. 희망의 지킴이가 된다는 것은 사회 변두리에 사는 사람들과의 연대를 시행하여, 예언자적 증거가 명백하게 드러나도록 하는 것을 의미한다."[36] 이 말은 안녕과 영광에 몰두하는 교회 성직자들의 자기집착에 대한 경고로서 교종은 그것을 현대판 영지주의 유혹이라 했고 그로인해 교회에게 미칠 재앙을 염려하였다.[37] 이는 분명 번영(성장) 신학의 거부이자 하느님 영의 세속화에 대한 경종이라 할 것이다. 이 점에서 고 김수환 추기경 역시 복음적 청빈이 없다면 교회가 아시아적 가난을 말할 자격을 잃었다 하며 청빈을 교회의 영광이자 증표라 여겼고, 따라서 사제직을 항시 비워야 하는 쓰레기통에 비유한 바 있었다.[38] 이것이 바로 교회 복음화 없이 세상 복음화는 불가능하며 성직자가 바르지 못할 경우 교회 자체가 망가진다는 앞선 말의 의미일 것이다.

마지막으로 교종은 성직자들의 설교와 교회 쇄신 간의 밀접한 관계를 언급하였다. 설교를 20분의 예술이라 칭하는 이들이 있다. 짧은 시간 안에 사람들 마음을 움직여 복음의 기쁨과 접촉시켜야 하는 고도의 예술이란 것이다. 이 점에서 교종 역시 강론의 중요성을 강조하였다. 강론의 부족과 서투름 탓에 복음의 기쁨을 창발시키지 못하는 (평)신도들이 다수인 것을 알고 있기 때문이다. 이것은 교리 교육과 차원을 달리하는 것으로 물론 성사적 친교(성례전)와도 다르나 하느님과 신앙인들을 만나게 하는 대화이자 일종의 봉헌이라 하였다.[39] 달리 말해 어머니인 교회가 자신들 자녀에게 사랑을 전하는 것으로서 성령의 지속적 활동이라 말해도 좋을 듯싶다. 그렇기에 이 언어는 진실해야 할 것이며 자신들 모국어가 되어야 옳다.[40] 따라서 교종은 개신교 이상으로 강론을 강조했고 그를 위한 철저한 준비를 요구했다. 말씀에 대한 존중과 사랑을 가지고 긴 시간을 그에 집중하라 한 것이다.[41] 임의적 해석을 지향하고 말씀의 보관자이자 전달자의 역할에 충실하라는 뜻이다. 이를 위해 교종은 몇 가지 원칙을 제시했다. 우선 성서를 각기 장르에 합당한 방식으로 성서 저자의 뜻을 찾을 것과 본문을 항시 성서 전체 맥락 속에서 이해할 것 등이다.[42] 또한 무엇보다 중요한 것은 강론자의 행실, 곧 삶이라 하겠다. 아무리 좋은 말일지라도 전하는 자의 삶이 그릇되면 진의가 전달될 수 없는 때문이다.[43] 한마디로 좋은 나무가 되어야 좋은 열매를 맺을 수 있다는 것이다. 따라서 참된 것, 말씀을 목말라 사모하는 이들을 위해 강론자는 섬기는 자로서의 자기 성찰을 늦추지 말라 하였다. 강론을 통해서 말씀을 사람들 삶과 구체적으로 접촉시킬 수 없는 사제는 거짓 예언자, 사기꾼들이 혹평할 정도였다.[44] 그럴수록 강론자는 전하는 말씀을 일차적으로 자신에게 적용시켜야 옳다. 선포된 말씀을 언제든 자기 자신을 향한 말씀으로 뼈아프게 수용하라는 것이다. 교종은 이를 사제들의 영적 성숙성이 지속될 수 있는 근거이자 토대라 생각했다. 사제 역시 복음화되어야 할 대상일 뿐 복음의 주체는 물론 완결된 존재일 수도 없다는 것이다.[45] 따라서 말씀 전하는 성직자들이 복음화되지 못하다면 교회의 지속적 복음화 역시 불가능하다는 것이 교종의 시종일관된 생각이었다. 이런 교종의 생각은 결국 다석 유영모의 단어를 빌리자면 강론을 '제소리'로 전달하라는 명령과 다르지 않을 것 같다.

## 새로운 복음화로서 복음의 사회화와 토착화, 그 의미와 과제
### - 해방신학의 차원에서

지금까지 서술한 교종의 교회 개혁안, 곧 교회의 복음화는 세상의 복음화를 위해 선결되어야 할 과제였다. 앞서 필자는 이를 꽃과 열매로 명명했다. 꽃 없이 열매가 생기지 않듯 교회가 달라지지 않고 세상 변화를 기대할 수 없다는 차원에서다. 또한 교종이 즐겨 쓴 '새로운' 복음화가 교회의 내적 과제를 위한 명제였다면 '지속적' 복음화란 이제부터 풀어내야 할 사회화와 토착화 작업이라 해도 틀리지 않을 것이다. 교종에게 있어 복음화의 사회적 차원이 해방신학적 요소와 결코 무관할 수 없다는 사실도 앞서 확인하였다. 토착화, 혹은 문화이입이라 불리는 후자의 과제 역시 해방신학적 차원을 지녔으나 가톨릭교회의 자연신학 전통에서 이해될 수 있는 주제이다. 하지만 남미 해방신학 역시 크게 보면 자연신학 전통과 맥이 닿아 있다는 것이 필자의 판단이다.

교종은 복음화의 대 사회적 차원을 옳게 설정할 수 없다면 복음화의 본질이 왜곡될 수 있다고 우려했다.[46] 이런 시각은 최근 서구 기독교가 개인적 영성에 탐닉한 나머지 심리 상담학 분야에 경도된 현실을 '영적 파산'이라 진단한 신학자 존 캅(Jhon B. Cobb, Jr., 1925- )의 견해와 흡사하다.[47] 이들 모두 타자에 대한 관심, 공동체성이 케리그마의 본질에 속한다고 여겼던 때문이다. 기독교 구원의 사회적 차원 자체가 오히려 케리그마의 핵심이라 본 것이다. 오로지 '섬기는 자로서 우리들 중에 있는' 예수, 그리고 '지극히 작은 자에게 한 것이 자신에게 행한 것'이라 여긴 예수를 통해 초월의 사회적 차원, 곧 성육신의 신비를 접할 수 있다고도 했다.[48] 자신을 넘어 이웃을 향하는 마음 자체가 은총을 식별하는 잣대란 것도 교종께서 강조한 대목이다.[49] 이렇듯 복음의 대사회적 측면은 '하느님 나라'라는 말로 요약될 수 있다. 하느님께서 우리 속에 거하여 영향을 미칠 경우 세상은 달라질 것이며 이 달라진 세상이 바로 이미 시작된 하느님 나라의 전조인 까닭이다. 그러나 이런 하느님 나라는 인류 전체는 물론 자연 생태계의 새로움을 위한 것이어야 옳다. 개인을 넘어 사회, 그리고 전 지구적 차원에 이르기까지 영향을 미칠 수 없다면 복음화는 온전한 것도 지속적일 수도 없다고 생각한 것이다.[50] 이런 관점은 전 지구적으로 가난, 전쟁 그리고 생태계 파괴(JPIC)가 지속되는 한 기독교(복음) 정신은 완전히 실현된 것이 아니라는 C. 바이젝커(Carl Friedrich Von Weizsacker, 1912-2007)의 생각과 정확히 일치한다.[51] 온 세상에 가서 모든 피조물에게 복음을 전하라는 선교가 사회질서와 인류의 공동선을 추구하라는 것과 결코 무관치 않다는 것이 교종의 확신인 듯싶다.[52]

하지만 현실 정치가 인류의 공동선인 빈곤·가난 문제를 해결하지 못하고 오히려 '무관심'의 세계화를 촉발시키며 인류 공동의 집인 자연을 파괴시키는 상황에서 교회가 결코 정의를 통한 평화 투쟁에서 비켜나 있을 수 없을 것이다.[53] 특별히 정의의 감각을 요청했고 정의 없는 평화의 불가함을 역설한 교종은 지구상의 가난 문제에 집중했다. 가난한 이들을 사회에 통합시킬 목적으로 교종은 가난한 자를 편드시는 하느님, 버림받은 이들의 친구가 되어 그 곁에 머무는 그리스도 이미지를 각인시킨 것이다.[54] 따라서 교회가 들어야 할 세상의 목소리는 '무관심'으로 방치된 가난한 이들의 절규이며 빈곤의 구조적 원인을 없애는 일까지 교회의 책무에 속하게 되었다.[55] 재화와 소득의 불의한 분배가 그 원인인 탓에 고통 받은 이들과의 삶의 연대를 통해 그들 고통에 공감하고 분노하며 구조 자체의 개혁에 동참할 것을 요구한 것이다.[56] 교종 보기에 기독교 정통성의 한 기준이 있다면 그것은 가난한 이들을 잊지 않은 일이었다.[57] 이에 더해 교종은 하느님 마음속에 가난한 이들을 위한 특별한 자리가 있다고 강변했다. 그들을 편드는 정도가 아니라 그들을 위한 삶의 자리, 여백이 하느님 심중에 있다는 것이다.[58] 따라서 가난의 문제는 사회·정치적 주제이기 이전에 신학적 범주에 속하는 문제가 되었다.[59] 가난한 자로 인해 우리들 스스로가 복음화될 수 있음을 오히려 고맙게 생각하라고 했다. 그들로인해 가난에 대한 복음적 감성을 일깨울 수 있기 때문이다.[60] 이런 시각은 자신의 조국 아르헨티나에서 생성된 것으로 해방신학에 대한 교종의 지지로 이어졌다.

여기서 교종의 생각에 대한 탐색을 잠시 접고 남미 해방신학의 핵심을 한 국계 신학자, 성정모의 견해를 빌려 정리할 필요가 있겠다.[61] 그는 당시 교종이 주도했던 남미 주교회의 문헌 〈아파레시다〉에 지대한 영향을 미쳤던 인물로 알려져 있다.[62] 주지하듯 본 문서에는 신자보다 아르헨티나 백성이 우선이고 교회보다 현장이 먼저라는 시각이 담겨 있다. 기독교 핵심은 가난한 자들에 있고 교회보다 삶의 현장이 복음이 맞닥뜨려야 할 첫 번째 장소란 것이다. 이 모두는 하느님을 인간의 얼굴을 한 존재로 고백했기에 가능했다.[63] 바로 이런 내용을 가능케 했던 이가 성정모 박사였다. 그에게 신학은 하느님 관점에서 현실을 보는 역사의 해석학이었다. 서구신학이 말하듯 하느님에 대한 논거라기보다 인간 역사와 삶에 대한 신앙적 해석과 판단을 신학이라 한 것이다. 우리 현실 속에서 절대 신화, 곧 종교로서 기능하는 자본주의 체제 비판을 그는 신학 고유한 책무라 하였다. 교회 역시 자본주의 가치(성장)를 확대 재생산하는 틀이 된 이상 그 역시 비판에서 자유롭지 않다. 모방이 욕망을 낳고 그것이 경쟁을 추동하며[64] 인간 희생을 정당화하는 자본주의 체제는 종의 멍에를 메지 말라는 복음정신과 너무도 이질적인 까닭이다.

따라서 신학은 주변부라는 현실 역사적 조건 속에서 인간이 인간답게 살 수 있는 방식을 묻고 답하는 일일 수밖에 없다. 예수 복음이 주변부 상황에서 비롯했듯 희생자를 양산하는 체제 모순 극복을 위해 주변부의 당파적 생각 역시 필연적이었다. 서구적인 것이 늘상 보편적인 것이라 강요받던 현실에서 거짓된 보편적 요구 없는 신학의 길을 정초코자 한 것이다. 여기서 중요한 것이 모두가 추측하듯 경제를 신학적으로 보는 독특한 시각이다. 성정모는 경제 체제 속에 이미 희생을 부추기는 신학적 기초가 내재되어 있음을 간파한 것이다. 하지만 이는 사회 윤리적 차원에서 경제적 부정의를 비판하는 기존 입장과도 크게 다르다. 말했듯 경제 자체가 신학적 체제를 지녔고 시장에 대한 믿음, 불가피한 희생 등을 정당화시킨 것에 대한 거부인 때문이다. 따라서 신학은 지금 자기 고유한 학문성 혹은 교회 자체의 정당화에 초점을 둘 것이 아니라 종교화된 경제 체제 속에서 삶을 위협받고 존엄성(인권)을 상실한 이들을 대변해야 옳고, 이것이 볼 수 없는 하느님[65] 그러나 인간의 얼굴을 한 하느님에 대한 봉사인 것을 숙지해야 할 일이다. 교종 역시 이 점을 충분히 간파했다. 그렇기에 그는 극심한 남미의 빈곤 상황에서 신앙의 의미를 새롭게 모색했고 가난의 탄식을 듣고 그들을 '편드시는 하느님'을 발견한 해방신학을 지지했다. 하지만 성정모는 이전 해방신학이 인간 욕망 문제를 간과했다고 지적하며 갈수록 희소해질 물질(자연)적 토대 속에서 자본주의 체제가 부추긴 '소비의 영성',[66] 교종의 말대로라면 '영적 세속성'과의 투쟁을 역설했다.[67] 이 투쟁 과정을 통해서 인간이 비로소 자유하게 될 것이며 투쟁 자체가 자유의 길인 것을 확신한 것이다. 세계화된 소비시장, 그 속에서 '차이표시 기호'[68]를 지속적으로 산출하며 인간 욕망을 부추기는 현실에서 아시아적 지혜를 갖고 욕망의 근원적 변화를 이뤄낼 것을 한국 기독교인들에게 호소했다. 서구적 합리성, 서구적인 지적 전통에 지나치게 함몰되지 말 것을 요구한 것이다. 필자는 교종의 생각 역시 성정모의 이런 시각에 이르렀고 이와 충분히 동조, 공감할 것이라 판단한다.

위 주제와 관련하여 우리는 교종이 말한 복음화가 토착화란 개념과도 동의어로 쓰이고 있는 현실을 주목해야 할 것이다. 교종께서 아시아의 지혜를 가톨릭교회에 문화적 도전이라 평하기도 했으나 동시에 복음화를 위한 그 역할을 크게 중시함도 엿볼 수 있다. 복음의 사회화 주제에서 '무관심'의 세계화를 염려했던 교종은 복음의 토착화를 말하면서 세계화로 인해 문화의 고유성이 뿌리째 뽑혀지는 현실을 개탄했다.[69] 생물종 다양성을 훼손시키듯 문화 다양성 근간을 해치는 세계화를 아시아 문화들에 대한 외래적 침략으로 규정하기도 했다.[70] 전통 가치의 훼손으로 세계 자체가 직면한 부작용 또한 만만치 않음을 본 탓이다. 우선 자신들 방어와 수호 차원에서 근본주의가 개별 종교문화권에서 활성화되었다. 이에 대한 가톨릭교회의 대응 방식 역시 적대적이었고 사적 영역으로 사목 활동을 후퇴시키는 경향 역시 농후해졌고 교종은 바로 이 점을 걱정한 것이다. 더욱이 기독교를 비롯한 종교가 세속화 과정과 함께 맞서야 할 우군들인 바, 상호간 갈등으로 세속화를 방조했고 그럴수록 신앙 영역이 사적으로 축소되는 소위 '영적 파산'을 지켜본 것이다. 이 점에서 교종은 신앙의 토착화를 복음이 직면한 도전이자 과제로 인식했고 복음의 토착화를 위해 무엇보다 개별 문화의 존중, 나아가 문화의 복음화 과정을 요청하였다.[71] 해당 지역 문화를 존중하되 그것의 정화와 성숙의 과정 역시 필요하다고 본 것이다. 그것들이 속설이나 대중(민중)적 미신 등으로 곡해된 경우들이 적지 않았던 때문이다. 하지만 그럴수록 교종은 복음의 획일적 적용, 경직된 방식으로의 적용 역시 옳지 않음을 함께 지적하였다.[72]

교종은 세상 백성들이 다양한 민족, 고유한 문화로 구성된 것을 교회가 숙지할 것을 역설했다. 각 민족이 자신들 역사 속에서 정당한 자율성을 갖고 고유문화를 이룬다는 것을 자명한 진리로 받아들이라는 것이다.[73] 이런 문화를 전제로만 은총의 역할과 기능이 존재할 수 있다는 말이다. 따라서 문화 없이는 은총도 없다고 말해도 좋을 법하다. 나아가 교종은 복음을 그리스도교라는 문화적 표현과도 동일시했다.[74] 그것은 문화적 표현 이전에 문화의 참됨을 가능케 하는 본래적 힘이자 능력인 까닭이다. 따라서 그리스도교와 문화는 나뉠 수 없으면서도 구별되는 불상리 불상잡(不相離 不相雜)의 관계가 되었다. 즉 그리스도교는 "자신의 참모습을 온전히 간직한 채 복음 선포와 교회 전통에 충실하면서도 문화와 민족들의 다양한 모습을 반영"[75]한다는 것이다. 따라서 민족과 문화에 따른 교회의 다양성은 가톨릭교회의 보편성의 시각에서 주저치 않고 적극 권장된다. 문화적 다양성이 교회일치에 결코 장애가 될 수 없다고 확신했다. 오히려 "모든 문화에서 발견되는 긍정적 가치들과 형식들은 복음이 선포되고 이해되면서 실천되는 방식을 풍부하게 할 것"[76]이란 믿음이 앞설 뿐이다. 문화적 다양성은 성령께서 분급하는 은총의 다양성과 언제든 비유되었다. 지금껏 서구의 경우처럼 기독교를 단일 문화적인 것으로 강요할 시, 그것은 성령은 물론 강생의 신비와도 어긋날 것이란 경고와 더불어서 말이다. 세상 속 어떤 하나로도 하느님 신비를 온전히 나타낼 수 없고 오로지 다양성 속에서만 밝혀질 수 있다는 아퀴나스 이래의 가톨릭 자연신학 전통에서 가능한 언사들이다.

하지만 복음화가 토착화라는 교종의 명제는 기독교의 케리그마가 결코 문화와 동일시될 수 없다는 전제에 기초해 있다. 앞서 말했듯 불상리 불상잡의 관계에 있는 것은 그리스도교(회)일 뿐 복음은 결코 문화로 환원되지 않고 항시 그를 초월해 있다는 것이다.[77] 한마디로 사회를 복음화하듯 문화의 복음화가 교종의 최종 목표였다. 하지만 복음의 사회화와 복음의 문화화를 동일한 지평에서 이해할 수 있는지 의문이다. 자본주의란 괴물에 대해 기독교뿐 아니라 유불선 종교들 모두 싸워 이겨야 할 대상, 즉 공동선, 기독교적으로는 복음화의 과제로 인식하지만 이를 저마다의 풍토에서 달리 생기한 종교 문화의 복음화와 같이 본다는 것은 현대판 '익명의 기독교인' 논쟁을 재차 야기시킬 수도 있다. 분명 교종은 아무리 좋고 아름다운 특정 문화라 할지라도 복음과 등가적 가치를 지닐 수는 없는 노릇이라 단언하였다.[78] 교종의 논지대로라면 이 땅의 문화적 가치가 반영된 '공'(空), '시천주'(侍天主) '무위'(無爲) 등 기독교 밖 전통 속의 선한 가치들은 복음에 견줘 상대적 가치를 지닐 뿐이다. 그렇기에 그는 자기 문화의 허황된 신성화에 빠져 복음적 열정을 손상시킬 수 없다는 취지의 말을 아시아 교회에게 남겼다.[79]

그렇지만 이런 주장이 단 하나의 문화가 그리스도 구원 신비를 온전히 담아낼 수 없다는, 신앙이 특정 문화의 이해와 표현의 한계에 갇힐 수 없다는 이전 주장과는 어찌 양립될 수 있을 것인지 궁금하다. 또한 '복음화가 종교 간 대화와 결코 충돌하지 않고 상호 지지하고 키워주는 것'[80]이란 말뜻을 어떻게 이해할지 모를 일이다. 개신교 일각의 견해에선 기독교의 케리그마 역시 일종의 문화적 산물인 것을 부정치 않고 있다.[81] 역사적 예수 연구자들이 케리그마 이전의 예수상(像)에 주목하는 것도 맥락이 같다. 이 땅의 종교학자들 역시 '문화 위 그리스도'(Christ above culture)란 관점을 버리고 기독교 역시 하나의 문화적 양식으로 이 땅에 존재할 것을 소망하고 있다. 심지어 우리 문화의 기초이념–하늘 경험과 힘 지향성–이 그간 유교, 불교뿐 아니라 기독교의 수용 또는 거부 여부를 결정해 왔다는 논지를 펼 정도다.[82] 복음이 우리 문화를 수정하여 받아들인 것이 아니라 백성들 속에 내재된 이 땅 문화의 기초이념이 복음 수용 여부를 결정해 왔다는 주장에 대해, 교종과 한국 교회의 반응이 궁금하다. 이런 이유로 각 지역 문화를 배타하지 않고 방편 삼는 입장, 즉 "각 지역의 전통과 문화를 활용해서 그리스도 진리를 이해하고 선포토록 하는 것"[83]은 일리(一理)는 있으나 전리(全理)는 아닌 듯하다. 왜냐하면 이런 방편적 입장은 충분히 상호적일 수 있어야 하며 기독교 밖 종교들 속에서도 얼마든 가능한 일인 까닭이다. 울리히 벡(Ulrich Beck, 1944-2015) 같은 이 시대 최고의 종교사회학자는 간디의 경우를 예로 들며 현시대에서의 이중 종교적 입장을 지지하고 있다.[84] 종교들 간에 건너가고 넘어오는 경험의 일상화를 바라기 때문이다. 따라서 핵심은 문화를 복음화할 수 있겠으나 이 역시 상호적일 수밖에 없다는 사실이다. 특정 문화 현상을 기독교의 본질과 견주거나 기독교 실상을 이웃종교의 본질적 차원에서 문제 삼는 것은 피차 삼갈 일이다. 교종의 경우는 달랐으나 기독교(회)와 복음 간의 불상리(不相離)를 강조하며 문화 위에 군림했던 것이 지금까지의 선교였음을 인정한다면 복음의 문화화로서 토착화를 시도하는 패러다임은 의당 도전받을 필요가 있다.

## 타자의 텍스트, 『복음의 기쁨』이 개신교에 주는 도전과 영향

아마도 2014년 이 땅에서 일어난 최대의 사건은 세월호 참사일 것이며, 그 뒤를 이어 그 유족들 고통을 품어준 교종의 방한이 아닐까 싶다. 그만큼 교종의 방한은 가톨릭교회 차원을 넘어 민족의 아픔을 치유한 사건이었고 개신교 차원에서도 지대한 파급력이 있었다. 한 일간지는 4박5일간의 교종 방한 메시지의 중핵으로서 '사람 중심'이란 한마디를 택했다.[85] 세월호 유족들에겐 고통을 기억하겠다고 말했고 백성들에겐 좀 더 충분히 애도할 것을 주문했다. 또한 무관심의 세계화에 일갈했으며 노동자, 빈민의 소외는 물론 그들을 확대 재생산하는 비인간적 경제 모델을 강하게 배척했다. 남북 간 대립을 보며 이념을 떠나 필요한 것을 나누고 돕는 가족(이웃) 됨의 성찰을 요구했고, 갈등 없음을 기대치 말고 그 한가운데서 타인을 위해 존재하는 삶을 택하라 했으며, 이웃종교에 대한 독백을 삼가고 그들의 생각을 경청하고 문화를 수용할 것을 주문하였다. 마지막 날 명동성당에서는 삶의 여정에 상호 동반자 되기를 힘쓰라 했으며, 대립과 경쟁을 지양하고 복음의 가르침에 근거하여 아름다운 민족 공동체를 이룰 것을 이 땅의 백성들에게 바랐다. 하나하나 이 땅의 현실과 밀접한 축복의 말씀이었고 우리의 미래를 위해 더없이 귀중한 가르침이었다. 이런 이유로 당시 누구라도 종교에 관계없이 교종 방한을 기뻐했고, 이런 가르침이 일시적 행사로 끝나지 않기만을 소망했다.

소수 개신교(인)들에 의해 가톨릭교회와 교종이 폄하되긴 했으나 그것은 일종의 시샘 차원에서 발생한 일이었다. 세월호 참사에 대한 일부 성직자들의 망언으로 개신교의 민낯이 드러나는 것과 대별된 교종의 위로 행보와 공감력 그리고 진정성이 유족은 물론 백성들 모두의 마음을 사로잡은 것에 대한 불안감의 표시라 보면 좋을 것이다. 그럼에도 개신교 신자들에게 교종 말씀이 파격적으로 들려왔음은 부정할 수 없다. 무신론자도 선한 일을 하면 하느님의 구원에 이를 것이라든지, 가난한 자 돕는 것을 넘어 그것의 구조적 문제까지 해결하라는 것, 그리고 비신자들을 포함, 이웃종교인들에 대한 관용적 언사는 개신교 신자들에게 혼돈을 안겨주었고 개신교 성직자들은 이를 방어하느라 힘겨웠을 것이다. 그간 개신교회는 대개 '오직 믿음으로만'의 구원을 가르쳤고 영혼 구원에 집중했으며, 신앙 유무라는 이분법에 근거, 이웃종교와 불신자들에 대한 배타성을 가르쳤던 까닭이다. 상당수 개신교인들이 복음을 새롭게 풀어낸 교종의 시각에 공명하며 가톨릭교회로 마음의 향방을 달리 정하고자 했을 법하다. 여하튼 교종의 방한과 그의 행보로 인해 '그리스도교'의 위상이 크게 달라진 것만은 분명하다.

하지만 일부 신문이 교종의 사회적 메시지에 초점을 둔 것과 달리 정작 가톨릭 수장으로서 그는 교회 내부적 정화, 특히 고위 성직자들의 자기성찰에 방점을 두었다. 세상의 복음화는 결국 교회가 복음화되지 않고서는 실현될 수 없는 과제인 것이 너무도 분명한 탓이다. 따라서 교종은 교회 복음화에 있어 기득권을 갖고 안주하려는 성직자들이 실상 방해거리인 것을 내부적으로 질책했다.[86] 앞서 보았듯 가톨릭교회로서는 교회 내 부패가 종교개혁의 도화선이었던 지난 과거를 뼈아프게 기억하는 때문이다. 교회개혁과 사회개혁이 결코 모순될 수 없다고 판단했고 전자는 후자를 위한 선결조건이란 것이 교종의 확신이었던 것이다. 교종 방한은 지금 가톨릭교회 내부에서는 성직자라는 계급의 정체성을 되묻는 결정적 계기로 작용할 듯싶다. 따라서 교종 방한이 한국 가톨릭교회에 있어 고통의 시작이라 말하는 학자도 있다.[87] 성직자의 권위에 의존하던 구습을 벗고 좀 더 민주화된 교회제도를 만들어야 할 것이며, 주교권을 위한 정치적 욕망에 휘둘리기보다 수도자로서 본연의 태도를 지키는 일이 더욱 강조되었을 터, 성직자들에게 치열한 가난과 겸손의 덕목이 요구될 것으로 사료된다. 가톨릭 정의 구현 사제단 소속 한 신부는 심지어 사제를 다음처럼 정의했다. "사제란 예수의 고유성(DNA)에 합일된 동기화(동시성)으로 살아가는 자"[88]란 것이다. 이를 위해 가톨릭교회는 기존 보수성을 벗고 현장성을 강조하는 공동체가 될 것을 스스로 성찰했다. 무엇보다 (정치)권력 욕구로부터 성직자들이 자유로워야 할 것이며 해외에서 유입된 보수 선교단체들의 영향을 받는 개인적 신심(信心) 위주의 보수화에 대한 경계 역시 숙고할 사안이었다.[89] 무엇보다 교회의 현장성이 육화의 교리에 근거, 더욱 강조되어야 할 사안이 되었다. 이는 가톨릭교회에게 향후 현실 정치 참여를 요구하는 것으로서, 방주가 아닌 구조선으로서의 교회 사명을 강조했던 교종의 기본 입장과 결코 다르지 않다. 지난한 일이겠으나 교회 자체가 더욱 가난해지는 것 역시도 교회 개혁의 한 요구가 되었다. 교회 재산의 1/10을 사회로 환원하자는 구체적 제안도 생겨나는 중이다. 이는 오늘날 '순수증여'라는 개념으로 자본주의 구조를 개혁하려는 사회적 노력과 맥을 같이할 수 있겠다.[90] 교종 귀국 이후 가톨릭교회 내부에서 그에 반하는 보수적 움직임이 감지되어 걱정하고 있으나, 다행히도 현직 주교들의 진보적 성향 탓에 탈(脫)보수(권위)화의 길이 열릴 것이란 기대 역시 공존하고 있는 듯하다.

이렇듯 교종께서 쏟아 놓은 복음적 언사는 실상『복음의 기쁨』에 기초한 내용들이었다. 따라서 한국 개신교 역시 방어적 입장을 지양하고 살펴본 대로『복음의 기쁨』이란 교종의 사목헌장의 도전 앞에 자신을 정직하게 노출시켜야 한다. 교종 방한 직전 개신교 신학대학 총장들이 가톨릭교회와 더불어 본 책에 대한 신학적 성찰을 함께했던 것은 의당 적절한 반응이었다.[91] 이제 이 글 마지막 부분에서 우리는『복음의 기쁨』이란 텍스트가 한국 개신교(회)에게 던지는 메시지, 성찰해야 할 신학적 주제를 생각해야 할 것이다. 개신교 역시 교종의 메시지, 더구나 그가 제시한 복음의 신(新)차원에 대한 이해를 갖고 자신을 새롭게 변모시킬 책무가 있는 까닭이다. 지난해에 있었던 WCC 대회와 더불어 교종의 방한은 기로에 있는 한국 기독교의 향방을 바르게 이끄는 계기가 될 수 있을 듯싶다. 물론 이 와중에서 달리 생각할 수 있는 개신교적 시각 역시 언급될 필요가 있겠다.

가톨릭교회와 마찬가지로 교종 방한은 한국 개신교에 있어서도 '고통의 시작'이 되어야 할 것이다. 가톨릭교회의 경우 종교개혁의 전례를 반복치 않기 위해서, 개신교회는 종교개혁 정신에 충실하기 위해서라도 교종의 『복음의 기쁨』이 저마다 자기 개혁의 발판이자 촉매가 되어야 마땅하다. 주지하듯 개신교는 향후 2-3년 앞으로 종교개혁 500주년이란 역사 앞에 서게 될 운명이다. 이 세월 동안 개신교는 치열하게 분열되었고 자본주의화 되었으며 기복적이고 어느덧 기득권 세력이 되었고 폐쇄적 교회 중심주의에 함몰되었으며 차이를 배타하는 근본적·교리적 종교로 사회로부터 지탄의 대상이 되고 말았다. 만인제사직의 원리를 지녔건만 가톨릭 사제들보다 더욱 권위적인 성직제를 선호했고, 저마다 감독·총회장 되려는 탐욕으로 교회를 정치판으로 만들었으며, 교회 성장을 최고 가치로 여긴 탓에 몇 천 억짜리 교회가 세워졌으나 온갖 잡음이 그치질 않는다. 이미 인구구조의 변화로 인해 교인수가 감소됨에도 불구하고 대형교회를 빚내어 세웠기에 하느님 성전이 매물로 나온 경우도 적지 않다.[92] 목회자들의 윤리의식 역시 한없이 추락하여 거짓이 난무하고 횡령죄로 구속되는 일이 다반사이며, 지난 몇 년간 성추행에 있어 성직자 집단이 다른 직종들보다 훨씬 그 건수가 많다는 신문 보도도 있었다.[93] 설교 역시 남의 것을 제 것처럼 차용하고 표절하는 경우가 다수이며, 내용에서도 복음적 성격이 실종된 경우가 많다. 은퇴 후 걱정으로 교회(신도)에게 과도한 부담을 주는 일이 속출하며, 교회가 사고 팔리며 목회자 청빙시 금전적 요구가 당연시되는 지경에 이르렀다. 교단적으로 금지된 교회 내 세습이 여전히 편법으로 지속되며 세습을 위해 교단이 헤쳐 모이는 우스꽝스런 현상도 발생했다. 성서문자주의로 인간 사유 틀에 족쇄를 가하고, 육체와 영혼, 개인과 사회, 세상과 교회, 천국과 지옥, 남/북한의 이분법적 틀을 작동하여 선악의 가치를 부여하는 일이 너무도 자연스럽다. 사회를 편 가르는 소위 '종북/좌빨'이란 이데올로기를 만들어 내는 진원지도 개신교 내 보수교회들이란 말도 있다. 성소수자에 대한 차별이 앞장선 것도, 세월호 참사라는 이 땅의 총체적 부실을 하느님 뜻, 혹은 가난 탓이라 여기는 사회적 망발을 부끄럼 없이 쏟아내고 이웃종교들을 향한 폭력적 언동을 일삼는 이 땅 최대의 갈등 집단이 바로 우리가 속한 개신교 교회란 사실이다. 교회가 운영하는 다수 복지재단의 비리 역시 세상의 비웃음과 진노의 대상이 되었던 바, 이 역시 건전한 상식을 지닌 세상에 대한 큰 과오가 아닐 수 없다.[94] 바로 이런 현실 한가운데 교종께서 오셨다. 그가 어떤 영향을 미칠 수 있을 것인가? 한국교회를 불편하게 만드는 작은 미동으로 그쳐야만 할 것인가? 종교개혁 500주년을 향한 우리의 기대가 교종의 방한으로, 그가 쓴 『복음의 기쁨』과 더불어 확대된 것이 참 모순적이나 깊은 의미를 지닌 것이라 확신한다.

무엇보다 중세 가톨릭교회를 개혁하고자 했던 개신교는 지금 자신들이 금과옥조로 생각했던 종교개혁 원리 자체를 '메타 크리틱' 차원에서 되물을 필요가 있겠다. 신앙유비(Analogia fidei)란 말로 집약되는 종교개혁의 3대원리, '오직' 믿음, '오직' 은총, '오직' 성서가 당시에는 필요 적절한 개혁의 동력이었으나, 지금은 오히려 시대정신과 불일치하여 많은 이들이 흥미를 잃고 있는 때문이다. 주지하듯 이 원리들은 중세라는 긴 터널을 지나오며 생겨난 종교적 오류를 개혁하기 위해 필요했으나 실상 이 원리들이 성서의 본뜻에 부합된 것이 아니라는 신학적 판단이 대세이다.[95] 즉 로마서를 '오직 믿음'이란 차원에서 독해하는 것은 바울에 대한 오독이란 것이다. 종교개혁 500주년을 앞두고 루터를 비롯한 종교개혁자들의 시각으로부터 자유롭게 되는 것이 두 번째 종교개혁을 위한 단초라 하였다. 로마제국 하에 있던 바울에게서 로마서는 화해론이 중심이었고 그가 말한 칭의는 개인적·종교적 차원만이 아니라 오히려 정의(Justice)의 차원에서 독해될 개념이라 본 것이다.[96] 십자가를 정의에 대한 투쟁의 상징으로 읽어내라는 요청이다. 루터파에 속한 키에르케고어(Kierkegaard, Soren Aabye, 1813-1855)와 본회퍼(Bonhoeffer, Dietrich, 1906-1945) 역시

종교개혁자의 '오직 믿음'에 동의하지 않았다.[97] 루터가 오늘 우리 시대에 말했다면 전혀 말을 달리 했을 것이라 판단했다. 행위를 배제하는 믿음을 말한 것이 아니라 믿음 없는 행위가 문제란 것이다. 바울 당시 기독교인이 된다는 것은 제국과는 다른 삶의 양식을 택하는 일과 다름없었다. 하지만 지금 우리는 기독교인으로 살면서 제국(자본주의)의 삶에 너무도 익숙해 있는 것이 사실이다. 바로 이것이 믿음 없는 행위의 실상이다.

오늘 우리에게 필요한 것은 행위 대 믿음, 율법 대 복음의 이항대립이 아니라 수행적 진리이다. 오로지 맺는 열매를 통해서만 자신의 존재를 드러낼 수 있을 뿐이란 것이다. 성서는 애시당초 '행위 없는 믿음'을 말한 적이 없다. 동양에서 지행합일(知行合一)을 말하듯 행위 없는 믿음은 본래 생각할 수 없는 것이다. 오히려 성서는 믿음 없는 행위를 문제 삼았다. 믿음을 지녔다 하면서 로마의 제국적 삶의 방식과 태도를 갖고 사는 것을 문제시했고 지금도 자본주의 양식에 따라 살고 있는 이 땅의 성직자들에게 수정을 요구한 것이다. 그가 무신론자는 물론 이웃종교인들의 선한 행위를 긍정하고 수용한 것은 그들 행위에서 선한 의도를 보았던 때문이다. 반면 '오직 믿음'이란 것이 사회통합을 해치는 배타성의 원리가 되었고, '오직 은총'이 지나친 기복적 맹목으로 역할했으며, '오직 성서'가 문자적 근본주의를 추동하여 지난 5백년의 개신교 역사를 중세 말기 이상으로 타락시켰던 것이다. 그렇다고 필자는 가톨릭교회의 존재유비로의 회귀를 바라지 않는다. 포괄주의를 잉태했으나 그 역시 가치다원주의 현실에 적합지 못한 한계를 노정하는 까닭이다. 전통으로 굳어진 로마식 제도의 답습을 비롯하여 페미니즘과의 갈등 역시 그들이 풀어야 될 산적한 책무 중 하나일 것이다.[98] 그럼에도 교종의 선한 영향 탓으로 개신교는 지난 5백년을 돌아보며 자신들의 배타성 극복을 위해 3대원리를 근본에서 되물어야 할 화급한 과제 앞에 서 있다.

다음으로 기계론적 세계관을 바탕으로 하여 자본주의를 추동한 개신교회의 성장, 진보신화의 문제점을 언급해야겠다. 주지하듯 개신교는 중세의 유기체적 자연관 대신 기계론적 세계관을 수용하여 자신들 종교 원리와 아귀를 맞춰 왔다. 아리스토텔레스의 자연철학을 배제한 채 고대철학의 이데아에 해당하는 인간 내면적 깊이로 더욱 초월한 탓에 초월신관이 그로써 생겨났고, 자연과 초자연 간의 연속성이 깨지고 만 것이다. 기계론적 세계관은 곧바로 식민사관을 부추겼고 식민사관은 군대 조직을 발전시켰으며, 집단의 물적 토대가 산업화를 초래했으며, 그것이 바로 자본주의를 발전시킨 최종적 원인이며, 이 과정이 바로 종교개혁 이후 소위 서구 근대의 문명사였다.[99] 더욱이 종교개혁자들이 주창한 만인제사직론, 소명론 등의 영향 탓에 직업윤리가 강조되었고, 이 역시 자본주의의 발전에 기여했으며 이후 진보사관의 발판을 마련할 수 있었다. 이 과정에서 초월이 진보로 탈바꿈되었고, 성장을 신앙으로 왜곡시켰으며, 자본주의와 개신교가 동전의 양면처럼 한몸을 이루게 되었다. 더구나 평등이 사라진 신자유주의의 등장 속에서 개신교는 자유의 상징이 되어 가진 자들의 편에 섰고, 종교를 개인화시켰으며, 정교분리를 통해 현실 정치와 거리두기를 의욕적으로 시도했다. 현실은 빈부 격차로 가난한 자들의 비참이 도를 넘어섰으나 기독교는 고작 정부의 복지정책에 일조하는 것이 전부였다. 이 땅의 경우 심지어 교회들조차 양분되어 미자립 교회가 속출, 어느덧 다수가 되었고, 반면 일부 대형교회는 과도한 빚으로 경매 처분되는 등 자본주의 폐해가 극에 이르는 실정이다. 이런 정황에서 교종의 자본주의 경제 모델에 대한 경종 내지 배척은 가톨릭뿐 아니라 한국 개신교에게 새로운 과제를 제시했다. 한마디로 교회에게 가난을 요구했고, 가난과 차별을 잉태할 수밖에 없는 체제 자체를 바꾸라 했으며, 일용할 양식을 허락하지 않는 죽음의 문화를 극복하라 한 것이다. 과거 프란치스코 성인처럼 개신교 신학자 본회퍼 역시 교회를 팔아 가난을 해결하라 말한 선구자로 기억되고 있다.

『복음의 기쁨』의 후경(後景)인 해방신학이란 것이 개신교에게 주는 시사점도 결코 적지 않다. 본래 성서가 말한 하느님 나라 사상이란 것도 일종의 체제 밖 사유였을 터, 해방신학의 틀과 다를 수 없다. 예수의 관심이 일자리를 아침, 점심, 저녁 어느 시점에 얻었든지 간에 하루를 살 수 있는 동일한 품삯에 있었던 것을 기억할 일이다. 일상에서 일이 있어야 안식일도 가치가 있을 터, 직업을 잃은 이들이 다수인 현실에서 안식일을 지키라는 종교적 언사는 참으로 무력, 무의미할 수밖에 없다. 지난해 이후 개신교 내 일각에서 탈(脫)성장이란 가치를 걸고 작은교회 운동을 전개하는 것은 시의적절한 시도라 할 것이다.[100] 더욱이 세월호 참사로 한국 사회의 총체적 부실이 여실히 증명된 마당에, '성장'이 아닌 '위험'사회로의 진단과 전환, 곧 성숙에 대한 담론이 빠르게 만들어져야 옳을 것 같다.[101] 이 땅을 부실하게 만드는 정치세력들의 탐욕과 맞서는 정치적 힘(신앙의 정치화)도 필요할 것이다. 일만 명 모이는 하나의 대형교회가 아니라 백 명 모이는 일백 개의 작은 교회들이 존재하는 것, 즉 교회의 존재 방식 자체를 자본주의적 집중과는 달리 만드는 것 역시 요청된다. 이는 교회 생태계의 급진적 변화로 이어질 전망이다. 작아져야 지역에 뿌리내리기 쉽고 마을 공동체와의 관계를 엮어 낼 수 있음은 주지의 사실이다.

이렇듯 교회가 반자본적 특성을 지녀야 이전과 달리 자연 생태계를 살리는 생명 종교의 길을 걸을 수 있을 것이다. 향후 개신교가 기계론적 세계관과 결별하기 위해서 그리고 카톨릭의 정체적 유기체론과의 변별 속에서 아시아적 자연관을 급격히 요청할 수도 있다. 이는 결국 개신교의 틀 자체를 달리하는 토착화 신학 문제로 이어질 사안이다. 토착화란 기독교를 수용하는 틀거지(세계관) 자체를 달리하여 복음을 해석하는 일인 바, 문화 적응을 말하는 교종의 토착화론보다 좀 더 과격할 수 있겠다. 교종으로선 이런 작업을 개체 문화를 신성시하는 것이라 여기겠으나, 향후 토착화는 가치다원주의 시각에서 더욱 철저하게 기독교 중심적 시각을 벗을 필요가 있을 것이다.

마지막으로 교종의 방한과 『복음의 기쁨』은 성직제도 및 설교자로서의 책무에 대한 경각심을 개신교회에게 줄 수 있다. 주지하듯 개신교는 본래 가톨릭 수도원주의를 비판하고 나선 종교로서 성속이원론을 철폐한 만인 제사직을 기본으로 하였다. 앞서 보았듯 종교개혁 원리 중 어느 것은 지나쳐서 문제이나 만인제사장직이란 원칙은 전혀 지켜지지 않아 문제가 되고 있다. 여전히 개교회 중심, 목사 중심, 그것도 한 사람 담임목사 중심 체제로 운영되고 있어 가톨릭의 수직적 직제를 비판할 자격을 잃어버리고 말았다. 교종께서 수직적 체제 대신 수평적 교회관을 강조한 것은 오히려 지금 개신교가 긴급하게 수용해야 할 과제가 된 것이다. 이를 위해 성직자 자신에 대한 자기 성찰이 무엇보다 필요하다. 본래 성직자란 위계적 질서의 상징이 아니라 교회 공동체를 섬기는 역할을 해야 옳다. 하지만 목사를 성직이라 성별하는 과정에서, 또한 무속적인 기복신앙의 풍토에서 목사는 특별한 존재, 하느님과 직결된 무당 같은 존재로 여겨져 평신도와 구별되는 계급이 되고 말았다. 가톨릭교회가 이런 위계를 제도로서 뒷받침한다면 개신교의 경우 목사 개인의 사적인 카리스마에 의존하여 자행되고 있다. 하지만 개신교의 경우 문제점이 심각한 것은 목사의 자의식 속에 성직자란 개념만 있고 수행자(제자)란 의미가 탈각된 경우가 많기 때문이다. 가톨릭교회의 경우 심지어 김수환 추기경이라 할지라도 해마다 피정을 하며 자신을 지도할 지도 신부를 두어야 하는 반면, 자칭 큰 목사라 칭하는 대형교회 치리자에게 자기 검증의 기회가 전무한 실정이다. 이로 인해 성속일여(聖俗一如)라는 좋은 가르침이 속(俗)을 성스럽게 하는 방향이 아니라 속(俗)을 성(聖)으로 합리화시키는 역방향에서 잘못 활용되는 경우가 점점 많아지고 있다. 이때문에 일찍이 본회퍼는 중세 수도원주의로부터의 탈피만이 능사가 아니라 세상 속에서 세상을 넘어서는 새로운 수도원 운동을 주창한 바 있었다. 방한한 교종은 성직자들에게 가난할 것을 요구했고, 영적 세속성에 함몰되지 말 것을 권고했으며, 사제직을 수여함에 있어 좀 더 엄격한 기준이 적용될 것을 강조했었다.[102]

하지만 개신교의 경우 교단의 수용 능력에 과부하가 걸려 있음에도 불구하고 신학대학의 규모를 줄일 수 없어 지속적으로 많은 수의 성직자를 양산하는 중이다. 세상적 기준으로 자질이 한없이 부족함에도 불구하고 거룩한 사명으로 곧잘 포장되었고 따라서 비(非)합리가 초(超)합리로 위장되어 목회 현장에 소통되는 일이 비일비재한 현상이 되었다. 이는 모두 교회의 복음화 없이는 세상의 복음화 없다는 교종의 가르침에 거역하는 일들이다. 교종의 방한으로 개신교는 다른 어느 때보다 교회 내 복음화 문제에 무엇보다 관심을 집중할 필요가 있는데, 그 대상이 바로 성직자 자신들인 것을 깊이 유념할 일이다. 성직자들이 먼저 복음화의 대상이라는 교종의 요구가 세상과 조금도 다를 것 없이 변질된 교회적 실상에 큰 도전이 되어야 옳다. 따라서 옛적 함석헌이 적시했듯이 기독교가 어느덧 성직자의 종교로 변질된 현상에 크게 놀랄 일이다. 앞서 말한 작은교회 운동 차원에서 탈(脫)성직의 가치를 내걸고 평신도와 함께하는 교회상(像)을 제시한 것이 개신교 내 일말의 희망이라 할 것이다.

이와 더불어 설교에 대한 교종의 가르침 역시 개신교 성직자들이 경청해야 할 주제였다. 주지하듯 최근 목회자의 설교 표절 문제가 심각한 지경에 이르렀다. 타인의 설교를 마치 자신의 것인 양 전하는 부정직함으로 인한 평신도들의 배신감이 도를 넘어선 것이다. 이는 목회자들이 자신의 가장 중요한 본분을 외면하는 직무유기이다. 설교를 하느님께 드리는 봉헌의 일부로 여기는 교종의 시각에서 볼 때 개신교 설교는 거짓된 봉헌일 개연성이 농후하다. 설교가 중심인 개신교 예배 현실에서 예배가 너무도 잦은 것이 표절의 심각성을 낳은 이유겠으나, 성서 본문을 옳게 해석하고 그것을 현실적 주제와 연계시킬 수 있는 인문학적 상상력의 빈곤이 더 큰 문제일 것이다. 예화, 더구나 서구인들의 이야기로 채운 예화 중심의 설교로는 케리그마를 심화시킬 수 없다. 설교란 본래 남을 위한 것이 아니라 설교자 자신에게 전하는 하느님 말씀인 것을 두렵게 받아들여야 할 것이다. 이 점에서 다석(多夕) 유영모께서 설교를 남의 소리가 아닌 '제소리'라 한 것은 너무도 지당하다. 누에가 뽕잎을 먹고 실을 내듯 성서를 읽고 그것을 자신 속 체화된 언어로 사자후를 토하는 것이 설교인 까닭이다.

이제 글을 맺을 시점이 되었다. 분명 교종의 방한과 그가 쓴 『복음의 기쁨』은 기독교의 본질이 무엇인지를 우리 사회에 다시 한 번 각인시키는 결정적 계기가 된 것이 분명하다. 종교뿐 아니라 정치적 파급력을 지닌 교종의 대중적 친근성, 공감의 힘은 이 땅의 사람들에게 종교의 차이를 넘어 희망이 되었고 마음에 큰 울림이 된 것이다. 흔히 복음을 기쁜 소식, 기쁜 소리라 하나 교종의 인물됨과 그가 적은 책자를 통해 복음이 정말 인간, 인류를 위해 기쁜 소식인 것을 실감할 수 있었다. 그러나 그것은 아직 이론이고 우리 교계의 실상은 아닌 듯하다. 물론 교종께서 보이신 언행, 삶의 태도를 통해 복음이 기쁜 것임을 가늠했겠으나 가톨릭/개신교를 막론하고 교계 현실은 그 기쁨이 실현되지 않고 있다. 여전히 수직적 구조를 존속시키려 하고, 저마다 큰 자 되기를 염원하며, 여전히 성장을 최고 가치로 삼고 있는 중이다. 교종의 방한과 그가 준 '복음이 기쁨'이란 메시지는 가톨릭교회의 것만도, 개신교에게만 던져진 것도 아닌 우리들 모두의 것이 되었다. 이제 남은 것은 우리들 간의 선의의 경쟁뿐이다. 과연 어느 교단이 복음의 기쁨을 옳게 전하고 그것을 실현시킬 수 있을지가 관건인 셈이다.

함께 노력하여 '세월호'처럼 자본주의화된 교회를 구출해 내어야 할 것이다. 어느덧 교회가 '세월호'와 같이 부실해졌고 그처럼 변한 그곳에 성직자들이 '가만히 있으라' 말할 경우 의당 뛰어 내려야만 할 것이다. 교인들은 물론이 나라 백성들 모두 침몰의 위기 앞에 놓여 있다. 따라서 이제 교회부터 더이상 '세월호' 같은 방주로 존재하기를 스스로 거부해야 옳다. 이들에게 더이상 돌덩이를 던지지 말고 생명의 빵을 주려면 말이다. 교회가 먼저 달라져야 세상은 우리를 보고 희망 있다 할 것이다. 한없이 가난한 교회, 체제 밖 사유(하느님 나라)를 통해 체제 유지적인 자본주의를 넘는 길에 가톨릭교회와 개신교회가 함께 힘을 합해야 옳다. 서로가 너무도 다른 종교가 되지 않아야하겠기 때문이다. 그러려면 세월호를 우리 시대를 위한 여실한 징표이자 표증으로 삼고 세월호 진실을 위해 더 한층 노력해야만 한다. 망각하려는 자와 기억하려는 이들 간의 싸움에서 지지 않아야 우리의 미래가 희망일 수 있다. 일상을 빼앗기고 거리로 내몰린 유족들의 아픔을 잊지 않겠다는 다짐이 필요하다. 끝까지 그들 곁에 서는 일을 포기해서는 아니 될 것이다. 기억이 실종되면 약속도 없다는 것이 성서의 가르침인 때문이다. 교종의 방한이 세월호 참사와 중첩된 이유도 바로 여기서 찾아야 할 것이다. 한마디로 세월호 참사 이후 기독교 교회가 자신의 향방을 급격하게 재(再)설정치 못한다면 복음의 지속화는 물론 새로운 복음화는 한국 사회에 영원히 구현될 수 없을 것이다. '가난해져라, 또 가난해져라!' 하는 교종의 말씀은 지금 한국 교회가 경청해야 할 세미한 소리가 되었다.

# 03 ── 토착화 신학자가 본
## 정치(민중) 신학 속의 범재신론
### - 장공의 '우주적 사랑의 공동체'를 중심하여

　민중신학의 선구자인 장공 김재준 선생님(金在俊, 1901-1987)에 대한 앎이 일천한 사람이 그분에 대해 글을 써 발표한다는 것이 천부당만부당한 일이 아닐 수 없다. 대학시절 뵈었던 민중신학자들, 안병무·서남동 선생님들의 많은 글을 읽었고 논문을 쓴 적이 있기에 낯설지 않으며, 강원용 목사의 경우 크리스챤 아카데미에서 일로 관계했기에 익숙해졌으나 정작 그분들의 스승인 김재준 박사는 시간적으로 너무도 멀고 큰어른이란 생각에 지금껏 글 한 편 접해 보지 못했던 까닭이다. 평소 한신대학교 출신 선후배 신학자들, 특별히 김경재 선생으로부터 장공의 신학적 깊이와 넓이를 전해 듣고 감동했음에도 학문적 게으름 탓에 이 지경에 이른 것이 송구하다. 감리교신학대학에 재직하면서 그분에 대한 좋은 기억 하나를 갖고 있다. 한국 최초의 조직신학자인 정경옥 교수가 1950년대 신학문제로 감리교단에서 시비되었을 때 장공께서 그를 당신의 조선신학교로 두 번이나 불렀고 정경옥이 그를 심각하게 고민했었다는 사실이다.[1] 당시 부르고 응하는 일이 성사되었다면 감신은 정경옥 박사를 잃었을 것이고 두 신학교의 역사도 많이 달라졌을 듯싶다. 교파를 상관치 않고 학자를 사랑했던 장공의 인물됨이 너무도 크다 할 것이다.
　벌써 오래된 일이지만 1901년생인 네 분의 한국신학자들의 탄생 100주년을 기념하며 그 역사적 의미를 물은 적이 있었다. 함석헌, 김교신, 이용도 그리고 장공 김재준이 바로 그분들이다. 이들은 이 땅의 기독교를 위해 하늘이 낸 사상가, 영성가들이었다. 한국 기독교가 이들의 문제의식에서 다시 출발할 수 없다면 미래가 없을 것이란 말도 회자된다. 그들로 인해 1930년대 이후 최소 한 세대 동안[2] 이 땅의 기독교는 사상적으로 풍성했고 서구와도 변별될 수 있었던 때문이다. 그간 필자는 공교롭게도 장공을 제외한 세분들에 대해서는 이러저러한 기회로 논문 몇 편을 쓴 적이 있었다. 정작 장공 김재준 박사의 경우 내적으로 조우할 계기가 없어 글 한 편 제대로 읽고 사유치 못했다. 이는 분명 토착화 신학자, 생명 신학자로 불리는 필자의 직무유기라 하겠다. 당대의 인물로서 장공만큼 민족의 문제에 천착했고 사상의 끝자락에 이르러서이긴 했으나 기독교의 우주적 지평에 관심을 두었던 신학자가 없었음에도 말이다. 그래서 오늘 이 자리가 그간의 게으름을 속죄하는 기회여야 하겠으나 제반 사정으로 장공의 사상적 궤적을 온전히 파악치도 못한 상태로 임했으니 죄스럽다.

처음 필자에게 주어진 제목은 장공의 '우주적 사랑의 공동체'론을 현대 철(신)학자들의 생태 정치학적 개념으로 풀어 재해석해 보라는 것이었다.[3] 흥미로운 주제라 생각하여 장공 전집 목록을 찾아보았으나 단편적으로 언급된 것 외에 정작 '우주적 사랑의 공동체'를 주제로 한 글은 짧게 쓰여진 두세 편에 불과했다. 문제의식은 오래되었으나 1980년대 이후 표면화된 주제였기에 의당 그의 사상적 편력을 아는 것이 중요했다.[4] 하지만 장공 사상의 발전 과정에 문외한인 필자로서 짧은 글 속에 농축된 장공의 신학사상을 파악해 내는 것조차 버거운 일이었다. 그럼에도 글이 되게 하려면 상상하는 것보다 분석이 앞서야 했다. 현대적 생태 정치이론으로 장공의 논제를 해석하기 이전에 어떤 과정과 맥락에서 본 개념이 도출되었는가를 살펴야 마땅했던 것이다. 짧은 시간에 결코 용이치 않았고 역부족이었으나 필자는 이 작업을 아주 단순화시켰고 그 바탕에서 '범 우주적 사랑 공동체'란 말을 풀고자 노력했다. 어떤 신학적 배경에서 본 주제가 생기(生起)했는지도 알아야 했으며, 그것이 지닌 의미와 한계를 오늘의 시각에서 명백히 드러내는 방식을 택했다. 여기서 필자는 '우주' '사랑' 그리고 '공동체'란 세 개념을 분리해서 생각했고, 이를 엮었던 신학적 관점을 찾고자 했으며, 그 발전 방향이 공동체(민족)로부터 사랑, 우주로 진행된 것을 밝혀 보고자 한다. 이 과정 속에서 드러난 장공의 '범 우주적 사랑의 공동체'론을 생명정치의 시각에서 비판적으로 살필 것이다.

## 장공의 '범 우주적 사랑의 공동체' 속에 담긴 신학적 요소 분석

한국인일 경우 노년에 이르고, 더욱이 외국 생활을 했다면 대개는 자연을 그리워하며 동양 경전에 마음을 빼앗기는 법이다. 역사의식을 갖고 험난한 인생을 살았다 하더라도 자연을 벗하고 싶고 모성적인 우리의 사유에 익숙해지는 것이 노년의 실상이다. 장공 역시도 앞서 말했듯 인생 후반기로 접어들며 역사와 이념 문제보다도 민족과 자연 그리고 생명을 주제로 많은 글을 남겼다. 물론 대학자로서 장공은 인생의 전·후반을 관통하는 신학적 틀과 맥을 갖고 있었으나, 다루는 주제만큼은 분명 달라졌고 넓어졌으며 고백적이었다. 이 점에서 임종 몇 년을 앞두고 설교 형식으로 발표된 '범 우주적 사랑의 공동체'란 글은 김경재의 역설대로 장공 신학의 결정체이자 총괄 개념이라 말할 수 있겠다.[5] 이른 시기부터 교회의 공동체성에 관심을 가졌으나 육(肉)의 지평을 세상(역사)이라 상상함으로 그 지평을 넓혔고, 지금은 우주 차원에서 공동체를 성찰하고 있는 까닭이다. 공동체성의 근간을 성육신에서 찾았고, 그를 추동하는 원리가 사랑이었기에, 기독교 공동체, 곧 '하느님 나라'는 뭇 차이를 횡단하는 더 큰 보편성을 지녀야만 했다. 이 과정에서 장공의 신학적 입장도 조금씩 달라졌다. 정통 보수주의와 자유주의 사이에서 진보적 신(新)정통주의 신학 노선을 취한 장공이었으나[6] 후기에 이르러 그 색조가 옅어졌을 뿐 아니라 일정 부분 그 틀을 벗어났고 빗겨나 있다는 판단이다. 인간의 역사와 하느님 역사를 달리 보지 않은 탓에 인간의 자연적 성향을 총체적으로 부정하는 바르트를 비판한 본회퍼를 닮았으며, 자연 자체를 신학적 주제로 삼은 것 역시도 아시아적 경험과 유사한 까닭이다. 한국의 토착 종교들에 대한 비판적 평가 또한 이전과 이후가 달라진 것도 주목할 만한 사실일 것이다. 여하튼 본 장에서는 짧게 쓰인 두 편의 글이지만 '범 우주적 사랑의 공동체'라는 말 속에 담긴 장공의 신학적 주제, 개념들을 찾아 낼 생각이다.[7] 이를 통해 '범 우주적 사랑의 공동체'의 의미와 한계가 오늘의 시각에서 밝혀질 것이고, 이에 이르는 장공의 신학적 궤적을 일견할 수 있는 기회가 되었으면 좋겠다.

　무엇보다 장공은 기독교를 하향적 종교, 곧 성육신의 종교로서 그 본질을 파악했다. 이것은 90도 상승의 세계를 말하는 플라톤 철학과 다르며 이사(理事), 사사무애(事事无涯)의 세계상을 지닌 불교와도 변별된 것으로, 세상을 사랑하되 세상과 같지 않은 기독교적 세계관을 함축하는 말이다. 따라서 세상 안에서 세상(역사)을 위해 사는 것이 교회의 책무이나, 그 본질은 위(하늘)로부터 규정되어야 한다고 장공은 보았다.[8] 일체의 인간적 정치 행위와 교회의 일은 같지만 달라야 한다는 것이 지론이었다. 하지만 그럴수록 교회가 근시안적 눈을 갖고 동족을 원수로 보며 조국 분단을 기정사실화하는 현실을 임종 가까운 시점까지 안타까워했다.[9] 역사를 변혁시키지 못하는 기독교(교회)는 성육신에 대한 이율배반이자 자기모순이었던 것이다. 하지만 두 편의 설교 속에서 장공은 세상, 곧 이 땅의 의미를 역사뿐 아니라 지구, 자연으로 확대시켰다. 유일한 생명이 살아 숨쉬는 장소인 지구 공동체에 대한 자의식이 명백해진 것이다. 곧 성육신으로 인해 지구는 타락한 공간(정통주의)이 아닌 낙원이 될 수 있었다. 따라서 지구 공동체의 거주민인 인간은 의당 이곳을 지속 가능한 상태로 유지하는 청지기인 것이 분명하다. 사람들 눈에서 억울한 눈물을 거둘 것과 동물을 피채로 먹지 말라(창9;1-7)는 것이 신(神)의 새 명령인 까닭에 충분히 그리 말할 수 있다. 하지만 현실은 장공이 인생 후반기에 자각했듯 자연을 사사화(私事化)했고 대상(물질)화한 탓에 사실적 종말의 위기에 처했으므로, 이 땅을 다시 성육신의 현실태, 하느님 영광을 알리는 아이콘이 되게 하는 신학적 과제를 기독교인들에게 부과했다. 지구만이 아니라 우주 전체가 하나의 운명 공동체라는 생각 역시 장공의 글에서 발견된다. 이는 종래처럼 울타리 치는(엔클로저) 지표권 정치학이 아니라 생명의 관점에서 우주를 보는 새 정치학의 필요성을 제시하는 것이었다.

하지만 이것은 아직 현실이 아닌 소망의 미래일 뿐이다. 장공에게 부활은 이런 우주적 차원의 사랑과 생명의 공동체가 이 땅에서 이뤄진다는 믿음의 원형적 실상이었다. 그가 빌립보서 3장 10절[10]을 본문 삼아 '범 우주적 사랑의 공동체'를 설교한 것은 그것이 바로 하느님 나라였고 이 땅의 교회가 세워야 할 공동체였기 때문이었다. 장공은 이런 공동체를 상하, 좌우 그리고 동서남북 어디도로 뻗친 통전된 공동체라 하였다. 단순히 위/아래의 구조로만 이해하지 않은 것이다. 이것이 바로 부활 생명에 참여하는 길이라 여긴 것이다. 여기서 우리는 신정통주의의 틀과 변별된 장공의 우주 생명론을 접할 수 있다. 종래 서구적 기독교가 율법·복음의 도식 대신 우주적 차원, 곧 동서 인류의 문화 종교적 유산을 포괄하는 우주적 그리스도(Cosmic Christ)의 틀거지를 지녔다면 현실이 오늘과 같지 않았을 것이라 믿은 까닭이다. 부정 일변도였던 동양종교에 대한 이해가 이전과 점차 달라졌기에 가능한 발상이었다.

장공의 최후 설교에서 기독교 사랑과 유교의 인(仁)을 중첩시켜 이해한 것도 이와 무관치 않을 것 같다.[11] 결국 장공은 우주적 사랑의 공동체를 고린도전서 13장으로 풀어 역사화시키고자 했다. 미래를 현실로 이끌기 위해서 '사랑'이란 에토스가 필요했던 것이다. 공동체가 성육신의 형식이라면 사랑이 그의 구체적 내용이었기 때문이다.

　장공은 성서가 말하는 사랑을 통해 다음의 세 형태로 그 의미를 각인시켜 풀어냈다. 우선은 사랑의 현실화를 위해 그것이 필히 물질로서 표현되어야 한다는 사실이다. 이는 민중신학의 출발을 알리는 사건이었다. 마치 신이 인간이 되어야 했듯 사랑이란 추상체는 물질로서 구체화되어야 옳다는 것이다. 굶주린 사람이 있는 한 사랑은 없다는 것이 바로 JPIC의 신학적 주제였다. 가난과 전쟁 그리고 생태적 파괴가 현존하는 한 기독교적 구원(정신)이 요원하다고 선포했던 것이다.[12] 이는 사적인 것과 공적인 것, 개인적인 것과 정치적인 것이 결코 나뉠 수 없다는 판단이겠다. 둘째로 장공은 사랑을 선택적 가치가 아닌 합일적 차원(완전)으로 이해했다. 이념, 계급, 성별, 종교들의 차이가 여기서는 존재하지 않는다는 확신이다. 선악조차 하느님 사랑 속에서 그 자리가 없다고 본 것이다. 장공이 인(仁)에 대한 공자의 풀이, 곧 '인자(仁者) 애지리(愛之理) 심지덕(心之德)'을 좋아했고 이를 사랑의 본뜻이라 여긴 것도 같은 맥락이리라. 인(仁)의 토대가 되는 유교의 성선설 역시 장공이 내치지 않았다고 보는 것이 옳을 듯싶다. 셋째로 장공에게 사랑은 우주 진화의 원리였다. 샤르댕(Chardin, Pierre Teilhard de, 1881-1955)의 '정신화되는 물질' 개념을 받아들였던 장공은 그 속에 사랑이 깃들어 있음을 직관한 것이다. 신이 인간이 되었으나 물질(육체)로만 머물지 않고 다시 정신[靈]이 되는 것이 생명 진화의 법칙(우주적 그리스도)이라 하였다. 그가 인간의 자유를 그토록 중시했던 것도 이와 무관치 않을 것이다. 자유 속에서 하느님과 인간의 접점을 찾을 수 있다는 것이 장공의 확신이라 하겠다.

장공에게 이런 진화의 산물인 '우주적 사랑의 공동체'는 결국 확대된 그리스도의 몸, 부활하신 그리스도의 영체와 다르지 않다. 만유를 통전시켜 '모든 것 속에서 모든 것이 되신 분'(All in All)이 바로 '우주적 사랑의 공동체'란 말이다. 하지만 이것은 동시에 스스로 이웃이 되고자 하는 선한 사마리아인의 실천(삶)을 필히 요청한다. 현실 교회란 이렇듯 사랑의 지경을 넓히는 역할을 해야 제격이다. 사랑의 범위를 전 우주적으로 넓히는 것이 교회의 존재 이유이자 우주적 그리스도를 믿는 일이며 우주의 진화에 참여하는 삶일 것이다. 이 점에서 장공은 세계적 차원의 선을 행하는 인류 공동체, 즉 국제연합과 같은 역사적 기구를 신학적으로 크게 의미 지웠다. 일조일석에 될 일이 아닌 탓에 세상 속에 출현한 공동체는 땅 위에 임하는 하느님 나라와 유관하다는 것이다. 이 점에서 필자는 장공을 바르트주의자가 아닌 오히려 본회퍼의 세속화 신학과 연계지을 수 있을 듯하다. 함께 독일 국가사회주의에 맞섰음에도 불구하고 본회퍼는 바르트와 달리 인간의 역사적 생성물(문화)을 긍정적으로 이해했기 때문이다.[13]

이상과 같이 살펴본 '범 우주적 사랑의 공동체'에 대한 장공의 비전은 분명 저세상적 천국사상에 익숙한 한국 교회의 인습적 신앙관과 동이 서에서 멀 듯 달랐다. 이는 모두 성서(역사) 비평학에서 비롯된 소신이기도 하겠으나 성서를 자유의 보고라 여기며 그를 영적으로 독해한 신앙의 열매라 할 것이다. 하느님 주신 자유를 갖고 세상을 달리 만들기 위한 목적으로 존재하는 것이 기독교이자 교회인 것을 확신했던 때문이다.[14] 이어지는 두 번째, 셋째 장에서는 이렇듯 '우주 생명적 사랑의 공동체'에 이르는 과정에서 장공의 신학이 부분적으로 변화되고 달라졌으며 확대 심화된 과정을 몇 개의 주제로 나눠 살펴볼 생각이다. 민족, 이웃종교, 자연(생명)에 대한 관심이 그 핵심에 자리

할 것인 바, 이를 공동체의 지평 확대 차원에서 서술해 나갈 것이다.

## 신학적 주제로서의 '민족'- 장공의 '민족론', 그 보편적 전개

앞에서 보았듯이 장공에게 있어 '우주적 사랑의 공동체'는 민족에 대한 복음적 이해를 토대로 확장되고 심화된 개념으로서 하느님 나라를 적시했다. 민족과 복음의 관계 해명 없이 보편적 주제가 명시될 수는 없는 법이다. 여기서 민족이라 함은 정치적 차원뿐 아니라 종교적 의미도 함의해야 옳다. 물론 현실 정치적 측면이 장공에게 앞섰겠으나 후자적 관점 역시 논외로 취급되지 않았다. 따라서 본 장에서는 민족(종교)에 대한 장공의 신학적 독해를 배워야 할 것이다.

장공의 최초 활동 시기를 가늠할 때, 민족문제가 중심일 것이란 상상은 어렵지도 틀린 것도 아닐 것이다. 일본이 주입한 열등사관을 영웅사관으로 맞섰던 민족주의자들이 있었던 반면, 이들 저항적 민족주의 경향과 달리 소위 '문화적' 민족주의자들도 없지 않았다. 함석헌의 '뜻의 존재론'이 대표적 경우이겠으나, 장공 역시 기독교와의 접목 속에서 민족문제를 종교적으로 사유하기 시작했으니 다를 수 없겠다. 해방과 함께 이후 한국 상황이 군부독재, 민주화 투쟁으로 점철되었으니 장공의 신학적 삶은 민족의 역사와 언제든 함께할 뿐이었다. 이를 손규태 박사는 민족을 향한 장공의 목회(민족목회)라 칭했으니[15] 이를 교회 공동체의 일차적 지평 확대라 하겠다. 이렇듯 민족과 종교의 일치는 장공의 복음 이해로부터 비롯하는 바, 그것이 바로 성육신 사건이다.[16] 성육신이란 그에게 종교가 아닌 인간을 우선시하는 신비였다. 종교의 노예였던 인간을 자유케 했고, 인간을 천하보다 귀하게 여겼던 종교가 바로 육화된 신을 말하는 기독교(복음)란 것이다. 그렇기에 소위 '인간적' 종교라는 것이 장공이 민족에게 주려는 문화적 차원이라 하겠다. 따라서 민족의 그리스도화는 장공에게 있어 정치적 독재와 교회의 교권주의에 반한 자유의 극대화, 곧 평등성이란 말로 바꿔도 좋을 것이다.[17]

하지만 이 시기 장공은 민족을 기독교로 개조하는 것이 목표였다. 따라서 장공은 '뜻'의 종교로 탈바꿈한 함석헌보다는 '조선적 기독교'를 꿈꿨던 김교신을 더 닮아 있었다.[18] 제종교가 이끌었던 민족 역사에 기독교적 힘[靈]을 도입하여 종말론적 새 차원을 민족에게 선사하는 것을 복음의 책무라 여긴 것이다.[19] 이것이 바로 자유이고 독립이며 자주였으며, 신(新)자아로서의 주체성이었다. 함석헌이 말한 생각하는 백성이 되는 것이며, 스스로 함의 정신이라 하겠다. 하지만 이는 역으로 주인 노릇을 했던 옛 종교들에 대한 아쉬움이자 얼(주체성)빠진 민족정신에 대한 안타까움의 표현이었다. 함석헌과의 친분에서 비롯했는지 모를 일이나 장공의 역사관은 상당히 그를 느끼게 한다. 고구려의 멸망과 신라의 삼국통일을 대비시킨 것이나, 사대주의와 숙명론 그리고 계급주의를 타파해야 할 민족의 과제로 삼은 것도 유사하다. 무엇보다 낙랑장송에 휘감긴 칡덩굴로 민족의 사대성을 묘사하는 대목에서 전율을 느낄 만큼 그렇다.[20] 장공에게 정몽주를 향한 이방원의 칡덩굴론(論)은 주체성 상실의 전형적 모습이었을 것이다. 성육신 신비(사건)가 칡덩굴 같은 민족정신 속에 누룩처럼 작용해 자유혼을 회복시켜 민주주의를 세우는 것을 장공은 전적(역사) 구원이라 했다.[21] 이는 로마서의 핵심을 대속(속죄)론이 아닌 화해론으로 보는 최근 성서신학 동향과 대단히 유사하다.[22]

주로 민족에 대한 신학적 성찰은 유불선과 같은 토착종교에 대한 평가를 동반하기 마련이다. 여타의 신정통주의 신학자들과 달리 장공은 신앙유비 (Analogia Fidei)의 논리를 적용시키지 않았다. 토착종교에서 긍정적 요소를 보았기에 선교사들의 이분법적 태도에 공감치 않은 것이다.[23] 물론 장공이 재래종교와 기독교를 부분과 전체의 관계로 인식하긴 했으나, 현대 세계가 일치를 원하는 상황에서[24] 이들 간의 대화를 필연적 과제로 인식했던 것이다.[25] 배타주의나 단절론(참/돌 감람나무) 대신 이웃종교들 역시 온전케 하는 급진적이며 포괄적인 유일신론(radical Monotheism)을 선호한 것도 사실이다.[26] 세상을 사랑하여 독생자를 주신 하느님께서 결국 동서양 모두를 품으실 것을 장공은 믿었고, 이것이 말년의 '우주적 사랑의 공동체'를 논할 수 있었던 동력이었다.[27] 필자의 눈엔 이 역시 민족에 대한 기독교적 과제를 완수하기 위해 앞선 종교들과의 협력을 요청했던 함석헌과 중첩되어 보인다. 장공이 3·1운동의 역사 및 그 앞날에 대해 여러 편의 글을 썼던 것이 이를 웅변한다.[28] 4·19에 관한 언급만큼, 아니 그 이상으로 3·1독립선언을 말했고 의미를 부여한 것은 필자에겐 놀라운 발견이었다. 그만큼 장공에겐 종교 간 협력에 대한 필요가 컸고 독립선언서에 담긴 공동체적 지향성이 보편적이라 느꼈던 탓일 것이다.

실제로 3·1운동에 대한 그의 글에서 우리는 말년의 생각을 엿볼 수 있는 대목을 여럿 발견할 수 있다. 이 땅의 종교들이 함께했던 3·1운동을 장공은 사랑과 희생을 실현한 민족의 번제물이라 하였다.[29] 그것을 민족의 부활을 위한 십자가로 본 것이다. 왜냐하면 모두가 평등하고 자유한 주체적 국가를 이루고 그 나라의 백성이 되는 것이 그 자체로 기독교적이자 진리라고 여겼기 때문이다. 그리하여 장공은 3·1운동을 단순히 독립운동만이 아닌 진리운동이라 하였고, 남북의 허리가 잘려 있는 한 그것은 완결된 것이 아닌 진행형이라 믿었다. 이런 선상에서 장공은 남쪽의 군부 독재와 북쪽의 공산독재를 동일하게 비판했고 그것을 신앙고백적인 차원에서 이해했다.[30] 이 점에서 장공에게 정교 분리란 오로지 교회적 이기주의의 산물일 수밖에 없었고, 오히려 교회가 인간(민족)해방을 위해 '민주적 사회주의'(Democratic Socialism)와 같은 체제를 연구, 검토할 수 있기를 바랐다.[31] 이 땅에서의 정치의 민주화·인 간화를 이루는 것을 장공은 복음의 토착화로 여긴 것이다.[32]

이렇듯 자유와 평등을 위해 종교의 벽을 허문 3·1운동의 유산을 장공은 70년대의 민주화 투쟁을 위한 자양분으로 삼았다. 반독재 민주화 운동이 교회만이 아닌 전 국민적·종교적 운동으로 번질 것을 바란 것도 사실이다. 이를 위한 한국교회의 고난을 세계교회의 보편적 고통이라 여기며 '한 몸'사상을 발전시킨 것도 대단히 의미 깊다.[33] 결국 이런 생각들이 연륜과 함께 무르익어 '우주적 사랑의 공동체'로서 보편성을 지향토록 한 동인이었다는 것이 필자의 소견이다.

## 장공 사상 속의 자연, 생명론-우주적 사랑의 공동체의 다른 한 요소

이렇듯 장공 사상 속에는 시종일관 민족과 역사의 문제가 신학적 주제였고, 자유와 평등이 복음의 내용이었으며, 이를 이루는 것을 기독교의 토착화라 본 흔적들이 수없이 많다. 그럼에도 상대적으로 빈도수는 많지 않았으나 이른 시기부터 창조와 생명 그리고 자연을 주제로 썼던 것도 사실이다. 본 주제의 글들이 생애 마지막 시기에 집중적으로 다뤄졌지만 앞선 것들과 내용면에서 큰 차이는 없었다. 자연, 생명의 주제가 역사적 격동의 세월을 살면서 정치적 주제에 묻혔던 것은 부인할 수 없는 일이다. 하지만 생애 마지막 시기에 이르러 장공이 역사와 우주(생명)를 통전시켜 우주적 사랑의 공동체를 꿈꾸었으니, 이는 후학들에게 신학의 새 지평을 열어젖힌 사건으로 기억되는 것이 마땅하다. 이를 위해 그의 기독론이 비록 현대 신학적인 상세한 설명은 없었으나 우주적 그리스도로 언명된 것 역시 대단히 중요한 발전이라 할 것이다. 민족의 그리스도화(化)를 넘어 우주의 그리스도화(化)가 장공의 신학적 비전이 된 때문이다.

장공은 남과 북의 전쟁이 종료된 직후 이전 글감과는 달리 과학과 종교를 주제로 소논문을 발표했다.[34] 인류의 역사가 종교와 과학 간의 갈등을 말하고 있으나 장공은 과학 역시 기독교 정신과 무관치 않음을 역설하며, 오히려 과학주의의 폐해를 적시한 것이다. 장공은 물질만을 실재로 여기며 감각을 통한 인식을 절대시하는 인식론적 독단을 경고했다. 현상 배후의 원인과 실체를 배제하는 과학주의는 결코 옳지 않다는 것이다. 그렇기에 이런 과학으로 철학까지 독식하려는 소위 과학철학의 등장에 신학적 제동을 걸고자 했다. 사물의 원인, 실체, 목적 등은 철학이나 종교의 영역인 것을 천명하며, 과학이 현상을 기술하는 것으로 만족할 것을 주문했던 것이다.[35] 하지만 진정한 자연철학은 사실의 세계를 넘어 가치의 차원을 발견하는 것으로서 장공은 화이트헤드에게서 이런 범례를 찾았다.[36] 신의 시원적 목적을 전제하며 창발성을 통한 귀결적 본성으로 하느님을 개방시켰던 때문이다. 따라서 장공은 하느님 없이는 인간, 우주 그리고 시간도 없다고 확언하며, 기독교의 자연신학적 측면을 다음처럼 정리했다. 우주는 상호 의존적인 통일체이나 되어감(becoming)의 상태로서 목적과 방향성(가치)을 지니며 인간 지성과 교감한다는 것이다.[37] 여기서 하느님은 이런 목적 지향적 우주를 통일체로 이끄는 'Supreme Mind'로 언표되었다. 이는 하느님께서 인간뿐 아니라 전 우주적 구원을 성취할 것이라는 장공의 고백적 증언이기도 했다. 여하튼 이 짧은 글에서 우리는 생애 마지막에 꿈꿨던 우주적 사랑의 공동체의 맹아를 충분히 엿볼 수 있다. 종교와 과학 간의 대화가 신학의 핫이슈가 된 오늘의 시점에서도 장공의 종교-과학 간 대화 이론 역시 시대 적합한 공명(consonance)론의 차원이라 여겨도 좋을 것이다.

이후 이어지는 글에서 자연에 대한 신학적 이해가 핵심이 되었다.[38] 자연에 대한 과학주의적 환원을 거부한 만큼, 있는 그대로 자연을 신과 동일시하는 범신적 동양의 자연관과도 구별할 목적에서였다. 장공에게 자연은 저절로 그러한 자존자가 될 수 없다는 것이다. 따라서 자연의 종교화란 그에게 낯선 주제였다. 왜냐하면 자연은 하느님 피조물일 뿐인 까닭이다. 하느님 없이는 자연도 존재할 수 없다고 확신했다. 하느님이 자연이 아니듯 그의 모상인 인간 역시도 자연 이상의 존재란 것이 장공의 신학적 판단이었다. 자연의 관리자로서 부름 받은 인간이기에 자연과의 동격화는 잘못되었다는 것이다. 자유 없는 자연보다는 범죄 할 자유가 있는 인간이 훨씬 위대하다는 것이 장공의 생각이었다.[39] 인간의 잘못으로 자연이 망가졌으나 인간이 참으로 자유할 때 타락한 자연의 회복 역시 가능하다는 것이 성서가 말하는 바라 믿었다.[40] 생태계의 파괴란 결국 인간의 자유롭지 못한 증상일 뿐이라는 것이다. 따라서 자연 학대란 인간 학대만큼이나 좋지 않은 것으로서, 자연을 그리스도 사랑의 범주 안에 두는 것이 기독자의 과제라 하였다.[41] 자연을 학대하면 그 화가 인간에게 되돌려진다는 부메랑 현상을 두려워하면서 말이다.

이처럼 인간과 자연이 운명 공동체임을 강조하는 중에 장공은 '범 우주적 사랑의 공동체'란 말을 재차(59년) 사용하였다.[42] 이처럼 우주적 사랑의 공동체에 관한 신학적 구상이 갑작스런 생각이 아니긴 했으나 이 경우 문제가 없지는 않다. 시대적 한계로 인해 인간 중심적 세계관에서 자유롭지 못했고, 자연의 능동성 · 창발성을 충분히 숙지하지 못했기 때문이다. 마지막 장의 주제이겠으나 지표권을 넘어 생명권(Biosphere)이 중시되며, 지구가 속한 태양계가 우주 속에 수억 개가 있고 그리고 신생대로부터 생태대로의 탈주가 언급되는 현실에서, 신관(神觀)은 물론 우주 속 인간의 위치 역시 종전과 달리 언급될 필요가 있는 것이다. 하지만 장공이 우주 자연을 '사랑' 안에 포함코자 한 것은 우주적 그리스도, 곧 성육신에 대한 새로운 이해가 있었기에 가능한 발상이었다. 따라서 '우주적 사랑의 공동체'란 결국 '우주적 그리스도의 공동체'를 일컫는 것이라 보아도 좋을 듯하다.

1980년대 이르러 장공은 생태계 파괴의 심각한 실상을 언급하기 시작했다. 기독교의 신관—절대타자—탓에 자연이 탈(脫)신성화되었으나 그것이 물상화 · 객체화로 이어져 자연 파괴가 도를 넘어섰다는 것이다.[43] 이로부터 장공은 이전과 달리 자연을 머리가 아닌 온 몸으로 관찰했고, 그를 느끼기 시작했다. '개똥벌레', '물과 숲', '구름과 바람' 그리고 '낙조(落照)'와 같은 주제로 단상을 남기기 시작한 것이다. 이 시기에 장공은 자연을 하느님의 영광을 드러내는 공간으로 보았고, 이전과 달리 양자 간의 철저한 분리를 경감시켰다. 신께서 당신이 지은 세상을 보고 '참 좋다'고 말씀했다면, 이 세상에서 그를 보고 느낄 수 있는 것은 당연지사라 생각한 것이다. 다윈 진화론 역시도 결국 창조 신비 자체를 건드릴 수 없는 한 자연의 신비를 찬양하는 작품이라 여겼다.[44] 인류가 자연의 신비를 찬양하기보다 정복하고자 할 때, 인류와 자연의 총체적 비극이 도래할 것을 예견하며 장공은 인간에게 청지기성을 재차 요구했다. 그러나 이 경우 이전과 달리 '겸손한'이란 한정사가 붙어 있다. 인간 원리를 벗어난 것은 아니로되 그 정도를 종전처럼 강조하지 않았던 것이다. 이를 일컬어 소위 '강한' 인간 원리에 견줘 '약한' 인간 원리라 해도 좋을 것 같다. '범우주적 사랑의 공동체'란 개념이 조금씩 변화된 형태로 다른 내용을 갖기 시작한 것이다.[45]

이로부터 장공에게 자연 지키기는 '생명운동'이란 더욱 보편화된 개념으로 표현되었다.[46] 그만큼 자연이 장공에게 일상적인 주제가 되었음을 적시한다. 자연 생명이 인간뿐 아니라 동식물에게도 있음을 자연스레 긍정하였던 것이다. 일체 생명이 하느님과 연관(관계)된 탓에 본질에 있어 모두가 차별 없이 신성하다고 확신했다.[47] 심지어 풀과 나무도 생명의 환희를 즐길 권리가 있다고 믿을 만큼 그렇게 말이다. 그럴수록 장공은 인간에게서 억울한 눈물을 흘리게 하는 일을 신을 향한 최악의 범죄라 여겼다. 하지만 자연과 인간을 구별하는 차원에서가 아니라 자연을 맘껏 존귀하게 여기면서 인간 역시 더할 나위 없이 귀하다는 맥락에서이다. 필자는 여기에서 장공의 관점변화를 읽고자 한다. 자연의 신학적 위치가 종래와 달라진 것이다. 동시대적인 생태적 감각을 갖고서 '우주적 사랑의 공동체'를 향한 신학적 토대를 쌓아 갔기 때문이다. 그럼에도 장공에게 하느님은 창조적 존재였다. 인간 및 우주의 역사를 전혀 달리 만들 수 있는 유일한 전능자란 확신은 영원한 그의 몫이었던 것이다. 인간이 하느님 형상을 회복하고 자연이 하느님을 찬양하는 우주적 구원, 사망이 생명에 삼켜진 그 순간에 대한 확신이 장공을 사로잡은 신학적 실존이었다.[48] 하지만 이런 확신은 삶의 마지막 순간 토로한 우주적 그리스도를 향한 감(感)을 담보할 수 없었다. 따라서 그의 마지막 언급을 부여잡고 의중을 확대시켜 생각할 여지는 필자의 몫으로 남겨졌다.

## 우주적 그리스도의 빛에서 본 '우주적 사랑의 공동체'와 생명권 정치학

이상에서 보았듯 역사, 구체적으로는 토착종교들을 포함한 민족(정치) 개념과 자연(우주) 생태계의 두 요소를 아우르며 이를 창조적으로 지양시킨 우주적 사랑의 공동체는 장공에게 있어 교회의 궁극적 과제였으며, 이 땅에서 이뤄져야 할 하느님 나라의 실상이었고, 영생이란 종교적 표상이 구체적으로 적시하는 바였다.[49] 혹자는 이를 부활한 그리스도의 '신령한 몸'[靈體]이라 부르기도 하였다.[50] 그만큼 우주의 총체적인 질적 변화의 비전을 담고 있는 까닭이었다. 하지만 우주적 사랑의 공동체를 역사 초월적인 것으로 보기에는 그 꿈은 시대 요청적인 것으로 구체적이며 현실적이었다. 교회가 그것의 거점이 될 것을 주장하는 장공에게서 필자는 역사적 실상에 대한 갈망을 읽었다. 앞서 말했듯 필자는 장공의 신학사상을 바르트보다는 본회퍼의 시각에서 읽고자 했다. 인간 노력의 결과물들 일체를 부정적으로 보았던 전자와 달리 후자는 세속성(혹은 자연신학)을 부정하지 않았고, 비종교적 방식으로 기독교를 이해하고자 했기 때문이다. 이 점에서 우주적 사랑의 공동체는 자유와 복음이 등가였듯 복음의 비종교적 해석이라 할 수 있겠고, 역사 속 실현이 그의 역사 초월성에 무게중심을 두는 것보다 장공에게 중요했다는 것이 필자의 판단이다.[51] 물론 이것이 역사 속의 가시적 무엇과 동일시되기는 어렵겠으나 그 실상을 지금 이곳에서 구현할 수 있다는 것이 장공의 본심이라 믿기 때문이다. 따라서 이것은 정치사상적 그리고 우주 생태적 틀을 아우르는 통전성을 적시한다고 보아야 옳다. 그렇기에 우주적 사랑의 공동체가 위로부터 아래로의 개념(초월주의)인지 혹은 아래로부터 위로 향하는 구조(현실주의)인지에 대한 논쟁은 무의미하다.[52] 이것이 본래 하느님 나라와 견줄 수 있는 어휘인 반면 '하느님'은 앞의 것과 '나라'(공동체)는 나중 것과 어울리는 개념쌍인 까닭이다. 장공이 자유를 강조했으며 거듭 겸손한 청지기성에 무게를 둔 것도 이런 생각을 후견할 수 있을 법하다. 장공에게는 신이 인간이 되는 것(성육신)과 인간이 다시 영(靈)이 되는(부활) 사건이 더불어 중요했던 것이다. 이는 장공이 성육신을 우주적 그리스도로서 지평 확대한 사실과 무관치 않은 것으로, '제3일'(the third day)의 의식(소망)에 근간한다.[53] 그가 이 이름으로 잡지를 발행한 것은 한국 기독교 역사 속에서 대단히 의미 깊다.

### 1) 우주적 사랑의 공동체의 토대로서 우주적 그리스도의 범재신론적 이해

장공에게 있어 '제3일'이란 예수께서 십자가로 인해 죽었다가 부활한, 즉 죽음으로부터 삶을 얻은 극적 반전의 사건이자 기간을 일컫는다.[54] 악의 정점에 선 인간을 향한 하느님의 '아니오'가 바로 무덤을 열어 젖힌 부활이었으며, 죽음으로부터 3일째 되는 날이었다. 장공에게 있어 세 번째 날은 기독교의 존재이유였고, 역사가 희망을 가질 수 있는 근거이자 토대였기에 이를 기독교인의 영적 정체성이라 여겼다. 이 3일은 예수마저 음부에 있었던 시기로서 그의 하느님 나라(정의) 비전이 조롱받았고, 이를 따르던 이들의 절망과 좌절이 극에 달했으나 그로부터 생명이 움터 영원이 이 땅에 심겨지는 종말론적 때이기도 했다. 그렇기에 '제3일'의 영성(신앙)은 하느님의 부재와도 달랐고, 결과론적 승리를 찬양하는 안락한 (기복)신앙을 보장할 수도 없었다.[55] 오히려 지난했으나 궁극적으로 사망(불의)을 무화시킨 생명, 곧 부활의 믿음에의 참여가 '제3일' 영성의 본질이었다. 역사 및 우주 곳곳에 하느님 공의를 뿌리내려 그 힘을 사방팔방으로 펼쳐야 할 존재가 바로 '제3일'의 영성을 지닌 기독교인의 운명이자 정체성이었던 것이다. 그렇기에 장공에게 세상(우주)은 결정적일 수도 그렇다고 마냥 비결정적일 수도 없었다. 하느님의 뜻(정의)이 역사와 우주 속에 관통해 있으나(창 9:1-7) 그와 공명치 않는 것이 현실(롬 8:18-25)인 때문이다.[56] 따라서 온갖 피조물들이 탄식하는 현실세계 속에서 생명의 몸짓을 통해 하느님 뜻(정의)을 이루는 것이 신앙인들의 (미래적)과제로서 하느님 나라를 땅에서 이루는 일이었다. 장공은 신앙인들이 그의 나라를 땅에서 이룰 때까지 망가진 세상을 인내와 침묵 속에서 긴 호흡으로 참아낼 것이라 하였다.[57] 이런 기다림에 응하는 신앙의 양식이 이 땅에서의 생명(공의)의 싸움일 것이며, 그를 행하는 근거가 바로 성육신이었다. 육화란 하늘과 땅이 통했다는 가장 확실한 성서적 증거였던 때문이다. 하지만 이런 신앙 여정은 예수 생명마저 삼켜 버린 음부와 같은 현실에서도 지속해야 할 지난한 모험일 수밖에 없다. 이를 피하고 싶어도 그리 할 수 없다는 것이 '제3일'의 의식을 강조한 장공의 신학적 이유였다. 이는 피조물의 탄식에 응답하는 절대적 사랑, 역사와 우주를 관통하는 '하느님의 의(義)' 곧 '우주적 그리스도'를 복음이라 여겼기에 가능한 일이었다. 다음 말이 이를 명백히 적시한다; "우주는 생명으로 가득 차 있다. 그런 의미에서 '산 우주'라고 말할 수 있다. 그러나 그 생명이 현실화하지 않으면 우리와 상관이 없다…, 우주에는 말씀이 가득 차 있다. 우주 만상 자체가 다 하느님의 말씀이다. 그러나 하느님 말씀이 육신을 이뤄 우리에게 거주하기 전에는 참 구원은 오지 않는다."[58] 여기서 핵심은 여전히 우주에 가득 찬 하느님 말씀의 육화 여부이다. 그의 육화 없이 그리스도가 새 세상의 첫 열매가 될 수 없을 뿐 아니라 '우주적 사랑의 공동체' 역시 존립할 수 없다. 따라서 '제3일'의 의식은 제 뜻 버려 하늘 뜻 찾아 세상을 새롭게 하는, 즉 '우주적 사랑의 공동체'를 이룰 수 있는 신앙적 토대로서 '우주적 그리스도'에 대한 소망과 깊이 연루될 수밖에 없다.

물론 장공 스스로 '우주적 그리스도'란 개념을 즐겨 사용했다고 보기는 어렵다.[59] 단지 후기로 갈수록 우주 속의 일체 존재를 사랑하여 한 공동체로 인식하는 것을 강조했고, 그런 공동체를 '그리스도의 몸'이라 명명했기에[60] 그에게서 성육신 개념의 지평 확대를 보는 것이 결코 무리한 판단은 아닐 것이다. 실제로 장공에게서 그리스도의 몸은 인간과 우주, 민족과 세계를 아우르는 공동체적 생명을 일컬었으며, 하느님 사랑 안에서 만물이 영(靈, 정신)으로 변화하여 자유케 되는 상태와도 충분히 비견될 수 있었다. 따라서 그가 믿는 그리스도는 교회는 물론 세상을 넘어 온 우주를 품어 속량할 수 있을 만큼 넉넉한 사랑의 존재(all in All)였다.[61] 이런 이유로 장공의 성육신론을 '우주적 그리스도'의 개념으로 풀고 이를 범재신론과 연관시키는 작업은 결코 무의미하지 않다.[62]

주지하듯 초기 기독교는 장공이 그랬듯 부활을 중시했다. 부활을 통해 예수는 하느님 현존을 영적으로 매개할 수 있었고, 따라서 자신의 역사성을 넘어 종말론적 우주와의 연결고리를 갖게 된 것이다. 예수 안에서 발생한 부활로 인해 인간과 우주의 미래, 곧 우주 자체의 전적 변화를 기대할 수 있었다.[63] 초대교회의 우주적 그리스도 이념은 총괄 갱신론(Recapitulation)으로 이어졌고, 여기서도 구원은 죄로부터의 해방만이 아니라 전 우주의 새로움이되었다. 하지만 이런 우주적 그리스도 이념은 한 인격 속의 두 본성 이론으로 기독론을 축소시킨 니케아 공의회 이후 기독교 역사 속에서 희미해졌고, 급기야 어거스틴은 자연과 은총 두 영역을 연결시킬 수 있는 가능성 자체를 탈각시켰다.[64] 그리하여 향후 신학이 어거스틴이 아닌 이레니우스(총괄갱신론)와 더불어 새롭게 시작할 것을 주문한 신학자도 생겨났다.[65] 전 생태계의 위기 속에서 신적(神的) 구원의 힘이 인간뿐 아니라 자연에게도 미쳐야 함을 말하기 위해서이다. 이 점에서 신학자들은 진화론을 우주적 그리스도와 접목시켜 이해하기 시작했고 장공 역시 말년에 이르러 이런 궤도에 들어설 수 있었다. 성육신과 창조론을 통합시켜 전 우주 만물을 그리스도의 몸이라 하며 그 속에서 그리스도의 현현을 보고자 했기 때문이다.

전술했듯 장공은 우주적 그리스도라는 말을 사용하기까지 자신의 생각을 조금씩 변화시켜 왔다. 자유를 강조한 만큼 인간 청지기성에 의존했던 그였으나, 점차 그 강도를 줄여가다 자연의 능동성을 언급하기 시작했고, 급기야 우주적 그리스도란 말로 '범 우주적 사랑의 공동체'를 설명코자 했던 것이다. 물론 그가 세상의 중심을 약자에 두고 인간의 역할(자유)에 전적 의존하는 탓에 관계적 사유에 기초한 생태적 세계관과 변별되는 것이 사실이지만, 그의 생각이 점차 이에 근접했다는 사실 자체는 인정할 만하다. 이는 장공에게서 범재신론(Panentheism)의 흔적과 노력을 보려는 시각과도 연루된다. 일반적으로 장공의 신학사상을 신정통주의 노선에 입각한 초월신관의 틀에서 조명해

왔다. 그의 성육신 사상이 인간 자유를 위한 절대적 근거가 된 것도 실상 초월신관의 반영이라 하겠다. 이렇듯 초월신관의 역사화로 인해 숫자 '하나'에 집착한 피안적 하느님 이해와의 차이를 드러낼 수 있었다. 하지만 장공이 다소라도 자연의 정신성을 인정하는 한 인간의 자유에 초점을 둔 성육신 사상은 확대해석될 필요가 있다. 이 점에서 니버의 '급진적 유일신론' 역시 장공의 변화된 관점을 담기에 다소 어색하다.[66] 물론 급진적 유일신론이 만유를 초월하면서 만유 안에서 활동(창조)하며 만유를 지탱 · 유지하는(엡 4:6) 신적 존재에 대한 확신을 담고 있으나, 그를 종교개혁 원리나 상호주체적인 삼위일체론과 같게 보는 한[67] 차이를 횡단하는 보편성을 띨 수 없을 뿐 아니라 현대과학이 인정하는 자연의 창발성 역시 담기 어렵다. 반면 우주적 그리스도는 신뿐 아니라 창조된 실재(자연)들 상호간의 관계와 영향, 나아가 일치를 함의할 수 있다.[68] 여기서는 인간뿐 아니라 자연 역시도 신과 더불어 공동 창조자가 될 수 있기 때문이다. 이 점에서 '나는 우리이기에 나다'(I am because we are)라는 아프리카적 사유로 인해 숫자적 유일신론이 극복된 사실을 주목해야 한다.[69] 신은 본래 다양성(We:Multiplicity)을 본질로 한다는 것이다. 따라서 신이 세상의 몸으로 육화되었다는 것은 결국 만유(다양성)와의 관계 속에서만 자신의 본질을 드러낼 수 있다는 범재신론의 표상을 요구할 수밖에 없다. 성서학자들 역시 범재신론과 성서적 실재관의 유사함을 주저치 않고 역설하는 중이다.[70] 필자가 보기에 '철저 유신론'과 '범재신론'은 뜻하는 바가 같을지라도 강조점에 있어 초월(전능)과 내재(관계)에 각기 방점을 찍는 한에서 변별되어야 옳다. 따라서 필자로서는 장공이 스치듯 언급했던 '우주적 그리스도'를 후자의 시각에서 살필 필요가 있었다. 이하에서는 생명권 정치학의 담론을 빌려 이들 신학적 개념을 좀 더 구체화할 생각이다.

## 2) 범재신론의 시각에서 본 '우주적 사랑의 공동체'
## - 생명권 정치학과의 연계 속에서

우선 J. 리프킨의 『생명권 정치학』을 언급하는 이유부터 언급해야겠다. 주지하듯 이 책은 생명(권)을 정치의 주제로 삼은 것으로 신학의 틀 자체를 변혁시키는 데 지대한 역할을 하였다.[71] 이전의 정치학이 주로 현재의 세계지도가 적시하듯 지표권(Geopolitics)을 주제로 삼았다면, 과학사가인 리프킨에게 있어 정치란 지구적 차원의 생명 현상을 발생시키며, 좁게는 생명의 종이 서식하는 공간(생명권)을 개념화하고, 종의 분포도에 따라 공간의 경계를 재구획하여 그 경계를 지켜내는 일이었다.[72] 왜냐하면 생명권(Biosphere) 속에서[73] 인간 이상으로 생명을 유지·존속시키는 자연 고유한 능력, 곧 그의 창발성의 경이로움을 보았기 때문이다. 이렇듯 정치를 생명의 지평으로 확장시킨 리프킨의 관점은 역사와 민족에서 우주·자연(생명)으로 신학의 영역을 확장시킨 장공의 시각과 닮았다. 더욱이 우주적 그리스도에 대한 장공 말년의 확신은 범재신론의 세속적 표현인 '생명 중심주의'와도 교감할 수 있고 또한 아시아적 종교성에 대한 그의 지속적 긍정 역시 리프킨의 결론인 '생명권 의식'과 충분히 맞닿아 있다. 이는 결국 장공이 사랑을 우주 진화의 원리로 본 것과 유관한 것으로서 생명권 정치학과 우주적 그리스도를 함께 논할 수 있는 근거라 하겠다. 여기서 필자는 다음 세 시각에서 장공과 리프킨 간의 상호 교차적 의미를 창조적으로 재구성할 생각이다.

우선 정치적 영역의 지평 확대가 눈에 띈다. 장공이 현실 정치를 넘어 우주 생명에로 눈을 돌렸듯, 리프킨 역시 생명권을 정치의 새 차원으로 수용했다. 하지만 범우주적 사랑의 공동체는 이전과는 다른 정치 행위에 근거되어야만 했다. 생명권을 정치의 장으로 삼았던 리프킨처럼 장공의 공동체는 민주화 투쟁을 넘어 반생명적·반생태적 현실과 치열하게 대면해야 했던 것이다. 리프킨은 무엇보다 전 지구가 강대국들에 의해 쇼핑 상가화되고 있는 현실을 개탄했다.[74] 지구의 모든 것이 상업적으로 엔클로지화(化)(enclosing)하는 초(다)국적 기업의 실상에 주목한 것이다. 지구 공유지, 즉 땅·바다·하늘을 넘어 유전자는 물론 심지어 전자파마저 독점하여 전 지구를 단일 시장화하려는 지표권 정치학에 맞서 지구 생명권 개념을 확보코자 하였다.[75] 이를 위해 육류 소비를 줄이는 일에서부터 핵 에너지 포기는 물론 종 다양성을 지키고자 하였고, 그로써 궁극적으로 엔클로지화한 지구 공유지 일체를 회복시키고자 했다. 이는 결국 지구 공간을 생태적 시각에서 범 우주적으로 재창조하는 정치적 행위를 통해서만 가능한 것으로서, 장공이 꿈꿨던 우주적 사랑의 공동체 이상과 다르지 않다. 앞서 장공을 본회퍼의 신학적 자리에서 보았기 때문에 그 공동체는 의당 역사 속에서 구체화될 필요가 있다. 따라서 이를 위한 정치적 행위 역시 이전과 달리 우주적 차원, 생태적 함의를 지녀야 옳다. 이 점에서 필자는 도처에 만연된, 소위 '위험사회'[76]를 야기 시킨 낭비사회의 극복 방안[77]을 장공에게서 기대한다. 인간의 청지기성(책임)을 거듭 강조해 왔고 그것으로서 자연 생태계를 지키려 했기에, 우주적 사랑의 공동체는 식민화된 '생명'을 정치적으로 해방시켜 민주화의 영역을 넓혀 가는 도상에서만 실현 가능할 것이다. 주지하듯 우리는 효율성에 근거하여 성장을 추구하고 그로써 안정을 얻고자 하면 할수록 더 이상 부(富)가 아닌 위험을 공유하는 시대에 살고 있다.[78] 이는 오로지 인류의 근대화가 성찰적이지 못한 때문이다. 낭비를 조장하는, 일명 버리기 위해 만드는(made to break) '계획적 진부화(Obsolescence)'라는 자본주의적 마성에 함몰된 것이다.[79] 성장을 위해 상품이 빠른 속도로 소비되고 버려져 새로운 것으로 교체되어야만 자본주의 체제가 유지 존속될 수 있다는 말이다. 이를 위해 컴퓨터의 수명을 3년으로 결정짓는 장치가 생산 공정 자체 속에 들어가 있을 정도가 되었다.[80] 이는 성장을 위해 소비사회의 악순환을 지속시키는 방식으로, 자연 생태계를 치명적으로 파괴하는 요인이 될 수밖에 없다. 인위적으로 결함을 삽입하는 계획적 진부화는 욕망을 부추기는 광고를 통해 지속되는 바, 인간을 오로지 소비자로 전락시켜 생명 파괴의 악역을 담당하게 한다. 이런 정황에서 민주화를 위한 장공의 정치의식은 자연 생명과의 형평성, 곧 생태적 정의를 염려하는 방식으로 확장될 필요가 있다. 따라서 그의 삶 후반에 더욱 도드라진 청지기성의 강조는 향후 근대성의 한계를 적시하고 폭로하며 치유하는 성찰적 영성과 맥을 같이 할 일이다. 우주적 사랑의 공동체가 생명권을 정치의 장으로 삼았던 리프킨 사유와 중첩될 수 있는 이유가 바로 여기에 있다.

다음으로 우리는 리프킨이 강조하는 자연의 창발성에 주목할 필요가 있다. 이는 장공이 언급한 우주적 그리스도의 시각에서 함께 논의될 주제일 것이다. 앞서 필자가 급진적 유일신론보다 범재신론의 틀에서 장공의 우주적 사랑의 공동체를 이해하고자 했던 것과 무관치 않다. 물론 장공에게서 현대 과학이 밝히는 자연의 창발성을 온전히 기대할 수는 없을 것이다. 하지만 일정 부분 자연에게 정신성을 인정한 것은 그에게 영향 주었던 신정통주의 사조와는 전혀 이질적이었다. 이는 동양적 삶의 에토스가 말년의 삶속에 농익어 나타난 결과라 할 것이다. 아울러 우주적 사랑의 공동체를 그리스도의 몸이라 보았던 한에서 자연(우주) 역시 살아 있는 유기체로 이해될 여지는 충분하다. 우주 역시 그리스도 몸속에 포함되어야 할 구체적 생명인 때문이다. 그렇기에 장공의 자연관은 향후 과학의 연구 성과를 창조적으로 수용할 여지를 남겼다고 볼 수 있다. 이 점에서 필자는 정치적 영역의 확장, 곧 생명권 정치학을 위한 전거로서 리프킨이 강조하는 자연의 유기체성, 정신성의 측면을 강조할 필요를 느낀다. 자신의 책에서 리프킨은 이에 대한 구체적 예로

가이아 이론의 창시자 러브록의 견해를 다음처럼 원용했다.[81]

우선 열대 우림 지역에 정주하는 흰개미를 비롯한 미생물들이 배출하는 연간 100톤 정도의 메탄이 대기 중 산소를 가감하는 충분한 효과가 있다는 과학적 사실에 주목하였다. 대기 속의 메탄이 성층권에 이르러 산소와 만나 물과 수증기로 분해되는 방식으로 거듭 생산되는 산소를 소비한다는 것이다. 만일 이들 흰개미가 배출하는 메탄 없을 경우 산소 밀집도가 일 만년 이내에 1% 정도 증가되어 지구를 불바다로 만들 확률(개연성)을 급속하게 높일 수 있다고 보았다.[82] 대기 중의 산소 비율이 21%로서 지난 4억 만년간 항상성을 유지해 온 것도 자기 조직화하는 우주의 정신성 탓임을 강조할 목적에서이다. 이처럼 지구 공동체는 살아 있는 유기체로서 오로지 생명체와 생명체, 생명체와 무기체 간의 상호 연관 속에서만 존재한다. 하지만 지금처럼 지구적 차원의 경제적 활동이 생명권 자체의 항상성을 깨트린다면 지구가 사실적 종말에 이를 수 있다는 경고는 더 이상 낯설지 않다.[83] 이 점에서 인간을 우주적 생명이라 명명하고 자연의 탈(脫)마술화에 제동을 걸지 못한다면 우주적 사랑의 공동체는 결코 성사될 수 없을 것이다. 이는 우주적 그리스도에 상응하는 인간론이자 자연관으로서 신학적으로 필요 막급한 과제라 하겠다. 우주적 생명으로서의 인간의 자기 이해로부터 자연이 새롭게 발견될 때 비로소 생태적 민주화, 곧 생명권 정치학이 시작될 수 있을 것이다. 필자가 장공의 우주적 그리스도에 관심을 갖는 것은 이렇듯 자연의 정신성, 탈인간중심주의의 가능성을 보았던 때문이다.

마지막으로 필자는 장공의 사랑 개념을 리프킨의 '생명권 의식'과 동일선상에서 이해할 수 있다고 생각했다. 그에게 사랑은 앞서 밝혔듯 하느님 사랑과 인간 사랑 나아가 생명(자연) 사랑을 아우르는 총괄적 개념이었다. 한국 교회가 들어내 보이는 배타성과는 동이 서에서 멀 듯 무관한 것으로, 온 우주를 품는 하느님 마음의 표현이라 해도 좋겠다. 더욱 그가 우주적 그리스도를 말한 것은 우주를 품고자 하는 열정 때문이었을 것이다. 따라서 그리스도에 대한 사랑과 우주적 공동체에 대한 사랑은 장공에게서 결코 둘이 될 수 없었다(不二). 심지어 그가 한국 고유한 문화까지도 포함하여 사랑의 공동체를 주장한 것은 우주를 품는 그리스도, 그의 영성에 대한 확신이 컸기 때문일 것이다.[84] 결국 장공에게 우주적 사랑의 공동체는 물질로 표현된 성육신과 다르지 않았으며, 이는 식민(자본)화된 공간을 탈(脫)하여 사랑이 지배하는 공간으로 재정위하는 정치적 작업과 무관할 수 없었다.[85] 장공은 지금 예수가 하느님이었기에 유일한 성육신이 아니라 그 사건으로 인해 매시간과 공간을 특별하게 만들었기에, 세계의 변두리는 물론 그리고 자연에 이르기까지 신성(神性)을 확장시켰기에 유일하다고 말하고 있는 듯하다.[86] 이를 일컬어 하느님 나라의 현실화라 하거나 사랑의 물질적 측면이라 해도 틀리지 않을 것이다.[87] 이 점에서 필자는 장공의 사랑과 생명권 정치학의 전제인 우주적 의식과의 상관성을 찾을 수 있었다. 주지하듯 우주적(생명권) 의식은 소유를 지속적으로 추동하는 죽음의 본능(Tanatos)과는 상극적 개념이다. 따라서 이는 일명 치유적 의식이라 불리기도 하는 바,[88] 기독교의 죄에 반한 구원의 의미를 함의한다. 우주 생명으로부터 철저히 일탈된 근대적 주체에게 생명 현상을 창발하는 전(全)지구적 관계성을 회복시키려 하는 것이다. 이를 위해 인간은 무엇보다 자기 몸의 생체시간이 지구 행성의 회전과 생명권의 순환적 리듬과 유관함을 숙지해야 옳다.[89] 효율성에 근거, 진보 이념을 고착화시킨 자본주의의 시간 제국주의와 맞설 수 있는 유일한 방법인 까닭이다.

이 점에서 물리학자 장회익의 말은 유익하다. "하나의 유기체적 생명으로서 우주적 생명은 인간이 그 역할을 옳게 수행함으로 현재로서는 상상할 수 없는 고차적 정신 기능을 지닌 우주적 주체를 이룰 수 있다."[90] 이렇듯 인간의 바른 역할을 위해 리프킨은 프로이드 심리학을 빌려 인간 의식의 치유를 도모한다. 이는 프로이드(무의식)를 거치지 않고서는 인간 의식과 관계된 구원의 문제는 실상 요원한 때문이다.[91] 이는 JPIC의 난제가 해결됨 없이 기독교 구원을 논하는 것의 허구성을 질타했던[92] 상황과 결코 무관한 발상이 아니다. 프로이드를 따라 리프킨은 인간 역사를 개인의 내력에서처럼 생명 본능과 죽음 본능 간의 경쟁 차원에서 보았다. 전자가 통합과 통일성의 경험을 적시한다면, 후자는 자율·분리의 경험을 이름할 수 있다. 자신을 대상으로부터 분리시켜 소유욕을 극대화시키는 죽음 본능이 바로 근대 자본주의 문명의 에토스란 것이 리프킨의 지론이다.[93] 인간의 소유욕이 근원적 통일성을 망각한 인간 삶의 표현, 곧 죽음 본능의 다른 측면이란 발견은 인류 미래를 위해 참으로 뜻 깊다. 이처럼 죽음의 본능이 극한 상태에 이른 지금 근원적인 생명 본능을 '의식적으로' 새롭게 추구하는 것, 즉 관계성과 통일성의 체험 회복, 곧 사랑의 재의미화가 오늘 우리에게 절실해졌고 그를 위한 종교의 역할을 간과할 수 없다. 인간 의식을 우주적 생명으로 고양시키는 것이 사랑의 진정한 뜻이자 종교의 본질에 속하는 바, 장공이 한국 종교와 문화에 깊이 관심을 가진 것도 결국 통전적 공동체를 위한 염원과 무관하지 않을 것이다. 장공이 끝까지 잡으려 했던 목표, 곧 우주적 생명공동체는 이처럼 천지인(天地人)의 일체 관계성이 회복된, 죽음 본능이 지배(역할)하지 못하는 이 땅에 임하는 하느님 나라 모습이라 생각해도 좋을 것 같다. 이것이 바로 사망이 생명에 삼킨 바 된 현실일 터, 그리스도가 그 첫 열매인 것을 역설한 장공의 의도였다.[94] OECD 국가 중 인간 욕망 지수가 가장 높은 나라로 평가된 작금의 현실에서 기독교 강대국인 이 땅 교회들의 무용론이 일층 공론화되기 전에 과학적 세계관, 이웃종교들의 가치를 수용하여 장공의 꿈을 실현시키는 것이 우리들의 과제로 남아 있다.

이상으로 위대한 민중신학의 선구자 장공이 시종일관 꿈꿨던 우주적 사랑의 공동체를 개관하고, 그것을 J. 리프킨의 생명권 정치학의 시각에서 발전적인 제안을 시도했다. 긴 시간을 들여 장공의 전집을 두루 읽고 난 후에 감당할 작업이었으나 필요한 부분만을 발췌하여 읽은 탓에 오독의 소지를 남길 것 같아 송구하다. 그럼에도 장공에 대한 선행 연구들을 참조했기에 크게 잘못된 부분은 없을 것이라 믿고 오히려 필자는 앞선 작업들과의 변별력에 주목하였다. 조금이라도 장공에 대해 다른 시각을 갖고 논의하는 것이 토착화 전통에 서있는 외부자의 한 공헌이라 생각했던 때문이다. 이 글을 정리하며 필자가 새롭게 찾은 것은 다음과 같다. 우선 이 땅의 민주화를 위해 기여한 장공을 보는 시각이 주로 4·19에 편중되었던 것에 비해 필자는 장공 신학 및 그의 정치적 의식의 지평 확장을 위해 오히려 3·1독립에 근거한 장공의 글에 중점을 두었다. 글의 양 역시도 3·1독립운동에 대한 성찰을 담은 것이 4·19혁명을 주제로 한 것보다 결코 적지 않았기 때문이다. 바로 여기서 필자는 장공의 우주적 사랑의 공동체가 지닌 통전성의 맹아를 찾을 수 있었다.[95] 또한 장공의 공동체 비전을 시종일관 철저한 것으로 보는 시각에 반해, 필자는 다소간 차이를 인지했다. 인간과 역사 그리고 사회에 집중했던 장공의 생각이 우주, 자연에로 완만히 선회한 것을 보았던 까닭이다. 그가 우주적 그리스도란 신학적 개념을 삶의 마지막 단계에서 사용한 것은 이전과는 다른 각도에서 생각할 충분한 여지를 남긴 것이라 여겼다. 이런 이유로 장공의 신론을 철저 유일신론(rdical monotheism)의 틀거지에서 이해하지 않고 범재신론과의 유사성을 강조했던 것이다. 장공을 신정통주의 신학의 반열이 아닌 본회퍼의 시각에서 읽고자 한 것도 필자의 의도적 만용에서 비롯했다. 현실 속에서 하느님 나라와 등가적인 가시적 제도와 조직을 필요로 했고 그 가치를 중히 여긴 본회퍼가 장공의 우주적 사랑의 공동체를 현실화할 수 있는 힘을 제공한다고 믿었던 것이다. 단지 정치적 영역의 확장, 민주화 지평의 우주 자연적 확대를 위해 말년 장공이 언급하기 시작한 '자연의 정신성'을 침소봉대한 것도 오독의 빌미를 제공할 수도 있을 것 같다. 하지만 이는 정의가 생태학적으로도 확립될 수 있기 위한 해석학적 편견이라 가늠해 주었으면 좋겠다. 오래전 신학자였음에도 과학에 대한 남다른 관심을 지녔던 장공이기에 그가 현존했다면 그리 생각할 수 있었을 것이라 판단했던 때문이다. 장공의 우주적 사랑의 공동체를 리프킨의 생명권 정치학의 빛에서 토착화론과 연계시켜 확대 해석한 것이 향후 장공 연구에 일조할 수 있기를 바라며 졸고를 마감한다.

# 2부

# 타자의
# 텍스트 속의
# 기독교

# 01── 이슬람 종교의 기독교적 재발견
- 이슬람과 기독교의 접점은 가능한가?

종교 간 대화를 주제로 많은 글을 써 왔으나 이슬람을 택한 것은 처음이다. 두려움과 설렘이 교차된다고 말해야 될 것 같다. 두려운 것은 충분한 자료를 읽지 못했기 때문이며, 기독교 측의 이슬람포비아가 워낙 드센 때문이다. 설레는 것은 미지의 세계를 엿보는 일이자 어떤 결과를 얻을지가 기대되는 까닭이다. 다행히도 그간 한국종교인평화회의(KCRP)를 통해 두어 차례 서구 이슬람 학자들의 토론을 지켜보았고, 이란·터키 등을 방문하여 현지 이슬람의 다양한 형태들을 경험할 수 있었다. 이런 이유로, 부족하더라도 이제는 신학자로서 서구(기독교)적 편견을 넘어 이슬람 종교에 대한 객관적인 서술을 해야겠다는 생각에 이르렀다.

사실 KCRP 주관, 수차례의 컨퍼런스를 통해 우리는 서구 및 아시아권에서 이슬람 문화가 어찌 적응해 왔는지에 대한 현상적 측면을 배웠다.[1] 향후 이슬람 인구가 백만에 이를 수 있는 한국적 상황을 서구 경험으로부터 배울 목적에서였다. 그러나 아직까지 신학적·이론적 측면에서의 두 종교 간 대화는 성사되지 못했다. 같은 유일신론적 풍토에서 생겨났음에도 전쟁으로 얼룩진 역사적 경험 탓에 너무도 다를 것이란 적대적 선입견이 생겨났기 때문이다. 세계에서 미국 다음으로 많은 선교사를 파견하는 이 땅의 기독교가 중국과 이슬람권 선교를 배타적으로 하는 것도 대화를 어렵게 하는 요인일 것이다. 본래 문화란 그의 근거가 되는 이념(종교)의 드러남이기에, 이제는 문화적 접근 이상으로 종교 이념적인 대화가 필요한 시점이 되었다. 현상적 차원을 넘어 본질적인 접근을 시도하자는 것이다. 이를 위해 양자 간의 접점을 이룰 수 있는 이론적 공통 토대를 찾는 일이 중요하다. 물론 그렇다 하여 본질주의(Essentialism)을 표방코자 함이 아니다. 영구불변한 종교의 본질을 상정하는 것은 근본주의 오류에 빠지는 까닭이다. 하지만 상이하게 전개된 역사적 표현 속에서도 저마다 그를 그답게 하는 연속성을 부정할 수 없다. 이는 종교뿐 아니라 민족을 이해하는 데 있어서도 중요한 관점이다. 이런 맥락에서 이미 서구에서는 레싱[2] 이래로 유대교를 포함한 세 유일신 종교들 간의 보편적 대화 이론이 발전되었다.[3] 세 개의 유일신 종교를 하나의 가족으로 이해하여 세 일신교의 평화로운 공존을 위한 의미 있는 제안을 시도했던 것이다. 최근에는 가톨릭 신학자 한스 큉에 의해 근 1,300쪽에 이르는 이슬람 연구서가 종교 간 대화를 목적하여 출간되기도 했다.[4] 세계 평화를 위해 기독교 신학자가 이슬람을 연구하여 이렇듯 큰 책을 냈다는 것은 인류 종교사에 큰 의미를 더할 것이다. 이에 필자는 신학자 큉의 작업에 의거, 기독교와 이슬람 종교가 서로 대화할 수 있는 지점을 탐색·제시할 작정이다. 하지만 큉 역시도 강조하듯 여기에는 상대 종교에 대한 관용과 자신에 대한 역사적 비평이 의당 전제될 수밖에 없다. 아브라함을 근간으로 시작된 세 종교, 그래서 전혀 낯설지 않겠으나 그들 교리가 상호 다르게 발전했고 무게중심이 달리 놓인 탓에 상호 배타하며 오해만 축적해 왔기 때문이다. 특히 오리엔탈리스트의 시각[5]으로 아랍 지역에 대한 열등한 이미지를 확대 재생산한 기독교 서구의 잘못이 너무 컸다. 이런 정황에서 성육신의 종교로서의 기독교와 책(꾸란)의 종교인 이슬람, 즉 신의 절대 계시가 한 인격인가 아니면 책인가를 각기 상대편의 내부적 시각에서 근원적으로 이해할 때 양자 간의 소통과 대화가 불가능하지 않다는 것이 큉의 판단이었다.

아울러 경전화되는 과정에서 저마다 과장되고 왜곡된 뭇 내용들에 대한 역사비평적 작업을 통해 자기 전통을 옳게 복원시킬 경우 두 종교의 만남은 지구의 미래를 위한 희망이 될 수 있다고 하였다. 더구나 큉은 이슬람이 아라비아 반도로 건너간 유대적 기독교[6]와의 역사적 만남과 무관할 수 없다는 객관적 자료도 내놓고 있다.[7] 이는 두 종교 간 대화를 위해 대단히 중요한 발견으로서 서구 기독교가 상대적으로 소홀히 여겼던 유대적 기독교 전승을 재발견토록 하는 기회가 될 수 있다. 달리 말해 신앙의 그리스도가 아닌 부활절 이전의 역사적 예수의 시각이 대화의 공통 토대가 될 수 있다는 말이다. 그럼에도 이 글은 한국적 상황에서의 두 종교 간 대화를 시도하는 것이기에 큉의 시각만으로 충족되기 어렵다. 이미 이 땅의 기독교는 서구 기독교와 달리 유일신 종교와 본래 상극이었던 유불선의 토양 속에서 토착화되었기 때문이다. 이슬람 종교 역시 다신론 내지 범신론과의 투쟁에서 비롯한 것으로 기독교 이상으로 유일신론에 생사를 걸고 있다. 하지만 가톨릭을 포함한 200여 년의 선교 역사 속에서 기독교는 복음을 이 땅에 뿌리내리고자 하는 자발적 노력을 결코 게을리 하지 않았다. 이 점에서 우리는 유일신론의 풍토에서 이해된 이슬람을 넘어 이 땅의 종교로서의 이슬람, 곧 이슬람 토착화론의 주제도 생각해 볼 필요가 있을 것이다.

이런 목적 하에 이 글은 크게 다음 네 과정을 통해 진행될 수 있겠다. 첫째 장에서는 꾸란을 비롯하여 이슬람의 핵심 메시지를 이슬람 내부적 관점에서 서술하고 아브라함 종교의 일환인 기독교와의 관계성을 적시할 것이다. 둘째 장에서는 이슬람 공동체가 겪어 온 역사적 발전 과정을 큉 특유의 패러다임의 개념을 도입하여 설명하고, 각 단계에서 어떤 변형이 있었는지를 역시 기독교적 패러다임과의 연관성 하에서 논할 생각이다. 그리고 셋째 장은 앞선 논의에 근거하여 이슬람 안팎에서 생성되고 주입되는 부정적 이미지를 벗고 미래를 위한 창조적 종교가 되기 위한 꾸란 비평의 필요성을 역설하고, 그 선상에서 논쟁이 되어온 예수 성육신과 삼위일체론을 새롭게 구성해볼 것이다. 그리고 마지막 장에서 유대적 기독교를 아랍적 토양에서 재창조했던 이슬람 종교가 비유신론적인 한국 땅에서 어떻게 토착화될 것인지를 창조적으로 실험할 생각이다. 이는 분명 성서 비평처럼 꾸란 비평을 통해서 가능한 작업이기에 이슬람 측이 자기비판에 열려 있을 때만 가능할 수 있다. 여하튼 본 작업은 이슬람 측에게 오해의 소지가 없지 않겠으나 본뜻은 그와 달리 두 종교의 근원적 의미가 상호 소통되어 새로움을 창발시키도록 하는데 있다. 기독교 측의 반발도 크게 예상되는 부분이다. 이슬람을 오로지 현상적으로 악의 축으로 생각하는 보수 근본주의 시각에서 이런 대화 자체가 용납되지 않기 때문이다.[8] 하지만 인류의 미래를 위해 두 종교는 창조적으로 만나 세상을 위해 제 역할을 해야 한다는 믿음으로 이 글을 시작해 본다.

## 내부적 관점에서 본 이슬람의 핵심 메시지- 기독교와의 관계 속에서

7세기 초엽에 시작된 이슬람 종교운동이 오늘에 이르기까지 역사적 변동과 지역적 특성을 이유로 다양·상이한 형태를 지녔음에도 불구하고 1,300년을 넘는 긴 기간 동안 연속성을 유지했고 변함없이 구속력을 갖게 된 것은 오로지 꾸란(al Qur'an), 곧 하느님 말씀과 그를 전한 무함마드에 대한 확고한 신뢰 때문이다.[9] 주지하듯 긴 세월 동안 이슬람 종교의 주도권이 지역적으로 몇 차례 옮겨졌고, 그때마다 새로운 제도가 생겼으며, 지금도 사회주의, 왕정국가 심지어 세속주의라는 다른 이념체제 속에 있음에도 불구하고 꾸란과 그를 전한 예언자, 하느님 대리자에 대한 신앙만큼은 연속적이었고 공통감이었던 것이다. 이는 기독교의 경우 예수 그리스도의 절대성에 견줄 수 있는 이슬람의 핵심 중 핵심이라 하겠다.[10]

주지하듯 꾸란은 예언자 무함마드가 22년간 하느님 계시를 듣고 홀로 기록한 책으로 아랍어로 기술되었다. 쓰여진 기간도 성서에 비해 너무 짧고, 저자가 여럿인 성서와도 다르며, 이후 어느 지역에서라도 번역되지 않고 오직 아랍어로만 낭송되어야 하는 철칙이 다양한 언어로의 번역을 독려한 기독교와 너무도 변별된 모습이다. 이런 주장 이면에는 예언자를 통한 꾸란의 계시가 하느님 말씀의 최후 봉인(封印)이라는 - 마치 기독교의 오직 예수와도 같은 - 이슬람의 절대적 확신이 자리한다.[11] 아랍어로 외워야 오류가 없다고 믿을 만큼 꾸란은 이슬람에 있어 하느님의 절대적 계시이자 무흠한 것으로, 이슬람의 기원인 것이다. 그러나 후술할 주제로서 이런 꾸란 이해가 정작 종교 간 대화에 큰 걸림돌인 것은 부정할 수 없다.[12] 꾸란의 절대성·영원성을 말하기 위해 기독교의 성서는 조작된 문서로 폄하되어야 했고, 본질적인 영원성의 강조 탓에 꾸란 자체의 역사성[13]이 부정·간과되는 오류가 거듭되고 있는 것이다. 이런 식의 태도는 지양되어야 마땅한 일이다. 하지만 본장에서 더욱 중요한 것은 이슬람의 기원이자 연속성과 독특성을 보증해 왔던 '꾸란'이란 정경 속에 담긴 핵심 메시지일 것이다.

주지하듯 이슬람은 '하느님 외에는 다른 하느님이 없다'(la liaha illah'llah)는 말 속에서 자신들 핵심과 본질을 적시한다. 여기서 하느님은 고유명사가 아닌 최고의 궁극자를 지칭하는 보통명사이다.[14] 이 하느님이 바로 성서가 말하듯 세상의 창조주이자 믿음의 조상 아브라함의 하느님인 것이다. 이슬람이란 바로 이런 유일 절대적인 하느님에 대한 헌신(aslama)을 뜻하는 말이다. 그렇기에 오직 이슬람만이 하느님의 참 종교가 될 수 있다. 기독교가 삼위(三位)적 구별 속에서 예수 그리스도에 대한 믿음의 종교라 한다면 이슬람은 유일자인 하느님(알라)에 대한 헌신과 복종의 종교이기 때문이다. 복종과 헌신 속에서 신의 뜻을 실천하는 것이 이슬람의 모든 것이 된 것이다. 다른 종교, 다른 신을 섬기는 것이 이슬람에 있어 가장 큰 죄가 되었다. 다른 죄는 용서 받아도 우상숭배는 결코 용서받을 수 없다 한 것이다.[15] 그리하여 아랍 지역 내의 다신론과 싸우는 일이 이슬람 초기부터 투쟁 강령이 되었다. 이 점에서 큉은 이슬람을 총체적으로 복종과 헌신을 강조하는 실천적 신 중심주의 종교라 칭했다.[16]

창조주, 심판자란 것도 유일하신 하느님에게 귀속된 특성이다. 단지 기독교와 다른 것은 처음 창조보다 창조의 지속성, 소위 '지속된 창조'(Creatio Continua) 개념에 무게중심을 실었고, 새로운 창조로서 종말을 말하는 기독교와 달리 구원/저주, 낙원/지옥으로 대별되는 사후 심판 개념이 너무도 명확하다는 점이다. 하느님의 뜻 없이 세상이 지속될 수 없고 최후 심판이 없다면 하느님의 일체 속성이 인간에게 무의미할 것이라 본 것이다.[17] 기독교에서 말하는 총괄 갱신론(구원론) 혹은 만인 구원사상은 이슬람에게 해당되지 않는다. 하느님의 전지전능성과 인간 책임 간의 관계 역시 기독교의 경우와 다른 점이 있다. 기독교가 교파마다 차이가 있되 인간 자유의지에 방점을 찍었다면 이슬람의 경우 하느님 뜻 없이는 어떤 역사도 발생하지 않는다고 믿고 있다. 인간에게 의존함 없이 임의로 행하시는 하느님 사상이 기독교보다 강력한 것이다.[18] 이는 결국 유일신 하느님의 초월적 특성을 강조한 결과라 하겠다. 하느님의 삼위적 관계성을 강조하는 기독교를 거부하는 것과도 같은 이치일 것이며, 예수 역시 메시아가 아닌 예언자로서 자리매김된 이유일 것이다. 그럼에도 전지전능한 유일의 궁극자인 '알라'에게 귀속된 신적 속성은 성서의 하느님과 너무도 흡사하다. 앞서 언급한 것 외에도 자비, 평화, 용서, 관대, 공평, 진리, 인내, 용서, 감찰, 생사주관, 사랑, 존귀, 자족, 복수 등의 수식어가 오로지 그에게 해당되는 것이다.[19]

여기서 중요한 것은 이슬람의 하느님은 율법과 복음을 대별하는 종교개혁적 신학의 틀로 설명될 수 없다는 사실이다. 자비라는 말로 하느님 속성 일체를 총괄하기에 신구약에 대한 이런 판단이 이슬람에 무의미했던 것이다. 이런 시각은 흥미롭게도 성서, 특히 바울 서신을 종교개혁자의 틀로부터 자유롭게 하려는 역사적 예수 연구가들의 노력과 일치한다.[20]

하느님의 유일성만큼이나 그들 역사를 관통해 온 이슬람의 자아정체성은 예언자 종교를 창시한 무함마드에 대한 고백과 이해 속에 있다.[21] 절대자인 하느님과 그의 예언자 무함마드는 질적으로 다르나 결코 떼어 생각할 수 없는 존재가 된 까닭이다. 하느님 계시를 직접 받아 토라나 복음에 버금가는 꾸란을 생성시킨 장본인이란 말이다. 570년경 아라비아 메카에서 태어난 그는 610년 최초 계시를 받고 이후 22년 동안 하느님으로부터 직접 말씀을 받았던 것이다. 그러나 실상 무함마드는 준비된 사람이었다. 지역에 만연했던 다신교적 풍토 속에 있었음에도 당시 그곳에 살던 유대인, 그리스도인들을 통해 아브라함의 신앙 전통을 꾸준히 습득했던 것이다.[22] 예수의 말씀이 구약성서와의 연관성을 부정할 수 없듯이, 무함마드의 계시 내용 역시 그가 접한 유대 기독교의 영향에서 자유로울 수 없다는 말이다. 단지 천사 가브리엘의 비전으로 알려진 무함마드의 계시 사건의 핵심은 아브라함으로부터 이스마엘로 이어지는 소위 아랍 지역에서의 평등과 평화의 종교를 창시한 데 있다. 정치와 종교를 하나로 엮는 새로운 시각이 창발된 것이다. 이는 앞서 말한 다신교와의 투쟁과 밀접한 주제였다. 즉 유일신 하느님 신앙을 바탕으로 하여 제신들을 섬기는 부족들, 그들의 금기, 그에 터한 사회 질서를 타파·개혁해야만 했던 탓이다.[23] 따라서 유일신 종교인 이슬람은 처음부터 투쟁적 성격을 지녀야 했고 정치적일 수밖에 없었다. 이런 이유로 꾸란 속에 호전적 글귀가 들어 있으나, 이는 시대적 상황을 반영했던 것으로 문자적으로 맹종할 오늘의 이유가 없다. 이슬람과의 대화를 위해 꾸란 비평이 성서 비평 이상으로 반드시 필요하다는 말이다.

실상 무함마드도 유일한 하느님 예언자의 삶으로 인해 모진 고통을 겪었고, 심지어 수차례 망명을 떠나야만 했다. 다신교 세력들의 정치적 핍박이 만만치 않았던 것이다. 이슬람이 그의 고향 메카에서가 아니라 메디나에서 시작된 것도 이런 연유에서다. 그렇기에 무함마드의 위대함은 예언자를 넘어 유일신을 추종하는 공동체, 곧 당시로서는 전혀 새로운 신앙 공동체인 '움마'(ummah)를 정초한 데 있다. 이 경우 움마는 새로운 아랍(인)을 위한 정치 · 종교적 성격을 담지했다.[24] 무함마드 자신이 아랍의 평화를 위한 정치 및 종교 지도자가 된 것이다. 여기서 무함마드를 비롯한 이슬람 예언자와 성서의 예언자 상이 크게 대별된다. 성서의 예언자들 경우 언제든 정치 공동체와 대립적 관계에서 자신들 역할을 찾았던 것이다. 따라서 이후 이슬람은 그를 국시(國是)로 삼는 이슬람 국가를 중심으로 발전할 수밖에 없었다.[25] 하지만 무슬림 신앙 공동체인 움마의 최종 목적은 아랍을 넘어 인류 사회를 하나의 움마로 만드는 데 있었다. 하느님께서 움마를 통해 전 인류를 하나로 엮을 수 있음을 꾸란이 말하고 이슬람이 확신했던 바, 이 비전을 제공한 이가 바로 무함마드였던 것이다.

이렇듯 움마를 형성하는 한편 무함마드는 안팎으로 두 가지 과제를 수행했다. 내부를 향해서는 무슬림 공동체를 확산하는 일이었고, 외적으로는 다른 신앙을 가진 이들과의 결별이었다. 전자를 위해서 군사력을 키웠고, 후자의 경우 초기와 달리 유대 · 그리스도교에 대한 부정적 평가로 나타났다.[26] 움마의 입장에서 볼 때 이런 시도는 이슬람 확장을 위한 선교적 차원이라 말할 수 있겠다. 하지만 당시로서는 군사 정치적 행위가 평화 곧 구원의 길이 었고, 무함마드의 예언자성을 부정하는 유대교와의 단절이 자신의 정체성을 보증하는 길이었다. 본래 유대교의 관습과 유대적 기독교의 신학에 익숙했 던 무함마드가 자신들 공동체의 확산을 위해 전혀 독자적인 새로운 방향을 설정했던 것이다.[27] 하지만 그렇다 하여 이슬람 선교가 무력적 · 강압적 그리 고 배타적 성격을 띤 것은 결코 아니었다. 중세 이후 특별히 식민사관과 맞 물린 기독교 선교와 비교할 때 훨씬 관용적이었다는 것이 중론이다.[28]

그럼에도 무함마드가 유대교와 기독교와의 단절을 선언한 방식은 대단히 임의적이었다.[29] 우선 하느님 계시가 모세(유대교)를 거쳐 예수(기독교)를 경유 하여 무함마드(이슬람)에게서 완성되었다는 것은 유대-기독교의 영향사를 뒤 집는 처사라 할 것이다. 꾸란의 우위성을 말하기 위해 유대교의 토라와 기독 교의 복음을 위작이라 보는 것도 문제이다. 그리스도를 하느님 아들이라 믿 는 기독교인을 불신자들과 동일시했고 신의 저주를 받은 자라 여기기도 했 다. 기독교 입장에서는 이스마엘의 위상을 아브라함과 일치시키는 꾸란의 시각이 오히려 낯설고 수용키 어려운 주제일 것이다. 그럼에도 불구하고 아 브라함을 하느님 신앙의 순수 체현자로 여기는 점에서 유일신론 종교들 간 의 대화는 여전히 실마리를 갖고 있는 셈이다. 이에 더해 한스 큉은 오히려 예수그리스도 이후 또 다른 예언자의 출현에 마음을 닫는 것이 기독교인의 올바른 태도인가를 묻고 있다.[30] 큉은 이런 단절을 유대 기독교의 몰락과 동 일 선상에서 이해했고, 사도권을 앞세워 새로운 예언에 냉담했던 교회의 경 직성에 오히려 물음을 던지고 있다.[31] 필자 역시 이 점에 동의하며 신학자 P. 틸리히의 시각을 첨언하고 싶다. 예수 사후 임박한 하느님 나라 대신 이 땅 에 등장한 교회의 제도성 · 사도성 확립을 위해 교회가 성령운동, 예언의 소 리를 억압한 것이 문제일 수 있다는 것이다.[32] 이런 창발성을 이단이란 이름으로 원초적으로 정죄한 제도로서의 교회를 틸리히는 옳다고 여기지 않았다.

## 패러다임으로 본 이슬람 신학의 전개 및 발전 과정
## - 기독교 신학 패러다임과 비교 하에서

이렇듯 유일무이한 궁극적 신 '알라'에 대한 복종 · 헌신과 그의 예언자로서 신적 계시를 '꾸란'으로 집적한 무함마드는 지난 13세기 동안 이슬람 내 불변하는 상수로서, 수많은 역사적 변형에도 불구하고 연속성을 유지시키는 근간이었다. 이런 신앙고백(shahadah)[33] 하에 이슬람은 4가지 실천적 의무를 이행해야만 했고, 이를 신앙고백과 더불어 자신들의 핵심적 요소라 여겼으며, 이 다섯 기둥을 아르칸(arkan)이라 명명하였다.[34] 신앙고백을 비롯하여 기도, 기부, 단식 그리고 순례가 지금까지도 무슬림임을 증명하는 확인서라 말할 수 있겠다.[35] 기도란 하느님 앞에 서는 일로서 하루 다섯 번 그리해야 하고, 기부는 가난한 자를 위한 사회적 의무(세금)인 바, 소득의 2.5%를 바치는 것이며, 단식은 참회와 용서를 구하는 마음의 표증으로서 공동체적 축제(화해)로 이어지며, 메카를 향한 순례는 무슬림들의 마음을 하나로 모으는 일이었다. 여기서 필자는 특별히 종교개혁 이후 믿음의 종교로 굳어진 기독교에 비해 이슬람이 원리에 있어 탈현대적일 뿐 아니라 유대적이며, 아시아적 정서와도 소통한다고 생각한다. 왜냐하면 이 시대의 신학은 소위 형이상학(존재론)적 진리 대신 수행적 진리(performative truth), 즉 자신이 행하는 것을 통해서만 진리를 입증할 수 있다고 믿는 탓이다. 이는 자신이 행한 것만큼만 아는 것이란 동양의 지행합일의 정신과, 행함이 없는 믿음을 죽은 것이라 보았던 유대적 기독교의 수장 야고보의 생각과도 아주 근접해 있다. 이런 4가지의 실천적 삶, 곧 일상의 수행을 통해서만 유일한 궁극자를 섬길 수 있다고 믿는 수행적 진리관이 언어, 인종 그리고 문화를 넘어서 이슬람 세계 내에 지금껏 유지 존속되는 것은 인류의 평화적 미래를 위해 큰 자산이 아닐 수 없을 것이다.

하지만 이상과 같은 독창성, 연속성 그리고 자기 정체성을 지닌 이슬람이지만 그 역시 정적 실체가 아닌 이상 역사 속에서 다른 형태를 입고 출현했다. 따라서 이슬람의 본질적 요소만이 이슬람이 아니라 역사 속 현존 모습들이 오히려 그들의 실상일 수 있는 것이다. 각 패러다임들이 연속성을 지니면서도 변별될 수밖에 없는 것은 그것들이 안팎의 도전, 위기에 직면한 역사적 대응의 결과물인 까닭이다. 이에 한스 큉은 이슬람의 역사를 관통하여 대략 다섯가지의 이슬람 공동체 패러다임을 발견하고 이를 기독교의 그것과 연관시켜 이해하고 있는 바, 본 장에서 이 점을 정리할 생각이다.[36] 여기서 말하는 패러다임은 무함마드 시기의 초기 이슬람, 아랍 제국 패러다임, 세계 종교로서의 고전적 이슬람, 울라마와 수피 패러다임 그리고 근대화 모형 등으로 이는 모두 근대 이후 시대에 적합한 이슬람의 재발견(구성)을 위한 노력의 일환일 것이다.[37]

주지하듯 첫 유형으로서 초기 이슬람은 앞서 언급한 다섯 기둥(아르칸)을 토대로 '움마'라는 무슬림 공동체를 통해 전개되었다. 당시 움마 공동체가 감당할 일은 씨족으로 조각난 아랍 사회를 종교·문화적으로 통합하는 일이었다. 그리하여 창시자 무함마드는 창조와 심판의 하느님에 대한 신앙의 빛에서 정의와 평화의 가치를 심고자 했다. 그때까지는 법(律)을 앞세우는 후대 이슬람의 특징이 발현되지 않은 것이다. 그럼에도 새 공동체를 위한 꾸란의 요구는 구체적이었다. 모세의 법처럼 당한 만큼만 되갚아 줄 것이며, 피 대신 돈으로 용서할 수 있고, 이후 다시는 같은 일을 반복할 수 없다는 것이다.[38] 아랍 사회에서 관행이었던 고리대금업을 금지한 것은 물론 공정한 거래, 노동에 따른 안식(쉼) 등의 새로운 규정들도 새 공동체가 주도한 일이었다. 지금과 달리 초창기에는 포도주를 금하지 않았으나 술과 도박이 공존하는 현실에서 점차 불허하게 됐고 죽은 짐승고기를 비롯하여 돼지고기[39] 등의 부정한 음식에 대한 규례도 생겨났다. 이런 것들은 모두 아랍 사회를 새 가치로 개조하고자 했던 초기 이슬람의 혁명성이라 말할 수 있겠다.

하지만 이보다 더욱 중요한 것은 공동체를 위한 개인의 책임성에 대한 자각이다. 새 공동체는 개인 삶의 전적 변화 없이는 불가능한 까닭이다. 본래 이슬람은 중개자 없는 종교인 탓에 하느님 앞에선 단독자로서 개인이 그와 관계를 맺고 자신의 구원을 스스로 책임질 수밖에 없다. 하느님과의 인격적 만남을 통해 그의 뜻에 자발적 복종, 헌신 하는 일, 그래서 이전의 사고방식과 생활양식 자체를 달리 하는 것이 구원의 길인 것이다. 이런 책임적 존재가 되어야 비로소 인간은 신적 대리인으로 불릴 수 있다.[40] 사실 이와같은 초기 공동체는 기독교의 실상과 크게 다르지 않다. 초기 예수의 하느님 나라 운동 역시 당시 체제와 대별되는 급진성을 통해 하느님 백성의 공동체를 목적했기 때문이다. 한마디로 하느님 나라 운동을 약자들을 위한 '체제 밖의 사유' 내지 '예외자 되기'라 말할 수도 있다. 하지만 연맹 형태의 이슬람 국가 체제가 성립되면서 이슬람은 기독교와 전혀 다른 길을 걷게 되었다. 국가와 종교가 하나 된 신정 체제를 구축했고,[41] 그 체제 유지와 발전을 위한 호전성(전투력)을 꾸란이 허용했던 까닭이다. 초기 다신주의와의 투쟁이 이제 전쟁 자체를 정치의 수단으로 인정하는 체제로 굳어진 것이다.[42] 그럼에도 이런 변화는 이슬람 그 자체로부터 비롯했다기보다는 당시 역사적 정황의 산물이라 보는 것이 옳다. 역사적 정황 속에서 야기된 이런 일탈은 어느 종교서나 볼 수 있는 흔한 현상이다. 오히려 중요한 것은 초기 이슬람 공동체란 이슬람적인 것과 아랍적인 것의 겹쳐짐의 결과라는 사실이다.[43] 다른 표현으로 역사적 정황뿐 아니라 아랍 문화 속에서의 이슬람의 토착화라 말할 수도 있겠다. 실제로 가족제도를 비롯한 아랍 문화가 이슬람 공동체의 첫 패러다임을 결정하는 데 지대한 영향을 미쳤기 때문이다.[44] 본 사안은 마지막 장에서 한국에서의 이슬람을 다룰 때 중요한 논제로 다시 부각될 것이다.

하지만 무함마드의 죽음과 함께 시작된 예언자의 대리인 칼리파(khalifah) 제도는 초기 공동체를 분열시키는 발단이었다. 그가 무함마드의 관습, 모범(sunnah)을 따르는 자이긴 했으나 칼리파는 더 이상 예언자일 수 없었던 때문이다. 따라서 칼리파 체제 하에서 이슬람 속에는 예언의 자리에 전통(관습)이 들어섰다. 꾸란과 순나가 함께 종교적 권위를 지닐 수 있게 된 것이다.[45] 마치 기독교의 경우 성서와 교리가 함께 정통성을 보장받았듯이 말이다. 이런 정황에서 이슬람 공동체는 수 차례 전쟁을 통해 거듭 팽창했고 급기야 기독교 세력인 비잔틴 제국(시리아, 터키)을 거지반 정복하기에 이르렀다. 하지만 정복된 지역의 사람들은 무슬림으로의 개종을 강요받지 않았다.[46] 기독교인과 유대인들 역시 여전히 자신들 경전을 갖고 고유의 종교적 삶을 누릴 수 있었다. 하지만 칼리파의 권위가 약해지자 이들을 살해하는 일들이 빈번해졌다.[47] 더구나 이런 칼리파들에 의해 수많은 계시들이 기준 없이 꾸란 속에 편입된 것 역시도 전환의 직접적 원인이 되었다. 자신들 입맛에 맞는 꾸란의 말씀을 갖고 통치하는 일이 다반사가 된 것이다. 이렇듯 초기 공동체 패러다임은 외부가 아닌 내부의 취약함, 권위의 실추로부터 비롯했고 이로 인해 결국 이슬람 공동체는 분열되고 말았다. 오늘날 우리에게 익숙한 순니파 - 시아파의 분열이 바로 그것이다.[48] 이로써 초기 공동체인 '움마'의 통일성이 상실되었고, 그 파장은 오늘에 이르기까지 지속되고 있다. 종교와 민족·언어가 다른 유럽이 통합의 이념으로 하나의 체제를 이룬 것에 비해, 같은 종교·언어로 소통하면서도 지속적인 갈등으로 서구의 먹잇감이 된 이슬람권의 오늘의 현실이 대단히 안타깝다.

이런 이유로 이슬람은 다마스커스(시리아)에서 새로운 패러다임으로 전환하게 된다. 이 흐름은 초기 이슬람이 당시 비잔틴 종교문화로 채색된 기독교 문화와 만나게 되었음을 의미한다. 유대적 모형에서 희랍적 패러다임으로 기독교가 이행된 것이 이에 해당될 것이다. 아는 대로 시리아 지역은 바울의 회심지였고 이후 많은 기독교인들이 거주한 공간이다. 첫 패러다임에서처럼 두 번째 모형에서도 이슬람과 기독교의 만남이 역사적 사실이었던 것이다. 이렇듯 기독교적인 비잔틴 전통의 영향 하에서 칼리파들은 아랍 지역을 종교와 신학보다는 정치적으로 지배하는 일에 몰두했다.[49] 부족 국가를 강력한 중앙집권적 체제 속에 편입시킬 수 있었던 것도 비잔틴 문명 덕분이었다. 이를 근거로 이슬람은 불신자들에 대한 지하드[聖戰]를 강력히 추진하여 통치 지역을 넓혀 나갔으며, 이런 정치적 지배를 신앙의 투쟁이라 명명하였다. 중요한 것은 당시 관료들 다수가 네스토리우스파에 속한 기독교인들이었다는 사실이다.[50] 강력한 중앙 집권제 하에서 기독교인들과 무슬림이 평화롭게 공존했음이 대단히 흥미롭다. 하지만 정치 체제의 급격한 변화는 예언자의 후계자를 선정하는 일에도 변화를 가져왔다. 이전과 전혀 다른 왕조의 상속 계승의 원칙이 적용된 것이다. 가문, 부족은 물론 개인적 자질과도 상관없이 왕족 중에서 선택되었던 것이다. 이로써 칼리파는 하느님 대리인이란 명칭을 얻긴 했으나, 세속적 색채를 짙게 드리울 수밖에 없었다.[51] 한마디로 아랍 적 제국주의의 수장이 된 것이다. 하지만 그럴수록 예언자 가문 계승에 집착하는 시아파들의 내부적 반발이 거셌다. 왕족 계승의 칼리파제도를 거부하고 정신(종교)적 최고 지도자에게 그 권위를 부여하는 '이맘' 계승을 역설했던 것이다.[52] 이런 상호간 적대를 문화적 관점에서 보는 시각도 있다. 시아파의 모태인 이란적 정신세계와 헬라화된 아랍 정신 간의 투쟁이란 것이다. 정신(개인)과 제도간의 갈등적 관점은 전리(全理)는 아니겠으나 일리(一理) 있는 발상이라 생각할 수 있다. 하지만 종교인(성직자)에게 통치권을 주자는 시아파의 주장 역시 자기 모순적 결과를 가져왔다. 20세기 호메이니와 같은 독재자를 잉태했기 때문이다.

이렇듯 내부적 갈등에도 불구하고 이슬람은 정복 전쟁을 통하여 아랍적 제국주의를 성사시켰다. 하지만 칼리파들은 전 지역의 아랍화만이 아니라 동시에 이슬람화하는 것을 포기하지 않았다. 아랍화의 궁극적 목적이 이슬람화였던 것이다.[53] 이슬람이란 종교가 기초가 될 때 아랍 제국이 유지 존속될 수 있다고 믿은 것이다. 아랍어를 공용어로 만들고, 아랍 주화를 상용케 했으며, 건축을 비롯한 예술에 이슬람을 덧입히는 정책들을 수행한 것이다.[54] 이런 모습은 콘스탄틴 대제가 기독교를 로마제국의 종교(이념)로 채택한 것과 많이 닮았다. 이로써 기독교가 로마를 기독교화한 것이 아니라 로마가 기독교를 로마화했다는 자조적 언사가 회자되듯 본래 정교일치(政敎一致)적 성향을 지닌 이슬람 경우, 종교의 이념적 사용을 긍부정적이든 간에 부정할 수 없게 되었다. 바로 이런 특성을 대변하는 것이 초기 패러다임에는 없던 이슬람적인 법의 탄생이다. 이로써 샤리아(shariah)라 불리는 법 또는 법학(피크흐 fiqh)은 신학보다 이슬람의 중심에 위치하게 되었다. 윤리(신앙)의 종교가 법의 종교로 바뀐 것이다. 기독교로서는 생각할 수 없는 변화였다. 하지만 여전히 핵심은 법의 이슬람화였다.[55] 즉 꾸란으로부터 삶의 영역 일체를 관장하는 규정·규범들을 추론하여 성문화했던 것이다. 이 과정에서 학자들 간 법 추론의 의견차가 생겨났고, 그럴수록 특정 권위(자)에 의존하려는 성향 역시 두드러졌다. 소위 신학 논쟁이 발생한 것이다. 이런 논쟁은 두 계층들, 곧 칼리파를 중심으로 한 귀족들과 지식을 추구하는 상인층들 간의 충돌이

기도 했다.[56] 외형적으로 기독교와의 두 번째 전쟁을 통해 이슬람은 지중해 지역은 물론 스페인 지역에 이르기까지 확장시켜 소위 세계적인 제국을 이뤘으나 내부적으로 법해석에 따른 신학적 갈등이 생겨났던 것이다.

신학 논쟁은 기독교 역사에서 수없이 반복되었듯 하느님 예정 대 인간 자유, 그 우선권에 관한 것이었다.[57] 이슬람에서 '까다르'(qadar)라는 말이 하느님 예정과 인간의 자기 결정 모두를 적시하기에 그 어려움이 적지 않았다. 칼리파 지도자들은 전자에 방점을 두었으나 그것은 자신들 행위의 합리화를 목적으로 한 것이었다. 칼리파의 일은 선하든 악하든 간에 신적 예정의 가시화라는 것이다. 반면 악의 책임을 하느님께 돌릴 수 없다는 인간 책임을 강조한 세력도 있다. 까다리야(Qadariyah)라는 종교운동이 바로 그 대표적 경우다.[58] 비록 인간의 탄생과 죽음은 하느님 손에 달려 있겠으나 죄, 곧 악행은 신이 아닌 인간의 산물이라며 자유의지의 중요성을 역설한 것이다. 이 논쟁은 당시로선 사실 엄청난 정치적 폭발력을 함축했다. 악을 행하는 자는 칼리프라도 내칠 수 있으며, 선을 행하는 자 누구라도 칼리프가 될 수 있음을 함의했던 탓이다. 이 와중에 법 해석을 위한 신학적 대립을 넘어 꾸란에게로 돌아갈 것을 주장하는 학파도 생겼고, 나아가 신의 뜻은 법으로 확정 불가능하다는 불가지론에 근거, 판단을 유보하는 입장도 있었다.[59] 급기야 순니파 역시 결집하여 선조들의 관습(순나)을 재조명하기에 이르렀다. 법이 아닌 관습으로 자신들의 분열을 봉합할 생각에서였다. 이런 신학적 논쟁은 거듭 팽창된 이슬람 제국을 하나로 아우를 수 없었음을 반영한다. 수많은 계층, 다양한 관심, 이해관계 등이 분출되었던 것이다. 이런 다양성과 분열에 터한 아랍 제국은 급기야 칼리파들 간의 갈등과 권력욕으로 멸망에 이르게 되었다. 그럼에도 아랍제국주의의 패러다임은 지금도 아랍 무슬림들의 꿈이자 삶의 원동력이 되고 있다. 최소한 유럽연합 방식을 통해서라도 범(汎)아랍주

의는 이들이 회복해야 할 오래된 미래인 까닭이다.[60]

세 번째 패러다임은 아랍 제국이 아니라 이슬람이 세계종교로 확장되는 고전적 이슬람 시기로 명명된다.[61] 이슬람으로 명실공히 아랍적인 것과 비(非)아랍적인 모든 것을 통합하는 새로운 모형이 창발된 것이다. 이는 기독교가 로마의 종교로서 중세문화의 근간이 된 것과 같은 모양새일 것이다. 이제 이슬람의 새로운 본거지는 바그다드로 옮겨졌다.[62] 당시 이곳은 비잔틴 문명지였던 다마스커스와 달리 페르시아적 문화에 바탕을 두고 있었다.[63] 더구나 당시 바그다드는 아랍인과 비(非)아랍인이 공존할 수 있는 국제도시로서 비(非)아랍적인 것을 잘 수용할 수 있었다. 이런 정황에서 이슬람 제국은 다민족 국가 체제로서 존속되어야 했고, 그럴수록 이슬람은 더욱 보편적이기 위하여 자신의 본질을 복원시켜야 했다. 아랍민족만이 아닌 보편적인 이슬람의 질서와 형제애가 훨씬 중요해졌기 때문이다.[64] 이로써 이슬람은 무슬림에게 세계적 종교의 의미를 부여할 수 있었다. 이슬람이 비로소 세계종교가 된 것이다. 따라서 당시 칼리파들은 기독교를 비롯한 이웃종교들에 대해서도 관용하였다. 이슬람이란 토대 하에 인종·종교적 차이를 하나의 정치 체제 속에 편입시키려 했던 것이다.[65] 칼리파의 정체성이 순수 아랍적 혈통과 무관하게 된 것도 같은 맥락이라 하겠다. 이런 관용적 추세에 의거, 이슬람은 신플라톤주의를 비롯한 아리스토텔레스 사상 등 헬레니즘 유산을 적극 수용했고 자신의 종교 세계를 훨씬 풍요롭게 하였다.[66] 이슬람과 철학, 곧 종교(계시)와 이성간의 관계성 물음을 새롭게 할 수 있는 계기가 되었던 것이다. 이 과정에서 무엇이 우위를 점하는가에 대한 치열한 논쟁이 재차 불거졌으나 이는 이슬람 철학, 곧 이슬람의 보편성을 정립하는 결정적 계기가 되었다.[67] 앞선 패러다임에서 제기된 이 주제가 헬라 철학과의 조우로 더욱 정교하게 다루어진 때문이다.

그러나 상상할 수 있듯이 이질적 사상과의 만남은 결코 순조롭지 않았다. 이슬람보다 늦게 아리스토텔레스의 자연(physis)사상을 접한 기독교의 경우 그 역할을 주도한 토마스 아퀴나스를 두 번씩이나 출교할 정도였으니 당시의 어려움을 충분히 가늠할 수 있을 법하다. 당시 이슬람은 예언자 무함마드의 말과 행적(하디스)들을 '순나'라 하여 코란과 더불어 절대화하는 경향이 있었다.[68] 이런 정조 하에 하디스 학자들이 생겼고 하디스 전집들이 완성되기 시작했다. 하지만 이들은 엄격한 전통주의자로서 이슬람의 지평을 협소하게 몰아갔다. 이슬람법을 예언자의 종교적·도덕적 권위에 종속시키고자 한 것이다.[69] 역사 비평적으로 되묻고 진위를 판별해야 했음에도 불구하고 그에 대한 무비판적인 신뢰가 요구될 뿐이었다. 기독교의 경우라면 마치 '교리'(신조)가 성서처럼 절대화된 상태라 말할 수 있겠다. 이처럼 꾸란과 하디스(순나)가 계시의 두 원천으로서 무슬림들의 일상에 절대적 영향을 미치게 된 것이다. 오히려 하디스에 꾸란 이상의 권위를 부여하는 경우도 생겨날 정도였다. 이는 전통이 다시금 혁신, 곧 초기의 보편성을 억압하는 결과를 초래한 것이다. 이 지점에서 계시와 이성 간의 신학 논쟁이 재차 불거진 것이 세 번째 패러다임의 결정적 특징이라 하겠다. 이전 논의와 다른 것은 비(非)이슬람과의 관계에서 비롯한 문제들 때문만이 아니라 경직되고 때로는 미신화된 이슬람 자체 본질을 철저히 탐색하기 위함이었다. 그렇다면 이슬람 신학에서 이성은 과연 어떤 역할을 하는 것인가? 이는 서구의 스콜라주의에 견줄 만큼 합리적인 이슬람 신학의 가능성에 대한 모색이었다.

따라서 이 시기에 이슬람을 연구하는 방법론적 투쟁이 가시화되었다. 소위 하디스를 추종하는 전통적 학문(muhadditun)인가 아니면 이성에 무게중심을 둔 합리적 학문(kalam)인가의 논쟁이 불거진 것이다.[70] 이 주제는 자연스럽게 하느님 계시와 인간의 자유의지 간의 토론으로 발전되었고, 결국 꾸란의 영원성과 피조성에 대한 논쟁으로 이어졌다. 이는 꾸란에게 절대성을 부여했던 이전 이슬람에 견줄 때 아주 불경스런 질문이었다. 중요한 것은 신적 계시에 의한 하느님 존재와 인간 이성에 따른 하느님 인식을 공존시켰다는 사실이다.[71] 이로써 이슬람은 내부적 갈등을 치유하여 단일한 이슬람학을 발전시켰다. 특별히 압바스 왕조 시기 소위 '무타질라파'는 합리성에 터해 자연에서부터 신 나아가 종말에 이르는 전 과정을 설명하는 합리적 신학 체계를 수립했다.[72] 중세 기독교의 경우 토마스 아퀴나스가 그랬듯 아리스토텔레스 사상과 이슬람을 완벽하게 결합시킨 것이다. 물론 그 역시 꾸란의 신학적 토대성을 부정하지 않으면서 말이다. 이로써 합리주의 신학은 꾸란과 하디스를 문자적으로 이해하는 전통주의는 물론 하느님의 전적 초월성을 강조하는 당시 초월론자들[73]과는 전혀 다른 길을 가면서 이슬람의 보편화에 지대한 업적을 남길 수 있었다. 즉 합리적 신학은 이성적 하느님 인식은 물론 한 분 하느님의 전능성, 위대함, 존엄성, 영원함 등의 속성을 인정하면서 하느님의 다른 위격을 논하는 기독교 신학과의 변별력도 더욱 강조했던 것이다.[74]

합리적 신학은 인간의 자유의지와 책임에 관해서도 명백한 입장을 표명했다. 하느님의 초월성·전능성을 인정함에도 자연현상이 인과관계에 따르듯 인간 행위 역시 그 책임은 인간 자신에게서 찾아야 한다고 본 것이다. 같은 맥락에서 합리적 신학은 꾸란 역시 피조된 것이란 주장을 서슴지 않았다.[75] 하느님의 유일성, 초월성에 따라 꾸란 그 자체는 신(적인 것)이 아니므로 창조된 것이란 논리를 편 것이다. 꾸란 역시 불변하는 한 분 하느님의 기초 하에 생겨난 우연한 것이라고도 했다. 이로써 꾸란 자체의 절대성을 부정할 여지가 생겼다. 하지만 이후 이슬람 신학은 또다시 역전되었다. 종교재판소가 생겨났고 꾸란의 역사성을 긍정하는 합리주의자들을 억압한 탓이다.[76] 이들은 이성의 신학 대신 전통의 신학을 역사의 전면에 부각시켰다. 꾸란과 하디스가 확고한 계시의 원천이자 신학의 토대로 다시 자리 잡게 된 것이다. 이런 신학적 후퇴와 더불어 이슬람 지역의 분할은 결국 화려했던 이슬람 세계 종교 패러다임을 역사의 뒷전으로 물러나게 했다.

　이로써 등장한 네 번째 패러다임은 이슬람 제국의 분열 탓에 지역화 - 탈(脫)중앙집권화가 가속화된 맥락에서 생겨났다. 움마의 분열로 인해 국가나 종교는 더 이상 패러다임의 핵이 될 수 없었고 오히려 그들 문화가 이슬람 지역을 엮는 구심점이 되었던 바, 울라마와 수피라는 새 모형을 탄생시킨 것이다.[77] 울라마란 국가나 정권으로부터 자유롭게 된 종교 학자(엘리트)[78]를 뜻하며, 수피란 기존 질서를 넘고자 하는 역동적이며 경건한 신비가를 뜻한다. 당시 분열된 제국의 상속자가 된 사람들은 아랍인도 이란인도 아닌 유목민인 투르크인들로서 순니파 무슬림이었고 이슬람 통치자 역시 칼리파 대신 술탄(sultan)이라 달리 호칭되었으며, 그 중심지도 이스탄불로 옮겨졌다.[79] 이 시기의 역사적 사건으로는 제3차 십자군 전쟁과 몽골의 대침략이 있었고 이런 역사적 경험들 역시 새 모형의 출현을 앞당겼다. 여하튼 당시는 이슬람 제국 대신 이슬람 문화권만이 잔재했고, 그 결과로 정치와 종교가 분리되는 여건이 조성되었으며, 그 배경에서 울라마와 수피라는 이슬람 신학의 새 모형이 탄생된 것이다. 이 유형의 특징은 샤리아라는 법 대신, 법을 넘어 그 이상의 종교적 욕구를 충족시키려는 일종의 대중적 성격을 지녔다는 점이다.[80] 법률적인 해석이 종교적 깨달음을 능가할 수 없다는 자각의 발로라고도 말할 수 있다. 아울러 이슬람 공동체보다 그것이 시아파, 순니파를 막론하고 자신들 종파를 앞세우는 정치싸움에 대한 도전적 측면도 지녔다. 오랜 세월 정치권력과 맞물렸던 종교의 세속화에 대한 강한 거부라 보아도 좋다. 정의(법)보다는 사랑, 교리보다는 체험, 제도보다는 인간에 대한 목마름이 이슬람이 풀어야 할 새로운 과제가 된 것이다. 여기서는 주로 수피즘에 관해 논의할 생각이다.

유대교에 카발라가 있고 기독교에 신비주의, 즉 'Unio Mystica'의 전통이 있듯이 이슬람 역시 수피즘이라는 강력한 이슬람 신비운동의 역사가 있었다. 이들은 공히 신학이 사변화(스콜라주의화) 내지 교리적 측면을 강조할 때 그 반발로 생겨난 전혀 다른 유형의 사조들이었다. 특히 수피즘은 칼리파가 사라진 시기, 확고한 체계를 갖춘 대중적 운동 양식으로서 신비적 이슬람의 한 형태가 되었다. 본래 수피는 이슬람 내 금욕주의 전통에서 비롯한 것이다.[81] 세례요한처럼 양털 가죽을 걸치고 가난한 삶의 양식을 추구하던 이들에게 하느님 명령과의 일치된 삶은 가장 중요한 덕목이었다.[82] 하지만 애시 당초 이것은 존재론적 차원에서의 신과의 합일은 아니었고 오히려 윤리적 신비주의란 말과 비교될 수 있을 것이다.[83] 수피들은 꾸란의 정신에 따라 항시 자기 낮춤과 포기의 삶을 선호했다. 그러나 이제 그것은 법적인 차원에서가 아니라 신적 실재를 내적으로 체험한 탓에 그리 할 수 있는 일이었다. 후기에 이를수록 금욕주의를 넘어 본래의 예언자적 특성보다 신비주의적 종교로 발전된 것은 자연스럽다 하겠다. 수피로 인해 꾸란이 법과 신학(교리)이 아닌 내적인 관조와 성찰의 대상이 된 것이다. 꾸란이 머리가 아닌 마음의 경전이 된 때문이다. 이로 인해 사람들은 하느님을 자신들 목에 있는 혈관보다 더 가깝게 있는 분, 내면적 일치의 상태로서 경험할 수 있었다.[84] 따라서 무슬림들은 하느님을 더 사랑할 수 있었고, 급기야 수피를 '사랑의 신비주의'라 불렀다. 금욕이나 포기(복종)를 넘어 합일의 기쁨이 사랑이란 이름으로 언표된 것이다.[85]

그럼에도 수피즘의 특징은 신비적으로 합일된 황홀한 상태에 있지 않았고 체험 이후를 인식하는 냉철함(판단)에 관심있으며, 일상으로부터의 일탈이 아닌 신적 삶을 세상 속에서 살아 내는 것에 무게를 실었다.[86] 한마디로 자신의 종교체험을 범신론적 정체성과 구별코자 했던 것이다. 물론 수피즘의 경우에도 여느 신비주의와 동일하게 신 - 인간의 경계를 허무는 경우도 발생했으나[87] 예언 종교의 본질을 훼손시키는 일로 여겨 지금까지 공공연하게 허용되지 않고 있다. 기독교의 경우도 그렇지만 신인합일의 체험을 말하더라도 '내가 곧 하느님이란 가역성'이 허락되지 않았던 것이다. 그럼에도 신과 세상(인간)의 합일 사상에 대한 대중들의 호응과 지지는 지속되었고, 수피즘 역시 그에 맞게 적응해 갔다. 즉 신비적 경험을 일정 부분 합법화했고, 이들이 수행할 수도원 제도를 허용했으며, 신비경험에 대한 철학적 · 형이상학적 사색도 발전시켰던 것이다.[88] 물론 개인적 독단이나 비도덕적 일탈을 금하는 최소한의 규제가 생겼으나 수피즘 지도자들의 신성화, 체험의 절대화, 성인 무덤 참배 그리고 기적 신앙과 같은 부정적 요소들 역시 없지 않았다.[89] 이렇듯 반지성주의적 경향성으로 인해 이후 수피즘 안에서 합리성의 기준이 강조되었고, 샤리아(법)와 수피의 새로운 결합이 요구되기도 했다. 이는 전통주의의 복원을 꾀하는 흐름이었으나 수피즘 자체를 부정할 수 없어 양자 간의 유기적 동거를 모색한 것이다.[90] 한마디로 인간은 하느님 없이, 인간 내면에 베푸는 원초적 빛 없이 합일에 이를 수 없다는 말이다. 이는 인간이 하느님과 하나인 것을 인간 이성이 직접적으로 인식할 수 없다는 뜻일 것이다.[91] 결국 이것은 이성과 직관의 종합 내지 이성과 계시(경험)의 종합으로서, 이후 보수주의자들인 순니파들에게도 지대한 영향력을 미칠 수 있는 근거로 작용했다. 수피즘이 이런 종합을 통해 이슬람을 새롭게 갱신했다는 말이다.

　이로 인해 독자적인 이슬람 철학의 가능성에 대한 물음 역시 제기되었다. 신학이 아닌 철학을 이슬람 안에서 새롭게 추구하게 된 것이다.[92] 계시와 철학의 분리를 전제로[93] 이들 간의 대립과 갈등을 조화롭게 극복하려는 것이 종래의 신학과 다른 이슬람 철학의 핵심 과제라 하겠다. 즉 하느님과 세상,

세상의 영원성과 피조성, 철학과 신학의 관계 역시 다름(분리)을 전제로 통합을 시도했던 것이다.[94] 하지만 이런 철학은 불행하게도 이 시기에 꾸란과 순니만을 강조하는 이븐 타이미야와 같은 소위 전통주의자들에 의해 너무도 쉽게 고사당하고 말았다. 이성으로 획득한 지식이 신적 영감(계시)에 기초한 종교적 인식에 비해 열등하다는 이원적 진리관이 다시 득세한 까닭이다. 전통적 신학이 인간의 합리성 자체를 신뢰하지 않았고, 그 역할에 족쇄를 채워버렸다는 말이다. 바로 이 점이 본래 기독교에 앞섰던 이슬람이 근대로 진입하면서 서구 기독교에 결정적으로 뒤처진 이유라 말할 수 있겠다.

이제 마지막 다섯째 모형으로서 우리는 이슬람의 근대 패러다임을 주목해야 할 것이다. 기독교인들이 무슬림 국가였던 스페인을 정복하고 신대륙을 발견하며 근대로 진입하던 시기에 이슬람은 역사상 최초로 서구에 의해 압도당하는 운명을 맞이했다. 이는 앞에서 말하였듯 이성적 합리성을 내팽개친 결과로서, 긴 세월 동안 꾸란의 무흠함에 고착되어 이전 패러다임을 벗어나지 못한 탓이었다. 더욱이 중세를 넘는 과정에서 사회 전반을 뒤흔든 루터의 종교개혁과 같은 결정적 전환이 없었던 것이 이런 이슬람 운명의 배경이라 할 것이다.[95] 신앙과 지식, 종교와 정치, 교회와 세속 공동체의 거리 둠을 통해 물질(자본) 혁명이 일어났고, 근대적 자유 개념을 탄생시킨 기독교와 달리 이슬람의 경우 그런 반전이 부재했다는 사실이다. 더구나 이슬람 분포도가 아시아권으로 확대되면서 비(非)이슬람 지역 문화와 섞였고, 그로 인해 약화된 이슬람 보편성이 근대화에 적합한 개혁적 에토스의 발목을 잡은 것이다. 여하튼 다섯 번째의 이슬람 근대 패러다임은 여전히 이전 모형에 의존된 채 세 이슬람 제국으로 분열된 형태로서 시작되었다.[96]

독자적 철학이나 자율적 이성 대신 종교적 지식에 빠져 있던 이슬람으로서는 유럽 근대화의 충격이 대단히 컸다. 특별히 자연 정복에 기초한 진보

신앙은 하느님 신앙을 능가할 정도로 세를 떨쳤고, 그에 따른 정치적 혁명 역시 이슬람에겐 낯설었다. 무엇보다 성서에 역사 비평이란 잣대를 적용하여 그 메시지를 새로운 시대와 조우하게 했던 본문 비평적 신학과 같은 것이 이슬람에게 없었다.[97] 꾸란의 영원성이 그것의 역사성을 부정해 버린 때문이다. 또한 프랑스 혁명으로 교회의 보수 반동적 측면이 적시되었던 것에 비해, 이슬람 제국들은 정치와 종교 간의 분리를 생각지 못했다. 하지만 유럽의 근대를 부정만은 할 수 없었기에 이슬람 역시 자유와 평등 이념을 앞세울 수밖에 없었다.[98] 소위 이슬람 개혁주의가 생겨난 것이다. 물론 이들에겐 유럽식 근대화에 대한 비판적 물음도 없지 않았다. 오늘 우리가 도덕적 진보, 생태주의에 입각하여 서구 근대화의 폐해를 물었듯이 말이다. 이는 이슬람적인 주체성이 실종되지 않았음을 뜻한다. 그럼에도 개혁주의는 유럽식 개혁을 이슬람 신앙에 대한 도전으로 여긴 전통주의자들의 반발로 뜻을 펴지 못했고, 그 결과로서 오히려 이슬람 근대주의가 생겨났다.[99]

우선 이들은 이슬람 우월성 대신 비극적 현실을 인정했고, 이슬람을 유럽의 근대성과 결합시키려 했다. 유럽의 경우처럼 이슬람 종교개혁을 앞세워 정치경제를 비롯한 자신들의 하부토대를 진일보시키려 한 것이다. 하지만 불행히도 1900년대에 이르러 이슬람 국가는 유럽 제국주의로 인해 사분오열되었고, 세속적 국가주의 이념을 채택한 오스만 제국만이 건재할 수 있었다. 지리적 탓도 있겠으나 오늘의 터키인 이 제국은 이슬람 근대주의 대신 유럽 문명을 추종하는 세속주의를 기저로 삼은 것이다. 1차 대전과 함께 오스만 제국 역시 멸망하면서 서구에 경도된 세속적 아랍주의가 득세했고, 그럴 수록 아랍주의를 앞세워 아랍 국가를 세우고자 하는 열망 역시 커져 가는 중이다.[100] 결국 서구 근대에 직면하여 이슬람은 개혁, 전통, 근대, 세속 등의 이념을 갖고 응하고자 했으나 상호간의 가치 투쟁으로 하나의 거대한 패러다임을 만들 수 없었다.[101] 이런 다양성이 바로 이슬람의 다섯 번째 패러다임의 특징이었고, 그로 인한 갈등이 지금도 계속되고 있는 중이다.

## 새로운 이슬람을 위하여
### - 꾸란 비평에 터한 기독교 중심 교리와의 상호 접점 모색

이상에서 우리는 한스 큉의 논지에 따라 이슬람 종교의 다섯 가지 유형을 기독교와 견주어 역사적으로 개관했다. 하느님 신앙과 꾸란 그리고 예언자에 대한 신뢰를 시종일관 유지·존속해 왔으나 자신들이 직면한 시공간적 현실 속에서 달리 해석했던 여실한 과정을 살폈고, 이 과정에서 기독교와 유사한 것을 수없이 발견했다. 마지막 다섯 번째 패러다임은 서구 근대화의 도전에 응답하는 이슬람의 분열된 실상임을 적시했다. 이렇듯 다양한 분열상은 21세기를 맞는 지금도 지속되어 그들이 꿈꾸는 범(汎)아랍주의를 이루기가 너무도 요원하다. 팔레스타인 가자 지구에 대한 이스라엘의 어처구니없는 폭격이 지속되는 상황에서도 한 목소리를 내지 못하는 것이 작금의 아랍, 곧 이슬람의 실상이다. 그도 그럴 것이 서구 영향 하에 각각의 국가들에 가지각색의 이념이 덧입혀진 때문이다. 이슬람 원리주의를 비롯하여 세속주의, 사회주의, 자본주의, 공산주의 심지어 봉건주의 이데올로기들이 아랍 국가들 사이에 공존하며, 더욱이 그들 각각이 서구 지지 세력들의 후원을 받고 있는 것이다.[102] 이런 이유로 그들은 느슨한 형태의 유럽연합과도 같은 단일 체제를 만들 수 없을 만큼 상호 적대적 관계를 형성하고 있다. 따라서 무슬림들 역시 절실하게 새로운 이슬람을 원하며 시대에 적합한 변화를 바라고 있다. 지금 그들은 높은 문맹률로 고통 받으며 독재에 시달리고, 가부장제 폐해를 입고 있으며, 창조적 삶을 맘껏 살아 내지 못하고 있다. 녹색황금인 석유가 오히려 축복이 아닌 저주가 되어 버린 것도 아랍 지역의 비극이다. 더구나 근동 분쟁은 아랍 세계의 가장 큰 딜레마 중 하나가 되었다. 이는 물론 비(非)유대교적인 이스라엘, 비(非)민주적인 이스라엘의 탓이기도 하겠으나[103] 응집력 부족한 아랍의 책임이라 아니할 수 없다.

근본 문제는 지금도 이들 갈등 이면에 유일신 종교들 간에 대립을 부추기는 과거의 패러다임들이 지배력을 발휘하고 있다는 사실이다.[104] 문자에 얽매인 보수적 경전 해석이 전쟁의 근본적 원인이란 말이다. 팔레스타인 땅을 하느님으로부터 받았다고 믿는 이스라엘 민족과, 바벨론 포로기 이후 그곳에 정착했던 아랍 사람들 간의 '정의'의 개념이 같을 수 없었던 것이다. 이로부터 한스 큉은 세 종교를 향해 공존을 위한 물음을 던지는 바, 그 핵심에 경전의 비판적 해석과 그로부터 나오는 지구윤리가 있다.[105] 이는 새로운 이슬람을 위해서도 결정적인 질문이 아닐 수 없다. 다섯 패러다임을 거치는 동안 그들의 동일성을 유지시켰던 꾸란 그리고 그 속에 담긴 하느님 신앙과 무함마드에 대한 존경을 역사 비평적 해석을 통해 재해석할 때, 난제로 여긴 세 종교들 간의 대화는 물론 정치·경제·군사적 어려움 역시도 쉽게 풀어질 수 있을 것이다. 그렇다면 정말 이슬람은 성서의 경우처럼 그렇게 꾸란을 시대 적합한 방식으로 새롭게 해석할 수 있을 것인가? 이장에서는 이 주제에 터하여 지구윤리를 위한 이슬람과 기독교 간의 접점을 모색해 나갈 것이다.

주지하듯 이슬람이 기독교와 갈등하는 핵심 이유는 기독교의 삼위일체론에 있었다. 역사적 예수를 하느님이라 고백했으며, 이후 성령까지 더해 유일하신 하느님을 마치 삼신(三神)론 형태로 변질시켜 버렸다는 것이다. 이로 인해 기독교 공동체는 기독론을 부정하는 이슬람을 이단이라 칭했고 심지어 악마화했으며, 꾸란 추종자들 역시 자기 것의 절대화를 위해 기독교 초기 문서를 위조된 것으로 폄하했다. 이렇듯 유일신 종교로서 상호 공통적임에도 불구하고 대립과 갈등이 극대화되는 것은 성서 및 꾸란에 대한 저마다의 근본(문자)주의적 해석 탓이었다. 하지만 기독교와 견줄 때 이슬람은 확실히 꾸란에 대한 시대 적합하며 합리적인 그리고 본문 비평적 해석이 상대적으로 부족했다. 꾸란의 무흠성에 터한 이슬람의 자기 방어적 자족성이 본질화되었던 것이다. 이런 차원에선 양자 간 대화를 한 치도 진전시키기 어렵다. 이에 한스 큉은 우선 성서 비평을 통해 예수(기독론)와 삼위일체 교리 자체를 새롭게 이해하고, 그를 근거로 꾸란에게 동일한 비평의 잣대를 적용시켜 말씀들을 재해석한 후, 기독교의 핵심 교리들과의 접점 가능성을 제시코자 하였다.[106] 상호 비평을 통해서만 통상적인 교리 이해를 넘어 양자 간의 창조적 수용을 기대할 수 있다는 것이다.

주지하듯 꾸란은 15개의 장 일백 구절 이상에서 예수를 언급했다.[107] 그 예수는 메시아로 불렸고, 그가 했던 말을 하느님 말씀이라 했으며, 그의 영이라고도 호칭하였다. 그렇지만 결국 예수는 한 분 하느님을 가리키는 예언자적 존재일 뿐 그와 동격일 수는 없었다. 하느님 아들이란 말도 그에게 해당되지 않았고, 니케아 칼케돈 이후 정립된 양성 기독론은 더더욱 언급될 여지조차 없었다. 분명 예수를 결코 폄하한 것은 아니었으나 그를 하느님과 등가적 존재로 여길 수는 없었던 것이다. 하지만 최소한 예수가 하느님 아들이란 것과 유일신 신앙이 꾸란이 말하듯 양립 불가능한 것일까?[108] 성서의 예수는 자신을 하느님이라 일컫지 않았다. 경건한 유대인으로서 유일신 사상을 부정한 바 없었던 것이다. 하지만 그의 죽음 이후 부활 체험과 함께 신앙 공동체, 특별히 유대적 기독교인들은 예수를 하느님 아들로 고백하기 시작했다.[109] 평소 하느님을 아버지라 불렀던 예수를 그의 아들로 높여 호칭하는 것은 자연스런 일이었다. 한마디로 아들이란 표현은 고백적 언어이다. 즉 기독교의 성육신 교리는 부활절의 산물이란 것이다. 여기서 아들이란 하느님이 예수를 선택하여 자신의 전권을 주었다는 뜻으로 이해해도 좋겠다. 이런 유대적 그리스도 이해[110]는 실상 무함마드의 생각과 크게 다르지 않을 듯싶다. 단지 기독교와 같은 (대속적)구원 개념이 부재한 것은 사실이다.[111] 이슬람으로서는 대속적 의미의 십자가가 낯선 주제였을 것이다. 따라서 꾸란은 예수의 십자가 처형을 말하지 않았다. 마지막 심판 때 증인으로 나타날 것이라 언급될 뿐이다. 이런 이유로 예수는 이후 이슬람 전승 속에서 그들 방식으로 육화되기 시작했다. 이맘 중 한 사람으로 이해되었고, 수피즘의 대가로 여겨지기도 했으며, 무함마드에 미치지 못하는 예언자로 자리매김되었던 것이다.[112] 그럼에도 꾸란의 예수 이미지와 유대적 기독론 간에 내용적 유사성이 존재했다는 사실만큼은 부정할 수 없다.[113] 따라서 양성기독론에 경도된 탓에 서구 기독교가 유대적 유산을 부정해 왔으나, 작금의 기독교는 꾸란의 예수를 배척할 것만이 아니라 그 속에서 초기 기독교의 특성을 발견하려고 노력해야 할 것이다.[114] 무슬림들 역시 하느님 아들로서의 예수 이해 속에 담긴 신학적 의미에 관용할 책무가 있다.

유일신 신앙과 삼위일체론 역시 두 종교들 사이에 건널 수 없는 간극으로 상존해 왔다. 4세기에 공식화된 기독교의 삼위일체론은 그간 무수한 해석이 있어 왔지만 하나의 본성(ousia)과 세 위격(hypostasis)을 일컫는다. 이 개념은 본래 성서에 없는 것으로, 기독교가 헬라화되는 과정에서 기독교적 구원의 신비(그리스도)를 강조할 목적으로 생겨났다. 하느님과 함께 예수는 물론 성령마저 주후 381년에 이르러 동등하게 여겨진 것이다. 하지만 이에 대한 이슬람의 비판은 대단히 거셌다. 하느님과 예언자는 믿되 '셋'이라는 말 자체를 잊고 버리라는 것이었다.[115] 동일선상에서 한스 큉 역시 '한 본성, 세 위격'으로서의 삼위일체론을 이카로스 신화와 흡사한 희랍적 사변화로 여겼다.[116] 삼위일체 공식으로 인해 소박한 유대적 신앙 양식이 오히려 억압된 것이 아닌

지를 묻고 있는 것이다. 심지어 그는 유일신론을 과거 군주제의 잔재라 했고, 삼위일체야말로 민주적 신론의 방식이라 본 개신교 신학자 몰트만의 견해 역시 동의할 수 없었다.[117] 오히려 그는 꾸란의 시각에서 하느님 안에서의 자기 구분이 필요치 않다고 생각하였다. 왜냐하면 하느님은 인간 목에 있는 혈관보다 인간에게 가까운 분인 때문이다. 그래서 하느님 영(성령)을 인격화하는 대신 발산된 하느님의 빛으로서 하느님의 온전한 일부라는 유대교 신학자의 말을 긍정했다.[118] 하느님의 내재와 초월을 애시당초 상호 모순적으로 여기지 않는 것이 히브리적 유일신론의 본래적 특징이라는 것이다.

이처럼 서로 다른 세 실체의 '하나 됨'에 대한 언급이 성서에 없다면 우리는 성부, 성자, 성령에 대한 신앙이 무엇을 뜻하는지를 본문 비평적으로 재론할 필요가 있다. 성서적 관점에서 삼위일체는 본래 하느님, 예수 그리고 성령의 관계를 옳게 정립하려는 한 시도였다. 즉 숨어 계신 하느님께서 사람의 아들 예수로 나타났으며, 우리들 안의 힘과 능력으로서 역할하셨다는 것이 바로 성서가 말하는 삼위일체의 핵심이다.[119] 따라서 '하느님 이외에 다른 하느님이 없다'는 꾸란의 주장과 성서의 본뜻이 다를 수 없다. 즉 성부, 성자 그리고 성령의 일치란 희랍화된 패러다임이 강조하듯 존재론적 하느님 속성과 무관하며 오히려 우리들과 만나는 활동 양식을 드러내는 것이라 하겠다. 좀 더 상세히 말하자면 성부는 유일무이한 한 분 하느님이고, 성자는 그의 뜻과 말씀을 자신의 인격 속에서 체현했던 역사적 존재이며, 성령은 하느님 자신의 강력한 영적 현존(실재)이라는 것이다.[120] 이렇듯 큉이 성서비평을 통해 강조했던 바는 다음 두 가지이다. 하나는 기독교의 핵심 교리를 희랍적 패러다임으로부터 해방시켜, 유일신 종교들의 하느님 신앙의 공동(共)성을 복원시키고, 둘째는 꾸란 비평을 통해 그것을 동시대적인 언어로 재생 · 회복시키고자 한 것이다.[121] 이로써 동시대적 공존을 위해 이슬람 역시 꾸란 비평을 통해 자신들의 원초적 진리를 복원시킬 책무로부터 자유로울 수 없게 되었다.

성서비평이 가능하듯 꾸란 비평이 가능할 것인가의 문제는 본래 말씀의 종교인 이슬람에게는 간단치 않은 질문이다. 하지만 성서가 문자마다 하느님 영감의 소산이 아니듯 꾸란 또한 그의 역사적 초월성만큼이나 역사성, 혹은 우연성을 인정해야 옳다. 물론 성서가 그렇듯 꾸란 역시 영감의 책이고 지금도 지속적인 영향을 주는 경전임에 틀림없으나 자신들의 역사적 제약성을 부정해서는 아니 될 것이다.[122] 주지하듯 꾸란은 유대 기독교의 영향사와 유관하며 역사 속 다섯 패러다임과 맞물려 각기 달리 주석된 것을 확인하였다. 그럼에도 지금껏 꾸란의 역사성(피조성)보다 그의 영원성, 완전성이 강조됨으로써, 꾸란 비판은 신성모독과 등가로 여겨지는 결과를 초래했다. 한때 수피들에 의해 꾸란의 내적 의미가 비유적으로 해석되기도 했고, 이슬람의 철학화(합리화)가 시도되었으나 그 역시 전통주의자들에 의해 좌초되고 말았다. 이런 연유로 이슬람은 서구와 같은 근대적 패러다임을 얻지 못했고 종교개혁과 같은 변혁의 실마리를 놓쳐 버렸다. 따라서 이슬람은 자신의 과거를 미래로 잇기 위해서라도 꾸란의 창조적 재해석을 당면 과제로 인식해야 옳다.[123] 다행히도 20세기에 이르러 꾸란 해석의 새 흐름이 생겨났다. 여전히 꾸란을 하느님 결정적 계시로서 그 독보적 위치를 인정하면서도 그 합리성과 실천성에 무게중심을 두는 경향들이다.[124] 이들 중에는 후대 역사 속에서 생겨난 비(非)이슬람적인 것을 제거시켜 이슬람을 정화하려는 사조, 세계 보편적 가치와 규범의 시각에서 꾸란을 주석하려는 입장, 꾸란의 종교성을 강조하는 영적, 형이상학적 시도 그리고 철학에 힘입어 이성적 논증을 통해 꾸란을 조망하려는 시각 등이 공존하고 있다.[125] 이는 모두 역사학, 인간학, 언어학, 해석학의 연구 성과를 토대로 꾸란을 새 시대 적합하게 주석하려는 움직임들이다. 역사적 탐구를 더 이상 억압할 수 없다는 현실적 인식이 이슬람 학자들 간에 공유된 것이다. 이들의 도움 속에 무엇보다 꾸란에 대한 양식사적 비판이 중요했다. 예언자 무함마드는 자신의 계시 이전 이미 비잔틴 제국 하의 기독교인들, 아라비아 반도의 유대인 그리고 박해를 피해 도망 온 유대적 기독교도들을 통해 앞선 종교에 대한 선지식을 지니고 있었다.

그렇다 하여 원계시의 독창(眞正)성이 부정되지 않겠으나 이런 영향사 자체를 부정할 이유가 없다. 그리하여 꾸란 속에서 이슬람 이전에 존재했던 기독교의 흔적을 찾고자 하는 서구 이슬람 학자들도 생겨났다.[126] 꾸란을 그리스도적 원(原)꾸란, 예언자의 꾸란 그리고 예언자 이후의 꾸란으로 대별할 수 있다는 것이다. 꾸란 중에 가장 오랜 것 중 상당 부분이 기독교 텍스트 층을 내포했다는 사실은 결코 허무맹랑치 않다.[127] 이런 비평적 연구는 힘겨운 일이겠으나 이슬람 측에도 결코 해되지 않을 것이다. 꾸란이 하느님으로부터 온 말씀이자 예언자의 인격과 밀접한 연관성을 갖는다는 것을 인정할 때 시대와 소통하는 길이 열릴 수 있다.[128] 더구나 신적 계시로서의 말씀이 예언자 개인에게 전해졌고 구전을 통해 다음 세대로 이어졌으며 급기야 한 권의 책으로서 텍스트(경전)화 된 것을 고려할 때 경전으로서의 꾸란의 탈(脫)신비화, 탈(脫)경전화는 긍정될 수밖에 없을 것이다.[129] 그렇다하여 근대적인 실증적 지식 차원으로 꾸란을 환원시키는 것도 불가한 일이다. 신앙과 이성을 아우르는 총체적 인간성, 즉 상상력으로서의 '새로운 합리성'이 꾸란 주석을 위해 요청된다는 것이다.

이와 더불어 꾸란의 정치적 차원이 부각될 필요가 있다. 그간 꾸란은 성서가 그랬듯 보수적인 기존 세력의 이데올로기 역할에 충실했다. 하지만 근대 이후의 꾸란은 해방의 해석학, 가난한 자를 편드는 비판적 주석에 충실할 필요가 있다.[130] 인간을 해방시키는 정의를 위한 투쟁의 책으로서 꾸란이 읽혀질 때, 서구 세계와의 소통은 물론 기독교와의 대화 역시 긴밀해질 것이다. 하느님 나라라는 최종적인 구원, 곧 평화의 실현을 위한 도구로 쓰여질 것을 간절히 열망하는 종교가 될 수 있어야만 한다. 이를 위해 이스람의 운명과 기독교의 운명은 긴밀하게 연루되어 있다. 이는 결국 꾸란이 성서비평에서 보여지듯 자신들 역사적 정황 속에서 자신들의 해석학적 통찰에 따라 문자적 의미 그 이상으로 수용될 때 가능한 일이다.[131] 분명 작금의 이슬람은, 기독교의 경우도 마찬가지겠으나 그 이상으로, 계몽주의자가 될 것인지 아니면 전통주의자로 머물 것인지를 결단할 상황이다.[132] 현대 서구 사회의 도전 앞에서 꾸란에 대한 해석학적 경쟁이야말로 이슬람의 사활이 달려 있는 가치 투쟁이 될 것이다. 이슬람의 갱신이야말로 세계가 기다리고 있는 바로 그것이다.

## 이슬람의 한국적 토착화는 가능할까?
### - 한스 큉의 '지구윤리'와 함께 또 그를 넘어

독일의 저명한 한 종교사회학자는 유일신 종교 간의 갈등을 근대문명이 풀어야 할 큰 과제로 여겼다. "유일신을 믿는 세계 종교 간에 잠재된 세계 사회적 갈등을 어떻게 문명적으로 해결할 것인가?"[133]가 인류의 미래를 결정짓는다는 것이다. 이렇듯 그의 종교사회학은 이 과제를 위해 씌었다. 앞서 보았듯이 한스 큉이 『그리스도교』, 『유대교』에 이어 방대한 분량의 『이슬람』을 썼던 것도 의당 같은 이유에서였다. 지구 생존을 위한 보편적인 세계윤리 (Weltethos)를 위해 유일신 종교들 간의 대화·평화를 급선무로 여겼던 것이다.[134] 이를 위해 그는 각 종교의 역사를 패러다임으로 사유하여 비교했고, 본원적 메시지의 복원을 위해 종교 경전의 본문 비평을 무엇보다 중요시했다. 이를 통해 기독교의 그리스도 이해와 삼위일체론이 이슬람의 철저 유일신론과 크게 다를 수 없고, 예언자 무함마드 역시 성령 활동의 한 증거로서 기독교에 수용 가능한 주제인 것을 새롭게 발견하였다. 더욱이 초기 꾸란 속에 유대적 기독교의 흔적이 있었다는 사실은 이들 두 종교가 아브라함으로부터 시작된 것과 더불어 대화·소통의 필연성을 여실히 드러냈다. 헬라적 영향 때문에 정통 기독교에서 밀려난 유대적 기독교와 이슬람의 관계를 일면 토착화의 시각에서 조망할 여지가 생긴 것이다. 물론 이런 시각을 이슬람 종교가 긍정적으로 수용하지 않겠으나 이 역시 꾸란 비평을 통한 발견이기에 거부하는 것만이 능사는 아닐 듯싶다. 이슬람 역시 자신들 근원을 바탕으로 하여 미래를 위한 갱신을 열망하기 때문이다. 무엇보다 이슬람이 8대 종단(?)의 하나로 이 땅에 뿌리내리기 위해서라도 비(非)유신론적인 종교 풍토에서 앞서 정착한 기독교의 경험을 배우는 일은 유익할 것이다. 이 점에서 한국 기독교 안에서 창발된 토착화 및 민중신학 담론은 향후 이슬람 신학의 형성을 위해 기여할 바가 작지 않을 것이다. 이제 이 장에서는 이런 논의를 위해 다음과 같은 내용을 다룰 것이다. 첫째는 큉의 시각에서 지구윤리를 위한 두 종교의 역할을 찾고, 둘째는 유대적 기독교의 오늘의 모습, 곧 역사적 예수의 빛에서 꾸란과의 소통 가능성을 재확인할 것이며, 마지막으로 이를 근거로 이슬람의 토착화 가능성을 제안할 생각이다.

## 1) 지구윤리를 위한 이슬람과 기독교 간 대화와 소통

아마도 위 주제는 종교 간 대화를 통해 종교와 세계 평화, 나아가 지구 생존을 기약하는 한스 큉의 마지막 결어일 것이다. 간혹 그의 『세계윤리 구상(Weltehos)』이 여전히 서구 중심적이라는 이유로 비판 받으나 그 의도 자체를 평가절하할 수 없다. 모든 종교는 저마다의 방식으로 세계 평화와 지구 생존에 공헌하는 것이지 보편적 기준에 맞출 필요가 없다는 이슬람의 주장은 서구에 강요당한 그들 입장에서 이해할 여지가 있으나 그 속에 잠재된 위험성 또한 간과할 수 없다. 반서구적 가치관이 종종 자신들 내부의 모순을 억압하는 기제가 되었던 때문이다. 이런 점에서 필자는 신학자 큉의 진정성을 일면 수용할 수 있다고 판단한다. 이런 시각은 비단 한스 큉만의 전유물이 아니었다. 오늘의 현실을 위험사회라 규정한 종교사회학자 울리히 벡 역시도 서로를 인정하는 기초문화로서 (종교 간) 관용을 중시한 것이다.[135] 관용을 위해 고통을 참고 인내하는 과정이 필수적인 바, 각 종교 내 근본주의란 이런 아픔으로부터 도망가는 비겁한 행위라 일침을 놓았다.[136] 기독교와 이슬람 양측이 저마다 평화를 위협하는 근본주의와의 단절을 선언할 필연적 이유를 적시한 것이다. 이에 큉은 꾸란 비평에 터해 이슬람에게서 희망의 메시지를 읽고자 했다.[137] 사실 그간 이슬람이 택했던 정치적 이념들 - 범(汎)아랍주의, 범(汎)이슬람주의, 사회주의, 세속주의 등 - 은 때로는 '호전성' 때문에 혹은 지나친 '세속성'으로 인해 꾸란의 진정성을 빛바래게 해 왔다. 따라서 이슬람의 미래는 신앙고백과 다섯 기둥을 통해 법과 인권, 국가와 종교, 경제와 도덕 그리고 이슬람 일상의 영역에서 '근본주의'와 '세속주의' 이념과 단절하느냐 아니냐 여부에 달려 있다.[138] 기독교와 견줄 때, 정치의 종교 의존도, 이들 간의 상관성이 훨씬 지대하고 결정적일 것이다. 이슬람의 희망은 그렇기에 무엇보다 신학적 주제와 직결된다. 서구에 주로 알려진 근본주의적 이슬람이 아니라 근본(꾸란)으로서의 이슬람에 대한 시대 적합한 해석이 필요하다.[139] 한마디로 계몽된 종교성의 요청일 것이다.[140] 하지만 이것은 이슬람에게 엄청난 역설이 될 수밖에 없다. 이슬람에게서 무슬림 사회 체제의 통일을 보장하는 후견인의 역할을 벗겨내는 일이기 때문이다.[141] 서구처럼 근대화 여명 속에 창발되지 못했던 종교개혁에 대한 주문이기도 하다. 근대를 넘어 그 이후 시대에 접어든 지금, 서구에서는 자기만의 신(神)을 말하고 있는 바, 종교가 여전히 이전처럼 사회체제의 통일성을 보장하는 정점에 서는 것은 이슬람은 물론 인류 미래를 위해서도 결코 도움이 될 수 없다.[142] 어떤 방식으로든지 이슬람 종교 전통에로의 회귀는 극복되어야 마땅한 일이 되었다.

그렇다 하여 이슬람이 무력화되거나 빛바랜 가치가 되는 것은 결코 아닐 것이다. 오히려 세계시민적 관점에서 이슬람은 제 영역에서 보편적 가치들과 중첩될 수 있고 윤리적 틀로서 그 역할을 감당할 수 있다.[143] 자신의 '근본'을 되찾아 서구적 근대의 폐해를 넘어설 정신적 토대를 제공하는 것이 이슬람의 핵심 과제가 된 것이다. 이에 한스 큉은 이슬람과 더불어 세계윤리의 네 차원, 곧 지구적 차원의 공존을 위한 비폭력, 정의, 진실성 그리고 남녀 평등의 주제를 제시했다.[144] 이슬람 종교전통 역시 이런 가치와 기준을 어떤 종교 이상으로 품고 있다는 확신 속에서 우선 비폭력과 생명 경외에 관해 꾸란의 생명사상을 환기시켰다.[145] 무고한 자에 대한 살인은 인류 전체의 희생과 같다고 본 꾸란과 하디스에 나온 동식물에 대한 무함마드의 사랑을 강조한 것이다. 정의 역시 신앙인은 반드시 정의로워야 한다는 꾸란의 가르침에 기초할 수 있다. 하느님에 대한 헌신은 오로지 정의를 통해서 가능하기에 사회적 기부가 활성화될 수 있었다는 것이다. 진실 혹은 진리(haqq)는 정의와 마찬가지로 이슬람의 핵심 가치 중 하나이며 하느님 이름으로 알려질 만큼 소중한 가치이다. 진실 없이 정의가 없는 까닭에 진리는 더욱 근본 가치로 여겨진다. 인간성의 핵심 원리로서 남녀 간 평등 또한 서구에 알려진 실상과 크게 다르다. 성(性)을 속이거나 이용치 말라는 경고와 함께 남녀간 동등한 기회 부여를 당연시 하고 있다. 한마디로 남녀 불문하고 자신이 원하는 것을 상대방도 원한다는 것을 부정하면 이슬람 신자가 될 수 없다고까지 말할 정도였다. 기독교의 황금률, 공자의 인(仁) 사상과 흡사한 가르침이다. 큉은 이 모든 것을 아브라함 종교의 공통 유산이라 했지만[146] 나아가 세계 종교들의 공통분모라 말해도 틀리지 않다. 이슬람과 기독교, 나아가 동서양의 가치가 결코 양립 불가능하지 않다는 것이 증명된 셈이다. 소수 근본주의자들로 인해 이런 가치들이 매도되어서는 아니 될 것이다.[147] 하지만 이런 보편 가치의 추상성을 피하기 위해서 개별 종교들의 문화, 정치적 상황 역시 의당 고려될 필요가 있다. 이 점에서 다음 말도 함께 기억되어야 옳다: "공통의 가치를 지녔다 해서 모든 문제가 풀리지 않습니다. 개별 사회는 자신들 방식으로 풀어내기 위한 나름의 활동 공간을 지녀야 할 것입니다."[148] 이 주제는 자연스럽게 토착화의 주제로 이어질 수 있겠다.

## 역사적 예수와 꾸란 속 이슬람의 소통

앞서 보았듯 우리는 예언자 무함마드가 자신의 활동 초기로부터 초대 기독교의 한 유형이자 종파였던 '유대적 기독교'와 상호 교감이 있었음을 지적했다. 이런 논의는 주류 기독교로부터 밀려나 아라비아 반도에 주후 7~8세기까지 정착했던 유대적 기독교의 역사적 흔적에 대한 연구에 근거했다. 꾸란을 세 층위로 구분할 때 초기에 생성된 꾸란 속에서 기독교적 영향이 짙게 나타났다는 연구 결과도 있었다. 물론 이런 전제를 이슬람의 입장에서 불편하게 느낄 수도 있을 것이다. 하지만 성서 역시 무수한 이방 문화와의 교접 속에서 재창조된 것을 본문 비평을 통해 알게 된 정황에서 꾸란만의 예외성역시 인정되기 어렵다. 신약성서학자 불트만은 원시 기독교를 구약성서, 유대교, 스토아 철학, 영지주의 및 밀의(密意) 종교들 간의 혼합적 현상이었음을 밝혀낼 정도였다.[149] 물론 이 과정에서 자기 정체성을 잃기도 하겠으나 오히려 그의 지평 확대를 이루는 경우가 많다. 따라서 꾸란 속 이슬람 역시 아랍

이란 역사적·문화적 토양에서 기존 유대적 기독교가 토착화된 모습이란 것도 일리(一理) 있는 발상이다.

주지하듯 유대적 기독교는 예수의 형제인 야고보를 수장으로 예루살렘에 본거지를 둔 초기 기독교 공동체였다. 예수를 '주'(Kyrios)로 고백하는 유대인들의 모임이었기에 여전히 유대적 관습, 즉 율법과 할례를 근거로 공동체를 유지하고자 했다. 더욱이 역사적 예수를 만난 경험을 기억하고 있었기에 초기에 이들의 권위는 이방인을 상대로 선교하던 바울에 비해 압도적이었다. 하지만 주지하듯 바울의 이방선교가 활황을 맞이하면서 상황은 역전되었다.[150] 이후 기독교적 정통성은 바울로 이어졌고 급기야 유대적 기독교는 '에비오니즘'이라 하여 양자(養子)설을 주장하는 이단종파로까지 내몰리게 되었다. 즉 유대적 뿌리를 주장하는 그들로서 율법(행위)에 대한 신뢰는 믿음의 종교와 갈등했고, 이후 유대적 유일신론에 터해 예수의 양자됨을 강조함으로써 희랍화된 양성론과 맞서게 된 것이다. 기독교의 헬라적 패러다임이 대세가 되고 정통으로 굳어지면서 이단으로 몰린 이들이 바로 무함마드가 만난 첫 번째 기독교인들이었다. 이들이 바로 무함마드의 예언자적 사유의 배경이자 토양이었다는 말이다. 여기서 유의할 것은 한스 큉이 누차 강조하듯 희랍적 기독교는 당시를 반영하는 패러다임적 사유일 뿐 지금까지 유효한 불변의 진리가 아니란 사실이다. 따라서 무함마드가 접한 기독교 역시 이단/정통의 편가름을 넘어 재고될 여지가 충분하다. 실제로 역사적 예수 연구의 르네상스라 칭하는 시대가 되었고[151] 심지어 바울조차 유대적 사유로 재해석되는 정황에서[152] 유대적 기독교는 재평가는 물론 오히려 이슬람과의 대화를 위해 적극적으로 활용될 필요가 있을 것이다. 오늘날 논의되는 역사적 예수는 유대적 기독교의 시대 적합한 재구성이라 말할 수 있는 까닭이다. 주지하듯 역사적 예수는 희랍적 패러다임을 탈피하여 부활이전의 예수상에 주목한다. 사도 신조에서 드러나듯 예수의 역사성, 즉 예수 삶을 잊고 십자가와 부활에만 의지한 초자연적 신앙 양식을 벗고자 하는 것이다.[153]

이런 점에서 역사적 예수의 특징을 간략히 소개하면 다음과 같다.[154] 우선 예수는 부름을 통해 하느님의 아들이란 자의식을 갖게 되었으며[155] 일종의 체제 밖 사유인 하느님 나라의 비전을 통해 고통 받는 땅의 사람들(암하렛츠)의 자유와 해방을 위해 자신의 생애를 바친 존재였다. 하지만 이 과정에서 유대 성직자들과 갈등했고 그를 비호하는 로마 정치가들로부터 백성을 선동했다는 혐의를 받아 십자가에 처형되었다. 따라서 예수의 십자가는 본래 하느님 나라 비전을 실현시키는 과정에서 이들 두 집단에 의해 공모된 억울한 죽음의 징표였던 바, 그것은 '대속신앙'의 근거이기 이전에 '하느님 나라를 향한 열정'의 결과였다. 기독교의 으뜸 교리인 대속사상이 오히려 후대의 산물이란 것이다. 부활 역시도 빈 무덤을 통해 확증되거나 여러 증인들에 의해 보증되는 사실적 차원이 아니라 예수의 하느님 나라 비전의 지속성 내지 현재화를 뜻했다. 로마가 예수를 죽인 것 같았으나 실상은 예수가 로마를 이겼다는 확신이 그의 죽음과 더불어 동시적으로 솟구쳤다는 것이다. 따라서 성서가 부활의 사실적 증거라 여기는 '빈 무덤'은 이런 체험에 터한 고백적 후술이라 말할 수도 있겠다.[156]

이 외에도 역사적 예수에 관한 무수한 이야기들이 있겠으나 더 이상 열거하지 않을 생각이다. 이로써 과거 유대적 기독교와 하느님 나라 열정을 지닌 역사적 예수 상(像)과의 유사성이 상당 부분 드러났다고 보기 때문이다. 물론 꾸란 비평의 전제하에서 가능한 일이겠으나 꾸란 속의 예수, 즉 하느님 예언자로서의 예수 이해와 역사적 예수 간의 소통 가능성을 부정할 수 없다. 희랍적 틀을 벗어난 성서 속 예수상의 역사적 복원이 의외로 이슬람과의 소통을 쉽게 만들 수 있다는 것이 필자의 한 발견이었다.

## 한국종교문화와 이슬람의 소통
## - 이슬람의 한국적 토착화의 문제

본래 다신론과의 투쟁을 통해 성장했고 유일신론을 정착·발전시킨 이슬람이 비(非)유신론적 종교 전통을 지닌 동북아 지역, 특히 한국에 정착하는 일은 쉽지 않을 것이다. 더욱이 어느덧 이 땅의 다수자가 된 기독교인들이 교리적 이유로 이슬람 종교와의 소통은 물론 그들 문화와의 섞임 자체를 거부하는 일종의 텃세(?)로 인해 이슬람의 수용은 난제일 수밖에 없다. 그럼에도 불구하고 이슬람은 이미 한국 땅에 다음의 방식으로 발을 딛게 되었다. 첫째는 70~80년대 중동 지역에 진출한 기업들, 그에 속해 일하던 한인 노동자들과 이슬람 유학생들이 적은 수이긴 했으나 이슬람의 세례를 받고 귀국했다. 둘째는 중동과의 경제적 유대를 중시한 정부 차원의 배려 역시 이 땅에서 이슬람의 정착에 큰 역할을 했다.[157] 마지막으로 90년대 이후 이주한 이슬람 노동자들로 인해 이슬람 문화가 특정 지역을 중심으로 활성화되었다. 아시아 무슬림이 다수이겠으나 이슬람은 지금 대략 백만 명 이상의 신도들과 더불어 이 땅에 공존한다. 향후 노동시장에서 이들의 역할은 결코 줄어들지 않을 것인 바, 이 영향때문에 따른 국제결혼의 증가와 자발적 회심자의 증가로 이슬람 세는 더욱 성장할 전망이다.

하지만 이 과정에서 충돌과 갈등 역시 적지 않을 것 같다. 대다수 기독교 교회들의 이슬람 혐오증 때문이기도 하겠으나, 불교를 비롯한 비(非)유신론적 아시아 종교성과의 만남 역시 이슬람으로서는 이질적일 수밖에 없는 탓이다.[158] 불교의 입장에서 이슬람은 기독교와 유사한 유일신론 종교 체제의 하나로서 향후 갈등의 여지를 고려하지 않을 수 없을 것이다. 이런 정황에서 이슬람이 자신들 의식주에서 드러나듯 고립된 문화 속에서 자신들 종교성만을 유지·확대시키려 할 경우 한국 사회에서 이슬람은 유럽 이상으로 사회적 갈등의 요인이 될 수 있다. 이 점에서 이슬람은 남 탓 이상으로 자신들 종교문화가 이 땅에 융합됨으로써 어떤 문명적 기여를 할 수 있는지를 고민해야 한다. 한마디로 보수적 이슬람의 단순 이식(移植)이 아니라 꾸란 비평에 의거한 계몽된 종교성으로 이 땅의 백성들과 만나야 한다는 것이다. 여기서의 계몽된 종교성이란 경전의 문자적 강제성을 벗어난 신앙의 개인(내면)화와 무관치 않다.[159] 이를 통해서 자신의 종교 세계를 타자(이웃종교)의 눈으로 더욱 풍성하게 볼 수 있다.[160] 따라서 이슬람은 백여 년 먼저 이 땅에 유입된 한국 기독교의 역사와 해석학적 신학, 곧 토착화를 위한 신학적 노력에 스스로 마음 열고 배워야 할 것이다. 결국 계몽된 이슬람의 종교성과 이슬람의 토착화는 동전의 양면으로서 자신들 미래를 위해 결정적으로 중요하다.

주지하듯 초기 기독교는 사람 대접 받지 못했던 백성들을 하느님 아들로 호칭했고 그들의 삶을 대변했다. 기독교가 약자들의 삶을 편들어 주었을 때 기독교는 그들 삶속에 흡입될 수 있었던 것이다. 또한 기독교와 민족은 당시 결코 분리될 수 없는 개념이었다. 일제로부터의 독립이 선교의 과제였고 이후 민주화 운동이 선교를 대신한 적도 있었다. 이는 이 땅의 기독교가 서구와 다른 상황화의 과제를 성숙하게 수행한 덕분이다. 물론 당시 서구와 오늘 이슬람 본토(중동)의 상황이 많이 다르고 따라서 그 의존도 역시 크게 다를 수 있겠다. 하지만 그보다 중요한 것은 민족적 주체성이고 상황에 적합하려는 의지이다. 하지만 오늘 이곳의 이슬람은 이 점에 있어 너무 허약하고 주체성의 빈곤을 여실히 보여준다. 애시당초 이들 선교가 자기 희생에 터하지 않고 정부 지원에 의한 것이었기에 이슬람 종교성을 충분히 각인시킬 수 없었다. 아마도 이것은 이후에도 치명적 한계로 작용할 것인 바, 한국 사회의 일원이 되기 위해서라도 새 모습을 보여주어야 할 것이다.

이런 주체화된 상황화의 문제의식과 함께 중요한 것은 이슬람이 과연 아랍의 종교만이 아닌 이 땅의 종교로 뿌리내릴 수 있겠는가 하는 토착화론의 주제이다. 그간 백여 년의 역사 속에서 많은 신학자, 영성가들이 서구화된 기독교를 넘어서고자 노력해 왔다.[161] 서구 기독교를 통째로, 형식과 내용 그리고 교리와 문화 일체를 이식하여 추종하려는 근본주의 신학이 강세를 이뤘음에도 '서양지천즉 동양지천'(西洋之天卽 東洋之天)[162]이라 하여 이 땅의 문화와 서구 종교를 연속적 선상에서 보려는 토착화(간문화적) 시도가 실종되지 않았던 것이다. 이는 소위 '화분론' 대신에 '종자론'[163]을 주장하여 토양이 달라지면 씨앗의 향기와 빛깔 그리고 열매 모양도 다를 수 있다는 논리로 이어졌고, 급기야 '접목론'[164]으로 발전되어 이 땅의 뿌리(종교문화)에 기독교라는 새 줄기가 접붙여져 뿌리 힘을 재현하는 것을 기독교의 과제로 여기기에 이르렀다. 또한 '종교해방신학'이란 이름하에 종교란 종교 자체를 위해 존재하는 것이 아니라 앞선 큉과 유사하게 가난을 비롯한 일체 비인간화의 해결을 위해 존재한다는 논리도 계발되었다.[165] 물론 이런 입장은 기독교 내 소수의 의견이지만 해석학적 정당성을 지닌다. 이슬람이 자신의 가르침(종교성)을 전파하려면 이곳 사람들의 심성(心性), 일명 해석학적 편견(전이해)에 주목하지 않을 수 없다. 한마디로 이슬람의 진리를 수용하는 한국인의 마음 밭이 결코 백지 상태와 같지 않다는 사실이다. 이 점에서 이슬람은 지난 백 년 동안 기독교의 토착화 시도들에 대한 연구를 수용하고 따라잡을 필요가 있다. 이슬람 역시 한국적 이슬람의 길을 걸어야 한다는 것이다. 이를 위해 무엇보다 먼저 꾸란의 한국어 번역이 필요하다. 아랍어로 쓰인 꾸란이 성서무오설과 같은 입장을 강요한다면 이슬람은 이 땅의 종교로 쉽게 뿌리 내리지 못할 것이다. 이를 위해 전제되어야 할 것이 바로 꾸란 비평인 것은 너무도 자명하다. 일반적으로 종교의 발생 풍토를 사막, 몬순 그리고 목장형으로 대별한다.[166] 종교와 풍토(세계관)를 물과 물고기의 관계로 비유하며 풍토가 변할 경우 종교 역시 달라질 수밖에 없다고들 한다. 따라서 사막형 풍토의 종교인 이슬람이 본모습 그대로 이식되는 것은 옳지도 않고 한계도 많다. 먹는 것과 입는 것 역시 그곳과 이곳이 다를 수 있고 이런 것이 달라져도 본질과는 무관할 터이다.[167]

이상에서 필자는 한스 큉의 역서 『이슬람-역사·현재·미래』에 근거하여 처음으로 이슬람에 대한 논문을 써 보았다. 하지만 위 책에 의존한 바가 너무 커서 연구논문이라 하기에 부끄러울 뿐이다. 그럼에도 기독교에 낯선 타자의 텍스트를 읽고 이런 글을 쓰게 되었다는 사실 자체를 기쁘고 고맙게 생각한다. 그간 필자는 한국종교인평화회의를 통해 이슬람에 대한 관심을 키울 수 있었다. 서너 곳의 이슬람 지역을 방문했고, 수 차례 이슬람 세미나를 통해 유럽의 이슬람 현황을 접했던 까닭이다. 간혹 이슬람 지역 선교사로 파송된 후학들의 선교지 보고 역시 귀담아 듣기도 했다. 이런 경험들이 축적되어 비록 줄고지만 본 작업을 이루어낸 것이다. 한없이 부족한 상태이지만 큉의 이론에 잇대어 이슬람이 진실로 이 땅의 이슬람이 되기 위한 과제를 적시해 보았다. 이런 과제가 이슬람으로선 쉽게 해결할 수 없는 난제일 것이다. 그러나 그들이 이런 과제를 수행할 수 없다면 이 땅의 종교로서 이상의 관계 역시 기대할 수 없다.

주지하듯 우리는 이슬람 문명의 흔적이 우리들 앞선 역사 속에 이미 녹아 있는 사실을 부정하지 않는다. 삼국시대 이전부터 두 문명 간 교섭이 있었고 그로 인해 이곳 문화가 풍성해졌다면, 오늘 지금도 같은 만남을 기대하지 못할 이유가 없을 것이다.[168] 얼마 전 이 땅을 다녀간 프란치스코 교종께서도 이슬람에 대한 적대적 일반화를 삼가도록 기독교인들에게 부탁하셨다.[169]

따라서 이슬람으로 하여금 이 땅 종교들과의 소통을 위해 헌신할 수 있도록 충분한 자유를 주는 것은 우리의 몫이어야 할 것이다. 이 글이 이 땅의 한 종교로서 이슬람 스스로의 미래를 위해 하나의 디딤돌이 될 수 있기를 바란다.

# 02──유물론의 기독교적 이해
## - 새로운 보편성을 추구하는 지젝의 유물론적 신학

    기독교 신학이 현실 사회는 물론 교회 현장에서 주요 담론으로 기능하지 못한 지도 제법 긴 시간이 흘렀다. 우리 사회가 현실과 불화하는 배타적(교리적) 기독교를 구시대의 담론으로 여겼던 까닭이며, 교회 역시도 신학을 자신들 성장에 걸림돌이 되는 이론적 독백이라 홀대해 온 때문이다. 이런 이유로 교회는 자신들 언어만이 소통되는 사적 공간으로 후퇴했고, 사회 또한 개인 이익을 탐하는 시장체제 하의 집합체로서 본유의 결속력을 잃고 있다. 최근 교회들이 '공감'이란 말을 강조하기 시작했고, 우리 사회가 마을 살리기란 이름하에 '공통체'란 말을 회자시키는 것도 이런 현실에 대한 반향일 것이다.[1] 하지만 교회안팎에서 무용지물이 된 신학을 우리 시대를 위한 핵심 담론으로 부활시킨 철학자들이 있으니, 이 땅의 지성인들을 열광시킨 바디유(Alain Badiou, 1937- )와 지젝(Slavoj Zizek, 1949- )이 그들이다.[2] 물론 이들의 출신 배경이 다르고 상호간 논쟁점도 많으나 신학을 새로운 보편성의 보고로 여기는 한에서 공통적이라 하겠다. 주지하듯 예수와 바울을 동시대인으로 불러내 탈(脫)현대 사조, 곧 차이의 철학을 거부하며 사적 개인들을 가로질러 공통감(보편성)을 창출하는 현실적 존재로 부각시킨 이들의 작업에서 철학의 신학적 전유를 볼 수 있다. 여기서 보편성은 정치적 함의를 지닌 것으로 불평등한 체제에 대한 저항성을 담보하는 것인 바, 이들 신학의 급진성을 보여 줄 것이다. 하지만 이 글에서는 주로 지젝의 신학적 사유를 추적하는 과정에서,[3] 필요한 부분에서 『사도바울』[4]의 저자 바디유와의 논쟁점도 부각시킬 생각이다.

이 글의 제목, '유물론적 신학'이 적시하듯 지젝은 기독교의 핵심은 오로지 유물론적 시도로만 접근 가능하며 변증법적 유물론자가 되기 위해서는 반드시 기독교적 경험을 통과해야 한다[5]고 주장한 철학자이다. 정통신학의 틀에서 유물론과 신학은 동이 서에서 멀 듯 함께 엮어질 수 없었으나, 지젝은 이 둘의 통합을 통해서만 기독교가 온전히 이해될 수 있음을 역설한 것이다. 이는 자신이 추구한 정치적 보편성을 위해서도 필히 신학이 요구된다는 말이겠다. 이런 유물론적 신학(Materialist Theology)은 공산주의 체제인 자신의 조국 슬로베니아를 배경으로 한 일종의 토착화 신학이라 할 수도 있을 듯싶다. 하지만 이런 방법론적 틀을 만들기 위한 지젝의 지적 탐구 여행은 참으로 지난했고 독특하였다. 자신을 일말의 주저함 없이 마르크스주의자로 칭한 그는 독일 관념론의 정점에 서 있는 헤겔 철학을 라캉의 정신분석학으로 비틀어 읽었고, 그 과정에서 마르크스의 정치적 실천을 신학과 연계시킬 수 있었던 까닭이다. 따라서 지젝 신학의 이해를 위해 헤겔, 라캉 그리고 마르크스 간의 난해한 사상적 연계성을 연구하는 것은 피할 수 없는 일이 되었고, 무엇보다 정신분석학에 기초한 이데올로기(관념론) 비판을 통해 지젝 사유 속에 신학이 병합될 수밖에 없는 필연적 이유가 드러날 것이다.

사실 필자는 지젝의 전 작품을 읽고 평가할 만큼 농익은 수준에 있지 못하다. 단지 그가 기독교에 대해 관심을 두었던 몇 권의 책들을 찾아 읽고 변증법적 유물론과 신학이 만날 이유를 찾고 싶을 뿐이다. 이런 주제를 다룬 책으로서 『깨어지기 쉬운 절대(Fragile Absolute)』(2000), 『믿음에 대하여(On Belief)』

(2001), 『꼭두각시와 난쟁이(The Puppet and the Dwarf)』(2003), 『시차적 관점(the Parallax View)』(2006), 그리고 가톨릭을 배경으로 한 급진적 정통주의자인 존 밀뱅크(John Milbank, 1952- )와 논쟁한 책 『예수는 괴물이다(The Monstrosity of Christ)』가 최근 번역되어 읽히는 중이다.[6] 하지만 이 책들 역시도 읽기에 결코 쉽지 않았고 지젝의 전반적 사유 틀 속에서만 이해될 수 있었기에 무엇보다 좋은 안내서가 필요했던 바, 그것이 앞서 각주에 언급한 『지젝과 신학(Zizeck and Theology)』(2008)이었다. 따라서 이 글은 이 책의 구조를 따라 논리를 전개하되 상술된 지젝의 저서들을 활용하여 내용을 보완하고 논지를 확대시켜 나갈 것이다. 필자가 생각하는 논리 전개 방식은 다음과 같다. 첫째, 헤겔, 마르크스, 라캉 간의 연관성을 살피고 그에 근거한 이데올로기 비판의 새로운 형식을 소개할 것이며, 둘째는 새롭게 발견된 주체성과 윤리의 상관성을 밝히고 일체 이데올로기의 전복 가능성을 제시한다. 셋째로 이런 논의에 근거하여 기독교적 경험을 종래의 방식과는 근본적으로 달리 서술할 것이며, 여기서 유물론적 신학의 전거를 제시할 수 있을 것이다. 그리고 마지막으로 '변증론'에 터한 지젝의 유물론적 신학을 '유비'를 신학적 방법론으로 삼은 가톨릭의 급진적 정통주의 신학자 밀뱅크와 더불어 비판적으로 대화할 것이며, 나아가 동양적 사유에 대한 그의 부정적 이해와는 논쟁할 여지를 남겨 둘 작정이다. 유물론적 신학이 동서를 아우르는 보편성을 담지할 수 있는지에 대한 충분한 확신이 아직은 없는 까닭이다.

## 이데올로기 비판의 새 지평
### - 헤겔, 라캉, 마르크스의 상호 관계성 속에서

흔히 우리 시대를 이데올로기 종언의 시대라 하지만 지젝의 생각은 근본에서 이와 달랐다. 일상의 사람들은 저마다 안정성·정체성을 확보할 목적으로 지속적으로 대체 이데올로기를 만들고 있는 까닭이다. 예컨대 학교, 교회 혹은 가족 등이 지배 체제가 원하는 이데올로기를 산출하는 기관(Ideological state Apparatuses)으로 전락한 현실에 주목한 것이다.[7] 공산주의의 몰락으로 더 이상 이데올로기 논쟁이 없을 듯했으나 세상은 오히려 민족주의로 회귀하였고, 종교 근본주의가 기승을 부리며, 지구적 자본주의의 광풍에 정신을 잃어버릴 정도에 이른 것이 그 실상이다. 더구나 현실 이데올로기가 가상공간이나 생명공학 같은 문화정치적 정황과 잇닿아 있는 것도 부정할 수 없다. 이로부터 지젝은 마르크스의 부르주아 비판을 넘어 지배 체제 유지와 확대에 일조하는 일체의 잘못된 이데올로기 비판에 자신의 온갖 관심을 집중하였다. 그가 라캉의 정신분석학을 이데올로기 비판의 새 도구로 삼은 것도 이런 목적에서였다. 마르크스가 이데올로기 비판의 실천적 동기를 부여했다면, 라캉은 새로운 틀을 제시하여 비평의 지평을 넓힐 수 있었던 것이다. 이로부터 지젝은 시대 사조인 포스트모던의 탈(脫)근대성이 외형상으로 차이를 강조하고 메타 담론을 부정하는 까닭에 동일성의 이데올로기를 넘어선 듯 보이나, 실제로는 체제 유지에 일조하며 오히려 대타자(Big other)로 불리는 이데올로기의 귀환을 부추기는 자기모순(역설)에 빠져 있다고 비판할 수 있었다.[8] 지젝이 라캉을 포스트구조주의자로 보는 당시 주류 시각에 반기를 들고 계몽주의 선상에 그를 위치시킨 것도 이와 무관치 않다.

## 1) 이데올로기 비판을 위한 지젝 사유의 정신적 배경들

그렇다면 이데올로기로부터 실재(the Real)를 되찾는 방식은 무엇일까? 이를 위해 먼저 지젝 사유의 근간을 이룬 세 사상가들의 영향에 대해 다소나마 지면을 할애해야 할 것이다. 먼저 헤겔에게서 배운 것은 정반합의 논증 구조를 지닌 사유 방법이었다. 두 개의 부정을 자신 속에 내포하며 총체성(절대지)을 향한 지양이 헤겔 변증법의 요지일 것이다. 지금껏 이런 헤겔을, 차이를 동일성에로 붕괴시킨 독일 관념론의 정점에 이른 사상가로 일컬었으나 지젝은 이에 동의하지 않았다. 오히려 헤겔 사유의 요체를 그의 부정성(부정적인 것)에서 보고자 했다.[9] 즉 종합이란 반제(Antithese)의 부정성을 극복한 것이 아니라 오히려 그것을 더 이상 부정으로 나타낼 수 없을 만큼 철저화하는 것이라 했다. 그래서 절대지는 지젝에게 언제든 근본적 상실(radical loss)의 다른 이름이다. 즉 부정의 부정은 끊임없이 반복되는 불일치를 적시할 뿐 종합적 관념에로의 지양이 아니란 것이다. 따라서 진리란 모순 속에서만 존재할 수 있을 뿐이다. 현실이란 것이 본래 그것을 구성하는 주체에 의해 항시 왜곡되어 있기 때문이다. 이는 주체의 왜곡에 앞서 존재하는 현실이 부재하다는 뜻일 것이다. 이처럼 실체와 주체가 처음부터 상호 연관되었기에 '주체로서의 실체'란 말 역시 가능하다.

하지만 지젝은 '주체로서의 실체'란 헤겔 개념을 더욱 비(非)이원론적으로 독해하였다. 이는 실체가 없는 주체를 가정했기에 가능했다.[10] 주체가 존재한다는 것은 실체가 자신을 온전히 구성하지 못했다는 것의 반증인 까닭이다. 그렇기에 주체는 실체의 중심에 있는 균열, 즉 존재론적 빈틈(단절)으로서 달리 독해될 수밖에 없었다.[11] 하지만 후기 사상에서 지젝이 주체를 공백이 아닌 저항(새것)을 가능케 하는 매개체로 본 것에 주목할 필요가 있다.[12]

프로이드를 재해석한 라캉[13]은 지젝으로 하여금 관념론자 헤겔을 앞서처럼 달리 독해할 수 있도록 만든 토대였다. 부정성과 상실(loss)에 강조점을 둔 헤겔 이해가 바로 라캉의 영향이었던 것이다. 특별히 지젝은 헤겔의 변증법 구조와 라캉 정신분석학의 핵심 개념인 실재(the Real) 간의 유비를 보았다.[14] 여기서 실재는 언어적 · 상징적으로 구조화된 '현실', 즉 이데올로기에 대립하는 개념이다. 하지만 라캉이 실재를 상징화가 좌초되는 불가해한 모습으로 그렸던 반면, 지젝은 오히려 이런 실재가 상징화된 현실을 변화시킬 수 있다고 보았다. 본래 실재는 상징적 작업으로부터 배제된 잉여물이다. 하지만 지젝은 이것이 본질의 영역이 아닌 현실 내부에 있음을 강조하였다. 현실로부터 배제되었으나 현실 안에 있음으로써 상징계를 근본적으로 변혁(새로운 질서)시킬 수 있다는 것이다. 이런 역설적 구조를 지닌 실재 속에서 지젝이 본 것이 바로 헤겔의 변증법이었다. 더욱이 인식론적 차원에서 불가해한 것이 윤리 · 정치적 차원에서 변화의 가능 근거라는 점에서 실재는 주체성과 분리될 수 없는 바, 이는 실체와 주체를 비(非)이원론적으로 독해했던 헤겔 사유와 정확히 중첩된다. 이처럼 라캉에게서 헤겔 식 사유 형태를 전유한 지젝은 그의 핵심 개념들인 '대타자'(big other), '주인기표'(master signifier), '성차'(sexual difference) 등의 개념들을 자신의 기독교 이해를 위해 적극 활용할 수 있었다.

마지막으로 마르크스는 지젝과 가장 복잡스런 관계를 맺은 인물이다. 누구보다 그를 중히 여겼으되 그를 추종하지 않았고, 그의 이념을 확장시키려 했던 포스트 마르크시스트들과도 논쟁하면서[15] 정작 그는 마르크스의 내적 한계를 극복하려고 했던 까닭이다. 그럼에도 마르크스는 지젝에게 이론을 넘어 정치적 실천 계기를 부여한 결정적 존재임에 틀림없다. 주지하듯 지젝은 마르크스의 중요성을 『이데올로기라는 숭고한 대상』[16]에서 깊게 다루었다. 특별히 상품에 대한 물신숭배를 강요하는 자본주의 비판이 지젝 사유의 근간이 된 것이다. 소수에게 부를 몰아주는 생산 체제로서 자본주의가 불평등의 존속을 위해 소위 상부구조(문화, 정치, 법 그리고 종교)를 이데올로기로 활용하는 사회인 것을 상호 공유했다는 말이다. 따라서 지젝은 세계 이해 방식을 근본적으로 바꾸려 했던 마르크스를 따라 이데올로기 비판에 전념하였다.

이데올로기란 마치 라캉의 상징계와도 같이 현실에 대한 부정확한 사고방식을 강요한다는 것이 지젝의 생각이었고, 그럴수록 실재(the Real)를 지향했다. 하지만 지젝은 마르크스조차 자본주의와의 철저한 단절을 결핍했다고 보았다.[17] 자본주의 붕괴 이후 공산주의가 도래한다는 생각 자체가 여전히 진보를 믿는 현재진행형의 담론일 뿐이라는 것이다.[18] 이로부터 지젝은 마르크스 이론에 레닌의 혁명적 사유를 더하여 현실 공산주의(스탈린주의)[19] 역시 혹독하게 비판하였다. 그럼에도 지젝의 최대 공헌은 이데올로기 자체를 해석할 수 있는 적합한 이론을 정립한 데 있다. 라캉을 통해 현실(실질)적 사고를 지속적으로 한계 지우는 이데올로기가 개개인의 본능적·심리적 과정에서 비롯한다는 것을 배웠던 때문이다. 그렇기에 그는 우리 시대를 이데올로기 종언으로 규정짓는 것을 인정할 수 없었다. 오히려 지젝은 마르크스적 차원을 넘어 후기 자본주의 사회에 만연된 이데올로기 비판을 자기 철학의 실천적 과제라 여겼던 것이다.

## 2) 지젝의 이데올로기 비판

이렇듯 지젝은 초기부터 마르크스 이데올로기뿐 아니라 지배 체제 유지에 일조하는, 그것이 인간 본능(심리)에 뿌리 내린 것일지라도 일체의 잘못된 이데올로기를 비판할 목적으로, 즉 상징계에 맞서는 실재(the Real)의 철학자가 되고자 했다. 이를 위해 지젝은 라캉의 정신분석을 급진적(정치적)으로 해석했고, 헤겔을 라캉식 독법으로 전유했으며, 최종적으로 라캉 정신분석학의 여러 개념을 마르크스 이론으로 재(再)탄생시켜야만 했다.[20] 물론 중반 이후 사상적 발전 과정에서 문화정치적 상황 역시 이데올로기 비판의 대상이었던 것이 분명하다. 이를 위해 신학의 역할이 새삼 중요해졌다.[21] 마르크스 이데올로기 비판이 자유민주주의를 넘어설 수 없었던 반면[22] 탈현대적 차원에서 그것이 오히려 신(新)이데올로기들의 생산지인 것을 발견했기 때문이다. 이는 지젝의 사유에서 대단히 중요한 전환점이 되었다. 즉 모든 것이 경제적 개념으로 환원될 수도 없을뿐더러, 국가 역시 하부구조를 무시하는 정황에서 이데올로기에 대한 이해가 확장될 필요가 있었기 때문이다. 그것은 인간을 본성상 이데올로기적 존재로 보는 시각이었다.[23] 개인들이 사회와 관계하는 방식 자체가 지젝에게 이데올로기로 이해된 것이다. 하지만 이데올로기는 결코 나쁜 의식적 신조와 동일시될 수 없었다. 종이에 불과한 것(돈)에 본유적 가치를 부여하여 그것을 더욱 축적토록 하는 것이 자본주의 이데올로기인 것은 분명하다. 하지만 이런 이데올로기가 나쁜 것이라기보다 실상은 사회적 실재(현실)의 왜곡이 더욱 악한 것이다. 따라서 지젝은 이데올로기 자체에 대한 냉소적 거부를 지나친 것이라 보았다.[24] 체제가 거짓 이데올로기에 의존해 있음을 알면서도 그것을 따라서 살고 있는 것이 인간 삶의 보편적 실상인 까닭이다. 따라서 이데올로기 해석을 위해 적합한 이론으로서 라캉의 정신분석학이 필요했다. 나아가 이데올로기의 영토(상징계)가 인간 삶에 영향을 미치는 뭇 제도(학교, 교회 등) 안에 있음을 앞서 보았기에 지젝은 정신분석학을 사회적 차원에 적용시키는 독창적인 자신만의 작업을 시작할 수 있었다.

주지하듯 한 사회의 안정성, 즉 질서를 위해 주인기표(master signifier)가 있어야 한다. 하지만 '돈'에게 본유적 가치라는 신비적 아우라가 부여됨으로써 그것이 자기 지시적이 되어 물신주의(Fetishism)로 변질되듯이, 주인기표에게 막대한 의미와 환영이 제공되어 복종을 요구받는 현실을 초래한다. 법에 대한 물음이 생략된 채 법이기에 복종해야 하는 것 역시도 같은 경우라 하겠다. 이렇듯 공허한 자기 지시성은 상징적 질서로서 일명 '다른 주체'라 일컬어지는 바, 이것이 바로 대타자(Big other)로서 이데올로기이다.[25] 사실 서구 근대에 이르기까지 대타자란 신(神)뿐이었다. 하지만 오늘 우리 시대는 삶의 질서를 결속시키는 다양한 형태의 대타자들이 공존하고 있다. 비록 신으로부터 특권을 박탈했으나 그와 관계된 근본 구조는 변하지 않았다는 것이다, 어떤 타자가 우리 밖에 있는 것처럼 삶에서 행동하는 것에 익숙해져 있는 까닭이다. 바로 이 지점에서 정신분석학이 개입될 여지가 있다. 지젝은 무의식의 근본적 양상을 의식화되지 않으면서도 무엇과도 동일시할 수 없는 '환상'(Fantasy)이라 했고, 이것을 바로 사회적 실천과 중첩시켜 이데올로기적 중핵이라 여겼다.[26] 이데올로기적 차원에서 볼 때 환상은 결코 의식화되지 않고 쉽게 또 다른 실재로 변화된다는 것이다. 환상의 대상, 곧 상징계로서 대타자가 사회적 차원에서 좀처럼 붕괴될 수 없는 이유이다. 이렇듯 많은 이들이 자신들의 사회질서가 환상이 아닌 실재(the Real)에 뿌리를 둔 것이라 믿고 싶어 한다. 하지만 지젝은 실재에 근거했다고 주장할 수 있는 기존 질서는 없다고 천명하였다. 이는 상징적 질서와 실재 간의 모순적 본성때문이다.[27] 전자가 후자를 결코 온전히 파악할 수 없는 것도 사실이겠으나 실재 역시 너무도 우리 곁에 가까이 있기 때문이다. 따라서 이데올로기적 환상은 이런 실재의 모순을 빗겨갈 수 없게 되었다. 중요한 것은 '실재' 위에 사회를 세우려는 프레임 자체를 바꾸는 일이다. 이는 실재 자체가 우리에겐 막다른 골목이란 의미일 것이다. 따라서 지젝에게 적대(Antagonism)가 오히려 실재의 차원에 위치하게 되었다. '적대로서의 실재'란 말이 지젝의 전용어가 된 것이다.[28] 역사가 상징화 · 전체화된다 한들 그것에 대한 총체적 파악이 불가능한 탓에 실재는 오히려 반역사적일 수밖에 없다. 하지만 실재가 적대를 품고–적대가 보편 자체에 내재한다–적대로서의 실재가 반역사적인 한에서 이것은 오히려 체제의 모순을 해결할 수 있는 수단일 수 있다.[29] 자신이 품은 적대라는 예외의 존재로 인해 보편은 자신을 개방시킬 수 있고 예외를 더욱 활성화시켜 자신을 다른 것으로 만들 수 있는 까닭이다. 이렇듯 적대를 활성화시키는 보편을 지젝은 실재의 차원에 위치시켰다. 그로써 실재는 저항을 가능토록 하는 새로운 주체성을 탄생시킬 수 있는 것이다. 이는 다음 장의 중심 주제가 될 내용이다.

결국 '적대로서의 실재'란 신(新) 개념을 통해 지젝은 사회질서의 주인기표인 대타자로부터의 탈주를 목적했다. 하지만 다수에게 이데올로기적 환상은 '기쁨'(Jouisstance)을 지속적으로 유지시키는 수단이었다. 이는 마치 무섭고도 매혹적인 종교적 체험(R.Otto)처럼 떨칠 수도 부정할 수도 없는 유혹이다. 주지하듯 욕망은 욕망이 충족되는 것으로 사라지지 않는다. 욕망은 그것이 지속적으로 연기된다는 점에서 욕망의 원인이 되는 까닭이다. 이데올로기적 환상은 이렇듯 기쁨(욕망)을 유지시키는 전략을 갖고서 주체를 얼마든 조정할 수 있다. 상대적 안정감을 보상하면서 말이다. 여기서 욕망이란 타자 곧 부재한 대상(Object petit a)의 욕망일 것이다.[30] 대타자가 항시 부재한 대상과 연계되어 있기 때문이다. 따라서 대타자는 항시 인간의 욕망을 부추길 수밖에 없을 것이고, 이로 인해 인간 주체성 역시 무용지물이 되고 말 것이다. 주체가 오로지 이데올로기 안에서 존재하는 한 그렇다. 지젝이 새로운 주체성을 강조하는 것도 이런 이유에서다. 따라서 지젝은 이데올로기적 환상이 상징적 질서(대타자)는 물론 주체성 모두에게 상대적인 동시에 깨어지기 쉬운 안정성을 부여하여 결국 어느 체제든 간에 전체주의를 초래했다고 적시했다.[31] 이는 바로 '적대로서의 실재'를 파악하지 못한 결과라 하겠다.

이처럼 주인기표에게 이데올로기적 환상이 부과되면 현실을 변화시키는 실재의 적대적 힘을 대면할 수 없다. 주입된 이데올로기적 환상은 오히려 이를 피하려는 시도일 뿐이다. 초기 사상에서 지젝이 자유민주주의를 선호했던 것도 선거를 통해 실재의 개입이 가능하다고 생각했던 때문이다. 그러나 전체(독재)주의와는 다르긴 했으나[32] 자유민주주의 체제 속 선거제도 역시 치명적 한계를 노정한다. 더욱 문제는 자유민주주의가 자신들 경우 주인기표가 없다고 과신한다는 데 있다.[33] 하지만 서구 민주주의 역시도 주인기표는 물론 대타자 없이 유지될 수 없다는 것이 지젝의 판단이다. 앞서 언급했듯 자본주의 체제하의 계급투쟁은[34] 적대를 품은 실재의 실상인 바, 이를 진정시키는 주인기표가 예컨데 반유대주의(Antisemitism)였다. 신이나 돈 같은 주인기표들이 이데올로기 속에서 긍(안)정적으로 유지되었던 과거에 비해 그 공간이 상대적으로 비워진 현대 사회가 민족적 정체성을 앞세웠던 때문이다.[35] 즉 민족적인 것이 주인기표가 되면서 부재한 대상으로서의 타자들–반유대주의, 불법이주민 등–이 창조되었다는 말이다. 반유대주의의 정조가 유대인의 실상과 무관함에도 말이다. 따라서 서구 민주주의 역시 민족주의 수호를 명분삼아 파시즘을 주인기표로 삼을 수밖에 없었다고 후일 지젝은 비판했다.[36] 인종에 근거한 민족주의의 발현이 결국 자유민주주의의 몰락과 동전의 양면인 것을 염려한 것이다. 이렇듯 자유민주주의의 한계를 적시하면서 동시에 지젝은 실재 사회주의(Real Socialism) 운동이 지속적으로 전개되기를 바랐다. 그로부터 공산주의와 민족주의 사이에서 '사라지는 매개자'(Vanishing mediator)로서의 역할을 기대하면서 말이다. 변증법적 유물론과 기독교와의 관계 물음 역시 이데올로기로부터 현실을 구출하기 위해 생기했다고 볼 수 있겠다.

## 이데올로기(상징계)에 맞서는 새(新) 주체성과 윤리

이렇듯 자유민주주의에 대한 기대를 접었던 중기 이후 지젝 작품들로는 언급했던 『부정적인 것에 머물기』 이외에 『나눌 수 없는 잉여(Indivisible

Remainder)』와 『환상의 돌림병(The Plague of Fantasies)』[37] 등이 있다. 이들 저술들을 통해 지젝은 헤겔을 비롯한 독일 관념론을 라캉 식으로 독해하여,[38] 즉 헤겔 변증법과 라캉의 실재(the Real) 간의 병렬을 통해 상징계에 맞서는 실재(the Real)의 철학을 말하고자 새로운 주체성, 즉 '사라지는 매개자로서의 주체' 이념을 정교하게 발전시켰다. 한마디로 정신분석자 라캉을 독일 관념론의 틀거지에서 이해함으로써 이데올로기 비판의 지평을 확장시켰고 극복과 저항의 윤리 역시 명료해졌다는 것이다. 후술하겠으나 이렇듯 라캉 식 접목이 새로운 정치실험을 위해 기독교를 전유할 수 있도록 한 필연적 이유였다.[39] 바로 이 지점에서 지젝 사유는 『사도바울』의 저자 바디유와도 만날 수 있었다. 여하튼 자유민주주의와의 단절은 그로 하여금 새로운 정치 구조 자체를 무력화시키는 사회 분석을 통해 환상으로부터의 탈주에 전념토록 했다. 본 장에서는 이를 위해 신학을 요구했던 지젝 사유의 궤적을 추적할 목적으로 실재, 사라지는 매개자로서의 주체성 그리고 정신분석학의 윤리, 철학적 이해를 다룰 생각이다.

## 1) 적대로서의 실재(the Real)- 성차(性差)로서의 실재를 중심으로

우리는 앞서 헤겔, 라캉 그리고 마르크스를 창조적으로 종합한 지젝 사유의 핵심을 '적대로서의 실재'란 개념 속에서 보았다. 적대가 보편 속에 내재한다는 지젝의 언명이 바로 그것이다. 주지하듯 이것은 보편을 예외의 지점과 동일시하는 것을 뜻한다.[40] 예외란 보편으로부터 벗어난 것이기에 양자 간 동일시가 불가능한 듯 보이나 지젝은 이것이 오히려 보편과 지양의 형식 하에 연결되었다고 주장한 것이다. 즉 예외는 보편의 내부에 있으면서도 밖에 있는 역설적 개념으로서 '포함시키는 예외'란 개념으로 불렸다.[41] "규범은 예외를 등지면서, 즉 예외로부터 돌아서면서 자신을 예외에게 적용한다.

그러므로 예외 상태는 질서에 선행하는 혼돈이 아니다. 그것은 질서가 지양됨으로써 나타나는 상황이다. 이런 의미에서 예외는 그 말의 어원이 뜻하듯 빼어내진 것이지 단순히 제외된 것이 아니다."[42] 이렇듯 배제함으로 포함시키는 소위 '예외 관계'의 핵심은 그것이 자신의 외부를 향해 항시 열린 공간을 만들어 낸다는 데 있다. 따라서 보편은 항구적 개념일 수 없고 내재된 예외의 작용 탓에 달리 정의될 수 있는 열린 존재란 것이 '적대로서의 실재'의 본뜻이다. 이는 보편성을 사건과 관계시키는 A. 바디유와도 많이 닮아 있다.[43] 하지만 지젝은 여기서 사회적 실재로서의 적대의 본보기인 성차(sexual difference)를 가장 중요하게 생각했다.[44] 계급투쟁 역시 이에 해당되나 가부장제[45]가 더욱 본질적으로 인간사회 내 막다른 골목이라 생각했기 때문이다.

앞서 말했듯이 지젝에게 성차(性差)는 상징적 담론의 구성물이 아니라 그것이 실패하는 지점에서 나타나는 실재(the Real), 곧 '적대적 실재'였다. 성차가 가부장 체제가 말하듯 차별적인 대립의 상징계가 아니란 것이다. 칸트적 개념으로는 자기의식의 본유적 역설이라 해도 좋겠다. 따라서 실재계에 속한 성차는 그 자체로 '불가능할 수밖에 없다.' 이원론적 구조에 종속된 것이 아닌 까닭이다. 그럼에도 그의 성차 공식 속에는 '여성은 존재하지 않는다, 여자는 남자의 증상이다.' 또는 '성 관계는 존재하지 않는다'와 같은 가부장적 편견이 그대로 노출되어 있다. 하지만 이런 역설 이면에는 요컨대 여성이야말로 가부장적 상징계에 내재하는 '적대'로서 체제를 전복시키는 주체가 될 수 있다는 지젝의 확신이 담겨 있다.[46] 이런 역설적 내용을 이해, 추론하는 것이 본 장의 핵심 내용일 것이다. 주지하듯 상징계는 모든 것을 하나의 조화로운 전체 안에 종속시키는 의미 체계를 일컫는다. 그 속에서 상호 모순된 무수한 개념들 역시 쌍을 이룬 채 존재할 뿐이다. 단일한 의미 체계로서 상징계는 밖이 없는 닫힌 공간이란 것이다. 반면 실재란 이런 상징계 외부에 자리하는 것이나 동시에 상징계 안에 있는 역설적 구조—포함시키는 예외—인 것을 앞서 보았다. 이처럼 성차를 상징계 외부에 위치시킴으로써 최근 페미니스트 이론과의 차이도 명백해진다.[47] 성차가 상징계의 안에서 차이로 접근되는 한 그의 근본 원인을 제거할 근본 방책을 잃을 수 있다고 본 까닭이다. 따라서 지젝은 성(性)을 생물학적 차원은 물론 사회문화적 권력과 연계시키는 젠더(Gender) 이론으로 환원시킬 수 없었다. 오히려 그는 자신의 'Cogito' 연구의 결과물, 즉 주체를 '빔' 내지 '틈새'로 보았던 것에 기초하여 성차를 생물학적 성(性)과 사회적 젠더 사이의 빈공간이라 하였다. 이런 빈 공간은 '실재와 그것의 상징화 간의 틈새'이기도 한 것인데,[48] 지젝은 이것에 칸트적 의미로 '선험성'을 부여했던 것이다.[49] 이것이 바로 '여성은 존재하지 않는다'는 첫 번째 역설의 본뜻이다.

이제 '여성은 남성의 증상이다'란 두 번째 역설을 해명할 차례이다. 앞서 본 대로 여성이 절대적 부정의 양태로 존재하는 주체인 한 그가 남자의 '증상'이란 것과 어찌 상관되는지에 대한 해명이다. 여기서 증상은 주체가 자신의 일관성을 위해 필요로 하는 것인 바, 결국 증상이 주체를 현시한다. 예컨대 나치와 유대인 관계에서 유대인은 나치의 정체성을 보장하는 버팀목이자 동시에 그들의 증상일 수밖에 없었다. 증상(유대인)이 해체되면 주체(나치)는 자기 일관성을 유지하기 어렵다. 따라서 증상은 주체에게 일관성을 부여하는 상처라 불리기도 하였다. 이후 증상은 증환(sinthom)이란 말로 치환되는데[50] 이 경우 여성이 남성의 증상이란 말은 여성이 남자에게 일관성을 부여하는 한에서만 남성이 존재한다는 뜻으로, 가부장제를 전복시키는 언사라 하겠다. 따라서 남자가 자신의 존재를 여성에게 의존하고 있는 한 오히려 남성 비하를 야기시킬 수도 있겠다.[51] 남자의 전존재가 자기 밖(ex-sists), 즉 여성 속에 있다고 보는 까닭이다. 이는 분명 성서가 말하는 남성으로부터의 여성의 창조 혹은 '여성이 남성의 죄'라는 명제를 철저히 반전시킨다. 이렇듯 증상이란 개념을 통해 지젝이 원했던 것은 결국 허위의식(환상)에 의해 지탱되는 주체의 탈주, 곧 자신이 만든 환상을 대타자의 요구로, 허구를 실제로 경험하는 주체성의 해체였다. 이는 곧 새 주체성의 탄생과 직결되는 사안이다.

이 경우 새 주체성은 '더 이상 성관계는 없다'는 말과 유관하다. 앞서 보았듯 지젝은 라캉을 따라 상징계 내 성차(性差)의 문제를 선험적 틀을 통해 해결하고자 하였다. 이는 양성(兩性)을 한 개체 속에서 통합시키려는 융(C. Jung)과 전적으로 대립한다. 각각의 성(性)이 다른 것을 그림자로 포함하는 것이 아니라 오히려 상호 내재적 장애로서 역할한다는 것이 라캉을 전유한 지젝 사유의 핵심인 까닭이다. 즉 남성과 여성이 내부로부터 분열되어 있다는 것 자체가 바로 선험적 진실이었다. 따라서 '성관계는 없다'는 말은 상징계(性差의 고착)로 인해 상실되기 이전의 무성적(無性的) 동일성(빔, 無, 틈)을 언급할 때 이해할 수 있을 것이다. 이는 주체란 결코 상징계로 온전히 통합될 수 없다(Not-all)는 말과 같은 맥락에 있다.[52] 즉 상징화의 실패로부터 새 주체성이 창조될 수 있다는 말이다. 따라서 남성과 여성은 실재를 대립으로 바꾸려 했던 상징화 실패의 두 가지 양태라 말해도 좋다. 성차란 상징화가 불가능한 실재에 위치(속)한 것이기 때문이다. 이것이 바로 '성관계는 존재하지 않는다'는 말의 본뜻일 것이다.[53] 하지만 상징계의 불충분함에도 불구하고 사랑(섹스)을 통해 실패한 상징화를 은폐하고 있는 것이 현실이다. 그럼에도 상징계의 실패로부터 실재가 생산되는 것이기에 이 둘 사이의 완벽한 일치 불가능성이야말로 새것을 낳을 수 있는 토대인 것이 분명하다.

여기서 다시 중요해지는 것이 새 주체성의 탄생을 위한 '적대로서의 실재'란 개념이다. 지젝에게 여성은 예외를 허락하지 않는 완전성과 전체성의 이데올로기적 질서를 상징하는 남성 원리와 크게 변별된다. 이데올로기적 질서를 위한 주인기표를 부과하는 남성 원리와 달리 여성적인 것은 'Not-all', 즉 '모든 것이 아니다'라는 논리인 까닭이다.[54] 달리 말하면 남성 원리가 마치 모든 것을 돈(자본)에 굴복시키되 돈 그 자체는 예외적 존재로 남겨 두듯 자신의 예외성을 통해 보편성을 구성한다면, 여성 원리는 오히려 전체화의 불가능성(Not-whole)에 방점을 찍고 있는 것이다. 여기서 우리는 일체의 환원주의를 거부하는 지젝 고유의 유물론적 신학의 단초를 엿볼 수 있다.[55] 지젝에게 있어 근거를 제공하는 필연적 존재로서의 신, 인과성의 최초 연결고리인 자유가 바로 구성적 예외(constitutive exception)로서 보편화되는 남성 원리였다.[56] 반면 전체로서의 우주(존재자의 合)를 순수이성의 한계–존재자의 전체는 알려질 수 없다–로 설정한 수학적 자기모순을 여성 원리에 상응시켰고 이에 우선성을 부여한 것이다. 물론 이 두 원리는 극단적 대칭 속에 있지 않다. 하지만 그것이 실재(the Real)의 논리를 반영하기에 구성적 예외로서 남성원리에 앞세우는 것이 마땅했다. 어떤 이념을 갖고서도 실재와 일치될 수 없는 것이 현실 사회의 실상인 까닭이다. '실재가 언제든 전체가 아니다(Not-all)'라는 것이 바로 지젝의 라캉 식 헤겔 독해였고 유물론적 신학의 전거라 말할 수 있다.[57] 결국 자신의 예외를 보편적으로 구성하는 남성 원리와 'Not-all'로서의 여성 원리 간의 성차 발견은 실재에 대한 인식론적 한계(장애)를 이데올로기 비판을 목적으로 한 '존재론적 결핍'으로 이동시켰던 바, 지젝은 이를 헤겔의 공헌이라 일컬었다. 하지만 '존재론적 결핍'은 결코 부정적이지 않고 오히려 현실을 긍정적으로 볼 수 있는 조건이라 보는 것이 옳다.

## 2) 사라지는 매개자로서의 여성적 주체성-새[新] 주체성 탐구

앞서 본 대로 지젝은 인간 주체성의 모순을 칸트를 원용하여 라캉의 성차(性差) 개념으로 해석하였다. 그런 중에 실재를 'Not-all'로 보는 여성 원리에게 원초적 성격을 부여한 것이다. 이는 주체로서의 실체를 말하는 헤겔 철학의 영향이었다. 하지만 지젝에게 이 말은 본뜻과는 달리 이해되었다. 실체가 주체라는 것이 주체를 실체로부터 분리시키는 균열(적대)이 실체 자체에 내재되었다는 의미로 변한 것이다.[58] 따라서 그 자체로 분열된 주체는 현상의 비실체적 차원을 일컫게 되었다. 지젝은 이런 주체를 근원적으로 데카르트의 'Cogito'에서 발견했다. 인식 주체로서 'Cogito'는 비워진 틈(empty void)과 같은 것으로, '주체성 없는 주체'를 적시하는 까닭이다. 이렇듯 선험적(급진적) 주체성은 정신과 현상의 이원론적 구조 밖, 곧 그들 사이(틈새)에 존재하면서 현실 자체를 구성할 수 있는 능동성을 본질로 한다. 따라서 주체가 없다면 현실도 존재할 수 없다는 말이 옳다. '비워진 틈'이라는 부정적 특성에도 불구하고 그것은 실재를 구출하기 위해 필요 막급한 준거가 된 것이다. 이로부터 항시 체제 종속적 특징을 갖는 남성 원리 대신 사라지는 매개자(The Vanishing Mediator)로서 여성적 주체성 속에서 저항성을 본 것은 지젝의 탁견이라 말하지 않을 수 없겠다.[59]

하지만 현실에서 '대타자'는 자신의 지속성을 위해 이런 주체를 포기하도록 강요한다. 그럴수록 지젝은 실재가 되어 버린 대타자와 맞설 수 있는 실체로서 여성적 주체를 전면에 내세웠다.[60] 중요한 것은 여성적 주체가 '사라지는 매개자'라는 부정적 형태를 지닌다는 점이다. 이는 신(神)이 창조주가 되기 전 자신을 응축시켜 자신의 부정성과 관계한다는 쉘링 독해[61]에 기초한 것으로, 주체를 '자기 관계적 부정성'으로 보는 관점이다. 즉 한 처음(최초)이 있기 전 무차별적 잠재성(심연)이 존재했고 그것을 신이라 하나 아직 온전히 신일 수는 없는 상태일 것이다. 왜냐하면 이 단계에서 신은 무의욕(無)으로 현존하기 때문이다. 이런 신이 세상을 의욕하면서 자신의 본래성과 단절되었기에 세상이 창조될 수 있었다. 이렇듯 자신의 처음 상태와 단절되면서 세상을 창조하는, 되어가는 신에게서 지젝은 근원적으로 '사라지는 매개자로서의 새 주체성'이란 개념을 얻었다. 정통 루터의 겸비신학과 전혀 다른 신비적 해명 속에서 신[실체]과 인간 주체 간의 병렬적 연관성을 찾았다는 말이다. 즉 인간 주체성의 원초적 형태 역시 자기 관계적 부정성으로서의 '빔'(틈)이란 것이 그것이다. 쉘링의 신(神)이 그러했듯 말이다. 이렇듯 '틈'으로서의 인간 주체는 이데올로기적 환상을 통해 스스로를 운명 짓는 존재가 되었다.[62] 하지만 이런 환상은 주체가 도달할 수 없는 부재한 대상(Object petita a)일 수밖에 없다. 이런 충동을 자신과 일치시키는 선택적 결단은 현실에서 어쩔 수 없겠으나 동시에 트라우마적인 것도 사실이다. 이런 충동(환상)에 근거된 주체와 실재 모두가 정상일 수 없는 까닭이다. 이런 이유로 여성적 주체성, 곧 '사라지는 매개자'로서의 주체 논리는 '대타자'와 필히 조우해야만 되었다.

지금까지 보았듯이 자신의 불투명성(자기모순)으로 인해 주체는 역시 불투명한 다른 주체, 곧 타자 속에서 의미를 찾고자 욕망의 궤도에 진입한다. 하지만 이런 끝없는 충동으로부터 공유된 근거를 찾기란 힘겨운 일이 아닐 수 없다. 그럴수록 우리 사회는 이를 대신할 상징적 질서, '대타자'를 필요로 하게 된다.[63] 그것이 실재가 아님에도 말이다. 대타자는 달리 말해 주체의 모순적 구조로부터 유래한다. 이렇듯 주체들이 '대타자'를 설정함에도 불구하고 이들은 역으로 대타자가 자신들에 맞서 기존해 있는(always-already existing) 전제된 어떤 것이라 여겼다.[64] 이런 '대타자'로 인해 사라지는 매개자로서의 주체는 필히 무기력해져 버릴 수밖에 없다. 따라서 지젝은 '대타자' 역시 그 자체로 불투명한 것임을 밝히는 데 주력하였다. 이는 대타자의 분열된 구조를 밝히는 작업으로서 주체의 저항성을 실종시키지 않기 위함이었다. 지젝은 대타자의 근본적 분열로서 공식적 도덕법(율법)과 본유적 범법(위반) 간의 모순을 명시하였다.[65] 법 속에는 그것의 위반을 뜻하는 무엇이 본유적으로 함축되어 있다. 후술할 내용이겠으나 특히 로마서 7장에 명시된 바울의 고뇌 속에서 지젝은 본유적 위반의 적극적 의미를 찾을 수 있었다. '대타자'의 분열이 지젝의 윤리 및 신학적 사유에서 중요한 전거였다는 말이다. 지젝에게 초자아(Superego)[66]는 종종 라캉 식으로 해석되어 '즐기라'는 명령으로 확대되었다. 하지만 '즐기는 것'은 공식적 도덕법을 넘어서야 가능한 일이겠다. 이 명령을 따를 경우 도덕법이 상처받는 것은 당연한 이치다. 이로부터 도덕법은 비공식적으로 다양하게 면제(위반)의 길을 제공해야만 했다.[67] 오로지 현실 사회를 유지시킬 목적에서다. 하지만 이렇듯 분열된 '대타자'로서 이데올로기, 곧 이런 공식적 가치들에 대해 우리가 할 일은 '냉소적 거리두기'이다.[68] 주체가 자신의 합법화를 위해 공식적 질서에 의지하는 것을 스스로 단념하라는 말이다. 시민 사회 안에서의 비폭력 운동이 바로 그를 적시한다. 이것은 공식법의 위반이 틀림없겠으나 하지만 동시에 우리 사회가 인간 평등성과 자유의 국가적 이념을 이루지 못한 반증인 까닭에 얼마든지 이런 방식으로 호소할 수 있을 듯싶다. 이 사회가 자유와 평등을 구현하는 민주공화국이란 잘못된 믿음, 이런 이념적 환상을 뿌리째 뽑는 일이 저항적 시민 주체의 몫으로 남아 있는 것이다.[69] 이는 결국 '사라지는 매개자'로서의 여성적 주체를 통해 가능한 일로서 거짓된 실재를 제거하기 위한 광기를 요구한다.

### 3) 상징적 질서에 대한 여성적 저항
#### -윤리, 철학적 과제로서의 '치료 주체'

상술했던 '사라지는 매개자'는 결국 개념과 형식의 비대칭성, 즉 형식이 내용을 따를 수 없어 생기는 '지체'를 이름하는 것이겠다. 하지만 '사라지는 매개자'는 '부정의 부정'이란 변증법을 추동할 수 있다.[70] 첫째, 부정이 낡은 형식으로 인한 왜곡된 내용을 일컫는다면 둘째, 부정은 왜곡을 낳은 형식 자체를 근본에서 제거(삭제)하는 행위라 할 것이다. 기독교와 관련하여 지젝은 봉건제를 부정한 개신교가 그의 사적 경향성[71]으로 인해 재차 자본주의에 의해 부정되는 현실을 언급하였다. 이 점에서 개신교는 본래 봉건제와 자본주의, 즉 두 이항 대립 속에서 양자를 잇는 고리, 곧 '사라지는 매개자'였다. 하지만 개신교 역시 새 주체성에 의해 거부당할 운명에 처해 있다는 것이 지젝의 판단이다. 두꺼운 껍질(교리)로 휩싸인 형식의 한계에 이르렀던 때문이다. 바로 여기에 변증법의 마지막 셋째 계기가 있다. 그것은 거부했던 상징적 질서에 다시금 의존적—자신이 자신의 대립물—이 된다는 역설이다.[72] 이것이 바로 '적대로서의 실재'가 의미하는 바였다. 그럼에도 이런 형식의 자장(磁場) 속에서만 내용이 변할 수 있다고 믿기에 지젝은 부정의 부정이란 변증법을 통해 개신교의 새 모습—유물론적 기독교—를 기대했다.[73] 형식과 내용 간의 끊임없는 간극(틈), 혹은 '빔'으로서의 새로운 주체성을 통해 새(날)것의 탄생을 바랐던 것이다. 여하튼 '사라지는 매개자'를 통해서만 상징계와 맞서 거짓된 실재를 제거할 수 있다는 것이 핵심이다. 이를 위해 'Not-all'을 상징하는 여성원리를 '사라지는 매개자'로서의 주체라 칭한 것은 대단히 의미 깊다.

지젝은 그럼에도 상징계에 과도한 복종을 요구받으며 그와 동일시되기를 바라는 구체적 실상을 묵과하지 않았고 그를 윤리(철학)적 사유의 근간으로 삼았다. 여기에는 자본주의 체제뿐 아니라 공산주의, 가부장제 그리고 인종주의 역시 비판에서 예외가 아니었다. 이를 위해 지젝은 라캉의 정신분석에 의거하여 '대타자'와 관계하는 주체의 네 가지 증상을 진단하였다.[74] 정신이상(Psychosis), 도착(Perversion), 망상(Obsession) 그리고 광란(Hysterie)이 그것들이다. 지젝은 이런 네 가지 증상을 '대타자'와 관계하는 윤리적 태도로 이해하였고 그에 대한 치료를 사회적 맥락에서 시도하였다. 이들은 자신의 기쁨(향유)을 위해 '대타자'에게 굴복하는 주체의 정도에 따라 분류되는 증세들로서 신학적으로도 중요하다.[75] 먼저 도착은 스스로를 타자(Big Other)를 위한 수단으로 만드는 행위를 일컫는다. 본래 이것은 동성애와 관계된 이론이었으나 지젝은 이를 정치, 종교적 차원으로 확대시켰다. 종교적 근본주의가 이에 해당되는 바, 종교적 가르침을 지킨다는 명분하에 오히려 신(神) 자체를 분열시켜 기독교의 도착을 초래했다고 본 것이다. 사랑을 가르친 예수와 복수의 신 간의 분열이 이에 해당한다.[76] 같은 맥락에서 도착의 정치적 범례로서 지젝은 스탈린주의를 언급했다. 스탈린 이데올로기가 근본주의자의 신처럼 역사적 필연성의 역할을 했기 때문이다. 이렇듯 도착적 주체는 어느 영역에서든 필연성을 앞세워 일체 도덕법을 위반했고 그런 비도덕성을 자신들 기쁨(향유)의 징표로 삼아 왔던 것이다. 히스테리(광란)와 망상(강박)은 이와 달리 자신이 '대타자'에 종속되어 있다는 사실조차 인지하지 못하는 경우라 하겠다. 따라서 타자가 원하는 것 역시도 알 수 없는 상태일 것이다. 그렇기에 이것은 이데올로기적 체제의 자기모순성에 비유될 수 있다. 하지만 전자가 여성에게 보편적인 반면 후자는 다수 남성들에 의해 전유되는 한에서 양자는 같지 않다. 히스테리와 망상(강박)의 차이는 이런 불확실성에 대한 주체의 태도에서 비롯한다. 망상의 주체들이 대개 '대타자'의 눈으로 자신을 봄으로써 내면의 트라우마를 숨기고자 했다면,[77] 히스테릭 주체는 오히려 '대타자'의 요구에 대한 명백한 자신의 답을 요구했던 까닭이다. 여기서 문제가 되는 것은 히스테릭 주체(여성)이다. 왜냐하면 이것이 광란(광기) 즉 파괴적 효과를 산출할 수 있기 때문이다. 모든 것이 어떤 '하나'로 인해 생겼다는 과도한 요구를 분출시킬 수 있다는 말이다.[78] 따라서 히스테릭 주체는 자신 속에 항시 다음과 같은 소리(기조)를 감추고 있다. "내가 요구하는 것을 결코 내게 주지 말라. 어떤 것도 원했던 적합한 답이 아닌 까닭이다."[79] 물론 이런 요구는 혁명적 변화를 이끌 수 있는 억압적인 주인기표를 제공할 수도 있을 것이다. 하지만 히스테릭 분노(주체)는 그 자체로 난파되기 너무 쉽다. 그렇기에 히스테릭 주체는 기존 질서에 기생하면서 '대타자'를 오히려 방치해 버린다. '대타자'를 대체하고 전복할 수 있는 책임성을 그로부터 기대하기 어려운 탓이다.

앞에서 말했듯이 지젝의 궁극적 관심은 정치, 종교적 측면에서 나타나는 이런 증상을 윤리, 철학적으로 해명하고 그를 치유하는 데 있다.[80] 그것은 한마디로 '대타자'의 비가시적 조정으로부터의 탈주일 것이다. '대타자'의 조정 속에서 자신을 향유하려는 전략들이 끝없이 지속되는 현실 속에서 말이다. 하지만 이는 부재한 대상으로서 '대타자'에 대한 언급이 사라질 때 가능한 일이다. 왜냐하면 본래 욕망이란 '대타자'로 인해 강요된 결과물로서 부재한 대상에 대한 좌절된 욕구를 뜻하는 까닭이다. 따라서 욕망의 주체가 부재한 대상으로부터 추동된 것을 직시할 일이다.

여기서 다시금 증상과 증환(Sinthome)의 구별이 중요하다. 자기동일성의 붕괴를 초래한 상술한 네 가지 증상과 달리 '증환'은 주체를 재(再)결합시킬 수 있는 치유책이기 때문이다. 즉 동전의 양면과도 같은 환상과 주체적 결핍의 동일화 과정을 역전시켜 새 주체성을 탄생시키는 것이 바로 증환이 뜻하는 바였다.[81] 이를 위해 지젝은 여성들에게 보편적인 '히스테리'(광란, 광기)를 극단의 결말에 이르도록 하였다. 모든 것을 전복(Subversion)시켰으나 오히려 상징적 권위(대타자)를 지닌 존재들(배우자, 부모)에 기생하는 증상을 근절시키고자 한 것이다. 요컨대 가정된(숨겨진) 목적 자체를 완전히 제거시킬 작정이었다. 하지만 이는 대타자의 허구성, 부재성을 강조하는 것과는 달랐다. 오히려 히스테릭 주체가 기생했던 타자 역시 본유적으로 '부족한 존재'임을 알리는 것에 주목했다. 예컨대 부모 역시도 대타자가 아니라 '근본적 결핍'의 사람이란 것이다.[82] 이로부터 지젝은 주체 속에 구조화된 결핍이 외적으로 부과된 환상과 짝하지(증상) 않기를 바랐고 오히려 '대타자'를 정지시키는 주체의 붕괴

(증환)로 귀결되기를 희망했다.[83] 이는 모두 형식적으로 자기파괴라는 동일한 내용을 지녔으나 후자의 경우에서 관점이동으로 인한 치료, 곧 주체의 새로운 탄생(재결합)을 기대할 수 있을 것이다. 왜냐면 여기서 '대타자' 역시 사라지는 매개자로서 실존할 수 있기 때문이다. 이것은 동시에 급진적 형태로 표출되는 인간 자유의 문제이기도 하다.

이렇듯 치유로서 자유의 문제는 이제 정치적 차원과 깊게 연루된다. 자신의 고향 슬로바키아에서 공산주의 몰락을 경험했던 지젝에게 정치적 차원에서의 '사라지는 매개자'는 대단히 중요했다.[84] 그것은 사회질서를 뿌리째 흔들 만큼 자유를 선물한 반(反) 공산주의 운동으로서 정신분석학적으로는 '치유'에 해당된다. 여기서 공산주의 몰락은 주체의 붕괴를 말하는 것이나 동시에 그것은 주체를 전적으로 달리 구성할 수 있는 동력이기도 했다. 새로운 주체를 위해 기존 환상(욕망)을 중단하였기 때문이다. 따라서 정치적 상황에서 본래적 행위는 선악의 기준을 변형시키는 일에서 비롯한다. 현실을 전혀 다른 방식으로 형태화할 수 있다는 말이다. 이것이 바로 히스테릭 주체의 철저화(증환)로서 자유와 파괴의 조합이자 지젝이 말하는 정치적인 치유다. 이런 결과는 전혀 예기치 못한 것이고 까닭을 찾을 수 없는 은총적 성격을 갖는다.[85]

지젝은 이런 식의 관점이동을 성서가 말하는 '불의한 청지기의 비유'[86]를 통해 재론하는데, 앞으로 다룰 신학적 경험을 위해서도 대단히 중요하다. 성서의 내용은 다음처럼 요약될 수 있을 것이다. "많은 재산을 청지기에 맡겼던 주인이 청지기의 낭비벽 소문을 듣고 그를 해고할 생각을 품었다. 이를 알아챈 청지기는 자신이 떨려날 때를 대비하여 주인의 채무자들에게서 빚을 탕감하거나 면제해 주며 환심을 샀다. 그런데 예수 비유는 이런 불의한 청지기를 슬기롭다 칭찬하였다. 오히려 불의한 재물로 친구를 사귀는 것을 옳다고 인정한 것이다." 여기서 지젝은 청지기의 비정상적인 파괴적 행위(주체 붕괴)를 주인조차 예기치 못한 천재적 전략이라 여겼다. 그가 바로 자유와 파괴를 조합시킨 치료된 주체였고, 그로 인해 선/악의 기준이 달라졌으며, 급기야 주인(대타자)조차 바꿀 수 있었다고 본 것이다. 기존하는 주체성의 구조에서 볼 경우, 이런 은총적 경험[87]은 일어나서는 아니 될 가장 나쁜 것일 수 있겠다. 하지만 가장 최악의 것을 선택함으로서 기존 주체가 붕괴되고 새 주체가 탄생된다면 이보다 바람직한 일도 없지 않다고 보았다. 다음 장에서 다룰 지젝의 기독교 경험 역시 이 점을 더욱 명백히 보여 줄 것이다.

## 유물론적 신학의 전거로서 지젝의 기독교 경험

이상의 내용은 상당한 분량을 차지했더라도 사실 신학적 토론을 위한 예비 작업이었다. 라캉의 개념을 헤겔과 마르크스를 통해 재해석함으로써 이데올로기의 범주를 확장시켰던 과정을 추적한 것이다. 하지만 이를 통해 지젝은 궁극적으로 이데올로기에 대한 기존입장을 달리했고 서론에 언급했듯 2000년대 초반의 기독교 관련 세 저술에 근거하여 기독교, 유대교, 나아가 불교까지 관심을 넓혔다. 물론 기독교를 체계화하는 신학(이론)적 작업에 이른 것은 아니겠으나, 신학을 전유하여 기독교를 고쳐 다시 읽고자 하는 분명한 의도를 볼 수 있다.[88] 여기서 중요한 인물이 바디유였고 그가 썼던 『사도 바울』이란 책이었으며 '진리사건'이란 그의 핵심 개념이었다.[89] 자신의 라캉 독해를 통해 대타자의 일시적 부재(非실재)를 경험할 수 있었으나 '사라지는 매개자' 및 그 행위만으로 그 순간에 충실히 머물기 쉽지 않았던 때문이다.[90] 그리하여 지젝은 다시금 새로운 대타자를 세우는 일에 관심을 가졌고 그것을 바로 신학적 전회의 이유로 삼은 것이다. 하지만 '진리사건'을 말한 바디유와 달리 지젝은 변증법(역사)적 유물론에 근거하여 기독교적 경험을 전유했다. 이는 신학을 전유하는 방식에서 양자 간의 대별된 모습이었다(Counter reading).[91] 따라서 본 장에서는 변증법(역사)적 유물론의 빛에서 바디유와 다른 방식으로 신학을 전유하는 지젝의 궤적을 따라가 볼 생각이다.

헤겔 이후 변증법은 역사 이해에 기초했고 특히 지젝의 경우 역사에 정신분석학적 시각을 보탰다. 역사를 상징적 질서를 해체하거나 재건축하는 단절(중단)의 일련의 과정이라 보았던 것이다. 부언하자면 역사란 서술 불가능한(Non-narrative) 자신의 영점(degree zero)으로서 죽음충동(death drive, 零點)에 의해서 정의된다는 것이다.[92] 나아가 지젝은 이런 반역사적 순간을 마르크스의 이론 속에서 찾고자 했다. 승리자의 시각으로 역사를 보지 않았고 항시 실패한 무산자(Proletarian)의 시각을 반영한 때문이다. 이로써 마르크스주의가 승리자 중심의 역사적 전체성을 해체시키고 동시대를 위한 혁명적 상황을 가져온다고 믿었다. 여기서의 혁명적 상황이란 영점(零點)으로서의 죽음충동의 역사적 표현일 것이다. 혁명이란 항시 과거를 해방시키는 멈춤의 순간에서 비롯하는 까닭이다. 이렇듯 과거 역사를 해체시켜 상황의 역전, 곧 반동적 구원을 가져오는 보이지 않는 주체를 지젝은 역사적 유물론이라 일컬었으며, 이것이 신학 고유한 방식으로 언표되기를 바랐다. 역사적 유물론이 항시 신학적 표면 아래 숨어 있어야 한다는 것이다.[93] 지젝이 변증법적 유물론자가 되는 것과 기독교적 경험을 유관하게 생각했던 이유도 여기에 있다. 이런 상관성을 뒷받침했던 것이 『나뉠 수 없는 잉여(Indivisible Remainder)』에서 언급된 쉘링의 신학적 언술이었다.[94] 실재(The Real) 혹은 상징적 절대를 부수고자 할 경우 항시 신비적 내러티브의 형식이 필요했던 것이다. 신화를 진리 자체는 아니겠으나 그를 얻기 위한 방편으로서 '사라지는 매개자'로 본 것이다. 이는 비(非)신화화론을 무색케 할 정도로 신화의 부정이 진리 상실로 이어진다는 경고라 하겠다.[95] 지젝이 기독교 진리를 '사건'으로 이해(환원)했던 바디유와 논쟁했던 것도 이런 맥락 속에 있다. 여하튼 베냐민의 역사적 유물론과 쉘링의 신화 개념을 연계시킨 지젝은 그 바탕에서 신학적 전환을 이뤘고 기독교를 무신론적으로 재(再)서술할 수 있는 독보적 위치를 확보했다. 이하 내용에서 우리는 바다유와의 논쟁을 비롯하여 지젝의 유대주의 해석(욥기해석) 및 기독교 출현의 새 의미(십자가) 등을 언급해야 할 것이다.

### 1) '사건'으로서의 진리에 대한 지젝의 견해
#### - 바디유와의 논쟁을 중심으로

진리에 관한 한 현대 포스트모더니즘을 고대 그리스 소피스트들과 견주곤했던 지젝은 바울회심사건 속에서 '사건으로서의 진리'의 보편성을 발견한 A. 바디유를 자신의 사상적 동지로 여겼으며, 기독교를 전유한 철학자로서 동질감을 느꼈다. 하지만 라캉을 포스트모던주의자로 여긴 바디유에 지젝은 동의할 수 없었다. 전통적 진리(전체주의)와는 달랐으나 라캉 역시 '실재' 개념을 중히 여겼다 보았던 까닭이다. 더욱 라캉의 정신분석학을 정치적으로 해석한 지젝의 입장에서 볼 때, 그를 정치적 담론을 실종시킨 포스트모던주의자로 평가하는 것은 옳지 않았다. 이는 앞서 본 죽음충동(零點)에 대한 라캉의 개념에 대한 쉘링 식 독해–신화–를 바디유 스스로가 오독한 결과이다.[96] 전체주의란 타자의 면전에서 주체성을 포기하는 일종의 도착(Perversion)적 증세로서 지젝 역시 진리로 여기지 않았음에도 말이다. 물론 바디유도 철학과 정치를 분리시키는 일체 입장을 부정했다. 그의 유명한 말, 진리란 실체(성)가 아니라 사건이란 말이 이를 입증한다. 진리사건이란 저마다 주어진 상황에 일치되어야 한다는 것이다. 하지만 이보다 중요한 것은 이런 진리가 항시 상황 속 예외자들을 통해 사건화된다는 점이다.[97] 따라서 진리사건을 수용하는 집단이 있는가 하면 그를 거부하려는 움직임 또한 공존하는 것이 현실이다. 바디유는 물론 이런 진리사건을 수용한 주체들에 주목하였다. 이 점에서 바울은 그리스도 부활, 곧 전혀 예기치 못한 진리사건의 수용자였고 이후 그에 대한 범례로서의 역할을 하였다. 진리사건의 '절대적 패러다임'이라 부를 만큼 그렇게. 하지만 바디유가 진리와 신화의 상관성을 부정하는 한에서 지젝과의 결별이 분명해진다.

앞서 보았듯이 바디유는 죽음충동이란 말을 좋아하지 않았다. 이것을 일종의 비(非)사유의 유혹과 같은 것이라 여긴 때문이다. 하지만 지젝에게 이것은 '사라지는 매개자'로서 혹은 자기 창조적 부정성으로서 오히려 주체를 일컫는 말이었다.[98] 죽음충동이란 새로운 것의 출현을 위해 주어진 상황으로부터 자신을 분리시키는 부정적 몸짓을 뜻할 뿐이다. 이 점에서 지젝은 진리사건을 급진적 새로움과 일치시키는 바디유를 십자가 없이 부활을 원하는 영광의 신학자라 일컬었다.[99] 이로부터 로마서 7장[100]에 대한 양자 간의 독해 방식이 달라진다. 본래 이 본문은 라캉 역시도 크게 관심을 가졌던 것으로 법에 대한 '본유적 위반'을 적시한다. 주지하듯 기독교는 진리가 (율)법보다 큰 것을 가르치는 종교이다. 인간의 실정법을 초월하는 차원을 사랑이라 일컫는 까닭이다. 실정법이 성격상 배타적이고 특수공동체를 결과한다면 사랑, 곧 기독교 진리는 보편성을 띠며 이것을 은총이라 명명한다. 이 점에서 바디유는 은총의 보편성을 진리사건이라 했고 실정(율)법을 넘고자 하는 바울의 사투, 즉 (내재적) 위반의 논리를 죽음충동이라 하였다. 율법으로부터의 탈출은 따라서 죽음충동으로부터의 해방이 될 것이다. 그러나 지젝은 율법과 사투하는 바울 속에서 죽음충동이 아니라 오히려 도착(Perversion)의 함정을 벗고자 하는 열망을 읽어냈다.[101] 인간사회가 금기의 질서를 말하는 한 탈선에의 욕망은 지속될 것이고 그럴수록 사회는 인간 욕망을 실정법에 고

정(복종)시키려 할 것인 바, 이는 법이 있기에 죄가 있는 상징적 질서의 자기모순을 적시한다. 이런 모순은 동시에 인간 주체의 분열상일 것이다. 은총을 위해 죄를 지어야 하는(롬 3:8) 도착적 욕망이 인간 실존의 실상이란 말이다. 따라서 죄에 대한 병적 탐닉을 보증하는 외설적 초자아(神)를 비난하는 것이 마땅하다.[102] 하지만 이것 역시 법으로부터의 탈주를 보장하지 못한다. 바울이 말하듯 고작 곤고한 실존을 반복적으로 살아 낼 뿐이다. 이로부터 지젝은 법에 대한 본유적 위반을 도착을 벗는 해결책으로 제시하였다. 율법이 야기하는 도착적인 욕망을 원천적으로 깨부술 때 비로소 인간을 새로운 주체로 세울 수 있다는 것이다. 여기서 죽음충동에 대한 바디유와 지젝 간의 차이가 드러나며 후자가 전자를 넘어섰음을 보여준다.[103] 율법을 넘어 사랑에 이르는 방법을 바디유가 진리사건, 즉 부활과 일치시켰다면 지젝은 라캉을 따라 어떤 전제 없이 환상을 가로질러 결핍된 주체를 '상징적 죽음'에 복종시킬 것을 역설한 때문이다. "죽음이 말하는 바는 지상적 삶을 떠나는 것이 아니라 새롭게 출현한 '주인기표'에 의해 유지된 새로운 상징적 질서를 열어 과거와 완전히 단절하는 것이다."[104] 물론 기독교 경험을 전유하는 이 두 철학자의 궁극 목적이 다르지 않을 것이나 지젝은 바디유를 향해 집요하게 '어찌 스스로 진리사건이 진리사건인 것을 알 수 있는가?'를 물었다.[105] 주지하듯 바디유는 바울에게서 보여지듯 누구도 예외로 삼지 않는 보편성을 진리사건의 기준이라 여겼다. 이에 반해 지젝의 경우 주체성이 어떤 실재(The Real)와 결합되었는가 하는 것이 척도였다.[106] 특히 자본주의 체제의 강요로 인한 주체와 실재 간의 잘못된 결합을 치유하는 것이 급했던 때문이다. 이 과정에서 급진적 부정성(범, Void)으로서의 주체의 죽음충동이 중요했다. 따라서 주체적 결핍으로 환상에 빠진 부재한 (욕망)대상으로부터의 탈주를 앞세워야만 했다. 이것이 지젝이 '사건'을 말하는 바디유와 달리 오히려 '주체'에 무게중심을 놓은 이유라 할 것이다.

　이처럼 진리사건에 대한 이해가 달랐으나 지젝은 근본에서 기독교의 출현이 진리사건의 특별한 범례가 됨을 긍정했다. 바울의 기독교가 로마제국과 맞섰듯이 보편적 진리를 통해 자본주의의 세계화와 맞서자는 바디유와 생각을 공유했던 것이다. 하지만 지젝의 공헌은 보편적 진리를 요청하는 오늘의 상황 분석에 있다. 무엇보다 지젝은 현대 세계를 지배하는 두 원리, 즉 세계를 단일시장으로 만드는 지구적 자본주의와 진리를 파편화시키는 문화 상대적 이데올로기를 적시했다.[107] 실상 이들은 상호 모순되나 서로를 부추기며 동반 성장하고 있다고 지젝은 판단했다. 다양한(파편화된) 정체성 집단들이 단일 시장 체계를 제공하며 국가 발전을 위해 노동자들을 착취하는 민족(종족)주의 프레임을 양산하는 실상에 대한 고발인 것이다.[108] 이를 위해 지젝은 『깨어지기 쉬운 절대(The Fragile Absolute)』[109]를 통해 자본주의를 토론했고, 민족 차별주의(Racism)에 깊이 관심을 보였다. 중요한 것은 지젝이 여전히- 로마서 7장의 핵심으로서 인간의 주체성을 약화시키는 '도착'(Perversion)에 초점을 두었다는 사실이다. 즉 자본주의 사회에서 소비자로 전락한 주체는 자신의 선택을 동일(정체)성의 극대화로 여기나 이는 즐거움(쾌락)을 극대화시켜 결국 자기 파괴에 이르고 말 것이라 우려했다. 건강을 우선시하는, 즉 자신들 건강에 해를 끼치는 물건을 생산치 못하게 하는 법 제정 역시도 이런 도착의 심각한 증세일 뿐이라 본다.[110] 이는 은혜를 더하려면 죄를 범하라는 초자아의 명령에 따라 자신들의 즐거움을 더욱 적절하게 누리려는 방편인 까닭이다. 여기서 지젝은 '도착'을 초래한 원인을 근대성의 산물인 대타자의 부재(비실재성)에서 찾았다.[111] 신학적으로는 신(神)의 죽음을 뜻하는 대타자의 부재가 주체를 이중적으로 구속한다는 말이다. "도착이란 이런 '대타자'의 비실재를 역습하는 이중전략이다."[112] 여기서 이중 전략은 법을 인위적으로 제정하여 일정 부분 자기 포기를 강요하는 보수적 차원과, 법의 위반을 성문화시켜 자신을 지키려는 또 다른 차원을 일컫는다. 전자로 인해 주체가 보호되며 후자 때문에 즐거움[113]을 보장받을 수 있다. 하지만 이것들은 문제의 해결이 아니라 오히려 그를 강화시킬 뿐이다. 주체에게 전통적 가치를 부과시켜 두려움을 양산하는 종(민)족주의, 신(神) 죽음에 따른 불안을 전체주의로 대신하려는 종교적 근본주의의 발현이 바로 그 실상인 것이다. 여기서 지젝은 초기에 서구인들의 동양, 특히 불교 열풍을 이렇듯 도착의 이중구조로부터 탈출하기 위한 것으로 보았다.[114] 하지만 결국 그는 불교란 주체를 자본주의의 극단적 요구에 적응시키는데 유익한 종교라고 혹평하기에 이른다. 불교로의 선회 대신 로마서 7장에 따른 바울적인 기독교 입장을 택한 것은 바로 '대타자'를 대신한 공백들, 우리 사회 내 잘못된 실재(the Real)와의 투쟁을 위해서였던 것이다. 하지만 다수 기독교가 동서양을 막론하고 오히려 '도착'의 종교로 머물고 있음을 보면서 지젝은 신학자들과 논쟁하였다. 본래 자유의 종교인 기독교[115]가 금지와 자기부정(죄책감)의 체계 속에 감금된 탓에 기독교적 혁명성을 상실했고 그것이 바로 기독교 타락의 핵심이라 본 것이다.[116]

기독교가 악을 저지른 인간을 향해 선(구원)을 보장하는 원리로 작동하는 한 기독교는 도착의 종교가 될 수밖에 없고, 그런 기독교는 사기이며, 위조 모조품일 수밖에 없다고 비판했다. 그리스도의 죽음을 통해 구원이 보장된 것이 아니라 자유와 책임을 위한 기회가 주어진 것이라 보아야 한다는 것이다. 이 점에서 지젝은 예수 그리스도를 유일한 기독교인으로 보는 니체의 주장마저 수정할 것을 요구했다.[117] 이런 이유로 지젝은 바디유와 공유한 기독교적 경험, 곧 바울적 기독교을 바탕으로 하여 그를 뒷받침할 성서적 전거로서 뜻밖으로 욥기를 선택하였다. 바울적 기독교를 최근 신학적 논의와 병행하여 유대주의적 맥락에서 찾고자 했던 때문이다.[118] 이는 기존의 욥 해석과는 전혀 다른 것으로서 예수 십자가를 바울 식으로 이해할 수 있는 중요한 토대가 된다.

## 2) 지젝의 유대교 이해와 욥기 해석-기독론의 새로운 전거

사실 지젝은 기독교만큼이나 유대교를 긍정적으로 평가하였다. 유대교를 보편성(바울)을 부정하는 '예외주의'라 본 바디유 시각과 크게 달랐던 것이다. 유대인을 사랑에 반(反)하는 법의 추종자로 보는 한 바디유는 반유대주의 전통을 잇고 있었다.[119] 이렇듯 율법에 대한 부정적 평가는 앞서 본 대로 그것을 '죽음의 충동'이라 여긴 데 기인한다. 하지만 지젝의 율법 이해는 이와 달랐다. 유대인이야말로 본유적 위반을 인정했고 외설적 초자아 논리를 벗겨낸 민족이라 여긴 것이다. 물론 지젝도 자신의 초기사상에서[120] 유대교의 모순을 밝히는 일에 주력했던 적이 있었다. 초자연적 이중성의 그림자에 사로잡혀 폭력적 담론을 생산해 왔다고 보았던 것이다. 유대교의 우상타파주의는 바로 이런 폭력성의 대표적 실상이라 하겠다.[121] 하지만 지젝은 율법에 대한 유대인들 고유한 입장에 주목했다. 기독교적인 서구 관점이 아니라 유대인의 시각에서 율법을 이해한 것이다. 그렇다고 유대교 정통주의 시각을 추종한 것 역시도 아니었다. 지젝이 주목한 유대인은 아브라함이나 다윗 그리고 모세와 같은 주인(Master)의 형상을 한 존재들이 아니라 역설적 질문을 통해 혁명적 변화를 가져왔던 '욥'이었던 것이다.[122] 주지하듯 본래 욥은 정통 유대주의의 틀 밖의 존재였으며 욥기 역시 신명기 사관의 현실적 한계를 보충하기 위한 부차적 책으로 알려졌다. 하지만 지젝은 유대교마저 비틀어 새로운 이해를 시도한 것이다. 이는 욥과 욥기를 논쟁의 핵심에 위치시킴으로써 가능했다. 하지만 욥의 중요성은 그가 오로지 하느님을 '불가해한 존재'로 경험했다는 사실에 있다. 이는 법의 위반을 보증하는 외설적 초자아의 보충에 대한 이의제기였다. 욥의 물음에 대한 신의 직접적 대답의 부재, 바로 그것이 욥기의 마지막 결론이었던 것이다. 물론 욥기 38장 이후, 무수한 신의 반문(反問)이 있었으나 지젝은 오히려 그것을 '공허한 잡담'으로, '허약한 핑계'라 여겼고 거기서 '무기력한' 신의 모습을 발견하였다.[123] 지젝은 욥에 대한 대중적 이미지, 신을 향한 절대 믿음을 갖고 자신의 고통을 견디는 욥 역시도 버려야만 했다. 오히려 시종일관 불평했고 자기 운명을 거부했으며 고통의 무의미성에 전율한 것이 욥의 진면목이란 것이다. 이렇듯 욥과 하느님 간의 타협 불가능 속에서 지젝은 이데올로기 비판의 전형적 범례를 볼 수 있었다. 자신의 고난을 합법(신학)화하려는 세 친구들을 욥 스스로 무력화시킨 것도 같은 맥락일 것이다.

이런 욥을 하느님마저 어찌할 수 없었다고 지젝은 판단한다. 이유는 오직 하나, 욥이 시종일관 정당했던 때문이다. 바로 이 점에서 욥에 대한 지젝의 도발적 해석이 가능했다. 즉 신이 욥의 실패를 선언하는 것이 아니라 오히려 욥이 신에 대해 침묵했다는 사실이다. 침묵을 통해 욥이 자신의 항변을 그친 것이다. 여기서 신은 결코 옳거나 그르거나 하지 않고 무력한 모습 그대로 여전히 중요한 존재였다.[124] 침묵 속의 욥이 깨달은 것, 바로 그것은 무기력한 신, 곧 자신을 실험하던 신의 자기 실패였던 것이다. 지젝은 이것으로 유대인이 타민족과 구별된다고 생각했다. 이는 종래와는–선택적 특수주의–아주 변별된 유대주의에 대한 해석일 것이다. 욥의 침묵은 이제 유대 공동체의 정체성을 고지하는 특별한 서사가 되었다. 즉 실패한(Impotance) 신에 대한 유대인들의 신실함, 바로 그것이 유대 공동체의 독특함이란 것이다. 오히려 하느님의 전능성을 말하는 것을 지젝은 이방적인 것으로 보았다. 신의 무능함 속에 자신의 정체성을 세운 민족은 유대인 밖에 없었다는 것이다. 따라서 유대 율법은 사회적 변화를 규제(억압)한 이방 법들과 근본에서 달라야 했다.

후자가 부정의를 정당화하는 환상의 확언이었다면 전자는 이념적 환상 자체를 제거하고자 한 것이다. 율법에 근거한 사회로부터의 이격(일탈)이 바로 신적(神的) 정의의 차원인 까닭이다.[125] 그것을 죽음의 충동이라 여겼던 바디유와 달리 지젝은 이런 유대(율)법에서 이데올로기 비판의 원형을 보았다.[126] 이 점에서 유대인들의 십계명 역시 외설적인 초자아의 뒤틀린 논리를 제거·탈취하는 해방 법이었고[127] 그를 실현시킨 대표자로서 지젝은 욥을 적시했다. 예수의 십자가 역시 지젝에게 동일 시각에서 논의되어진다.

### 3) 예수의 십자가 사건과 사랑의 공동체(성령)-욥의 철저화로서 예수

상술한 대로 지젝이 해석한 유대주의는 독특했고 의로웠다. 그것을 예외주의로 부정한 바디유와 달리 지젝은 이데올로기 비판적이라 극찬한 것이다. 이런 맥락에서 바울 역시 유대주의를 부정하고 기독교로 개종한 것이 아니라 시종일관 유대주의자로 머물렀다고 보았다.[128] 로마서 7장의 해석에서 보았듯 이방인들에게 장애가 되는 율법을 새롭게 해석했을 뿐이란 것이다. 인간을 도착으로 이끄는 외설적 초자아 법(보충)을 탈취하는 것이 유대율법의 존재 이유였던 것이다. 이 점에서 지젝은 유대교와 기독교 모두 '본유적 위반'-은혜를 더하기 위해 죄를 짓는 것-을 부정하는 종교임을 천명했다. 바로 여기에서 바울과 욥을 연계시킨 지젝의 의도가 드러나며 나아가 예수를 욥의 철저화 내지 그의 반복(재현)으로 재해석하는 근거가 있다. 이는 프로이드가 예수를 모세의 재현이라 본 것과 크게 다르다. 앞에서 보았듯이 욥은 신적 무능을 자각했고 그런 신(神)에 대해 오히려 침묵한 존재였다. 여기서 지젝은 '대타자'를 믿도록 가정된 주체의 논리를 읽어 낸다. 이는 산타클로스에 대한 어른들의 태도 속에서 잘 드러난다.[129] 산타클로스에 대한 아이들 믿음에 상처를 주지 않기 위해 부모는 그의 존재를 거듭 강조할 것이다. 그들 역시 자신들의 천진스런 행위를 통해 어른들의 믿음을 존속시킬 수 있었다. 세대를 거듭하면서도 본래 부재한 산타클로스 신앙이 난파되지 않는 이유일 것이다. 지젝이 정작 신이 아니라 대중(Public)의 중요성을 강조한 것도 이런 맥락에서다. 이 점에서 지젝은 신의 육화를 믿는 기독교 고유한 전통적 견해를 유지시키려 했다. 한마디로 불트만의 비신화화 프로젝트와 견해를 달리 한 것이다. 그럴 경우 예수는 결코 또 다른 욥이 될 수 없기 때문이다. 예수가 바로 신인 까닭에 그는 욥의 단순 반복이 아니라 오히려 그의 철저화였다. 따라서 지젝에게 십자가상의 예수는 한순간 무신론자일 수밖에 없다. 하지만 예수를 통해 신의 무력한 모습이 현시되었기에 십자가는 산타클로스의 부재 이상의 의미를 갖는다. 신의 자기 포기야말로 예수 십자가의 가장 새로운 메시지인 까닭이다.[130]

따라서 지젝은 바울의 천재성을 십자가상에서의 신의 죽음, 곧 그의 무능성을 발견한 데서 찾았다. 초기 작품인 『그들은 자기가 하는 일을 알지 못하나이다(For They know not what they do)』에서 지젝은 이를 '부정의 부정'의 궁극적 범례(변증법)로 이해했다.[131] 이는 명백한 현실적 패배를 위대한 승리로 변화시킬 수 있는 관점의 변화, 곧 주체의 신(新) 논리로서 신학적으로는 '부활'이었다. 이는 지젝이 헤겔적 선상에서 부활을 성령 강림, 오순절 사건과 동일시했기에 가능했다. 성령의 임재로 인해 새롭게 결속된 그리스도 공동체(교회)가 바로 부활의 증표이자 실재란 것이다. 이는 유대주의가 그렇듯 바울 공동체 또한 '대타자(神)의 무능함(실패)에 근거하고 있다는 반증이기도 했다. 이런 공동체는 따라서 외설적 초자아의 보충을 제거했을 뿐 아니라 이방인에게 장애물이었던 율법을 달리 해석할 수 있었다. 그것이 바로 'As if not' 즉 '마치-아닌 듯이'라는 새로운 주체의 논리였다.[132]

여기서 바울이 강조하는 바는 일체의 상징적 영역-성서적 표현으로는 세상적인 형체–자체에 대한 부정이었다. 세상이 만든 어떤 유의 상징 체계(주인기표)에 휘둘림 당하지 않기 위해 주체를 법에 엮어 과잉 복종시키는 논리를 거부했던 것이다.[133] 바로 이것이 바울적 주체이자 부활의 논리였으며 새로운 공동체의 법이었다. 여기서 핵심은 신적 무능의 공포, 동시에 새로운 주체의 탄생이다. 유대인에게나 바울 공동체 모두에게 공히 이것이 계시되었고 생기했다고 본 것이다. 따라서 바울 공동체는 당시 로마와 달리 보편적 사회성(Society)을 특징 삼고 강조할 수 있었다.[134] 이는 성령의 본질에 해당하는 것으로 유대/이방, 종/노예의 차별 없는 공동체를 말한다. 따라서 신에 대한 부정적 언표에도 불구하고 사회성(공동체성)의 새 형식을 창출하는 성령으로 지젝의 무신론은 소위 과학적 무신론[135]과 변별된다. 성령이 변증법적으로 신과 동의어가 되었기 때문이다.[136] 후술할 논제이나 유물론과 신학의 엮어짐 역시 '초월은 사라지지 않고 접근 가능하다'는 차원에서 언급할 수 있을 것이다.[137] 결국 성령은 지젝에게 신(神) 죽음, 십자가의 결과로서 혹은 '대타자' 무력함이라는 공적 계시와 상호 치환될 수 있는 개념이었다. 따라서 그리스도의 인간성(십자가)이란 신 자신 안에서의 필연적인 '차이'로서 욥의 시각에서는 철저한 무능(불능)일 것이다. 그렇기에 지젝은 욥의 철저화로서 성육신을 말할 수밖에 없었다.[138]

반면 그리스도 신성(神性)은 그의 인간적 관점에서 여타 인간으로부터 분리되는 일종의 틈새(Gap)라 할 것이다. 십자가상에서 고통과 죽음을 누구나 맞닥뜨릴 수 없는 까닭이다.[139] 이 점에서 지젝은 신성을 목에 걸린 가시처럼 일종의 장애로 여겼고 그를 인간이 온전히 신일 수 없는 이유라 보았다.[140] 여기서 구원은 '죄 용서'라는 전통적 차원과 달리 인간성을 신으로부터 완전 자유롭게 하는 일이 되었다. 그리스도 죽음 이후 소위 '너머 신(神)'은 없고 남은 것은 성령이며 성도들의 공동체라 보는 것이다. 그리스도의 아우라가 담

긴 공동체(교회)가 성육신의 몸적 탈취로 이해된 때문이다.[141]

이처럼 그리스도는 지젝에게 있어 자기 파괴적인 '대타자'였다. 다른 주체들을 지속적으로 이념화(object petit a)시키는 것에 반해 새로운 주체들의 집단적 가능성(공동체성)을 열었던 것이다. 기독교적 사랑은 타주체의 이념화가 아니라 그들 약함과 동일시되는 데 있다는 말이다. 모든 주체가 스스로 결핍을 느끼며 그럴수록 부재한 대상과의 동일시(이념화)를 원하고 있으나, 성령이 오히려 '대타자'를 손상시켜 새로운 주체, 열려진 사회성을 갖게 한 것이다. 지젝은 이런 성령을 공동체를 위한 혁명적 진리사건과 병렬시켰고, 레닌의 볼셰비키 혁명을 바울 공동체와 연장선상에서 보고자 했다.[142]

동시에 지젝은 스탈린주의로의 변질과 현실 기독교의 교조화 역시 동일선상에서 비판될 주제라 여겼다. 현실 기독교를 바울 공동체의 왜곡이자 도치라 여겼고 나아가 기독교의 이교화(異敎化)라고 본 것이다.[143] 지젝은 이런 변태적 기독교를 율법에 대한 유대적 입장을 부정한 결과라 분석했다. 이는 유대적 율법의 완성을 기독교에서 찾는 기존 기독교 신학과는 너무도 다른 생각이다. 오히려 지젝은 유대적 입장이야말로 사랑을 강조하는 기독교적 차원에 이르는 유일한 길이라 역설하였다.[144] 욥에서 시작된 유대적 경험의 부재가 기독교적 보편성(사랑)을 실종시켜 버렸다는 놀라운 발상이다. 따라서 지젝은 기독교의 본래성을 위해 무신론의 종교로 되돌아올 것을 강조한다. 기독교란 본래 신(神) 없는 무신론의 종교란 것이다. 그리하여 '대타자'의 권위를 보장한 채 외설적 기쁨(jouissance)을 누리려는 마음과의 단절을 요구했다. '대타자'를 자신의 의지처로 삼지 말고 오직 그리스도 죽음으로부터 생겨난 성령공동체, 사회적 결속을 믿으라 한 것이다.[145] 이것은 결국 기독교로 하여금 변증법적 유물론을 취하라는 지젝의 명령이었다.[146] 변증법적 유물론이 기독교 경험을 결코 배반하지 않는다는 확신 때문이다. 바로 여기서 지젝의 신학적 유물론이 탄생될 수 있었다. 따라서 십자가로부터 시작된 사랑 (성령)의 공동체와 (변증법적)유물론의 관계를 살피는 것이 다음 장의 과제가 될 것이다. 아울러 그리스도를 괴물(Monstrosity)이라 칭하면서까지 기독교를 유대교와 관련지어[147] 유물론적으로 재해석하는 소위 '지젝적 신학'에 대한 평가 역시 다각적으로 생각해 볼 일이다. 나아가 동양의 정신세계에 대한 그의 사유의 의미와 한계 역시 지면이 허락하는 한 다룰 수 있겠다.

## 새로운 주체성(자유)을 위한 변증법적 유물론과 신학적 유물론

상술하였듯 지젝은 기독교적 경험과 정신분석적(라캉)으로 재해석된 변증법적 유물론과의 통합을 시도하였다. 그 작업은 주로 2006 출간된 『시차적 관점(Parallax View)』을 통해 잘 드러난다. 특히 인간 자유의 문제를 주제 삼아 지젝은 유물론과 신학적 전통과의 교감을 정교하게 밝히고자 했던 것이다. 자유의지와 예정론의 문제를 양자 물리학(Quantum Physis)[148]은 물론 화이트헤드의 과정철학과도 연계시켜 살폈고, 이를 신학과 과학 간 대화의 차원으로 발전시킬 수 있었다. 하지만 지젝은 자신의 사유가 과학과 조화로운 관계에 있다고는 결코 생각하지 않았다.[149] 물론 과학 역시 진화를 통해 탈(脫)형이상학적 사유를 발전시켰고 인간 자유를 확대한 것이 사실이나 변증법적 유물론과는 변별될 수밖에 없다는 판단에서다. 『시차적 관점』은 이 점에서 변증법적 유물론에 관한 지젝의 야심찬 기획을 드러낸 저술이라 하겠다. 따라서 본장의 첫 주제로서 변증법적 유물론에 대한 그의 견해를 살펴야 할 것인 바 '뇌 과학'을 통해 뇌와 마음의 관계를 묻는 것 역시 이해를 위해 큰 도움이 될 수 있다.

## 1) 변증법적 유물론과 자유(자기의식)의 문제

지젝의 유물론의 가치는 그것이 변증법적인가 아닌가에 달려 있다. 우주에 대한 결정론적·환원적 이해를 거부하는 까닭이다.[150] 예컨대 과학적 무신론 같은 소위 '반(反)' 변증법적 유물론의 경우 인간의 자유를 말할 여지가 없다고 보았다. 단순한 유물론의 경우 그것이 인간의식 현상과 공존하기 어렵다는 것이다. 아울러 기독교가 (이중)예정을 고집하는 한, 그것 또한 의당 거부될 일이었다. 초자연적 신을 과학으로 환원시키는 진화생물학[151]도 동일한 운명에 처할 것이다. 지젝은 지적설계론마저 자유를 불허하는 일종의 '틈새의 신'과 같다고 여겼다. 이렇듯 일체결정론에 대한 적대는 앞서본 라캉의 논리, 즉 전체화되는 남성 원리와 중첩된다.[152] 따라서 존재하는 것 모두(전체)가 설명 불가능하다는 비전체성(Not-all)의 논지를 여성 원리라 본 것도 아주 자연스럽다. 하지만 이것은 신이나 영혼 같은 긍정적 실체를 위한 것이 아니라 오히려 '무' 혹은 '빔'과 같은 부정성을 위한 여백(공간)이었음을 앞서 보았다. 이런 부정성을 변증적 유물론의 비환원적 속성과 연계시킨 것이 바로 지젝 고유한 철학적 작업이었다.[153] 이로써 변증법적 유물론은 비존재(Non-being)에게 비(非)물질적인 호칭을 허락할 수 있었고, 개별적 실재에게도 부정성을 통한 (상대적) 자율성이 가능해졌다. 하지만 이것은 무엇보다 상징적 질서로 역할하는 '대타자'를 부정할 수 있는 주체성의 출현과 직결되는 사안이었다. 주체(자유)를 통해서만 '대타자'의 부정성이 난파될 수 있는 까닭이다. 이처럼 비물질적 존재들이 무(無) 혹은 빔(Empty)과 같은 형이상학적 체계에 자리하기에 변증법적 유물론의 비환원(결정)적 특성은 유지, 존속될 수 있다.

하지만 그것이 일반 형이상학적 체계와 결정적으로 다른 바는 그의 변증법적 특성 때문이다.[154] 비물질적 존재들의 전개 과정에서 부정성은 그들 내부의 본유적 갈등과 모순으로부터 비롯하며, 그 자체가 다시 모순이 되는 탓에 유물론은 변증법적 견지에서는 항시 비환원적일 수밖에 없다. 『나뉠 수 없는 잉여(Indivisible Remainder)』에서 지젝은 물질성의 비환원적 잔재를 다음처럼 강조했다.[155] 우선 비활성적(inert)인 물질적 잔재[156]를 원초적 우발성의 산물로 여겼고 그 자체로서 무(無)인 자유라 하였다. 한마디로 그것이 인과적 결정론과 유관하지 않다고 본 것이다. 이와 함께 주체성의 자기관계적인 '빔'(Void)의 형식 하에서만 정확히 인간(Humanity)을 뜻하는 원초적 자유가 가능하다고 확언했다. 이렇듯 원초적 심연으로서의 '무(無)'와 '자유'의 두 개념[157]을 갖게 된 지젝은 다시금 이를 양자역학과 비교했다. 실체 개념을 거침없이 주장해 온 고전 물리학과 달리 양자역학이 실재의 불가해성을 이야기했기 때문이다. 여기서 지젝은 주체들의 결핍으로부터 생기된 '대타자'(상징적 질서)와 양자들 간 상호작용을 통해 실재가 결정되는 것 사이의 유비를 인정했다. 이런 유사성의 거부를 인간/자연 간의 분리를 고착화시키는 옳지 않은 철학사조라 일컬을 만큼 그렇게 말이다. 이는 인간과 자연 간의 인위적 구별 자체를 폐기시키는 획기적 발상이었다.[158] 이것은 여성적 원리, 즉 결정론적 물질적 법이 모든 것이 아니라(Not-all)는 사실을 재차 각인시켰다. 이렇듯 지젝은 인간 자유의 필연적 전제로서 양자물리학을 형이상학적 도구로 적극 사용한 것이다. "인간 자유의 출현은 자연 자체가 동질적인 강한(hard) 실재가 아니라는 사실에 의해서만 설명된다. 단단한 실재 이면에 가능성과 파동의 다른 차원의 현존을 통해 뚜껑 없는 우주의 출현을 기대할 수 있다."[159] 하지만 이들 상호간에 어떤 차이도 없는 것은 아니었다. 인간 자유가 결정론적 체계로부터 비롯하는 단계(절차)에 대한 물음이 필요했던 것이다. 주지하듯 『시차적 관점(Parallax View)』은 뇌(인지)과학의 도움으로 이 점을 밝혀냈다.

본래 뇌와 마음 간의 관계는 시차(視差) 개념의 중요 범례 중 하나였다. 애시당초 천문학의 개념인 시차는[160] 한 대상의 명백한 전치(변위)를 뜻했다. 관점변화가 대상 자체의 급진적 변화를 낳는다는 것이다. 관찰자의 위치에 따라 실재가 입자/파동으로 달리 보이는 것도 시차를 옳게 적시한다. 이렇듯 시차는 인간 지식에 틈새를 만들 뿐 아니라 대상에 내재된 본유적 갈등(모순)을 잘 드러내 준다.[161] 따라서 시차란 단순히 인식론적 장애만이 아니라 '존재론적 불완전성'을 드러낸 탓에 변증법적 이동을 성사시킨다. 이를 근거로 지젝은 뇌와 마음의 관계를 살폈다. 시차의 견지에서 뇌가 마음(의식)의 자리인 것은 분명하다. 하지만 의식을 뉴런의 작용, 즉 화학적 작용의 결과라 하는 것은 의식의 박탈일 뿐이다. 이것은 동물과 인간의 차이를 제거한 진화론(다윈), 무의식을 의식에 앞세운 심리학(프로이드)과 견줄 수 있는 일종의 '인간성 전치'일 수밖에 없다.[162] 여기서 인간은 종래의 특권을 상실한 순수 비물질적 '빔'(Void), 즉 주체성의 공허로서 현존할 뿐이다. 하지만 지젝은 이에 동의하지 않았다. 그렇게 될 경우 인간의 사회적 역할은 애시당초 가능하지 않다는 것이다. 이로부터 그가 주목한 것은 인간의 신학적 토대, 루터가 말한 '신의 항문으로부터 나온 그의 똥(divine shit)'으로서의 인간 이해였다.[163] 이 말은 지젝이 루터의 그리스도를 대속을 위한 '이념'이 아니라 관계성으로서의 '실재'로 여겼음을 뜻한다. 즉 성육신이 배설적 인간으로 살아가는 신으로서의 그리스도를 일컫는다는 말이다.[164] 따라서 이것은 신의 사랑이 배설적 인간에 대한 사랑과 등가임을 적시한다. 요컨대 기독교적 사랑이 물질적 사랑 이외의 다른 것이 아니란 말이다.[165] 여기서 핵심은 성육신이 물질(과학) 속에서도 종교적 신앙을 유지시킨다는 사실이며 상술한 인간성 전치 역시 불가하다는 판단이다. 지젝이 변증법적 유물론을 근거로 뇌로부터 의식(자유)의 창발을 설명할 수 있었던 것도 이런 차원이었다.[166] 이 장의 주제인 신학적 유물론, 유물론적 기독교 성찰도 이런 바탕에서 논의될 것이다.

그렇다면 뇌의 물질성으로부터 주체성(자유)이 발현되는 구체적 과정을 살펴보자. 의식이란 본래 외적 대상과의 접촉에 의해 유기체(뇌)의 항상성이 파괴된 상태라 하겠다.[167] 하지만 유기체는 자신 속의 자아(Self)들로 인해 이런 혼동을 간파할 수 있다. 이런 자아들은 뇌(유기체)를 구성하는 것으로서 다음의 세 형태로 존재한다. 자신의 항상성을 유지하기 위해 유기체 스스로가 형성한 낮은 수준의 원형자아(proto-Self), 자신의 항상성을 훼방하는 외적 사물들을 자각하는 핵심자아(Core Self) 그리고 전 과정 속에서 이런 자아를 지속적으로 알고 기억하는 가장 높은 수준의 자서전적 자아(Autobiographical Self)가 바로 그것이다. 여기서 의식과 관계된 아주 중요한 것은 핵심자아이다. 유기체와 대상 간의 관계를 지각하는 것이 바로 그의 몫인 까닭이다. 이는 자기반성에 있어 최소한의 정도일 것이나 자서전적 자아의 토대가 되는 한에서 더없이 중요하다. 이처럼 유기체가 대상을 지각하는 자아를 알고 있는 한 의식은 언제든 자기의식일 수밖에 없다. "나는 나 자신에 대한 나의 앎이다(I am my Knowledge of my Self)."[168] 따라서 핵심자아와 자서전적 자아는 결코 분리될 수 없다. 이들 간의 분리란 유기체 안에서의 사유에 필수적인 요소를 제거하는 것과 같을 뿐이다. 이 점에서 지젝은 자서전적 자아를 앞의 다른 두 차원의 자아들 사이에서 생기하는 순수 형식으로서의 '짧은 순회회로'(short Circuit)라 여겼다.[169] 여기서 순수 형식, 곧 비실체적인 자기 사색적 요소는 변증법적 단계로서 이해되었다. 하지만 항상성 유지를 위해 생산된 반성(사색)의 순수 형식적 요소 탓에 유기체(뇌)가 오히려 항상성을 방해받는 것이 실상이다. 의식이 존재 감정, 곧 감각에 대한 반응을 저지한다는 말이다. 하지만 유기체를 위해 언제든 새 공간을 열어 젖히는 것 역시 의식의 역할임이 분명하다. 유기체(뇌) 안에서 전적 새로움을 위해 'No'라 할 수 있는 저지(Blocking)의 역할로서의 의식, 바로 이것이 지젝이 말하는 바 주체성인 것이다.[170] 이로써 유기체는 자신의 전(全) 구조를 바꿀 수 있었고 그에 따른 고통은 언제든 주체의 몫으로 남아있을 수밖에 없다.

이렇듯 뇌 안에서의 주체성의 즉각적 출현(탄생)을 지젝은 광범위한 진화 과정을 통해 재차 그 의미를 부연하고자 했다. 주지하듯이, 우리는 앞서 환경에 대한 유기체의 부적응(반작용), 곧 유기체 스스로가 자신의 항상적 체계를 파괴하도록 허용하는 정황을 살폈다. 유기체 내에 항존하는 존재 감정과 생존 감정 간의 비연결성에 대한 통찰을 배운 것이다. 바로 이것을 지젝은 라캉을 따라 '죽음충동'이라 일컬었다.[171] 죽음충동이란 유기체가 진화의 전 과정에서 적응주의, 즉 환경 의존(결정)적 이상의 존재임을 알리는 지표인 까닭이다. 따라서 지젝은 자기 저항적인 구조(Self-Sabotaging Structure)로서의 죽음 충동을 의당 자유의 원리라 강변할 수 있었다.[172] 그에게 자유란 단순히 양자 차원의 비결정성(결정론의 결핍)만이 아니라 작인의 자기결정(the agent's self-determination)을 위한 특별 형식이어야만 했던 것이다.[173] 이 점에서 지젝은 칸트를 원용하여 자유를 자기결정의 의미에서 '반성적 인과성'(reflexive Causality)이라 부르기도 했다. 선택하고 결정할 수 있는 능력을 자유라 일컫은 것이다. 주체는 물리적 인과성 영역 속에서 행위 할 수밖에 없겠으나 자유란 자신 밖의 인과성과 관계없다는 말이다. 이런 이유로 지젝은 인간 문화를 가톨릭교회가 주장하듯 자연토대(자연법)의 연속만이 아니라 주장했다.[174] 인간 행동 일체는 결코 자연에로 환원될 수 없다는 것이다. 예컨대 인간은 생존하기 위해 먹지 않고 삶의 기쁨을 위해 먹으며, 섹스 역시 생식이 목표가 아니라 그 자체를 목적 삼는 유일한 존재란 것이다.[175] 그리하여 지젝은 자연적 인습법과의 과감한 단절을 요구했고, 그럴수록 자유란 본질적으로 비균형 상태에서 출현한다는 변증법적 유물론을 강조했던 것이다. 이것은 상위 활동으로서의 문화를 자연에 의존시켜 문화의 자율성을 부정하는 환원적 유물론과 궁극적으로 다를 수밖에 없다. 지젝의 유물론이 기독교, 특히 개신교 신학과 연계될 수 있는 것도 바로 이 지점에서일 것이다.

## 2) 지젝의 신학적 유물론에 대한 성찰

이렇듯 물적 토대(뇌) 하에서 인간 의식, 곧 자유의 독자적 창발(영역)을 인정하는 지젝의 변증법적 유물론은 『시차적 관점(Parallax View)』의 핵심 내용이었다. 여기서 지젝이 시종일관 자유의 환원 불가능성을 역설한 것은 오로지 윤리에 대한 관심 때문이다. 그가 시차(視差)라는 천문학적 개념을 빌렸고, 라캉의 '성차'(Sexuation) 도식에 의거하여 존재론적 차이 - '실재는 모든 것이 아니다'(Not-all) - 에 집중한 것도 같은 이유에서다. 주체성이 실재 그 자체도 아니고 모든 것도 될 수 없으나, 그럼에도 그것이 환상이 아닌 것은 그것이 윤리를 함축하고 있기 때문이라는 것이다.[176] 이 경우 윤리는 의당 기존 체제에 대한 저항을 추동하는 주체성으로서 정치적 함의를 띨 수밖에 없다. 이렇듯 도덕 판단과 자유의지의 연결고리를 통해 지젝은 이제 저항적 정의 원리로서 기독교를 조망코자 하였다.

하지만 지젝은 윤리적 경험이 환상이 아니듯 그것이 초월적 근거를 갖는다는 생각 역시 버렸다. 이들 모두는 존재(실재)와 윤리를 상호 분리시키는 공통된 오류를 범하는 까닭이다.[177] 오히려 지젝은 존재론적 시차만이 윤리를 발생시킨다는 변증법적 유물론의 시각을 역설할 뿐이었다. 여기서 중요했던 것이 덴마크의 신학자 키에르케고어에 대한 지젝의 비판적 독해였다. 변증법적 유물론이 요구하는 윤리의 전형을 그에게서 찾은 것이다.[178] 이 신학자에 대한 지젝의 일차적 관심은 『공포와 전율』에서 보이는 희생 논리, 곧 외아들 이삭을 향한 아브라함(주체)의 무한 포기에 있었다. 하지만 궁극적으로 그가 이삭을 되돌려 받은 것도 사실이다. 이는 여타 실존의 상태와 다른[179]

종교적 실존의 모순성일 수 있겠다. 하지만 키에르케고어는 종교적 실존을 실증적 차원 곧 신에 의해 보장된 단계로 환원시키고 말았다. 이는 데카르트가 주체(Cogito)를 보증하는 신의 이념에 도달한 것과 유비될 수 있겠다. 하지만 데카르트가 자신의 급진적 '회의'를 주체의 순수한 '빔'(empty Void)으로 보장했다면 키에르케고어의 무한 포기는 신에 의존·근거하는 결정적 차이를 드러냈다. 지젝 보기에 이는 초월적(선험적) 논리로의 후퇴였다. 따라서 지젝은 키에르케고어를 자신의 방식대로 비틀고자 했다. 실증적 신을 제거시켜 유물론적 키에르케고어로의 전환을 의도한 것이다.[180] 이는 궁극적 의미를 포기한 이후, 어떤 이념 자체에도 가치를 두지 않겠다는 발상이었다. 달리 말해 신이란 '의미 없는' 희생의 부정적 형태일 뿐이라는 것이다.[181] 이로써 지젝은 희생 개념 자체를 무화시킬 수 있었다. 희생 관념 대신 인간의 급진적 자유를 말했고, 이에 터한 윤리를 정초코자 한 것이다. 아브라함의 희생이 자유를 낳는 죽음충동으로 해석된 때문이다.[182] 죽음충동이란 어떤 외적 주인을 필요치 않는 주체, 곧 자기 입법화로서의 주체 이념이었던 것을 기억해야 할 것이다.[183]

이삭에게 새 삶의 공간을 열어젖힌 것은 희생이란 생각을 '희생'시킨 아브라함의 윤리적 선택이었다. 이를 토대로 지젝은 죽음충동에 신학적 의미를 부여코자 하였다.[184] 인간 주체가 궁극적 의미를 보장하는 주인[神] 없이 궁극적으로 무신론자로서 출현할 수 있고, 있기를 바라서이다. 죽음충동이 유물론적 신학의 모태가 된 것이다. 하지만 이런 유형의 신학은 결코 새롭지 않다. 이에 이르는 과정이 독특, 난해할 뿐이지 궁극적 의미를 전제 않는 신학이 지금껏 없지 않았던 것이다. 예컨대 슈바이쩌의 역사적 예수 연구로부터 시작된 철저 종말론의 신학사조가 그 대표적인 경우라 하겠다.[185] 그럼에도 지젝의 공헌은 그가 희생 개념 자체를 포기한 데 있다. 희생의 관념을 무화시킴으로써 궁극적으로는 기독론의 배타성을 극복했고 구원을 마치 면죄부처럼 여기는 인간의 비루한 심리적 병폐(노예의식)를 치유할 수 있었기 때문이다. 하지만 변증법적 유물론에 터한 지젝의 유물론적 신학은 무엇보다 그의 정치적 혁명성의 차원에서 그 영향력을 드러낼 수 있다.

지젝의 유물론적 신학에서 정치의 문제는 곧 신학의 주제와 직결되었다. 주지하듯 그가 성령의 공동체로서 교회의 탄생을 강조한 것은 그의 공동체성의 특별함 때문이지 그의 초월적 함의 탓이 아니었다. 새로운 질서를 구축하는 참여적 활동의 근본 에토스를 성령 공동체 속에서 찾고자 했을 뿐이다. 이런 지젝의 시각은 소위 '거절의 정치학'이라 언표된다.[186] 이는 오늘 우리 시대에 성령을 기다리는(Waiting on the Holy Spirit) 일과 직결된다. 앞서 말했듯이 성령이 '주인 기표' 없는 사회성(공동체성)의 모델로서의 역할을 하는 까닭이다. 비(非)이념적 질서로서의 성령, 즉, 반(反)이데올로기적 기독교가 그리스도 죽음에서 비롯했다는 전제하에서 말이다. 지젝은 바울에게서 그리스도 죽음을 위대한 승리 - 사회적 형식으로서의 공동체 탄생 - 로 변형시킨 시차(視差, 관점이동)를 보았던 것이다. 이런 차원에서 서구의 반유대주의 이데올로기에 맞설 목적 - 거절의 정치학 - 으로 지젝은 유대인으로의 전향이란 급진적 논거를 제시했다.[187] 마치 바울이 유대인에게는 유대인처럼, 헬라인에게는 헬라인처럼 그리고 이방인에게는 이방인처럼 되기를 원했듯이 그렇게. 'I would prefer not to…', 곧 나는 '무엇 하기를 좋아하지 않는다'는 것을 우선적 가치로 삼기보다 거절의 정치학으로서의 부정성의 운동(포기)이 시급하다 본 것이다. 전자의 경우에 머물 경우 우리 자신이 문제의 원인이자 일부가 아닌 듯 면제될 수 있기 때문이다. 유대인으로의 전향이 상징하듯 스스로가 시대의 예외자(Object petit a)가 되는 탓에 유대인들을 구성적 예외자로 만들지 않는 새 정치 형태가 가능하다고 유물론적 신학은 믿었다.[188] 이는 자본주의 체제 하의 빈민, 세계화의 과정에서 비롯된 난민의 경우에도 마찬가지일 것이다. 모든 사람이 예외자라는 논리가 예외자를 생산하는 정치체제를 거절할 수 있는 동인(動因)이며 그것이 바로 성령 안에 설계된 정치 공식인 까닭이다.[189] 동일한 맥락에서 지젝은 역으로 유대 시오니즘 역시 문제로 적시했다. 유대 공동체의 특수한 성격이 오히려 이스라엘 실존을 위협하는 상황에서 그의 특별성이 해체되는 것을 당연시한 것이다. 그럼에도 유대인(율법)을 부정적으로 보았던 바디유와 달리 지젝에게 유대주의는 대단히 중요했다. 유대주의를 포함하여 지젝은 진리사건이 현실에서 유리된 예외자들에 의해서 발생한다는 바디유의 견해에 동의한 것이다. 이를 근거로 지젝의 신학적 유물론은 저항과 거절의 정치학으로서 제3세계 빈민들의 혁명을, 성령을 기다리는 차원에서 기대한다.[190] 자본주의 체제로부터 기대할 것이 없는 이들 빈자들 - 마치 욥이 신(神)의 무능을 절감했듯 - 로부터 새롭게 현실을 자각하는 공동체의 새 징표가 미래적 씨앗의 차원에서 생기(生起)할 수 있다는 것이다.[191] 따라서 지젝은 희망 속에서 기다리는 것만이 도둑처럼 도래하는 사건을 마중할 수 있는 준비라 했다. 이렇듯 혁명을 징후로 여기는 것이 바로 성서가 말하는 그리스도 사건의 본뜻이라 지젝은 여겼다. 그리스도 사건과 성령 공동체가 동시성을 띨 수 있다는 것이다. 하지만 그리스도 사건이 성령 공동체를 강조하는 지젝에게 정작 비중 있게 다루어지지 못했다는 평가도 무리는 아닐 듯싶다. 지젝에게 신학이 그 고유한 목적을 위해서라기보다 이데올로기 비판을 위한 방편으로서 수용된 때문일 것이다.

## 3) 신학적 유물론에 대한 (가톨릭) 급진적 정통주의의 비판
### - 변증론 대 유비

최근 지젝 신학에 대한 신학계의 관심이 점차 증가되는 추세이다. 몇 차례의 방한이 계기가 되었겠으나 최근 한국 인문학계가 보여준 지젝에 대한 관심은 가히 폭발적이었다. 진보 진영에 속한 신학자들 역시 이런 추세를 반영하듯 그에 대한 논문을 생산하고 있다. 하지만 다수의 경우 신학에로의 방향 전환이 무신론자 지젝에게 필연적이었음에 놀라면서도 변증법적 유물론의 빛에서 해석된 신학의 과격성에 이의를 제기했다. 서구 가톨릭교회 측에서는 이미 '급진적 정통주의'(Radical Orthodoxy) 시각에서 지젝과 논쟁했고 여기서 불거진 신학적 관점들이 깊게 토론되는 추세이다. 물론 그의 출발이 철학이었고 정신분석학이었던 때문에 새로운 보편성을 지향하는 지젝의 신학 체계에 신학자들의 충분한 토론이 있었던 것은 아니다. 여성원리(Not-all)를 갖고 일체 이념에 저항하는 지젝에 대한 여성 신학적 평가가 없었다는 것이 단적인 예가 될 것이다.[192] 단지 카푸토 같은 신학자들이 '하느님 약함의 신학'[193]을 통해 지젝과의 창조적 대화를 성사시킨 것은 값진 일이었다. 최근에는 지젝의 신학적 유물론을 본회퍼의 '비종교적 해석'과 견주거나 토마스 알타이저의 '신 죽음의 신학'과 비교하려는 흐름도 생겨났다.[194] 신의 죽음을 기정사실화한 채로 대리자(Stellvertreter) 예수를 정치신학의 근거로 삼은 여성신학자 D. 죌레도 이 반열에 속할 수 있다. 또한 앞서 언급했듯 슈바이쩌 계열의 철저 종말론 역시 신적 목적(궁극성) 자체를 부정했던 탓에 지젝 신학과의 만남을 성사시킬 수 있을 것이다. 한국의 경우 지젝의 사신(死神) 신학을 민중(여성)신학적 관점에서 조망하는 신학적 작업도 있었다.[195] 하지만 지젝의 유물론적 신학은 이들 제 신학 사조와 대화하기에는 그 신학적 틀 자체가 너무도 달랐다. 뜻을 통해 상호 필요한 관점과 내용을 나눌 수 있겠으나 급진 좌파성을 띤 변증법적 유물론을 신학적 방법론으로 공유하기는 쉽지 않다는 말이다. 이런 이유로 필자는 상호 변별되나 변증법적 유물론을 '신적 패러독스'란 개념으로 직접 비판했던 '급진적 정통주의'의 입장을 말미에 소개할 것이다.[196] 지젝과 유사한 신학적 관점을 찾아 나열, 소개하는 것보다 전혀 낯선 시각의 제시를 통해 그 특이함을 드러내는 것이 적절하다 판단한 것이다. 제목조차 불경스런『예수는 괴물이다』란 책에서 지젝과 가톨릭 신학자 J. 밀뱅크가 보여준 상호 신학적 차이를 공론화 시키는 일도 유익하다 생각했다. 개신교와 가톨릭의 변별된 모습을 지젝을 통해 배우는 것도 의미를 더해줄 것이라 기대한다. 이를 위해 지젝이 발견한 유물론적 신학의 기본 주제와 입장들을 짧게나마 재론할 필요가 있겠다.

무엇보다 지젝은 자신의 욥기 해석에 근거하여 성육신에 대한 독특한 이해를 발전시켰다. 전술했듯 실체적 시각에서 그리스도 신성은 여타 인간으로부터 그를 분리시키는 차이였고 그의 인간성은 신의 본래성 자체 속에 감춰진 틈새였다. 후자가 신의 전적 무능을 적시한다면 전자는 예수의 인간적 고통을 뜻하는 것이었다. 이런 성육신 교리는 지젝에게 다음처럼 삼위일체론과 연계되었다. 헤겔적 견지에서 성부인 신이 전적으로 비워져 그리스도가 되었고, 그리스도는 죽었으나 성령으로 부활하여 초기 기독교 공동체를 탄생시켰다는 것이다.[197] 여기서 그리스도가 참된 인간이란 것은 신을 '부재한 대상'(Object petit a)이라 본 라캉 식 독해의 결과였다. 신의 무능을 알아 챈 욥이야말로 이데올로기의 첫 비판자였다는 사실이다.

이 점에서 지젝의 신학은 의당 과학적 무신론과 변별되었고 나름 조직신학적 체계를 갖출 수 있었다. 윤리적 견지에서 지젝의 신학은 기독교 핵심 전통에서 크게 일탈하지 않았다. 그가 인간 자유를 윤리적 삶의 본질로 여긴 때문이다. 비록 유물론적으로 해석되었으나 기독교의 사랑 개념 역시 지젝에게 너무도 소중했다. 그렇기에 이런 시각들은 향후 예언자적 전통을 견지하는 해방신학을 비롯한 현대신학 사조와 맞물릴 여지가 충분하였다. 하지만 무엇보다 지젝이 제기했던 가장 중요한 신학적 주제 중 하나는 유대주의의 문제일 것이다.[198] 종래와 같이 유대주의와 적대하는 기독교를 자신의 내밀한 본질을 상실한 결과라 여길 정도였다. 자본주의화된 기독교의 실상 역시 동일한 차원에서 설명되었다. 기독교 자신의 본유적 특성을 잃은 결과가 반유대주의이며 오늘의 서구 자본주의라는 것이다. 요컨대 욥의 전통을 망각한 기독교의 운명이 반유대주의를 잉태했고 이데올로기화된 파국적 자본주의의 모체가 되었다는 말이다. 이 점에서 지젝은 지극히 서구 신학자의 면모로 제한될 수밖에 없다. 기독교를 유대주의나 자본주의와 관계시킬 뿐 불교 등 아시아적 시각에서 살피지 못했기 때문이다. 그가 부정하는 불교 역시도 서구적으로 이해된 불교일 뿐 동양의 불교 그 자체가 아닌 것을 인식하지 못한 것이다. 여하튼 지젝은 바울에 의해 촉발된 운동이 유대주의와의 단절이 아니라 그를 더 좋은 것으로 만들었다 믿었다.[199] 즉 이방인에 대한 유대인(율법)의 태도가 급진적으로 달라졌다는 것이다. 기독교가 이전과 달리 유대주의와 새롭게 관계를 맺어야 할 이유도 바로 여기에 있다. 그것이 바로 기독교를 살려내는 유일한 길이라 여긴 것이다.[200] 따라서 이런 유대주의가 바울 이후에 나타난 기독교보다 더 좋다고 지젝은 평가했다.

하지만 바울 이후 기독교는 유대교와 전혀 다른 세 유형으로 발전되었다. 이는 기독교의 발전이기보다 퇴보였다는 것이 지젝의 기본 생각이다. 정교회, 가톨릭 그리고 개신교가 이들 역사적 형태라 할 것이다. 이들 유형은 각기 성서상의 인물들, 요한, 베드로 그리고 바울로 대표되며 신비(영지), 존재유비 그리고 신앙유비의 신학을 골자로 한다.[201] 그럼에도 지젝은 주지하듯 개신교를 선호했다. 왜냐하면 복음의 핵심에로 되돌아가려는 요구를 갖고 태어난 역사적 형태인 까닭이다. 하지만 앞에서 보았듯이 지젝의 기독교는 복음의 본래성과 세속적 근대성을 아우를 목적으로 전통적 개신교와도 길을 달리하지 않을 수 없었다. 이를 위해 지젝은 성서 언어의 비(非)신화화를 거부하고 언어의 신화적 차원을 보전코자 했다. 텍스트의 진정한 의미가 신화적 언어를 통해서만 밝혀질 수 있다고 믿은 것이다.[202] 오직 과거를 재활성화시킬 목적에서 신화가 필요할 뿐이다. 성서가 품었던 환상을 신화가 우리 시대에 재부팅시킬 수 있다는 말이다. 본래 신학과 정치를 하나로 여긴 신학적 유물론 시각에서 과거의 재활성화는 실패했던 혁명의 복원, 곧 구원의 완성을 지향한다.[203] 이는 곧 스스로 예외자가 됨으로써 자본주의를 비롯한 일체의 이데올로기로부터의 탈주, 극복을 뜻할 것이다.

주지하듯 지젝은 혁명적 마르크시즘이 본래 기독교에 근거를 두고 있다고 믿었다.[204] 그래서 그는 정치적 좌파에 대해 열정적으로 헌신했던 적이 있었다. 하지만 공산주의가 크게 변질된 동구권 현실에 좌절하며 그를 다시 분석하였다. 기독교나 공산주의를 막론하고 이후 시대가 그것을 변질시킨 것이 아니라 그들 근원 속에 이미 타락(도착)이 존재했음을 발견한 것이다.[205] 무엇보다 유토피아가 자본주의 모순으로부터 생기할 것이라는 마르크시즘의 이데올로기적 환상이 근본문제였다. 공산주의에 대한 마르크스의 환상이 여전히 자본주의 틀 하에서 유지되었음을 발견했던 것이다. 이런 통찰을 지젝은 동일하게 기독교에게도 적용시켰다. 예수 역시도 근본적으로 잘못되었음을 기독교가 받아들여야 한다는 것이다.[206] 마르크스주의가 자본주의적 환상과 단절되어야 하듯 기독교 역시 역사적 필연성으로서의 '대타자'[神]의 존재로부터 탈주하라는 말이다.[207]

이렇듯 전통에 대한 재평가를 위해 지젝은 '비(非)동일화된 반복'이라는 키에르케고어의 고유 개념을 사용했다.[208] 지젝이 예수와 마르크스의 혁명적 전통을 예수와 마르크시즘이 아닌 바울과 레닌에게서 찾았던 때문이다. 그에게서 레닌은 지금껏 보았던 바대로 성서 속의 바울과 같은 존재였다. 교조화된 마르크스주의를 비판하며 그를 새롭게 재창조하여 혁명성을 되살렸던 존재가 바로 레닌이었고 그를 바울과 병치시켰던 것이다. 바로 여기서 신학과 정치가 상호 엮어져 나뉠 수 없게 된 신학적 유물론, 혹은 유물론적 기독교에 대한 지젝의 핵심을 엿볼 수 있겠다.

이상과 같이 요약 정리된 된 지젝의 신학적 유물론에 대해 가톨릭을 배경으로 한 급진적 정통주의가 '변증법'이 아닌 '역설'(Paradox)의 논리로서 신학적 비판을 가함으로써 지젝의 신학적 담론이 더 한층 주목받게 되었다. 앞에서 말했듯 『예수는 괴물이다』란 책을 통해 유물론적 기독교와 급진적인 정통 기독교, 가톨릭과 개신교의 내러티브들을 견주어 평가할 수 있는 계기가 마련된 것이다. 우선 난해하고 생뚱맞은 지젝의 유물론적 신학에 대해 가톨릭 측의 진지한 응답은 참으로 고마운 일이었다. 이는 J. 밀뱅크란 신학자의 주도적 역할이 있었기에 가능한 일이었다. 이 사람은 본래 어거스틴 추종자로서 탈근대(포스모던)사유를 비판함에 있어 토마스 아퀴나스의 신학을 활용하는 신학자이다.[209] 가톨릭 신학계가 어거스틴의 '주의(主意)'주의와 아퀴나스의 '주지(主知)'주의적 전통으로 양분된 현실에서 밀뱅크는 모두를 아울렀고 그를 근거로 근대사회 구조를 분석 비판했다고 볼 수 있겠다. 밀뱅크와 더불은 급진적 정통주의는 실재에 대한 형이상학적 구조(틀), 곧 존재론 주제에 깊이 관심을 가졌다. 지젝의 경우처럼 포스트모던 사조의 허무주의적 존재론을 넘어서고자 했고, 앞서 말했듯 가톨릭 고유한 '존재유비'(Analogia entis)의 전통 속에서 대안을 찾고자 한 것이다.[210] 하지만 이는 종종 '신앙유비'(Analogia fidei)에 근거한 개신교 전통과는 본래 이질적인 것으로서 반(反)기독교적 창조물로 폄하되곤 했었다.[211] 하지만 밀뱅크는 신플라톤주의(어거스틴)를 아리스토텔레스(아퀴나스)와 종합시켜 신이 존재 자체의 '충만'이자 동시에 일체 존재들과 '유비적'으로 관계하는 세계관을 수용하여 오직 그만이 포스트모던의 허무적 상태를 대신할 수 있다고 역설한 것이다. 이는 바디유를 따라 '보편적' 종교로서의 기독교에 대한 강력한 신뢰를 지녔던 결과라 하겠다. 하지만 급진적 정통주의자 밀뱅크는 지젝이 오히려 변증법에 의거, 부정성을 지속적으로 강조한 탓에 결국 허무주의자로 귀결될 것이라 여겼다.[212] 그가 무신론(자)을 표방하는 한에서 자신이 비판한 신비적[213] 허무주의 상태에 이를 수밖에 없다는 것이다. 한마디로 변증법적 유물론에 터한 기독교로는 보편성은커녕 어떤 형태의 혁명도 성사시킬 수 없을 것이란 판단이었다. 이하 내용에서는 좀 더 세분화하여 이들 간 논쟁을 부언해 보겠다.[214]

이들은 모두 근대성 내부의 두 극단적 입장들, 각기 자신의 준거(準據)를 지닌 무신론적 합리주의와 신앙주의(Analogia fidei)를 매개하고자 했다. 일견 지젝이 전자를 대표하고 밀뱅크는 후자의 사람이라 보이겠으나 실상 그들은 각기 자기의 진영을 비판했고 그를 넘고자 시도한 학자들이다. 지젝에게 세상이 내재적 부정성의 공간이었다면 밀뱅크에게 그것은 신의 사랑이 넘치는 장소였다는 것이 다를 뿐이었다.[215] 그러므로 전자에게 부정성과 함께 하는 투쟁 곧 변증법이, 후자에게는 화해를 위한 '역설'(paradox)이 중요했다. 지젝의 경우 기존질서(자본주의)를 영속화시킨 유신론 이데올로기 비판이 모든 것일 수밖에 없었다. 하지만 밀뱅크는 이와 달랐다. 세계를 넘어서는 신적 공동체[神國]에 대한 비전을 지닌 때문이다. 물론 이 두 학자는 전(全) 지구적 자본주의에 저항하는 하나의 신학을 제시함에 있어 다르지 않았다. 하지만 지젝은 헤겔 변증법을 통해 내재적 혁명을 꿈꿨다. 그가 사라지는 매개자(the Vanishing mediator)란 개념을 즐겨 사용한 것은 탈(脫)안정화를 전제로 그를 넘어설 목적에서였던 것이다.[216] 하지만 밀뱅크는 변증법을 달리 이해하였다. 그에게 변증법은 이원론을 전제한 일종의 방법일 뿐이었다.[217] 그렇기에 변증법은 현실로부터 이격된, 세계 뒤편에서 세계를 구성하는 보수성을 쉽게 벗을 수 없을 것이다. 비록 그것이 이성의 역사성을 통해 이원론을 극복하는 듯 보이나 실상은 그의 은폐를 방조할 뿐이다. 따라서 변증법은 그것이 '부정'이란 신화에 매달리는 한 오히려 탈(脫)역사적이란 것이 밀뱅크의 최종 판단이었다.[218]

　나아가 이런 평가는 곧바로 지젝의 성육신론에 대한 비판으로 직결된다. 주지하듯 지젝의 유물론적 신학은 욥기의 재해석을 근거로 신성(神性)을 포기한 인간 예수의 모습에서 그 골자를 드러냈다. 앞에서 보았듯이 이런 예수는 신을 신으로부터 분리(차이)하는 동시에 인간을 인간으로부터 분리하는 균열이었다.[219] 유물론 신학의 핵심으로서 이런 지젝의 예수는 책 제목이 시사하듯 '괴물'(Monstrum)로 일컬어졌다. 여기서 괴물이라 함은 합리적 용어로 설명 불가능한 예외적인 것이란 의미다. 합리성이 오히려 예외성에 토대를 두었다는 말일 것이다.[220] 예수의 괴물 됨은 그의 죽음의 사건에서 드러났고 성령 공동체인 교회의 탄생을 통해 부여된 저항정신과 닮아 있다.[221] 여기서 중요한 논리가 바로 헤겔적 의미의 변증법이었다. 실재계에 이를 수 없는 인간은 상상계를 구축하나 그것은 다시 변증법적 타자를 통해 부정·재생산될 수 있다는 것이다. 이로써 지젝에게 초월성은 어쩔 수 없이 물질세계로 환원되고 말았다. 십자가 처형 이후 도래한 성령이 신앙 공동체의 저항정신 그 자체였던 까닭이다.[222] 세계에 대한 신의 사랑, 곧 절대적 케노시스에 터한 유물론적 신학에서 신적 초월성의 실종을 본 것이 바로 급진적 정통주의자 밀뱅크였다. 초월성의 보호막이 물질세계와 접촉할 수 없게 되었다는 것이다. 따라서 신이 물질에 이르렀으나 그를 세계로부터 자유케 하는 것을 밀뱅크는 성육신이라 하였다.[223] 세계를 세계 자체로부터 구출하는 것을 성육신의 본질과 역할이라 믿은 것이다. 이런 논거는 의당 오랜 가톨릭 신학 전통인 '존재유비'에서 비롯했다. 하지만 밀뱅크는 급진적 정통주의자라 불릴 만큼 전통적 입장과는 달랐다. 가톨릭 자연신학 전통, 곧 유비를 '역설'(Paradox)

의 차원으로 수용했던 때문이다.[224] 유비를 일종의 '사이'(Metaxu) 논리로 보았음을 뜻한다. "어떤 것과 닮은 것은 정확히 어떤 것과 다르기에 닮은 것이고 반면 어떤 것과 다른 것은 어떤 것과 닮았기에 다르다."[225]

즉 어떤 것들 '사이'에 있으면서 '공유'(共有)되는 것은 일의적이지도 않으며 다의적일 수도 없는 역설적 차원이라 한 것이다. 이로부터 밀뱅크는 '사이'논리를 초월적 실재라 여겼다. 왜냐하면 일의성과 다의성 어느 하나도 부정되지 않고 일자(一者)와 다자(多者)가 긴장하되 평화롭게 공존하는 신비를 드러낼 수 있는 까닭이다.[226] 오직 역설로서의 유비만이 신과 세계의 실재 모두를 보존·유지시킬 수 있다는 말뜻이리라. 이런 급진 정통의 시각을 밀뱅크는 삼위일체를 통해 각인시킬 수 있었다. 이는 성령을 유비, 곧 '사이' 논리로 보았기에 가능한 일이었다.[227] 성령이 동일성과 차이 사이에 거한다는 것이다. 성령으로 인해 같음(성부)에서 다름(성자)으로 넘어갈 수 있다는 말이다. 비록 성령이 성부와 성자, 곧 같음과 다름으로부터 출원했으나 성부와 성자가 자기 자리를 찾을 수 있는 것은 오로지 성령 때문일 것이다. 따라서 밀뱅크에게 성령은 삼위일체를 초월적으로 지배하는 힘이었다.[228] 성령으로 인해 삼위일체 신 속에는 지젝이 주장하듯 변증법적 대결(Agon) 자체가 존재할 수 없다는 것이다.

이렇듯 두 사상가들의 신학 논쟁은 저마다 세속적 이성에 대한 비판에서 비롯되었으나 극복하는 방식에서 크게 달랐다. 그럴수록 이성을 존재의 '사이성'(유비)으로 보았던 밀뱅크와 시차(視差)적 관점에서 부정성의 운동을 강조한 것 간의 논쟁은 그 의미가 예사롭지 않다. 하지만 이들 간의 공통점 또한 없지 않은 것이 사실이다. 서로 다른 논리에도 불구하고 함께 새로운 보편을 추구했던 까닭이다.[229] 종말론적 지평에서 차이를 화해시키는 평화의 존재론(밀뱅크)과 공동체의 저항정신을 신적 초월성으로 보는 유물론적 신학(지젝)

은 공히 자본(자유)주의를 넘어서도록 추동하고 있는 것이다. 그럼에도 신학의 중심부에서 벌어지는 논쟁 한가운데서 우리는 부활의 '역설'과 십자가의 '변증'(법) 중 어느 한 길을 요구받는다.[230] 하지만 이는 신앙의 그리스도와 역사적 예수 간의 오랜 논쟁의 변종으로서 어느 것도 내칠 수 없는 요긴한 신학적 자산이 되어야 할 듯싶다. 그럼에도 지젝 신학의 '이단성'(?)에 먼저 마음이 향해지는 것은 현실의 부조리가 너무도 버거운 탓일 것이다.

## 지젝 유물론 신학의 한계를 중심하여

생각보다 긴 글이 되어 버렸다. 글을 줄일 수 없었던 것은 필경 필자의 공부가 부족한 탓일 것이다. 지젝의 원 저서를 곱씹어 읽었어야 하는데 2차 자료에 의존하다 보니 이런 결과를 낳고 말았다.[231] 하지만 이 논문을 통해 지젝의 유물론적 신학이 웬만큼 구조적·내용적으로 해명되었으리라 생각한다. 물론 아직도 라캉을 비롯한 수많은 학자들을 자기화한 지젝의 학문적 편력을 따라잡을 수 없음에도 말이다. 이제 글을 마감하는 시점에서 필자는 아시아 신학자의 시각에서 지젝의 신학에 대한 비판적 성찰을 시도해 볼 것이다. 또한 충분히 동의하기 어려운 그의 고유한 신학적 관점 역시 되물어야 마땅할 듯하다.

필자는 앞서 지젝의 유물론적 신학을 동구권에서 태동된 일종의 토착화 신학이라 명명했다. 물론 그가 신학함에서의 보편적 차원을 새롭게 각인시켰으나 역시 마르크스적 사유의 틀에서였다. 따라서 그의 유물론적 신학은 수없는 사상가들을 비튼 결과였으나 결국 마르크스적 기독교(Religionless Christianity)였고, 따라서 그 시각에서 불교와 같은 아시아적 종교성을 평가한 것이라 생각된다. 이는 지젝이 근본에 있어 서구적 편향을 벗을 수 없는 한계를 지녔다는 말이다. 밀뱅크는 물론이고 지젝 역시도 서구 기독교 밖의 논리에 전혀 개방적이지 않았고 오히려 배타적이었으며 대화적이지 못했음을 보여준 것이다.[232] 한마디로 너무 기독교적이란 비판이었다. 물론 포스트모던 사회, 더구나 자본주의가 지배하는 서구 현실에서 불교가 서구인들에게 값싼 영혼 치유제, 혹은 이기적 영생 추구의 기제로 활용되는 현실에 대한 비판이겠으나 그것은 즉비(卽非)의 논리를 지닌 불교 그 자체에 대한 이해와는 무관한 것이었다. 아울러 유대교에 대한 지젝의 평가가 기존의 여타 신학과 달리 호의적이었음에도 불구하고 시종일관 대체주의자(Supercessionist)로서 오히려 반유대주의를 고취시키는 인식론적 구조를 지녔다고 비판받을 수도 있겠다.[233] 제3세계의 시각에서 지젝이 자신의 사유 전(全) 영역을 서구 기독교식으로 재(再)식민화시켰다고 보는 것은 지나친 말은 아닐 듯싶다.

다음으로 지젝 유물론 신학의 전거였던 욥기 해석의 파(破)격성을 거론하지 않을 수 없을 것이다. 주지하듯 지젝은 신약성서의 예수와 짝할 수 있는 인물로서 모세나 다윗이 아닌 욥을 칭했다. 이방인 욥의 신은 무(不)능의 존재였다는 것이다. 욥기 38장 이하의 욥을 향한 신의 집요한 물음들을 오히려 잡(雜)담으로 취급할 정도였다. 성육신만큼 희극적 코메디가 어디 있는가를 묻기도 하였다. 지젝은 이것을 유대주의(정신)의 핵심이라 여겼고 그 빛에서 예수 십자가를 해석했으며 바울 역시 율법이란 이데올로기를 극복한 유대주의자로서 이해하였다. 하지만 이들 해석은 오직 라캉의 정신분석학에 터한 것이었다. 즉 스스로 행하는 것을 자신도 알지 못하는 주체를 대타자를 향한 욕망으로부터 탈주시켜[234] 결국 대타자 자체를 없이 하려는 것이 욥기에서 발견한 지젝 사유의 해법이었다. 이로써 바울의 칭의 사상이 정의론으로 확장될 여지를 갖겠으나[235] 기독교 신학은 이런 지젝의 관점을 온전히 지지할 수 없다. 사실 지젝의 유물론적 신학은 기독교내 사신(死神)신학의 전통과 유사하다. 혹자는 그것이 본회퍼의 기독교의 비종교적 해석과도 닮았다고 한다.[236] 하지만 이들 신학적 시도들은 욥과 더불어 씨름하지는 않았다. 라캉에 의거, 이데올로기 비판의 준거를 욥에게서 찾은 것은 지젝 신학의 단편일 뿐 보편적 기독교와 중첩되기 힘겨운 부분일 것이다.

　마지막으로 지젝은 스스로 예외자가 됨으로써 대타자를 무너트릴 것을 종용하였다. 여기서 대타자란 신이자 자본주의 이데올로기를 칭한다. 그리하여 이념을 존속시키는 제도적 구조를 허무는 저항을 지젝은 초월과 등가라 여겼다. 하지만 이런 식의 소위 좌파 메시아주의는 이론적으로는 혁명적이지만 실천적으로 공허하다는 것이 최근 학계의 평가이다.[237] 자본주의 비판을 제도 안이 아닌 밖에서 찾고자 하는 혁명적 주장이 사건의 신학이란 이름으로 포장되어 현실정치를 신학화시킨 것이 그 이유란 것이다. 이론과 실천의 괴리를 좁히는 첩경은 정치의 신학화에 있지 않고 오히려 자본주의나 국가에 대한 철저한 분석, 구체적인 대안적 운동을 통해서라는 지적도 그릇되지 않다. 따라서 좌파 메시아주의로 하여금 신학보다는 사회과학과의 연계에 좀 더 치중할 것을 주문하는 이들도 적지 않다. 이런 비판에 대해 신학자로서 필자의 마음이 복잡해진다. 신학(성서)이 인문학자들에게 상상력의 보고(寶庫)로 인정된 것은 기쁜 일이나, 그로 인해 구체성을 상실하여 화려한 이론만을 양산하는 우를 범할 수 있는 까닭이다. 하지만 바디유나 지젝 같은 좌파 철학자들의 기독교 독해가 해보다는 득으로 결과 되기를 간절히 소망한다. 한국사회에서 유배당한 지 오래된 신이 이들로 인해 다시 소생될 수 있다면 얼마나 좋은 일이겠는가?

# 03 ── 한류와 K-Christianity
## - 한류의 혼종성과 현지화를 위한 신학적 모색[*]

주지하듯 '한류'(韓流)란 본래 한국 드라마를 접한 외국인들이 보이는 반응에 붙여진 용어였다. 드라마를 비롯한 노래(Pop), 영화 나아가 패션 등을 통해 이 땅의 문화 역량을 감지했고 그를 뒷받침할 만한 한국의 사회적 현상을 높이 평가한 결과였던 것이다. 하지만 한류의 상품화를 추동한 기획사들과 정부의 성급한 민족주의적 발상으로 혐(嫌)한류, 반(反)한류의 역풍 또한 거세다. 한류를 수용하는 주체들을 이해하기 보다는 자본에 힘입은 한류 컨텐츠 자체를 지나치게 확신한 때문이다. 이는 마치 선교를 존재 이유라 여기는 듯한 한국 교회 실상과 정확히 중첩된다. 자본주의와 짝하여 거대해진 한국 교회가 자신의 성장 메시지를 선교를 통해 아시아 각국에 전달하는 모습이 자본과 결탁한 문화민족주의로서의 한류와 너무도 닮아 있는 것이다.

이 점에서 한류가 동북아는 물론 범아시아를 토대로 발전해야 한다는 주장도 있다. 한류가 서구 중심적 지구(세계)화의 대안으로 발전하기를 소망하는 차원에서다. 그렇다면 의당 수용자의 시각이 존중돼야 마땅하다. 전달자

---

[*] 이 글은 기존에 발표된 것에 글 말미에 한류의 현지화 부분을 첨언하여 글의 완성도를 높였다.

와 수용자 간의 상호 호혜적인 관계가 성립될 때 한류의 지평과 역할은 이전과 달라질 것이다. 한류가 자본의 힘을 통해 지구화의 흐름을 만들어 냈으나 그것만으로 한류를 설명하는 것 역시 무리이다. 오히려 우리 민족 속에 자기동일성[2]으로 남아 있는 문화적 유산(DNA)을 비롯하여, 최근 민주화 운동에 이르기까지 다양한 역사적 사건들이 한류의 내적 요인이자 구성요소로서 언급될 필요가 있다. 군사독재와 맞서 이룬 민주화 경험을 비롯하여 촛불집회로 이어진 일련의 사건들 역시 아시아 어느 지역도 경험하지 못했던 바, 한류의 밑거름으로 생각될 여지가 많다. 이렇듯 자본 외적인 요인으로서 한류가 아시아를 비롯한 세계에 공감될 여지가 적지 않음을 인정해야 옳다. 따라서 한류에 대한 담론 자체는 다각적이고 총괄적으로 확장될 필요가 있다. 한류 열풍의 필요/충분적 조건을 탐색해야 한다는 것이다. 따라서 자본화된 한류를 비판하되 한류 자체를 부정할 이유가 없고, 한류의 국수(민족)주의적 병폐를 지적하되 그의 무국적성(해체주의)을 편들 이유도 없는 것이다. 또한 자본이 지배하는 현실에서 한류의 문화성만을 강변할 수 없듯이, 수용자들을 고려하는 정의의 차원 결코 논외로 할 수 없는 주제임이 틀림없다. 결국 한류 담론의 필요/충분조건은 민족/탈(脫)민족, 본질주의/해체주의, 자본주의/정의 나아가 전달자/수용자 간의 이분법적 도식을 넘어서는 데 있을 것이다.

이처럼 전통적 기독교에 이질적인 한류 담론(Text)에 기초하여 이 글은 궁극적으로 '정의생명평화'을 지향하는 'K-Christianity'의 의미를 묻고자 한다. 한국적 기독교가 올바른 방향으로 지구화 - 선교 - 되기를 바라서이다. 한류가 세계적으로 공감되었다면 그를 가능토록 했던 제요소의 빛에서 성서를 풀어 읽고 신학을 재구성한다면 기독교는 물론 세계 또한 달라질 것을 확신할 수 있지 않을까? 3~4년 앞으로 다가온 종교개혁 500주년을 보며 두 번째 종교개혁이 아시아, 더욱이 한류의 발원지인 이 땅에서 일어날 수 있다는 바람도 있다. 첫 번째 종교개혁이 독일적 토양(독일신비주의)의 산물이라면 이제 한류를 통해 영성이 발(發)하고 아시아적 가치로 공감될 경우, 그것은 빛바랜 한국 교회와 신학을 자극하여 생명·평화·정의에 합당한 새 기독교를 탄생시킬 수 있을 법하다. 이를 위해 첫 장에서 한류의 필요충분조건을 위해 문화 혼종성(Hybridity)의 산물로서 한류의 본질과 실상을 이해할 것이다. 둘째 장에서는 한류를 이해하는 핵심 개념인 혼종성이 실상 우리 문화의 본질이었음을 밝힐 생각이다. 소위 한국적 통섭(通涉)[3]론의 근간으로 알려진 풍류(道) 속의 '함'(含)과 '접'(接)의 시각에서 한류의 핵심을 분석하려는 것이다. 셋째 장에서는 이 두 원리를 지닌 한국적 도(道), 곧 풍류의 무게중심이 '흥'(興)에 있음을 주목하며 한류와 흥의 관계를 연구할 것이다.[4] 이 경우 흥(興)은 정(情)이나 한(초월)과도 치환될 수 있는 바, 한류를 조망하는 통/공시적 시각을 제시할 수 있다. 이렇듯 한국적 통섭론에 터한 흥의 공시적 드러남을 한류라 할 경우, 이를 에토스로 삼는 'K-Christianity'를 재구성하는 일이 관건이다. 흥(興)을 잃었고 공감(情)을 상실했으며 세속화된(초월상실) 한국 기독교를 한류를 매개로 다시 소생시키는 일은 새로운 차원의 선교신학으로서 한국 교회의 당면 과제가 아닐 수 없다. 이런 전제 속에서 우리는 마지막 부분에서 한류의 현지화에 관심을 가질 것이다. 아무리 한류의 문화 담론이 출중하다 하더라도 현지 수용자의 시각에서 옳게 받아들여져야 하는 까닭이다. 지금까지의 일방적인 기독교 선교 방식과 달리 쌍방향의 호출이 되어야 한류는 지속될 수 있을 것이다.

## 한류 담론의 실상과 '문화 혼종성'(Hybridity)으로서의 한류

혹자가 말하듯 한류의 인자(DNA)가 고대로부터 있었다 해도 그것은 오늘의 한류 열풍을 이해하는 필요충분조건은 되지 못한다. 오늘의 한류는 이전과 다른 역사적 경험 및 물적 토대가 갖추어졌기에 가능했던 까닭이다. 물론 그 또한 충분한 답변이 될 수 없다는 것도 여전한 사실이다. 한류가 대중문화 차원에서 경제적 이익과 국가적 브랜드를 높이는 일종의 문화상품으로만 기획 변질되어 반(反)한류의 역풍을 맞고 있기 때문이다. 하지만 비판과 부정만이 능사가 아닐 것이다. 한류를 통해 우리는 서구문화가 '지배문화'라는 등식을 깼고, 종속문화의 위치를 벗는 쾌거를 누렸던 탓이다.[5] 결국 필요한 것은 자리이타(自利利他)의 호혜적 시각에서 그 방향성을 수정하는 일인 바, 본 과제는 한류에 대한 현실 분석을 통해서만 성사될 수 있는 사안일 것이다.

무엇보다 한류 열풍을 가능케 했던 국내외적인 배경과 토대에 대한 해명이 있으면 좋을 듯 싶다. 1980년대 후반에 이르러 대한민국은 올림픽을 치를 수 있을 만큼 경제력을 갖게 되었고, 어느 정도 일차적 욕구로부터 자유할 수 있었다. 또한 그에 터한 자유로운 문화 교류 덕분에 서구를 비롯한 일본의 대중문화를 습득했고 자신의 역량을 축적했으며, 그럴수록 폭넓은 문화개방을 요구하여 문화 향유권에 대한 열망을 확대시켰다. 모방을 통해 창조가 일어나듯 우리 대중문화가 점차 '따라잡기'를 거쳐 '넘어서는' 단계로 진입한 것도 이 무렵이다. 하지만 무엇보다 중요했던 것은 이 땅에서 이룩한 민주화의 경험이었다. 해방 후 독립된 후발국가로서 민중적 힘으로 군사정권을 허문 경험은 세계사적으로 결코 흔치 않은 일이었다. 이런 성찰은 자발적 민주화의 경험이 부재했던 일본이나 중국과 비교할 때 더욱 명료해진다. 이렇듯 경제적 역량과 교류를 통한 문화 향유 의지, 나아가 민족적 자신감에 근거한 문화 창조적 힘이 얽혀 어느 순간 '한류'라 일컬어진 고유한 문화 흐름이 생겨난 것이다. 혹자는 한류의 문화 할인율, 즉 문화 상품 가격의 상대적 저렴성을 파급 이유로 들기도 하나 그것보다는 그 속에 담긴 무엇이 서구

할리우드는 물론 일본, 중국과 변별력이 있었는가에 주목하는 것이 옳을 것이다.

한류가 세계 곳곳의 10억 이상의 인구들과 교감할 수 있게 된 외적 요인으로서 우선 서구 문화가 그 중심적 패권을 상실했다는 점을 들 수 있겠다. 이는 문화 생산의 중심이 다극화·다원화됨을 적시하는 바, 한국을 비롯한 동아시아 지역의 위상 변화와도 무관하지 않다. 지역적인 것이 실제로 세계(지구)적일 수 있다는 탈(脫)현대적 사유도 한몫 했을 듯싶다. 모방해야 할 서구적 근대성만 있는 것이 아니라 비서구적 근대성도 동시에 존재한다는 탈(脫)오리엔탈리즘적 성찰의 산물인 셈이다. 그렇다고 하여 한류를 문화적 민족주의 차원에서 접근하는 것 역시도 위험천만하다. 한류 콘텐츠를 전 세계가 공감하는 듯 그의 세계화를 말하는 것은 국가(민족)주의적 욕망으로 역풍을 맞을 수 있다. 우리가 알고 있듯 아시아를 비롯한 세계 곳곳에서 한류는 수용 주체에 의해 달리 평가되어 왔다. 〈겨울연가〉와 〈대장금〉을 좋아하는 일본과 중국의 삶의 내면적 조건 역시 다를 것이고 같은 일본, 중국이라 하더라도 젊은층들은 오히려 이보다 K-Pop에 열광하는 것도 주목할 사안이다. 한국의 성장신화에 매료된 동남아시아의 드라마 열풍이 있는가 하면, 오히려 무용담이 깃든 〈주몽〉과 같은 태고적 신화에 마음을 뺏긴 아랍 지역의 한류도 분명 존재하는 것이다. 또한『엄마를 부탁해』와 같은 모성적 소설이 미국에서 베스트셀러 반열에 올랐다는 또 다른 양상도 있다. 후술하겠으나 이처럼 한류 수용자들은 결코 수동적이지 않고 오히려 한류를 그들 자신의 문화로 새롭게 창조해 가고 있는 중이다. 따라서 수용은 곧 창조란 말이 성립될 수 있다. 한류 역시 이 과정을 통해 창조된 것을 인정해야 할 것이다. 하지만 필자는 이런 시각을 한류의 문화 유전자론을 주장하는 일련의 입장과 극단(이분법)적으로 대별시키지는 않을 생각이다.

따라서 세계화 과정에서 진행되는 문화 혼종 현상을 언급할 차례가 되었다. 아시아 지역에서의 한류 열풍은 탈중심화의 영향뿐 아니라 본래부터 문화적 혼종 현상의 결과물이라는 지적이다. 물론 고유한 유전인자의 발현이란 측면도 있겠으나 그보다 한류는 지구적 자본화의 흐름 속에서 성장한 일종의 특수문화로서 일차적 특징이 혼종적이란 것이다. 이를 일명 자본주의의 메타적 성격이라 부르기도 한다.[6] 문화 이동을 방해하던 일체 경계가 무너진 상황에서 한류 열풍은 자본력을 바탕으로 하여 서구 문화와의 치열한 교섭 과정을 통해 대중성을 확보했던 까닭이다. 하지만 자본력이 문화 흐름을 주도하긴 했으나 그것이 한류가 화류(華流)나 일류(日流)에 비해 경쟁력을 갖게 된 충분한 이유는 되지 못한다.[7] 중·일류의 자본(기술)력이 결코 한류의 그것보다 못하지 않기 때문이다. 오히려 혼종화로서의 한류에서 주목되는 바는 서구 문화의 근대성과 자국의 전통 문화적 요소와의 결합 여부이다. 필자가 수용자 중심의 관점과 문화 유전자론을 일정 부분 함께 수용하려는 것도 이런 맥락에서이다.

이 점에서 혼종성에 대한 논의가 좀 더 필요할 듯싶다. 저마다 한류의 혼종성을 말하나 강조하는 바가 다른 까닭이다. 수용자 측을 강조할 수도 있고 자국 문화적 가치에 무게중심을 둘 수도 있다는 말이다. 또한 자본력으로 흡입·융합되는 과정 역시 혼종성이라 불릴 수도 있을 것이다. 그렇다면 본래 혼종성이란 개념은 어떻게 받아들여야 옳은 것인가? 앞서 우리는 탈근대적 세계화로 인해 문화는 혼종성을 띨 수밖에 없다고 보았다. 하지만 이런 혼종성은 다문화주의를 넘어 초문화주의를 적시하며 동일성 논리의 붕괴를 가져왔고, 결국 문화를 시장경제하의 상품으로 전락시킬 수 있다. 한류 역시 자본주의의의 메타적 성질로 이해되는 한 서구가 지금껏 그래 왔듯 또 다른 종속 이론을 야기시킬 수 있는 때문이다. 하지만 탈근대적 문화 정체성으로서 혼종성을 말했던 호미 바바(Homi Bhabha)는 그 속에서 오히려 반(反)식민지적 저항의 에토스를 역설코자 했다. 혼종성은 제국주의적 문화력과 지역문화의 힘이 교차할 때 지역 문화 속에서 나타나는 현상으로서, 일차적으로는 모방이 생기나 그로 인해 양자 간 이항대립이 모호해져 결국에는 반식민적인 저항에로 귀결된다는 것이다.[8] 혼종성이 지닌 이런 양가적 특성은 바로 아시아 국가들 속에서 한류에 대해 열풍과 반감이 교차되는 현실로 드러나고 있다.

하지만 복종과 저항의 양가성을 지닌 혼종성은 반드시 식민주의를 전제로 해서만 의미를 갖는다. 탈근대적인 혼종성이 자국의 문화적 정체성을 무화시킬 수 있듯이 호미 바바의 양가적 혼종성 역시 자국의 부정적 현실을 자양분 삼아 태어났기에 한계가 있다. 물론 탈식민주의 이론을 말하지 않을 수 없을 만큼 종속적 현실이 지배적인 탓에 혼종성이 지닌 저항은 반드시 필요하다. 하지만 자국 문화가 근본적으로 서구적 근대성에 비해 열등하다는 판단은 문제가 있다. 이 점에서 다른 유형의 혼종성, 즉 자신의 문화 속에서 전통과 탈근대가 상호 얽혀져 있다고 믿는 교차적 혼종성이 요청된다.[9] 여기서는 자신의 전통이 서구 탈근대적 가치와 교감할 수 있는 교차성을 지녔다고 보기에 그들 역사와 문화가 결코 부정적이지 않다. 자신의 식민적 공간이 탈영토화되어 과거와 현재 그리고 미래가 얽힌 혼종적 공간으로 재(再)영토화되는 까닭이다. 따라서 문화적 혼종성은 공간성뿐 아니라 시간성 역시도 함께 얽혀 있다고 보는 것이 옳다.

이로부터 한류의 혼종성은 결코 탈근대적 문화현상 만이 아니라 과거 문화적 전통 속에서도 존재했음이 분명해졌다. 그러나 혼종적 현상으로서의 한류 담론이 감당해야 할 탈영토화와 재영토화의 의미를 먼저 약술할 필요가 있다. 탈영토화란 자본력에 기초한 문화 민족주의로부터의 탈주를 뜻하며 재영토화란 한류가 최소한 동아시아의 새로운 지역성을 형성하는 기초가 되어야 한다는 것이다.[10] 이는 앞서 언급한 수용자 중심적 한류 담론과 맥을 같이 하는 것으로, 혼종적 특성을 지닌 한류의 미래와 직결된다. 이 점에서 한류를 매개로 구성될 K-Christianity 역시 자신의 문화 선택을 이전과는 달리 해야 옳다. '탈'(脫)을 거친 '재'(再)의 차원에서 선교 개념 자체를 달리 정초하라는 요청이다. 동아시아를 위한 한류의 문화 창조적 역동성이 오히려 나라 밖에서 다음처럼 인정되고 있기 때문이다: "한국인의 영민함은 그것의 문화적 총체가 이미 아시아의 문화적 근저를 이루고 있으며 그것이 서방문화라는 포장을 이미 거쳤다는 데 있다."[11] 이는 한류가 수용된 나라의 파급력을 보며 향후 아시아적 문화 생산의 주체로서의 역할을 한류에게 요구하고 있는 것이다. 한류가 지닌 혼종성이 바로 아시아적 공존을 위한 문화 담론의 향방을 정위할 수 있다는 사실이다.

## 한국적 혼종성의 표현으로서 '함'(含)과 '접'(接)의 논리

이제껏 우리는 한류를 특징 짓는 그의 시공간적 혼종성에 대해 살펴보았다. 적어도 동아시아에서 한류가 문화 생산(창조)의 새 주체가 되기를 기대했기 때문이다. 이 점에서 한류의 충분조건으로 언급된 전통적인 미학적 감수성과 공간적 차원뿐 아니라, 시간적 구조 안에서 혼종성의 재발견은 우리의 시각을 과거 전통으로 이끈다. 문화 창조적 주체로서 한류가 통시적 공간성을 넘어 공시적 시간성 속에서도 조명될 수 있다는 것이다. 이는 물론 한류 속에 내재된 선험적 본질을 주장하는 것과는 다른 차원이다. 하지만 내용적 본질로서가 아니라 밖과 교감해 온 사유 틀 자체에 대한 이해에 있어 남다른 고유한 것의 실상을 부정할 수는 없다. 혼종성을 지닌 오늘의 한류에 해당하는 것을 과거 전통 속에서 찾고 그를 의미화하여 통/공시성을 함께 확보하는 것이 중요해졌다. 한류 열풍은 우리 민족의 정체성이 본질주의로 환원될 수 없는 '혼종성' 자체에 있다는 사실이다. 이는 바로 이 장의 제목으로 내건 '함'(含)과 '접'(接) 논리로서 최치원이 쓴 '난랑비서'에 언급되어 있는 바, 동아시아 문화 선택에 직면한 한류를 위해 충족한 틀을 제공할 것이다.[12]

주지하듯 이 땅에 중국과 다른 '현묘한 도'[玄妙之道]가 있음을 최초로 밝힌 사람은 고운 최치원이다. 어린 시절부터 긴 세월 동안 중국에서 교육받았던 그가 고국 신라에 돌아와 본 것은 유불선에로 환원될 수 없는 풍류(風流)였고, 그의 역할이 포함삼교(包含三敎)와 접화군생('接'化群生)에 있음을 설파했다.[13] 여기서 중요한 점은 풍류가 오늘의 개념 범주와 달리 놀이, 예술뿐 아니라 종교(제천의식) 나아가 공동체성 확보라는 정치·사회·문화적 외연을 지녔다는 사실이다.[14] 오늘의 풍류(K-Pop)가 극히 오락이나 놀이로 그 의미를 좁힌 것은 물론 자본력에 의거 제국주의적 성격을 지녔다고 비판되는 것과는 전혀 다른 차원이었다. 거대한 정신성(유불선)을 포함하고 있으면서 그것이 사람 혹은 자연과 조우할 때마다 생명력을 부여하는 창조적 역할을 담당한 것이다. 한류에게 주변 지역과의 관계 속에서 새로운 생명·평화·정의와 같은 문화 선택을 기대한 것도 이런 맥락과 무관치 않을 것이다.

이를 위해 필자가 관심 갖는 바는 현묘지도(玄妙之道)의 역할을 담당하는 '함'(含)과 '접'(接)의 논거이다. 최근 서구적 통섭론과 맞서는 '함'의 논리가 주목을 받기 시작했으나, 이에 더해 신앙과 이성의 차원을 넘어 공감의 중요성이 커진 현실에서 '접'의 논리 역시 혼종성을 위한 좋은 틀거지가 될 수 있다.[15] 우선 '함'의 논거를 갖고 포함삼교의 내용을 보면, 이 경우 현묘지도인 풍류는 유불선에 비해 메타적 특성을 갖는 듯하다.[16] 유불선을 포함하되 그것으로 환원되지 않는 까닭이다. 유불선이 상대적으로 경합했던 중국과 달리 삼교를 포함하는 메타사상이 본래 풍류의 본성이란 것이다. 하지만 이런 생각은 중국에 없는 것이 이 땅에 존재한다는 식으로 풍류를 본질화시킬 수 있다. 이에 반해 무엇보다 '함'을 한국적 통섭(通涉)론으로 보는 최민자의 관점이 혼종성을 말할 때 적합하다.[17]

최근 한국 사회에 부는 통섭의 바람, 일명 탈(脫)경계로 불리기도 하는 사조 역시 혼종성과 크게 다르지 않다. 이들 개념들은 모두 탈현대적 정조(ethos)의 산물로서 불변적 정체성에 저항하는 까닭이다. 하지만 진화 생물학자 E. 윌슨의 통섭(統攝)론(Consilience)은 혼종성과 짝할 수 없는 개념이다. 주지하듯 그의 통섭(統攝)은 '함'(含)의 논리로서의 통섭(通涉)과 다른 한자어[函]로 표기된다. 즉 통섭이 물질(유전자)을 큰 줄기 삼아 일체를 그곳으로 귀결시키는 환원주의로서 종래의 신학이 모든 것을 신(神)에게로 귀결시켰던 것에 대한 반작용일 뿐이다. 하지만 '함'의 논리로서 통섭은 존재의 실상 자체가 상즉상입(相卽相入)의 구조로 얽혀있다 보기에 큰 줄기자체를 부정한다. 존재 자체가 실체(요소)적이지 않고 소금과 물이 섞인 소금물처럼 있다는 것이다.[18] 이 경우 소금물은 각각의 실체(요소)를 탈(脫)한 상태로서 지평 확장 곧 혼종성을 적시하는바 '함'(含)의 논리의 결과물이다. 하지만 소금의 실체가 탈(脫)해졌음에도 그 맛이 실종되지 않고 다른 형태로 유지 보존된다는 사실이 중요하다. 비록 그것에게 풍류란 이름이 붙었을지라도 그 핵심은 결코 실체(본질)에 있지 않고 문화를 창조하는 틀(바탕)의 역할에 있다. 실제로 이 땅위 유입된 무수한 낯선 이념, 종교들 심지어 기독교마저 한국적 틀에 의해 수용 내지 선택된 것이란 종교학적 지적도 있다. 이는 결국 조화할 수 있는 힘, 지금의 개념으론 혼종성인 바, 이를 가능케 하는 틀이 옛적부터 있었다는 것이다.[19] 혼종성이 공간만이 아니라 시간성 차원에서 논의되어야 할 결정적 이유를 바로 여기서 발견한다.

그럼에도 '함'(含)의 논리는 반드시 '접'(接)의 능동성과 잇대어 있어야만 한다. '함'의 자연스런 수동성이 '접'의 논리와 만날 때 비로소 자신과 주위를 살리는 문화의 능동성이 가능하다. 이것이 포'함'삼교와 '접'화군생이 풍류의 양면으로 짝을 이룬 이유일 것이다. 여기서 이 두 개념을 수동성과 능동성으로 대별한 이유는 다음과 같다. 첫째는 자국의 문화 생산력인 소금물의 농도, 즉 풍류의 역할에 대한 관심 때문이며, 둘째는 대외적 차원에서 풍류가 실체를 탈(脫)한 모습으로 혼성화될 수 있는가를 묻고자 함이다. 결국 앞의 것이 자국 내의 시간적 혼종성을 말한다면 나중 것은 국외에서의 공간적 혼종성을 염두에 둔 발상이라 하겠다. 결국 '함'과 '접의 양면성은 자신을 풍부하게 하고 그로써 뭇 타자를 활성(生命)화시키는 것으로서 한류의 현재적 실상뿐 아니라 당위(미래)적 과제를 여실히 보여준다. 주지하듯 접화군생은 본래 홍익이화(弘益理化)라는 말과 깊게 연루되어 있다. 이는 인간을 두루 이롭게 하고 세상을 이치(도리)로서 다스려 살림살이가 풍요로운 생명의 세계관을 반영하는 말이다. 이런 세계관 하에서 '접'의 현실성인 '생(生)'은 종종 신바람이라 명명되곤 한다. 하늘이 몸 속으로 들어오고 내속의 신(神)이 밖으로 드러나는 경지, 곧 하늘과 땅의 묘합(妙合)이라 불리는 바, 우주와 나, 전체와 개인, 나와 타인의 일체성이 드러나는 경지일 것이다. 따라서 한국의 굿 문화 역시 일종의 '접'의 문화, 곧 신바람의 문화였다는 지적은 옳다. 접화군생이 본래 굿 문화와 무관치 않았다는 사실이다. 익히 알 듯 한국 샤머니즘의 특징인 하늘 굿(천신숭배)의 핵심은 집단적 음주가무이며, 그 과정에서 신(神)/인(人)은 물론 인간들 모두가 하나로 될 수 있었다.[20] 여기서 핵심은 앞서 언급한 '접'의 능동성이 일차적으로 현묘지도(玄妙之道)로서 천신(天神)의 능동성과 유관하다는 사실이다. 당시 전 세계에 퍼져 있던 신들이 대개 지고(至高)한 존재였기에 현실계와 적극적으로 관계 맺지 않는 피동성·은퇴성(Deus Optiosus)을 속성으로 했다면, 이 땅의 천신은 군무(群舞)의 형식을 빌려 인간사에 깊이 관여했던 것이다.[21] 천신과 접하여 발한 신명, 즉 신바람이 자기 밖의 무리[群]에게 생명의 가치로 접목되었음은 충분히 가늠될 수 있다. 이처럼 풍류가 '함'과 '접'의 논거를 통해 유불선 3교를 품으면서도 넘어섰고[混─] 동시에 일체에게 생명가치를 선사한 생명 신비의 원리가 되었듯이, 오늘 우리도 이런 경험적 틀을 갖고 세계를 위한 한류의 문화 창조력을 기대해야 할 것이다.

## 풍류에 터한 한류의 공시적 가치
### - 동아시아 문화 선택을 위한 흥, 정 그리고 한(초월)

앞서 우리는 한류의 혼종성을 시공간적 차원으로 확대시켰고 그 핵심에 '함'(含)과 '접'(接)의 논리가 있어 풍류[玄妙之道]의 양면성으로 역할했음을 보았다. 한류를 민족주의의 산물로만 여기거나 외국문화의 변용(자본주의적 혼종)으로 보는 양자택일적 관점을 지양할 목적에서였다. 물론 한류를 혼종성이란 개념 범주하에 두는 것은 지당한 일이다. 그러나 혼종성에도 시/공간적 차원 나아가 통/공시적 차원이 있다는 발견은 더없이 중요했다. 앞의 것이 서구와의 교류에서 생긴 한류의 실상이라면, 나중 것은 오늘의 한류를 서구가 아닌 우리의 전통(과거)의 빛에서 생각할 여지를 준 것이다. 이 두 과정이 함께 얽혀 이해됨으로써 한류의 세계(동아시아)화 과정이 좀 더 윤리적이고 정의로울 수 있다는 것이 필자의 확신이다. 바로 이를 위해 포함삼교(包含'三敎)와 접화군생('接'化群生)의 의미가 중요했고 그것을 틀(준거) 삼아 오늘의 한류, 그가 함의할 문화 담론을 살펴야 할 것이다. 분명 오늘의 '한류'가 과거의 '풍류'와 공시적 사건이며 반드시 그렇게 되어야 할 당위를 있기 때문이다.

이를 위해 첫 주제는 현묘지도(玄妙之道)로서 풍류에 관한 것이다. 일반적으로 유불선을 품을 수 있었던 풍류의 기원이 천지인(天地人) 삼재(三才) 사상에 있다는 것이 중론이다.[22] 농경문화가 낳은 중국적 음양론에 견줄 때 수렵 문화를 일궜던 우리 민족에게 삼재론이 대세였다. 즉 동물의 생명을 먹거리로 취했던 탓에 수렵문화는 그들 사후(死後) 영혼을 기렸고 그것이 바로 영의 세계로서 보이지 않는 하늘(天)과 육체의 세계인 땅(地) 그리고 이 둘을 잇는 인간(人)을 하나로 생각하는 삼재론의 토대가 될 수 있었다. 이런 삼재론이 샤머니즘과 유관함은 당연지사이며, 앞서 언급했던 하늘 굿 역시 삼재론에 터한 제천(祭天)행사였던 것이다. 이 점에서 삼재론은 수렵문화로부터 생성된 한국적 샤머니즘의 이론적 토대라 명명할 수도 있겠다.[23] 그렇기에 풍류를 일견 선(仙) 혹은 도가적 요소와 중첩될 수 있다고 보는 신은경의 시각에는 선뜻 동의하기 어렵다.[24] 물론 풍류 속에 선(仙)적인 요소가 충분히 있으나 그것 하나로 풍류를 보는 것은 한중일 간의 시각차를 온전히 드러낼 수도 없고, 그것이 지닌 종교(윤리)성·예술성 그리고 놀이성 역시 충족히 해명할 수 없을뿐더러, 지금 한류와의 공시성 역시 논하기 어려운 까닭이다.

필자가 풍류의 근원을 삼재에서 찾고자하는 데는 다음과 같은 이유가 있다. 우선 삼재의 핵심이 무엇보다 인간에 있기 때문이다. 주지하듯 삼재론은 '인중천지일'(人中天地一)이란 말 속에서 절정을 이룬다. 사람 속에서 하늘과 땅이 하나가 되었고 결국 사람을 통해 하늘의 가치를 이룰 수 있다고 믿는 것이다. 본래 모든 것이 하나이기에 일체 구별 없이 사는 것이 역시 '인중천지일'이 말하고자 하는 바였다. 그러나 이렇듯 현실에 대한 긍정은 인간의 구체적 역할 없이는 공염불이 될 수밖에 없다. 견성(見性)이 고행을 통하지 않을 수 없듯, 그리고 신(神)이 십자가를 져야만 했듯이, 이 땅의 샤머니즘 역시도 하늘의 지고함(Deus Opiosus)을 앞세우기보다 지상에서의 능동성을 강조했던 것인데, 이 또한 궁극적으로 인간의 역할을 말할 작정이었다. 이것이 여타의 보편적 샤머니즘과 다른 이 땅의 풍류적 샤머니즘의 특징이라 하겠다. 하늘과 땅을 소통시키되 인간을 윤리적으로 엮어 내고자 했던 것[共感]²⁶이 우리의 굿문화가 보여준 신바람의 본질이란 말이다. 이런 맥락에서 풍류, 곧 인간은 물론 하늘과 하나 되려는 몰아(沒我)적 신바람을 통해 우리가 주목할 바는 정(情)과 흥(興)과 한(초월)의 가치성이다. 일반적으로 풍류를 흥의 미학이란 관점에서 보는 것이 기본이나, 이 글에서 필자는 정과 한 역시 흥의 다른 일면이라 보고 그에 대한 이해의 폭을 넓힐 생각이다.

　풍류를 흥의 미학이라 보았던 심광현은 자신의 책 제목이 적시하듯 대한민국을 '흥'한민국이라 고쳐 부르고 싶어 했다. 그만큼 흥을 민족 고유한 풍류의 다른 이름이라 생각했고, 오늘의 한류 역시 그와 공시적 현상으로 보고자 한 것이다. 한중일 모두가 풍류를 말했으나 그와 다른 메타적 성격이 이 땅의 풍류 속에 있었고, 그것을 통해서만 한류의 필요충분조건이 해명될 수 있다고 생각했다. 하지만 필자는 앞서 그가 말한 독특성이 '메타'보다는 '함'(含)과 '접'(接)의 논리에 있음을 역설하였다. 이로써 흥(興)의 차원으로 한류를 수렴시키는 심광현과 정(情)과 한으로 흥의 성격을 보완하려는 필자 간의 차이가 드러날 수 있겠으나, 이 장에서 후술할 주제이다. 그럼에도 한국 문화의 풍류성을 흥에서 찾은 것은 탁견이라 할 수 있다. 그렇기에 그는 흥(興)과 한(恨)을 한국적 미감의 양가성으로 보는 신은경의 의견에 동의하지 않았다.²⁷ 오히려 한국적 자연생태[地文]²⁸와 인간사[人文] 속에 내재된 풍류를 심광현은 프랙탈 흥의 미학이라 명명했다.²⁹ 여기서 프랙탈(fractal)은 본래 구불텅한 곡선처럼 불규칙한 형상을 뜻하는 바 인문(人文)에서는 집단 참여적인 예측 불가능한 역동성(카오스)을, 지문(地文)의 경우 주름진 한반도의 산하(형국론)³⁰와 오밀조밀한 건축 및 조경을 염두에 둔 개념이다. 여기서 역(혼)동성은 당연히 그 근원으로 고대 제천행사에서 행해진 음주가무 문화를 떠올리게 한다. 즉 전체 속에 참여하면서 그 일부가 되는 데서 오는 존재(생명)감의 강력한 표현이기도 한 것이다. 이렇듯 인문(人文)과 지문(地文), 인간사와 자연사가 얽혀 생겨난 고유한 미학적 가치를 홍에서 찾았고 홍의 성격이 집단적·역동적 나아가 혼동성을 띠었다는 발견은 오늘의 한류를 이해함에 있어 참으로 중요하다. 드라마 및 K-Pop을 비롯한 한류가 세계와 공명·소통될 수 있었던 것은 바로 이런 프랙탈한 홍의 미감이 배우들의 '끼'와 연기력 그리고 이야기로 분출되었다는 것이 중론인 까닭이다.

그렇다면 심광현이 이 땅의 지문과 인문의 얽힘을 통해 말하고자 했던 프랙탈 홍의 미학을 좀 더 살펴야겠다. 무엇보다 그는 한국의 홍이 '대상과 일체가 되어 부분에서 전체로, 나에서 우리로 나아가는 역동성·참여적·상승적 생태학적 성격'을 지녔다고 보았다. 이는 주체를 버리면서 합일에 이르는 무심(無心)[31]과 달리 주체의 능동적 참여를 통한 주객합일의 경지였다. 일제 침략시기를 거치면서 민족정서(ethos)가 한(恨)이나 고요, 혹은 은둔으로 둔갑되긴 했으나 이 땅은 본래 황홀하면서 홍거운 나라였던 것이다. 홍은 깊숙한 목구멍에서 나는 소리들[喉音] 'ㅎ'과 'ㅇ', 그리고 땅을 상징하는 'ㅡ'로 구성되어 있다. 여기서 'ㅇ'은 있음, 곧 존재 자체를 말하며 'ㅎ'은 존재가 드러나 성장 해가는 형상이다.[32] 오행의 관점에서 후음(喉音)은 물[水]에 해당되는 것으로 구체적으로 대지 위로 물의 기운이 홍건히 넘쳐나는 모습이기도 하다.[33] 결국 깊숙한 내면(존재)으로부터 밖으로 솟구친 기운을 더불어 경험하는 것이 우리말이 적시하는 홍이라 하겠다. 내 몸 안에서 느껴지는 신체적 감각이긴 하나 항상 타자를 필요로 하는 것(공동참여)이 홍인 것이다. '함'(含)과 '접'(接)의 의미가 다시금 되살려지는 대목이다.

여기서 우리는 홍과 정(情)의 관계 역시 엿볼 수 있다. 우리의 과거였던 동이(東夷)족이 음주가무의 풍류를 즐겼으되 그들의 홍취 속에는 언제든 더불어 하는 공감력이 자리한 까닭이다.[34] 우리 문화의 원형이라 불릴 만큼 당시의 춤과 노래가 예외 없이 집단적 형식[群聚歌舞]을 띤 것도 이런 맥락에서이다. 뿐만 아니라 이곳에서 예(禮)를 찾을 만큼 일상에서 사람들 간의 관계가 조화와 균형을 이뤘다는 것도 역사적 기록의 일부이다.[35] 따라서 예(禮)란 필히 악(樂)과 짝하는 개념으로서 문화의 핵심 개념인 바, 그 속에서 인간 상호 간 '한마음'이 추구된 것이다. 한류 드라마가 문화적으로 친근한 아시아를 넘어 세계인의 정서에 닿을 수 있었던 것도 단순히 흥(興)만이 아니라 그 속에서 느껴지는 정(情), 곧 공감력 때문이라 하겠다. 본래 정 역시 흥처럼 그렇게 특정한 타자를 자기 범주 속에 수용하여 자기를 확장시키는 실존 양식이었다. 단지 흥과 다른 것은 때로는 그것이 자기희생을 동반할 수도 있는 까닭이다. 이를 위해 개체[小我]로부터 전체[大我]에 이르려는 백사천난(白死千難)의 마음공부가 반드시 요구된다. 한국인의 기원설화가 바로 '동굴'에서의 고통과 인내를 강조한 것도 결코 우연은 아닐 것이다. 이 점에서 풍류의 핵심인 흥이 천신신앙을 잉태한 민족 고유한 샤머니즘의 산물이라면, 정은 예로 발전된 유교의 일상적 표현 양식이라 볼 수 있겠다.

그렇다면 흥의 다른 일면인 한, 곧 승화 내지 초월의 감각은 불교가 준 선물일 것이다. 한 국문학자는 이를 '아우름'이란 말로 표현하기도 했다.[36] 한국인의 신바람은 권선징악을 통해서만이 아니라 선악의 이분법적 구도를 초탈하여 악과 적마저 품을 수 있고 용서할 수 있는 넉넉함과 유관하다. 이별의 아픔과 원망을 주제로 한 노래로 알려진 '아리랑'이 실제로는 애절한 고통을 승화시키는 자기 주문과도 같은 노래였다. 즉 '아리랑' 어원이 아픔을 뜻하는 '아리다'가 아니라 넘어서고자 하는 '아우르다'에서 비롯되었다는 것이다.[37] 이런 틀은 절대무(絕對無)를 통해 일상의 상대적 가치를 무화시켰던 불교적 가치관의 결과물이라 볼 수 있겠다. 그러나 이 역시 근원적으로 풍류의 토대인 삼재론(三才論)에 터해 이해되는 것이 마땅하다. 불교적 연기론이 삼재사상에 통섭(通涉; 含)된 까닭에 항시 셋을 매개로 대립을 하나로 아우르는 원형적 사고 구조를 배태했기 때문이다. 김지하가 말한 '흰 그늘'이란 미학적 개념 역시 이 점에서 의미 상통한다. 물론 '흰 그늘'의 미학은 본래 민족적 차원의 한(恨)의 정서를 언표한 것이지만[38] '흰'과 '그늘' 곧 밝음과 어둠의 대립을 극복한 경지인 까닭이다. 여기서 아우름, 곧 승화란 '기우뚱한 균형'이자 '프렉탈한 카오스', 곧 '카오스모스'의 미학이라 해도 좋을 듯 싶다. 하지만 김지하와 달리 여기서 중요한 것은 한(恨)이 아니라 흥(興)에, 성(聖)이 아니라 속(俗)에 '기우뚱하게' 무게중심을 두는 일이다.[39] 그래야 한류라 불리는 오늘의 대중문화에 대한 이해가 가능해진다.

우리는 풍류를 유불선의 메타 원리적 차원에서가 아닌 '함'(含)의 맥락에서 이해하였다. 즉 흥과 정 그리고 한(초월)을 풍류의 하위개념이 아니라 그의 다른 일면들이라 여긴 것이다. 아울러 필자는 흥, 정, 한을 각기 샤머니즘과 유교 그리고 불교의 영향사 속에서 독해하고자 했다. 여기서 흥은 이들 셋을 하나로 엮을 수 있는 유일한 개념이 될 것이다. 한민족의 기원과 관계된 샤머니즘(천신신앙)내지 삼재론의 기본적 에토스인 까닭에서다. 이제 우리는 이런 미학적 주제들이 오늘의 한류 속에서 공시적 사건으로 재현·반복되는것을 살펴야 한다. 통시적 탐색만이 아니라 공시적 증거들을 제시하기 위해서이다. 이는 결국 동아시아 문화 선택을 위한 한류의 과제를 적시하는 일이기도 하다. 사실 공시적 증거들은 주목하지 않았을 뿐 작금의 한류 현상 이전에도 없지 않았다. 서학(西學)에 대해 동학(東學)이란 자의식 하에서 유불선 3교를 포함하되 접화군생('接'化群生)을 근간 삼아 서구의 제국주의적 민족주의는 물론 피식민지 국가들의 저항적 민족주의를 넘어 그들까지를 하나로 엮는 문화적 민족주의를 지향했던 동학은 오늘의 대중적[俗] 한류에 비해 성(聖)의 영역에서의 한류라 해도 틀리지 않을 것이다. 그렇기에 동학을 풍류도의

19세기적 재해석이라 공히 명명하는 학자도 있다.[40] 하지만 불행히도 동학은 시운(時運)과 맞지 않았다. 일본 제국주의와 동서 이데올로기의 틈바구니에서 희생양이 된 것이다. 하지만 문화의 시대라 일컬어지는 21세기 지금 우리는 한류['含'과 '接']를 통해 미완의 과제를 실현할 적기에 살고 있다. 따라서 한류의 공시적 가치를 이 땅의 기독교가 수용, 전개시킬 수 있기를 바라는 것이 이 글의 궁극적 의도이다. 하지만 이보다 먼저 한류 속에서 홍, 정, 한이 어찌 표출되고 있는지를 짧게나마 살피는 것이 논리상 적합할 것 같다.

무엇보다 홍(興)의 차원은 수많은 아이돌 스타들의 집단적 가무(歌舞)와 최근 싸이의 열풍 속에서 공시성을 드러내고 있다. 군취가무(群聚歌舞)하는 일종의 굿 놀이(제천행사)가 지금 민주화되고 경제적 성과를 통해 자신감을 얻은 한국의 젊은이들을 통해 재현되고 있는 것이다. 이는 상대적으로 억눌렸던 우뇌형 기질이 올림픽·월드컵 당시의 거리 축제 나아가 여러 차례 촛불집회를 거치면서 맘껏 발현된 결과이다. 전통이 해체되는 근현대사의 질곡하에서 파괴된 홍의 미감을 복원시킬 필요충분조건이 갖춰진 것이다. 이처럼 굿문화의 유산인 선천적 감각과 문화·정치적 환경이 제대로 조우했기에 싸이의 춤과 노래는 분명 서구를 넘어섰으되 동서양, 남녀노소 13억 명 이상이 공감하는 새로운 양상을 드러낼 수 있었다. 자신의 온몸을 던져 홍을 돋우는 춤꾼들의 열정과 성실한 몸짓 그리고 기존 틀을 해체하는 노랫말의 충격(감각성) 등은 충분히 세계를 감동시켰고, 앞으로도 그리 될 것이 분명하다. 이는 국내 재벌인 삼성이 서구 따라잡기의 전형적 모습을 하고 있다는 사실과 극히 대조된다. 경제로는 서구를 이길 수 없으나 문화로는 그들을 압도할 수 있다는 사실적 경험을 하게 된 것이다. 놀이를 문화와 통합시켜 낸 이런 자신감[41]은 향후 우리의 정치, 사회, 교육 나아가 종교 등 모든 영역에서 그 영향력을 미칠 수 있을 법하다.

한류를 대표하는 여러 드라마가 각지에서 폭발적 반응을 얻게 된 이면에는 정(情)의 미감이 제몫을 담당했다. 배우들의 끼나 외모, 연출력의 출중함도 한 원인이겠으나 드라마 속에 공감을 불러일으키는 보편적 주제들이 항존했고 가족관계, 부부, 연인, 부자지간 등 인간관계로부터 펼쳐지는 깊은 정감이 남달랐던 까닭이다. 여기서 정(情)은 어느 경우라도 더불어 느낄 수 있는 마음이라 풀어 읽어도 좋을 것이다. 함석헌이 본 대로 이 땅의 백성들은 모진 수난의 역사를 살면서도 어짊과 착함을 민족적 성격으로 가꿔 왔다.[42] 의당 한류 드라마를 통해 드러난 경제성장의 실상을 모방하려는 욕구도 없진 않았겠으나, 그보다는 한류 작품의 스토리와 이미지 그리고 감성과 가치관에 우선적으로 열광했음을 부정할 수 없다.[43] 이를 위해 유교라는 문화적 근접성이 소통의 한 요소였음을 인정하는 것이 옳다. 물론 특정 지역에 따라 그 경향성의 밀도가 달라질 것이나 여기서 말하는 유교를 인류 보편적 휴머니즘의 가치를 담았던 동북아(東北亞)적 기제라 보면 좋을 것이다. 특별히 타자와의 갈등을 초심(初心)을 잃지 않는 항상심으로 극복하려는 노력을 한류 드라마의 미학이자 매력으로 꼽을 정도다.[44] 이 점에서 대장금이나 겨울연가는 예외 없이 한국의 문화적 신분증으로 평가받기에 손색이 없다. 물론 드라마 속의 인간성이 자본화된 한국의 현실과는 동떨어져 있으며 오히려 최근 드라마가 막장을 향해 치닫고 있다는 비판의 소리도 적지 않지만[45] 여전히 가족 공동체를 중시하는 한류의 철학적·문화적 특징들은 할리우드 중심의 서양문화를 대체할 대안 문화로서 그 역할을 충족히 발휘할 것이다.

끝으로 한, 곧 승화 내지 아우름은 과거 역사와 현실적 삶에서 한 맺힌 삶을 살아온 이들에게 자기 극복의 길을 가게 하는 미학적 가치로서 대다수 장르에서 나타나지만, 특히 『엄마를 부탁해』와 같은 소설이나 최근 UN이 정한 세계유산이 된 판소리 같은 전통 문화 속에서 두드러졌다. 주지하듯 우리 역사는 흥이 억압되고 정이 배반되는 경험에 익숙해 있다. 그것이 뿌리 깊은 가부장 체제와 제국주의적 야욕의 희생양이 되었던 때문이다. '착함'과 '어짊'을 민족적 성격으로 지녔으되 온갖 더러움을 나르는 세계의 하수구요 창녀의 자궁(公娼)처럼 되어 버린 한민족에게 한(恨)은 그러나 초월 내지 승화를 위한 삭혀야 될 과제였지 일본적인 한풀이인 복수와는 차원이 달랐다.[46] '웰빙'의 대명사가 된 우리 음식문화가 '삭'이고 '절'이는 과정에서 태어났듯, 대극적 상황을 풀고 아우르는 지난한 과정 속에 아우러진 흥과 정의 미감이 동시대 인류에게 희망과 구원을 선사할 수 있을 것이다. 우리가 '흰 그늘'이란 김지하의 미학적 개념에 설득되는 것도 바로 이런 이유에서이다.

## 한류의 공시성과 정의평화생명을 위한 'K-Christianity'

긴 지면을 통해 한류를 말했고 이제 비로소 그와 엮일 기독교를 언급할 차례가 되었다. 한류의 공시성(共時性)이 회자되는 한 이 땅의 기독교 역시 그에 터해 자신을 재구성하는 것이 마땅하다. 필자가 'K-Christianity'를 통해 동북아를 비롯하여 세계와 소통하는 새로운 문화 선택(담론)을 기대한 것도 바로 이런 이유에서였다. 한류의 공시성이란 바로 흥과 정 그리고 한(아우름)으로 표출되는 한류가 '풍류', 더 멀리는 고대 제천의식에서 행해지던 군취가무(群聚歌舞)와 잇대어 있음을 뜻한다. 이는 일명 시간적 혼종성일 터인데, 전통과 탈근대가 이 땅에서 상호 교차하고 있음을 적시한 것이다. 물론 한류가 지닌 공간적 차원의 혼종성을 부정하긴 어렵지만 그것만으로 한류의 본질을 충족히 해명할 수 없었다. 외래 것의 수용만 있고 역사와 전통이 부재한 문화 발전은 허상인 까닭이다. 거듭 말하지만 민족이 지닌 문화 정체성은 시대정신에 따라 구성 내지 재구성되는 것이지 허구일 수만은 없다고 확신한다.[47]

이렇듯 한류의 시공간적 공시성[通涉]을 가능케 했던 근거로서 이 글은 '함'(含)과 '접'(椄)의 논리를 제시했다. '함'은 이 땅에서 발생되는 자연스런 시간적 혼종성의 원리라 본 반면 '접'은 자신(國) 밖의 공간적 차원에서 일어나는 능동적인 혼종화 과정이라 이해한 것이다. 달리 말하면 앞의 것이 외래문화(유불선)를 수용하되 그를 자기화할 수 있었던 민족 고유한 주체성[體]을 일컫는 반면 나중 개념은 그것이 지닌 생명력으로 여타 주변을 새롭게 일굴 수 있는 창조적 역량[用], 곧 우리 시대 언어로는 문화 담론, 곧 현지화를 지칭한다고 볼 수 있겠다. 이 점에서 오늘의 한류는 시공간적 혼종성의 산물로서 서구적 자산을 창조적으로 재구성하여 동북아는 물론 세계와 소통하는 보편적 생명력을 잉태해야 한다. 이 점에서 이 땅의 기독교 역시 한류의 문화 창조력(생명력)을 위해 기여해야 마땅하다. 여기서 중요한 것은 한류 수용국들과의 상호 이해, 즉 상호 교류 확대(현지화)이다.[48] 대외적인 '접'의 능동성을 위해서라도 수용적인 '함'의 논리가 더욱 중요할 수밖에 없다.

이제 한류의 문명사적 사명을 위한 기독교의 역할을 모색할 지면에 이르렀다. 이를 위해 필자는 세 차원에서 접근할 생각이다. 무엇보다 '함'과 '접'의 논리로서 재구성된 기독교를 논하는 것이 첫 과제이고, 그로부터 야기된 한류의 공시성, 즉 흥·정·한(초월)을 내용으로 하는 기독교 신학을 논하는 것이 둘째 과제이며, 마지막 임무는 그것이 신자유주의적인 자본화된 서구 질서를 벗는 동아시적 대안으로서 '정의생명평화'의 실상인 것을 주장하는 일이다. 주지하듯 최근 '다양성의 신학'(Theology of Multiplicity)이 종교 다원주의를 대신하는 사조로서 급부상하고 있다. 이는 신적 깊이를 이해하기 위해서는 제 종교의 공존이 필요함을 역설한다.[49] 힌두교, 기독교 그리고 불교 각자의 핵심을 설(說)하는 존재 근거, 우발성(역사성), 관계성, 이 셋을 통해서만 신적 깊이(신비)가 온전히 드러날 수 있다는 것이 '다양성의 신학'의 골자인 것이다.

하지만 이 셋을 하나로 엮어 가는 과정 및 논거가 부족하다. 따라서 신적 신비를 구성하는 이들 세 요소가 '함'의 논거 하에서 통섭될 수 있고 '접'을 통해 역사 변혁을 이룰 수 있음을 말해야 옳다. 이 점에서 백년 역사를 이제 막 지난 기독교 역시 앞서 존재했던 유불선과 더불어 창조적으로 혼합될 필요가 있다. 이 경우 혼합, 곧 '우리'(We)의 의식은 고체로부터 액체 상태로의 변화를 일컫는다.[50] 기독교를 얼음과 같은 고체(교리)가 아닌 물과 같은 유연한 상태(성령)로 재구성하라는 말이다. 고체 상태의 서구적 기독교로는 자연스런 '접'의 생명력을 실현할 수 없다. 기독교는 이제 유불선이 담당했던 풍류의 세 차원, 흥・정・한(승화) 속으로 흘러 들어가 그 각각의 차원들을 더욱 깊고 넓게 확장시킬 책무가 있다. 여기에 한류와 'K-Christianity'가 병존(竝存)하며 그 관계를 논할 여지가 생겨날 것이다.

　따라서 기독교는 로고스(말씀)를 말하는 초월의 종교이기보다 오히려 흥・정 그리고 한의 폭과 깊이를 확장하는 새로운 '땅'의 종교가 되어야 한다. 이미 서구에서는 니체를 통해 디오니소스의 부활이 예고된 바 있었으나, 이렇듯 세 차원을 지닌 한류는 그 차원을 훌쩍 뛰어 넘을 수 있다. 흥과 정 그리고 한을 통해 표현되는 기독교 신학은 현실 교회가 지향했고 지금도 여전한 교조적・기복적 그리고 성장 지향적 실상과는 크게 다를 것이다. 본래 복음은 기쁜 소식을 뜻하는 바, 기쁨이란 순우리말로 기(氣)를 뿜어내는, 자신으로부터 신(神)이 나오는 상태를 일컫는다. 삶의 가장 깊숙한 곳에서부터 표출되는 감성, 곧 흥과도 같은 것이다. 천지비괘(天地否卦)의 억압적 구조가 지천 태괘(地天 泰卦)로 역전될 때 느껴지는 감흥이라 하겠다. 다석 유영모는 이런 전이(轉移)를 그리스도의 육화(肉化)라 명명하였다. 예수께서 죄인들을 친구로 불러 식탁공동체에 초대했을 때, 문둥병자가 예수에 의해 치료를 받고 마을 공동체에 복귀했을 경우, 재산을 탕진한 아들이 아버지로부터 예상치 못한 환대를 받았을 때, 존재 밑바닥으로부터 나오는 기쁨, 바로 그것이 육화된 신의 현실태로서 기독교가 말하는 홍이다. 실상 굿문화의 제천행사에서 행해진 군취가무는 누구라도 예외 없이 기뻤기에 가능한 일이었다. 모두가 함께 먹고 마실 만한 물적 토대가 갖춰졌던 것도 부인할 수 없다. 더욱이 그것이 신 앞에서 행해진 풍요의 축제이자 예배였기에 더 더욱 그랬어야만 했다. 하느님의 기쁨은 인간사회 속에서 정의의 감각이 소생할 때 확대된다는 것이 성서의 가르침이다. 그렇기에 고압 전류가 흐르는 송전탑에서 사투하는 해고 노동자, 손 잘려 일터에서 쫓겨난 이주노동자 그리고 고층빌딩 옥상에서 생존권을 위해 싸우는 수많은 가장들이 있는 한 소수자들의 홍은 신적 차원을 지닐 수 없고, 복음적인 것도 아니다. 이는 한류 수용 주체들과의 관계에서도 동일한 현실이다. 생각하는 인간에서 노동하는 인간 그리고 지금은 유희적(遊戱的) 인간상이 현실을 지배하나 그 유희가 진정코 '홍'(興)이 되려면 정의의 감각을 놓쳐서는 아니 될 것이다. 놀이하는 신은 자신을 착취하며 과잉 성과를 위해 사는 이들의 삶을 바꿀 수는 있어도[51] 착취당하는 이들에게는 복음이 될 수 없을 것이다. 일을 빼앗긴 사람에게 안식일은 축제가 아니라 저주가 될 수도 있는 까닭이다. 바로 여기에 기독교 복음이 풍류의 공시적 현상으로서 한류의 홍에 리좀처럼 연결되고 액체처럼 스며들어야 할 필연적 이유가 있다. 기독교가 추구하는 홍의 신학은 이처럼 정의와 무관할 수 없는 것이다. 성서가 성령의 열매로서 '의'(義)와 평강과 희락을 함께 말하고 있는 것도 동일한 맥락에서다.

이렇듯 홍이 모두와 함께하는 기쁨이라면 그것은 반드시 정을 수반해야 옳다. 성서적으로 말하자면 기뻐하는 자들과 함께 기뻐하고 슬퍼하는 이들과 더불어 슬퍼하는 공감력이 필요하다는 것이다. 향유(유희)하는 인간은 타자의 고통 앞에서 벽(한계)을 느껴야 마땅하다는 말일 것이다.[52] 남의 고통을 느끼고 아픔의 소리를 듣고자 한다면 때론 무력한 자신의 한계를 직시하며 그 때문에 고독해야 한다. 그것은 종종 자신에 대한 항거를 수반하고 동시에 더 큰 상상력을 필요로 한다. 고독하지 않으면 저항할 수 없고 그 힘이 사라지면 상상력도 고갈되는 법이다.[53] 교리와 기복에 안주한 오늘의 기독교는 그래서 고독하지도, 저항하지도 않고 급기야 환상의 결핍으로 연민, 곧 세상과 소통하는 공감력을 잃고 말았다. 그래서 한편의 드라마가 주는 감동만도 못한 설교를 등지려 하고, 지루한 교설과 강요가 난무하는 교회로부터 유배를 당하나 정작 그들은 정감 넘치는 따뜻한 기독교를 바라고 있는 것이다.

이를 위해 필요한 것이 이야기이고 픽션이다. 비록 배가 고플지라도 이야기를 그리워하는 것이다. 여기서 픽션은 허구라기보다는 상상력 내지 환상이라 보면 좋겠다. 한 문화학자는 인류의 픽션에 대한 탐닉을 생존과 번식에 이로워 선택한 인간의 본능적 적응 기제라 했다.[54] 지속적으로 이야기를 듣고 상상을 키워 온 덕에 오늘의 인류가 이만큼 진화했고 앞으로도 그럴 것이다. 종교보다 이야기가 먼저 있었다는 사실 역시 당연지사로 수용했다. 예술의 중요성을 진화론의 시각으로 풀어낸 결론일 것이다. 상상력이 고갈되고 이야기가 실종되면 문화 콘텐츠화 되지 못하고 문화산업으로의 전락하고 만다. 그렇기에 기독교 신학은 교리가 아니라 성서 및 동서양 고전은 물론 민담이 전하는 이야기(Narrative)에 주목할 필요가 있다. 천지창조, 모세의 출애굽 사건 그리고 예수의 마구간 탄생을 교리에 희생시키지 말고 세상과 소통하는 이야기로 만들라는 것이다. 나아가 성서 66권을 얼음(고체)처럼 닫힌 신적 계시의 완결본으로 떠받들기보다 세상 속 여러 이야기들과 교감 속에서 새로운 계시를 창출하란 요청이기도 하다. 이는 기독교가 살아남기 위한 전략이자 한류 속에 자연스럽게 스며들 수 있는 새 기독교 탄생의 예고이기도 하다.

더 큰 상상력으로 공감력[情]을 확보한 기독교는 이제 억눌린 한(恨)을 풀어 승화시키는 아우름의 종교로서 한류의 공시성에 일조 내지는 교감할 수 있다. 주지하듯 본래 우리는 흥과 정의 감성을 지닌 민족이었으나 질곡의 근현대사는 이를 억눌렀고 그로 인해 각자의 가슴 속에 응어리를 만들어 왔다. 강제로 자신의 끼[氣]을 빼앗긴 설움은 밥을 내준 아픔 이상으로 컸다. 숱한 전쟁 속에서 우리가 빼앗긴 것은 실상 '땅'이 아닌 '얼'이었다. 대내외적 수탈과 억압의 현실 하에서 누적된 민중들, 여성들의 한은 바로 끼와 얼의 상실의 결과였던 것이다. 그러나 고통이 극에 달했어도 우리에겐 착함 곧 '차마 하지 못하는 마음'[不忍之心]이 있었다.[55] 그 착함이 한의 누적을 가중시킨 적도 있었으나 그럼에도 자신을 삭히고 절여 해원상생(解怨相生)의 길을 찾고자 했던 것이다. 비록 문화상품으로 전락한 복수극이 최근 한국 TV를 통해 방영되곤 있으나, 본래 한류 드라마나 소설이 지닌 보편적 소통력은 이런 마음에 터했기에 가능했다. 필자가 흥, 정과 더불어 한(恨)이 아닌 한(승화, 아우름)을 풍류의 실상이라 본 것도 이때문이다.

사랑과 화해 그리고 용서의 가치를 품은 기독교가 한류의 공시성에 일조 내지 합류할 수 있는 방법도 바로 여기에 있다. 구약성서는 이사야를 통해 '내 백성을 위로하라'는 하느님 말씀을 전했다. 하지만 그 위로가 공허하지 않은 것은 빼앗긴 의(義)에 대한 공분(公忿)이 아니라 정작 자신은 도살장에 끌려갈지라도 상한 갈대 하나라도 꺾지 않으려는 하느님 마음 때문이다. 예수가 말한 애통하는 자의 복 역시 마음이 깨져 다시 열리는 상태, 그래서 자신을 산산조각 나게 했던 상대방조차 품는 큰마음의 상태를 적시하고 있다.[56] 남북 왕조 분열시부터 원수지간이었던 유대인을 끝까지 책임졌던 사마리아인의 선한 마음이 이와 같지 않았을까?[57] 어떤 형태든지 간에 인간이 만든 담장 일체를 허물게 하는 것이 바로 불고 싶은 대로 부는 하느님 영의 역할이

자 본분이라 믿는 까닭이다. 이 점에서 바울서신은 더욱 적극적으로 피조물이 탄식하는 소리를 듣는 것 - 연민적 상상력[58] - 을 시대가 요구하는 성령 체험이라 정의하였다. 한맺힌 고통의 소리를 듣되 그와 하나 되는 방식으로 풀어내는 것을 보혜사 성령의 몫이라 본 것이다. 여기서의 핵심 역시 모두를 아우르게 하는 성령 체험이 항시 '자기 비움'(Contemplation)을 수반한다는 정언적 사실이다. 따라서 기독교가 향후 한류의 공시성에 참여하여 장차 동북아 문화 담론을 이끌고자 한다면, 즉 'K-Christianity'로서 선교를 생각하는 경우라면 무엇보다 일체를 아우르고자 하는 이런 연민적 상상력에 익숙해질 필요가 있을 것이다.

이제 마지막 과제이자 결론으로서 한류와 감응하는 'K-Christianity'로서 기독교 신학이 동북아와 세계를 위해 내놓을 수 있는 문화 담론 내지 기독교적 문화 선택이 무엇인지를 논할 차례가 되었다. 이는 기독교가 관심해 왔던 선교의 주제와 내용을 묻는 물음이라 하겠다. 지금까지 '함'의 논거 하에 한류와 기독교의 관계를 논했다면, 이제는 짧게나마 '접'의 시각에서 기독교가 감당해야 할 역할과 사명을 묻고자 하는 것이다. 여기서 필자는 아우슈비츠 경험 이후 신학의 향방을 바꾼 또 하나의 사건인 JPIC 주제를 다시 기억하고 싶다. 1990년 이를 주제로 공의회 차원의 전 세계 기독교인들 모임이 있었고 2013년 가을, 그 연장선상에서 유불선이 공(생)존하는 세계 유일한 곳이자 한류의 진원지인 땅끝 부산에서 개최되는 10차 WCC 대회를 예사로울 수 없었다. JPIC 공의회를 발의했던 공로로 명예 신학박사 학위를 수여하는 자리에서 폰 봐이젝커는 'JPIC 주제가 해결되지 않는 한 기독교 정신(구원)은 구현되지 못한 것'이라고 선포했다.[59] 최근 민중신학 진영에서도 루터의 종교개혁 원리에 빗대어 '오직 생명, 평화, 정의를 통해서만 구원 받을 수 있다'고 천명한 바 있다. 따라서 이 땅에서 개최되는 WCC 대회 주제, '생명의 하느님, 저희를 정의와 평화로 이끄소서'(God of life, leads us to Justice and Peace)가 그 구체적 실현을 목적한다면 의당 한류의 공시적 드러남인 흥, 정 그리고 한(아우름)과 공명해야 할 것이다. 이는 한류의 문화 선택이 더욱 정교하게 생명, 정의 그리고 평화를 지향하고 그 가치들을 품어야 한다는 말이기도 하다. 정의, 평화, 생명이 이처럼 흥과 정 그리고 한(아우름)이라는 한류의 실상과 공명할 경우 기독교의 문화 담론, 곧 선교가 미칠 영향력[接]의 폭과 깊이는 한없이 확장될 수 있기 때문이다.

무엇보다 자신이 지은 삼라만상을 보며 '참 좋다'고 환호하신 창조의 하느님과 흥의 미감이 공명될 경우 기독교는 성속을 가로지르는 생명력으로 충일(充溢)될 것이다. 인간을 포함한 모든 생명체가 저마다 자신의 자리를 갖고 조화와 균형을 이루는 것은 하늘의 기쁨이자 땅의 축제인 까닭이다. 이 점에서 흥은 생명 있는 것들이 벌이는 축제의 산물이다. 아무리 사소한 것일지라도 '있음' 자체를 결핍(缺乏)하는 존재는 없는 까닭에 흥은 존재함의 기쁨이기도 하다.[60] 오늘의 기독교가 문화적 다양성을 존중하고 약자의 존재를 지켜 대변할 때 실종된 하느님의 환호를 되찾을 수 있을 뿐 아니라, 자연과 인간이 공생하는 흥겨운 세상을 재창조할 수 있다.

아울러 당대의 불가촉천민들과 식탁공동체를 일군 예수의 마음이 정(情)의 미감과 혼종화되는 것 역시 대단히 시급하다. 세상과의 공감력, 불의한 세계에 대한 연민적 상상력의 극대화가 여기서 비롯한다고 믿는 까닭이다. 이로 인해 가난한 타자들을 초월의 다른 모습으로 볼 수 있는 눈이 생겨나며 영생의 기쁨이 구체적 현장에서 비롯함을 깨닫게 될 것이다. 관계성이 깨지고 약자의 눈물이 마를 날 없는 국내외적 현장을 직시하는 과정에서 예수처럼 과/불급 없는 - 기뻐하는 자와 함께 기뻐하고 슬퍼하는 자와 더불어 슬퍼하는 - 마음[情], 곧 정의의 감각을 적절히 표현[發]할 수 있다면 기독교의 미래는 결코 어둡지 않다. 따라서 정의의 감수성을 지닌 예수 마음 곧 정(情)의 종교로 거듭나고 재구성되는 것이 기독교적 문화 선택이자 선교라 해도 지나치지 않을 듯 싶다.

마지막으로 아우름이자 승화의 감정으로서 한의 미감 또한 탄식하는 이들을 품고 막힌 벽을 허무는 - 불고 싶은 대로 부는 - 성령의 역할에 일조할 것이다. 가진 자들이 만든 벽을 부술 뿐 아니라 한(恨)을 품어 애통하는 사람들의 닫힌 감정조차도 넘고자 한다면 삭히고 절여 이뤘던 한의 미감으로 더욱 충만해질 필요가 있다는 말이다. 애통하는 사람에게도 복이 있다는 것이 성서의 가르침이고 탄식하는 피조물들을 위로하되 전혀 다른 세상이 있음을 알리는 성령은 분명 모든 것을 아우르며 현실을 초월하려는 한의 미감과 닮아 있다. 이처럼 한류의 공시성과 접목된 기독교가 K-Christianity의 형식과 내용을 지닐 때 동아시아 문화 전략으로서 정의평화생명의 역할을 충족히 감당할 수 있다는 것이 필자의 소박한 확신이다.

## 한류의 현지화를 위한 제언

이상의 작업을 통해 우리는 한류에 대한 양가적 입장, 그것을 민족 우월성 (원류)의 산물로 독해하거나 서구 자본주의 아류로 폄하하는 상호 모순된 극단적 평가를 지양했다. 전자의 경우 한류는 선교사가 전하는 일방적 복음의 형태와 너무도 닮아 있고 나중 것은 정작 세계의 1/5에 달하는 13억의 인구가 열광하는 변별된 이유를 설명할 수 없었던 까닭이다. 이 글에서 필자는 한류를 '혼종화' 현상이라 여겼고, 문화 전략 차원에서라도 좀 더 '정의'로와질 것을 요구했으며, 이를 위해 K-Christianity의 이름으로 '글로컬리제이션'의 전략이 필요함을 역설하였다. 종래와 같이 자국 문화(경제)의 확산 차원에서 한류를 보는 단견을 버리고 쌍방향적 문화 교류를 강조한 것이다. 이를 위해 '한류의 현지화'-특별히 종교적 관점에서-이 글의 결론을 맺는 것은 매우 유익할 수 있겠다. 앞선 내용이 한류와 접목될 수 있는 이 땅의 기독교에 초점을 맞췄다면, 결론에서는 짧게나마 선별적으로 한류의 수용국에 주목하여 그들 속에서 한류의 접목 가능성을 생각해 볼 것이다. 이런 맥락과 전제하에서 새로운 문화담론으로서 K-Christianity 역시 더 한층 의미가 중요해질 수 있다.

앞에서 언급했듯이 한류는 서구문화가 더 이상 대세가 아닌 것을 반증한다는 점에서 대단히 중요한 의미를 지녔다. 문화 영역에서 '서구 따라잡기는 끝났다'는 판단이 세를 입증하는 중이다. 하지만 일류(日流)와 화류(華流) 등이 세계 도처에서 한류와 경쟁하고 있는 것도 사실이다. 이런 상황에서 한류는 그 어느 때보다 수용자(국)의 문화, 정치, 경제적 환경 전반에 걸쳐 관심을 기울여야 마땅하다. 혐(嫌)한류, 반(反)한류의 조짐과 함께 한류 수용자(국)들 속에서 그들이 만들어 낸 새로운 형태의 문화 현상, 소위 '신(新)한류'의 바람이 불고 있다는 소식을 접할수록 더욱 그러하다. 이런 맥락에서 우리가 그랬듯이 수용자(국)의 문화에 집중할 필요가 있겠고, 그 문화 속에 잠재된 그들의 종교(성)에 깊이 천착해야 옳다. 문화와 종교의 상관성을 기본 상식으로 아는 이들이라면 종교가 정치, 경제의 여타 영역과 견주어 한류의 현지화, 글로컬리제이션을 위한 역할이 작지 않음을 긍정할 것이다.

이 작업을 위해 필자는 앞선 논의와의 연계성 속에서 논리를 전개시킬 생각이다.[61] 주지하듯 필자는 한류가 혼종화 현상임을 인정했으나 그에 대한 서구적 한계를 적시하였다. 즉 오늘의 한류란 동서양 간의 공간적 차원의 혼종화일 뿐 아니라 전통 안에서 생기된 공시(시간)적 차원의 혼종 현상임을 보았던 것이다. 혼성화로서 한류가 모방과 저항을 통해서만이 아니라 문화적 주체성의 산물일 수도 있다고 여겼다. 따라서 필자는 한국 고유한 현묘지도

(玄妙之道)(풍류)의 두 원리, 곧 포함삼교(包含'三敎)의 '함'과 접화군생('接'化群生)의 '접'을 혼종성의 한국적 원리로서 수용하였다. 여기서 '함'이 공간적 차원의 혼종성을 성사시키는 한국적 주체성을 일컫는다면 '접'은 타문화와의 관계 속에서 그들과 상생하는 자리이타의 실상을 보여준다. 즉 '함'이 한국 땅에서 생기된 한류의 논리(자생)적 토대인 반면, '접'은 자국 문화의 확대 재생산이 아니라 수용자(국)와의 소통, 즉 그들 문화를 새롭게 창조하는 한류 현지화(지역화)의 원리라 해도 틀리지 않다. 그렇기에 한류의 현지화, 곧 글로컬리제이션은 '접'의 능동성과 무관치 않은 바, 정의의 차원을 담지하는 문화 전략(담론)을 지녀야 할 것이다.

하지만 한류가 지닌 '접'의 능동성은 현지의 종교 문화적 특성과 옳게, 제대로 만나야 '생'[生] 곧 살리는 역할을 감당할 수 있다. '접'의 능동성이 항시 현지의 종교문화와 통시적으로 만나는 '함'의 논리를 전제해야만 한다는 말이다. 즉 '함'이 다시금 자신의 실체(본질)를 탈(脫)하는 방식으로서 현지 수용인(국)들과의 감성적 소통을 도출해 내는 문화적 혼종성[通涉]으로 역할을 감당한다면, '접'은 그를 통해 현지 속에서 그들 고유한 '신한류'를 창출시키는 역동적 공감력으로 역할할 수 있다는 것이다. 한국적 공시성의 표현으로서 한류의 혼종성이 다시금 현지에서 '함'과 '접'의 과정을 통해 한류의 세계화와 지역화를 이룰 수 있다는 말이다.

그렇다면 구체적으로 이런 '함'과 '접'의 논리를 갖고 한류는 현지 수용인(국)들과 어떻게 만날 수 있는 것일까? 여기서 중요한 것이 이 글이 관심을 갖는 현지인(국)들의 삶 속에 뿌리내린 그들의 종교(성)들이다.

주지하듯 통섭(通涉)의 성격을 지닌 '함'의 논리가 흥, 정 그리고 한(아우름)의 종교성을 소통시켰듯이, 그리고 그것이 샤머니즘을 비롯한 유교, 불교의 형태로 가시화되었던 것처럼 한류의 혼종성은 저마다 종교가 다른 현지인(국)

들의 문화적 삶 속에 녹아 내려야 마땅하다. 한류에 열광하는 13억 인구들의 지역별·종교별 분포를 살펴볼 때 유교문화권, 불교문화권, 이슬람권 그리고 남미의 라틴 가톨릭계가 주종을 이룬다. 물론 유럽과 미국 등 개신교가 강세인 지역 역시 한류가 소통되고 있으나 상대적으로 열세인 까닭에 여기서는 논외로 하겠다. 우리의 관심은 우선 한류속의 '함'의 논리가 이들 낯선 종교문화와 어떤 식으로 혼종화되는 가를 살피는 일이다. 현묘지도인 풍류가 이들 각기 다른 종교문화와 소통하는 방식에 대한 물음이라 할 것이다. 익히 알려졌듯 한류의 성패를 문화적 근접성의 시각에서 보는 방식은 틀린 것은 아니되 더 이상 크게 유효하지 않다. 이미 한류는 비동시성의 동시성 (the contemporaneity of the uncontemporary)의 양상을 띠고 있는 까닭이다.[62] 이렇듯 한류가 문화 유사성을 넘어 이질적 공간에까지 그 영향력을 미치고 있는 것은 한류가 지닌 혼종성, 곧 통섭의 힘 덕분이다. 하지만 이렇듯 한류의 현상적 추세에 만족할 수만은 없는 상황이다. 한류의 지속성을 위해 가치 지향적 맞춤형 한류에 대한 고려가 더욱 필요한 시점에 이른 것이다.

무엇보다 중국과 같은 유교문화권에서 한류의 현지화 과제를 생각해 보자. 자본주의를 사회주의적으로 실험하여 반쯤 성공했으나 자신들 정신적 공백을 다시금 유교에서 찾고자 하는 나라가 중국이 아니던가. 그러나 이념으로서 유교는 자본주의에 익숙한 중국인의 심성을 바꾸기에 역부족이다. 중국의 온갖 사회적 부패상이 이를 잘 보여주고 있다. 조금 과장하자면 한류 속에 내재된 정(유교)의 감성을 문사철(文史哲)이 결합된 이성적 공감으로 확대시켜내는 것이 한류 수용국인 오늘의 중국적 과제이다.[63] 물론 이것은 앞으로의 지난한 과제로 남아 있으나 그 지향성만큼은 분명하다. 여기서 정(情)의 가치로서 한류는 이런 중국적 지향성과 더욱 혼종되어야 할 것이며 그로써 그들 유교를 생명력 있게 만들 수 있다. 이 경우 정은 의(義)의 문제와 무관할 수 없고, 자기희생의 가치와도 나뉠 수 없는 것으로, 중국적 현실과 가장 잘 소통될 수 있는 공감력(종교성)이라 하겠다. 그렇기에 동아시아 문화 전문가로서 『한국인만 모르는 다른 대한민국』[64]의 저자인 외국인 학자 이만열은 한국의 선비정신이야말로 중국뿐 아니라 세계가 추구하는 이상, 곧 정의 문화를 담고 있다고 역설할 수 있었다. 중국이 특히 〈대장금〉에 자신들 혼(魂)을 빼앗긴 것은 그의 삶 속에 드러난 정의 가치 때문일 것이며 대장금이야말로 여성적으로 표현된 선비의 표상이었던 까닭이란 것이다.[65] 요컨대 유교문화권인 중국은 유교적 바탕에서 성숙한 정의 문화를 통해 자신들의 총체적 난제들을 치유할 수 있어야 할 것인 바, 이것이 바로 자신들 문화에 생명력을 부여하는 한류가 지닌 '접'(接)의 역할이다.

중국을 제외한 다수의 동남아 국가들을 불교문화권이라 칭하는 것은 크게 잘못된 판단은 아닐 것이다. 따라서 한류가 그들 불교문화의 정수와 접맥되고 탈(脫)실체화된 방식으로 통섭되어야 한다는 점 역시 이의가 있을 수 없다. 한류를 통해 민족적·종교적으로 다르나 초국가적 정체성(transnational Identity)이 그들 속에서 새롭게 획득되고 있는 까닭이다. 이를 우리는 앞서 세계화와 지역화를 아우르는 글로컬리제이션이라 명명했다. 불교문화권 속에서 한류의 '함'과 '접'의 논리는 그렇다면 어떻게 작용되어야 옳은 것일까? 특별히 불교국가인 태국의 경우를 염두에 두고 생각하면 좋을 듯하다. 한류를 수용할 수 있는 태국 내 여러 조건 중 가장 중요한 변수로서 학자들은 종교적 측면을 꼽는다.[66] 태국의 문화는 불교의 영향 하에서 개인 자유의 존중은 물론 갈등 조정을 중시하며, 상대주의와 보편주의를 긍정하는 문화란 것이다. 소수민족의 갈등을 일찍부터 해결했으며, 외국 문화에 대한 호의적 태도가 큰 것도 불교적 영향이라 하겠다. 한국의 드라마 중 폭력성이 짙은 〈친구〉가 태국에서 유일하게 흥행에 실패했다는 것도 이와 무관치 않다.[67] 하지만 태국의 경우 근대화 과정에서 왜소한 체형, 검은 피부색 등으로 서구 콤플렉스에서 자유롭지 못했다. 그리하여 아시아에서 서구적 체형을 갖춘 한국의 드라마 속 주인공, K-Pop의 가수 등을 통해 대리만족을 얻을 수 있었다. 일부 한국인들 중에는 이런 태국인을 비하하며 차별하는 경우가 늘고 있어 반(反)한류의 원인이 되고 있다 한다. 이런 상황에서 한류 속 '한'(초월), 곧 아우름의 영성은 이 땅의 불교 역사가 발전시킨 것으로서, 태국의 종교문화와 치열하게 혼종화의 과정[슴]을 겪을 필요가 있다. 선악의 이분법적 구도를 초탈하여 악과 적마저 품을 수 있고 용서할 수 있고 애절한 고통을 승화시킬 수 있는 창조적 힘이 바로 한류의 한(아우름)의 차원인 까닭이다. 이 점에서 이만열은 다시금 참선과 명상의 가르침을 한류의 소재로 삼을 것을 강조한 바 있다.[68] 최근 '관상'을 비롯한 '풍수' 그리고 '사주' 등 아시아권의 소재들이 상상력 넘치는 이야기로 재구성되어 영화화되고 있는 바, 특히 불교문화권에서 주목할 가치들을 소통시킬 수 있을 듯 싶다. 이런 과정을 통해 불교문화에 익숙한 그들의 주체성과 자존감이 높아질 수 있다면, 이 역시 한류가 지닌 '접화군생'(接化群生)의 힘일 것이다.

마지막으로 우리 문화와 가장 먼 곳인 아랍 지역으로 눈을 돌려 보고자 한다. 다행히도 터키, 이란을 비롯한 이슬람 지역을 여러 곳 다녀 보았고, 현지인들과 한류를 주제로 대화를 나눈 바가 있었기에 이슬람문화권에 대해 다소 경험적 접근이 필자에게 가능했다. 필자가 느낀 바로는 같은 이슬람권이라 하더라도 한류에 대한 이란과 터키의 반응이 같지 않았다. 개방성과 세속화에 대한 이해의 정도에 따라 한류의 선호도가 구별된 것이다. 이는 자신들 종교인 이슬람교에 대한 이해 차이와 무관하지 않다. 이스라엘과 갈등하는 팔레스타인 주민들에게도 한류는 또 다른 차원에서 각별한 의미가 되었다. 우선 웅대한 신화, 화려한 역사를 갖고 있던 페르시아의 후예인 이란의 경우 그들은 〈주몽〉과 같은 우리의 고대 역사, 신화의 세계에 환호하였다. 비록 현실은 위기이고 갈등 상황이지만 멋진 이야기와 기술로 치장된 한류로 인해 그들은 자신들 과거 역사(신화)를 재발견했고 위로 받을 수 있었다. 군부 독재를 겪으면서 늘상 선진국의 문턱에서 좌절했던 터키인들에게 한류는 〈자이언트〉와 같은 드라마로 대표되었다.[69] 박정희, 전두환 시대를 힘겹게 지나면서도 민주화에 대한 열망을 성사시킨 한류 드라마에 대한 그들의 감정이입은 참으로 대단했다. 그러면서도 이슬람 종교의 특수 가치를 강조하기보다 그들이 지향하는 관용, 나눔과 같은 보편적 가치를 중시해 온 터키로서는 이런 기준으로 한국 드라마의 가치를 현지화시키고 있었다. 전쟁 지역인 팔레스타인에게 한류는 평화의 복음이기도 했다. 인고의 삶 속에서도 진실한 사랑이 승리하는 것을 보여주는 한류 드라마를 보며 그들은 스스로 달라지기를 염원했으며, 평화를 꿈꾸게 되었다고 고백하였다. 이에 필자는 이슬람 문화권과 소통 가능한 한류의 영성으로 무엇보다 흥(興)을 생각하고 싶다. 흥이란 천지비괘(天地 '否'卦)로부터 지천태괘(地天 '泰'卦)로 역전될 때 느껴지는 감흥과 같은 것으로서, 본래 굿(샤머니즘)문화의 산물이었다. 한국에서는 군취가무하는 옛적의 굿놀이가 K-Pop을 통해서뿐만 아니라 민주화를 위한 거리에서 촛불집회의 형태로 재현되었고, 전세계가 이를 주목하고 있는 중이다. 화류나 일류에서 결코 공감할 수 없는 자신감, 그것이 바로 흥인 것이다. 이 점에서 흥은 아랍 이슬람문화권과 통섭되어야 할 한국적 가치라 확신할 수 있다. 노래, 드라마 속에 언표된 흥의 미감은 아랍권의 옛 전통, 즉 그들 과거 신화 및 역사 속에 담지 된 자긍심을 평화적으로 촉발시켜 낼 수 있는 결정적 모티브가 될 법하다. 이 또한 이슬람권에서의 접화군생으로서의 한류의 역할인 셈이다. 이 점에서 '샤머니즘이 인류 미래를 위해 엄청난 지평을 제공할 것'이라는 이만열 선생의 발언에 공감을 표할 필요가 있다.[70] 샤머니즘이란 결국 상상력을 불러일으켜 삶을 자신 있게 만드는 스토리텔링으로서 오늘의 역할이 있는 까닭이다.

이상에서 필자는 이 글의 논지에 입각하여 '함'과 '접'의 논거를 갖고 한류의 현지화 문제를 결론 부분에 이르러 성찰해 보았다. 거듭 강조하는 바, 여기에는 한류가 서구와의 공간적 혼종성일 뿐 아니라 우리 전통과의 시간적 혼종성의 산물인 것이 전제되어 있다. 오늘의 한류란 동시대적인 통시적 현상만이 아니라 과거와의 공시적 사건이란 것이다. 과거의 풍류가 오늘의 서구적 영향 하에 한류로 재현되었고, 풍류[玄妙之道]와 유불선의 관계가 지금 한류와 홍, 정, 한(아우름)의 모습으로 나타났다는 말이다. 이렇듯 본래 한류가 우리의 종교성과 밀접한 관계 속에서 생기했듯, 한류는 수용국들의 정신세계, 곧 그들 종교 속에서 새롭게 통섭되는 것은 참으로 지당하다. 한류가 그들 속에 수용되어 재창조되는 과정 없이 일방적으로 수용된다면 한류의 정체성 자체를 위협할 수 있다. 본래 탈실체화되어 각각의 종교 속에서 그들의 모습으로 존재했던 것이 풍류였던 까닭이다. 따라서 한류의 현지화는 한류 본연의 과제이자 본질로서 지역 특성에 맞게 한류의 재창조를 돕는 것이 한류를 전파하는 우리의 사명이다. 그를 일명 '신'(新)한류라 부를 수 있고, 그것을 우리가 다시 수용하여 한류를 더욱 풍요롭게 재구성할 수 있다면 그것은 인류의 미래를 위한 광명이 될 것이다. 필자는 이것을 K-Christianity의 선교적 과제라 생각한다.

하지만 수용자 중심의 한류 이해는 먼저 이 땅 한국에서 시작될 일이다. 어느덧 다문화, 다민족 국가 체제가 된 지금 이 땅에는 수많은 이주노동자들이 존재하고 있다. 이곳에서 그들이 어떤 한국적 실상과 접하는가에 따라 한류의 미래는 달라질 수 있는 것이다. 지금 이주노동자들이 겪는 고초가 크면 클수록 아시아 지역에서 한류의 역할은 축소될 것이 분명하다. 우리 민족의 종교적 기초이념인 흥, 정 그리고 한(아우름)이 지금 이곳에서부터 이주자들의 삶 속에 혼종화되어야 한다. 유교권, 불교권 그리고 아랍권 지역에서 온 수많은 이주노동자들의 삶에 접화군생의 '생'(生)의 가치가 실현되는 일이 급선무일 듯싶다.[71] 얼마 전 〈Korea Times〉 1면 톱기사의 주제가 한류의 인종차별주의(Racism)에 관한 것이었다.[72] 최근 몇몇 한류 스타들이 미국 흑인 랩퍼 가수의 머리 형태를 자신의 몸에 부착한 채 우스꽝스런 모습으로 춤을 추어 비난의 대상이 되고 있다는 내용이었다. 더구나 그 모습에 모두가 열광했다는 데에 문제의 심각성이 있음을 지적했다. 흑인을 비롯한 이주노동자에 대한 뼛속 깊은 편견에서 벗어나지 못할 경우 한류의 미래는 신기루와 같이 되고 말 것이다.

결국 한류는 인류의 창조성을 창조하도록 돕는 역할을 하는 것으로 만족해야 옳다.[73] 한류는 끊임없이 이야기의 힘을 믿고 새 이야기를 창조하도록 돕는 일을 해야 할 것이다. K-Christianity로서 기독교의 존재이유도 여기에 있다. 혹자는 예술 곧 이야기에서 종교가 나왔다고 주장하기도 한다. 현실과 다른 상황을 상상할 수 있다는 것은 정작 자신의 현실을 극복할 수 있는 동력이 되기도 한다. 따라서 한류에 관심을 갖는 신학자들은 성서의 이야기뿐 아니라 우리의 옛 이야기를 끊임없이 찾아 풀어내 재(再)의미화하여 이야기가 풀어 내는 영향력을 극대화시킬 책임이 있다. 인간이란 창조성을 창조하도록 진화되었다는 말이 한류의 현지화를 통해 입증될 수 있기를 간절히 바란다.

# 04 ── 24절기 문화 담론의 생명 신학적 성찰[1]
## - 먹거리와 종교의 상관성을 중심하여

개별 종교들마다 주요 먹거리가 다른 것은 사실은 명약관화한 사실이다. 저마다 다른 기후, 풍토(환경)에서 생겨났기에 그에 걸맞는 음식문화가 생겨났던 까닭이다. 물론 종교들 간의 풍토 차이에도 불구하고 먹거리에 대한 기본 태도에 공통점이 없지 않을 듯싶다. 음식과의 관계에도 종교들이 추구했던 성(聖)/속(俗) 분리의 이원론적 가치관이 여전히 작용하겠기 때문이다. 하지만 이보다 더 중요한 것은 음식들 간의 차이가 종교들의 다름을 보여준다는 사실이다. 무엇을 먹는가와 무엇을 믿는가가 결코 나뉠 수 없다는 말이기도 하다. 그럼에도 먹거리 간의 차이가 인류 보편적 생존 행위이자 문화로서의 먹는 행위 자체보다 가치론적으로 앞서지는 못할 것이다. 따라서 음식문화의 시각에서 종교를 이해할 때 더 이상 선험적 가치판단이 요구되지 않는다.

본 책 서문에서도 명시하였듯이 필자는 종교와 세계관의 관계를 물과 물고기의 '불이'(不二)적 토대 위에서 생각해 왔다. 분명 이 둘은 결코 하나가 될 수 없겠으나 나뉠 수도 없는 상태로서 존재한다고 믿고 있다. 세계관이 달라지면 분명 종교도 변할 것이다. 마치 민물에 사는 고기가 바닷물 속에 생존할 수 없듯이 그렇게 말이다. 물론 그 반대의 경우 역시 참일 것이다. 종교들 간의 차이는 결국 세계관의 다름 때문이다. 주지하듯 세계관을 논함에 있어 핵심은 언제나 인간과 조우하는 자연환경, 곧 각기 다른 풍토적 특성에 있다. 접하는 풍토에 맞게 인간은 삶을 살아 내야 했고, 그로부터 각기 다른 인간의 자기 이해가 비롯될 수 있었을 것이다. 나아가 이런 상이한 인간 이해로부터 종교적 표상이 생겨났다는 것이 종교학적 진실이다. 이렇듯 세계관 속에는 풍토(자연), 인간 이해 그리고 종교적 표상이 함께 어우러져 있다. 이로써 한 세계관 속에 특정 종교가 내주해 있고 그 종교의 성격은 풍토적 요인에 의해 좌우된다. 여기서 풍토성과 인간 이해의 상관성을 규정하는 핵심적인 것이 바로 음식문화라 하겠다. 인간은 무엇을 먹느냐에 따라 자신을 구성하며 음식 역시 풍토성과 나눌 수 있는 사안이 아닌 까닭이다. 우리가 곧잘 쓰는 신토불이란 말이 바로 이를 적시하고 있다. 여기서 음식은 몸과 풍토의 불이성(不二性)을 매개하는 매체라 할 것이다.

## 풍토와 종교의 상관성, 그 일반적 이해

일반적으로 종교 및 문명 발생을 흔히 몬순, 사막 그리고 목장형 풍토와 관계시켜 이해해 왔다.[2] 우선 자연의 불가항력적 영향 속에서 살아야 하는 몬순 풍토에서 '수용적' 인간 이해가 생기했고, 그로부터 업(業)이나 윤회 같은 불교적 속성과 표상이 출현되었다는 것이다. 이와 반대로 자연의 은총(혜택)을 바랄 수 없는 죽음의 땅 사막 풍토에서는 오히려 강력한 '의지적' 인간성이 발현되었으며, 그 의지가 자연을 능가하는 초자연적 속성을 표상하였으니 이는 기독교의 모태인 히브리 종교 혹은 이집트의 경우라 할 것이다. 이에 비해 비교적 온화한 자연(목장 풍토) 속에서 성장한 그리스 지역 사람들은 자연으로부터 '합리성'을 배웠으며, 그에 근거하여 만물의 근원을 묻는 철학적 세계관을 발전시킬 수 있었다. 종교가 아닌 만물의 근원을 탐색하는 철학의 발원처가 된 것이다. 이렇듯 각기 다른 풍토에서 상이한 인간이해가 생겨났고 그로부터 종교 간 차이가 시작되었다는 사실은 결정론적 요인일 수는 없겠으나 부정될 이유 역시 없을 듯하다. 바로 이런 과정에서 중요한 것이 이 글의 주제인 먹거리와 종교의 관계라 생각한다. 육식을 금하는 종교문화가 생겨났던 반면, 살생하지 않으면 생존 자체가 불가능한 문화도 존재했었고, 자신들 풍토에서 풍성한 것과 흔치 않은 것의 차이에 따라 혹은 절기가 주는 먹거리의 소중함을 강조할 목적으로, 나아가 기후적 조건에 따른 유통과 보관의 시간차에 대한 고려, 그리고 주변 생태 환경과의 관련 속에서 상이한 음식문화가 저마다의 종교적 색채를 띤 채 발전되어 왔던 것이다. 이과정에서 중요한 것은 음식(먹거리)이 바로 약이기도 했다는 사실이다. 먹거리를 통칭하는 '밥'이 누구도 독점할 수 없는 하늘과 같은 것이었으나 동시에 그것은 정신적·육체적 건강을 지키는 약의 역할을 했고 동시에 생태 보전의 기능 역시 담당했음을 제종교가 적시하고 있다. 이런 맥락에서 필자는 주로 구약성서에 나타난 먹거리 문화를 중심으로 종교와 음식의 상관성을 설명하되 신약성서 속에서도 간혹 이런 흔적들을 찾아 언급할 생각이다. 그러나 이 글에서 필자의 궁극적 관심은 이 땅에 유입된 기독교의 새로운 음식(생명)문화에 대한 것이다. 이는 '토착화론'과 연계된 주제로서 이 땅에 유입된 기독교가 농경 풍토에서 자연스럽게 생기된 24절기 문화에 따른 먹거리를 중히 여겨야 할 책무가 있음을 말하기 위함이다. 음식이 종교의 풍토적 특성을 대변해 왔다는 부정할 수 없는 현실에서 이 땅의 음식문화와 접목된 한국 기독교의 성격이 사막형의 종교로서 도시 속에서 형성된 서구 기독교와 달라지기를 바라서였다. 앞서도 말했듯이 사람은 누구나 자신이 먹는 것에 따라 달리 구성되는 존재란 사실을 믿는 까닭이다.[3] 이는 결국 풍토와 인간(종교)의 상관성 물음으로 귀결될 사안일 것이다.

# 성서 속에 나타난 먹거리 규례, 그 생태적 차원과 의미

주지하듯 유대인들의 경전인 구약성서 특히 레위기 안에는 비교적 많은 음식 계명(규례)들이 언급되어 있다. 좋지 못한 거친 자연환경에서 생존해야만 했던 까닭에 오히려 먹거리에 대한 까다로운 규범들이 생겨났다고 보아야 할 것이다.[4] 동시에 음식 규범이 유대인들에게 단순 먹거리 차원을 넘어 일종의 생태학적 지혜의 결과물이었다는 지적도 옳다. 수많은 규범을 담고 있는 레위기를 생태학적 시각에서 읽어 갈 때 이들 음식문화 속에 내포된 종교적 목적 역시 바르게 해명될 수 있을 것이다. 무엇보다 레위기의 뭇 규례가 강조하는 바는 땅을 이용하여 소출을 내되, 그 공간을 지나치게 이용하지 말라는 경고였다. 토양의 급속한 황폐화를 막기 위한 필요한 조치라 하겠다. 더욱 구체적으로 같은 땅에 여러 종류의 종자들을 함께 심기보다는 같은 씨앗을 파종하는 것이 좋다고 권고하기도 했다(레19:19). 또한 나무가 열매를 맺는 첫 3년간 열매를 먹지 말라는 엄한 규율도 있다(신22, 레19:23-25). 땅을 먼저 기름지게 하는 것이 눈앞의 열매보다 급선무인 것을 가르치기 위함일 것이다. 또한 토지를 6년간 활용하고 7년째는 반드시 묵혀 사용치 말라는 규칙도 눈에 띈다(출23:10-11, 레25:1-7). 이 역시 흙을 먼저 살찌우기 위한 방편으로서 땅을 혹사시켜 소출을 얻고자 하는 땅에 대한 자본주의적 약탈을 반성케 하는 생태학적 지혜의 한 표현임이 틀림없다. 만약 이때 사람들이 규례를 어겨 땅을 쉬지 못하게 했더라면 유대인들이 오히려 굶주려 죽었을 것이라는 판단도 충분히 가능하다.[5] 그렇기에 이들은 같은 맥락에서 7년마다 돌아오는 안식년이 7번 지난 다음 해를 거룩한 해[禧年]로 정했고, 이때는 파종도 말고 저절로 난 것이라도 추수하지 말 것과 일체를 자연으로부터 거두지 말라는 규례를 지킬 수 있었다(레25:8-13). 자연과의 공존을 위해 눈앞의 욕망을 억제할 수 있었던 그들의 지혜가 경이롭다. 더욱 놀라운 것은 이런 규칙들이 수백 년 지속된 이웃 강국들의 지배 체제 하에서도 결코 실종되지 않았다는 사실일 것이다.

이렇듯 이스라엘 사람들의 생활 방식과 음식문화는 철저하게 생태학적으로 정위되어 있었고, 그것을 하느님의 뜻이자 자신들의 생존을 위한 것으로 수용했다. 하지만 농경지에서 삶을 영위하지 못하고 협소한 초지에서 생활했던 탓에 이들에게 동물 사육은 필수적 일이었고 그 과정에서 이들 먹거리 문화의 다른 일면을 볼 수 있다. 즉 살생(殺生) 자체를 금한 것은 아니었으나 먹어서는 아니 될 금지동물들을 많이 둔 것에 특별히 주목할 필요가 있겠다. 물론 이 역시도 근본에 있어 개체 수 보존을 위해서 인간 욕망을 제한할 목적에서였다. 따라서 레위기 11장 이하에는 이렇듯 금지된 짐승들에 대한 이름을 다음처럼 상세히 적어 놓았다. '발굽이 갈라지고 새김질하는 동물은 먹을 수 있지만 그중 먹지 못할 것도 있는데 새김질은 하나 굽이 붙은 낙타, 오소리, 토끼 그리고 굽은 갈라졌으나 새김질 못하는 짐승, 즉 돼지는 부정하기에 먹을 수 없다'는 언급이다. 이 같은 선별적 허용과 금지는 무엇보다 당시 생물학적 자원이 크게 부족했음을 보여준다. 낙타를 먹지 못하게 했던 것은 그것이 사막 풍토에서 아주 긴요한 핵심 수송수단으로 쓰였던 까닭일 것이다. 부정하다 여겨진 돼지의 경우 무더운 지역에서 쉽게 부패하는 까닭이었겠으나 인간이 먹는 것과 유사한 것을 먹는 탓에 자원 낭비를 부추긴다고 판단했을 수도 있다. 한편 발굽이 갈라지고 새김질하는 소의 경우 거친 풀, 건초 등은 까다롭지 않으면서도 인간 삶에 필요한 핵심 영양소를 지녔기에 거리낌 없이 먹을 수 있는 허용 음식이 될 수 있었다.

또한 레위기 11장에서는 계속하여 물속에 사는 동물들 역시 허용과 금지의 이중 잣대로서 범주화해 놓았다. 우선 물속의 고기 중 지느러미와 비늘 있는 것은 먹을 수 있되 그것이 없는 것은 일체 금지시킨 것이다. 비늘 없는 어류들에게 부정하다는 가치평가를 덧붙이면서 말이다. 쉽게 말하자면 일체 물고기는 먹을 수 있도록 허용했으나 개구리 같은 양서류만큼은 금지했던 것이다. 다른 종교들의 경우 그것이 신성한 탓에 금지되었으나 이스라엘 민족에게는 부정한 이유로 허용되지 않는 것이 참으로 특이했다.[6] 본래 우상을 금했던 유대인들에게 신성한 동물이란 존재할 수 없었던 것이다. 혐오스런 것일지라도 금지 규범을 통해 보호하는 것이 개체 수 유지를 위해 생태적으로 더 좋은 일이라 판단했다고 볼 수 있겠다.[7] 물론 지금도 그렇듯이 개구리를 식용으로 금지하는 더욱 직접적인 이유가 있다. 병충해를 옮기는 부지기수의 유(해)충들을 바로 개구리가 퇴치해 주었기 때문이다. 오늘날에도 이런 양서류의 결손 내지 부재는 전염병의 재앙을 초래하는 주요 원인으로 분석된다. 이처럼 레위기의 음식 규정이 단순히 먹거리 차원을 넘어 인간 건강(복지)은 물론 나아가 생태적 균형까지 염려했던 것인데 이는 오늘의 시각에서도 놀라운 지혜라 아니할 수 없다.

사육하는 가축뿐 아니라 공중 나는 새들의 경우도 결코 예외가 될 수 없었다. 레위기 11장 후반부에는 날짐승 역시 먹을 수 있는 것과 부정하여 먹을 수 없는 종류들로 나열되어 있다. 부정한 탓에 먹을 수 없는 것으로 명명된 것 중 대표적인 것으로서 독수리, 솔개, 타조, 갈매기, 부엉이, 황새, 왜가리 그리고 박쥐, 타조 등이 있다. 다시 강조하거니와 먹을 수 없는 새란 뒤집어 말하면 보호 받아야 할 조류란 뜻이기도 하다. 부정하다는 것과 보호 받아야 하는 것을 동전의 양면처럼 이해한 것은 참으로 이스라엘답다 할 것이다. 이에 반해 음식 규정에서 허용된 새들로 물새, 가마우지, 거위, 오리, 꿩, 뜸부기, 앵무새, 비둘기, 뻐꾸기, 물총새, 딱따구리 등이 나열되어 있다. 레위기에는 특별히 조류에 관한 한 어느 동물들보다 상세히 개별적으로 언급해 놓은 것이 크게 눈에 뜨인다. 그렇다면 왜, 어떤 이유로 상당수의 새들은 먹도록 허용되지 않은 것일까? 가장 큰 이유는 이들 새들이 생태계를 지키는 소위 '위생 경찰' 노릇을 하기 때문이었다.[8] 즉 썩은 고기를 먹는 독수리, 들쥐를 잡는 맹금류, 큰 곤충을 먹는 박쥐의 역할이 바로 그러했고, 반면에 개체 수가 적었던 타조는 이와는 달리 희귀종이라 보호 받았을 것으로 추정할 수 있겠다.

이어서 곤충에 대한 규정도 길게 나열되어 있다. 날개를 갖고 있으면서 네 발로 기는 곤충을 대개 부정하다 여겼으나 예외를 두었다. 메뚜기, 베짱이, 귀뚜라미 그리고 여치 등은 먹을 수 있는 음식으로 구분한 것이다. 주지하듯 이들은 날개를 가지고 있으면서도 땅에서도 걷고 뛸 수 있는 공통점을 갖고 있는 곤충들이다. 그렇다면 이런 금지 규정의 의미가 무엇일지 궁금하다. 세례자 요한이 메뚜기와 석청을 먹었다는 기록이 신약성서 초반에 언급된 것을 보면 광야에 거주한 경험이 많던 유대인들에게 곤충은 자주 애용된 먹거리 중 하나였을 법하다. 특별히 메뚜기는 대량 번식하여 광야의 무법자처럼 떼로 몰려다니며 산하를 초토화시켰던 것으로, 의당 먹도록 허용해야만 했다. 이처럼 개체 수가 너무 많거나, 그래서 생태계에 해가 되는 침입자들로 판단되는 것들이 주로 먹을 수 있는 곤충으로 규정되었다. 역으로 정확한 명칭은 남기지 않았으나 상대적으로 지역의 희귀종, 특수한 곤충들 역시 '부정하다'는 이유로 보호되었다고 판단할 수 있겠다.

끝으로, 야생 육지 동물에 대한 음식 규정 역시 레위기 11장 끝부분에서 발견할 수 있다. 이들 야생 동물 중에서 발굽이 있되 완전히 갈라지지 않고 새김질 못하는 것들의 사체(死體)를 부정하게 생각했으며, 네 발 짐승 중에서 발톱을 가진 동물의 죽은 몸 역시 부정하게 생각했다. 땅을 기는 길짐승 가운데 족제비, 쥐, 도마뱀 그리고 악어 역시 식용 금지된 동물들이었고, 이들 사체들 또한 인간과의 접촉조차 허용되지 않았다. 이런 규정 속에 함축된 법칙과 의미는 다음과 같다. 우선 첫 번째 사례에 해당되는 것으로 곰 같은 맹수나 고양이 등을 들 수 있을 것이다. 당시 야생 고양이는 사람들이 지나치게 선호했기에 보호 받았고, 맹수는 그 희귀성으로 보존될 수밖에 없었던 것이다. 길짐승인 도마뱀은 당대 사람들의 기호식품이었던 탓에 오히려 보호할 목적으로 금지시켰다고 할 것이다. 그러나 집쥐와 들쥐는 병충해를 옮기는 짐승이기에 부정하게 생각되었고 의당 식용에서 멀어져야만 했다. 구약의 종교적 음식 규정이 위생 규칙과 얼마나 상관적인가를 보여주는 대목이다. 이들의 위생 규칙의 철저함에 대해서도 언급할 필요가 있겠다.[9] 무엇보다 이런 길짐승과 접촉한 사람 역시도 하루 온종일 부정하다 여겨졌고 이들이 부지불식간에 만졌던 모든 물체들, 예컨대 옷, 가재도구, 음식 등 일체가 부정한 것으로 생각되었다. 따라서 이런 물건들을 물로 깨끗이 씻어 내지 않고 그 상태로 지내는 사람들 또한 부정하게 보았던 것도 사실이다. 심지어 당시 귀했던 화덕과 같은 점토 그릇에 쥐의 사체가 있었다면, 사체의 체액으로 인한 전염성을 우려하여 그것을 폐기시켰다는 기록도 남아 있다.

이상에서 보았듯 구약성서에 나타난 음식 규정은 그 이른 시기에 세계 어느 곳에서도 유례를 볼 수 없을 만큼 생태 지향적으로 설정되었다. 더더욱 음식물의 적합성 여부를 가리기 위해 생물체 각각에 대해 규칙을 적은 편람을 만들어 종교적 의미를 부여했다는 것도 놀라운 일이다. 결국 이스라엘 민족의 음식 규정은 인간과 대지 그리고 전 생태적 삶의 지속성에 초점을 맞추었다고 해도 과언이 아닐 듯싶다.[10] 음식문화에 대한 규정이 인간과 자연 생태계로 확장된 사실을 우리는 다음 문장을 통해서도 알 수 있다. "여러분이 어느 성을 포위하고 있을 때 도끼로 과일나무를 찍지 마십시오. 과일은 여러분이 먹어야 하므로 과일 나무를 찍어서는 안 됩니다. 나무는 여러분이 싸울 대상이 아닙니다(신20:19)." "만일 여러분이 나무나 땅에 있는 새의 보금자리에서 어미나 새끼가 알을 품고 있는 것을 보거든 그 어미나 새끼를 다 잡아가지 마십시오. 새끼는 가져가도 좋으나 어미는 필히 놓아 주어야 합니다. 그러면 여러분이 복 받고 장수할 것입니다(신22:6-7)." 이런 구절 이외에도 같은 시각이 구약성서 곳곳에 상당히 적재되어 있으나 궁극적으로 필자는 이런 시각의 근원을 창세기 9장 첫 부분의 말씀에서 찾고 싶다. 즉 처음 창조 때보다 더 좋은 세상을 이루기 위해 인간은 사람들 눈에서 억울한 눈물을 흘리게 하지 말 것과, 동물을 먹되 그의 피(생명)채 먹지 말아야 한다는 말씀이다. 여기서 말하는 '눈물' 그리고 '피'는 삶이 지속되기 위해서는 지켜지고 보호되어야 할 핵심을 지칭한다. 이 점에서 음식 규정이 생태계 전체 관계성의 틀에서 생겨났고 결과 예상적인 성찰의 산물이란 것이 분명하다. 이들 음식문화(규정)가 이처럼 생태 시스템의 유지와 존속을 목표로 했다는 것은 '오래된 미래'로서의 종교적 지혜의 중요성을 잘 보여준다. 결국 구약성서의 음식 규정은 그것에 종교적 의미를 부여하여 삶의 지속성을 확보하려 했던 수단이라 말할 수 있겠다. 이것이 바로 음식 계명(규례)이 존재했던 목적이었다.

하지만 생태적으로 정위된 음식 규정이 신약성서 시대에로 잘 전승되지 못했고 이후 교회 시대로 접어들면서 망각되었다. 신약 시대 이르러 음식문화가 공감되지 못한 여러 이유가 있겠으나 그중 핵심적인 것은 다음과 같다. 우선 생존 조건이 달라지게 된 것이 가장 큰 원인일 것이다. 과거의 광야나 농경생활 대신 도시 활동이 기독교 초기 5~6백년간 주종을 이뤘던 까닭에 앞에서 말한 생물학적 지식이 수용·발전되지 못한 것이다. 아울러 예수의 임박한 종말을 기대하는 것이 초기 기독교 현상이었던 탓에 상대적으로 현 세계의 지속·유지에 대한 관심이 덜했던 것도 한 요인이었을 터이다. 또한 이후 기독교가 유대 전통보다 희랍 사상(플라톤주의)에 경도되었던 까닭에 자연에 대한 평가가 일천해진 것도 요인 중 하나라 할 것이다. 무엇보다 신약시대의 핵심 인물인 바울이 율법을 인간을 옥죄는 멍에라 생각했기에 레위기를 비롯한 구약의 규정들을 폐기처분한 것도 이와 무관치 않을 것 같다.[11] 이런 이유로 이후 기독교는 반(反)생태적 삶을 살아왔고, 이렇다 할 음식문화(규정)를 발전시키지 못했다. 물론 종교와 음식의 관계가 이후 중세기를 거치면서 나름 정립되었으나 생태적 시각에서 발전될 수는 없었던 것이다. 그렇다면 이 땅에 들어온 기독교는 음식 규정에 관해 어떤 입장을 취해야 할까 관심을 갖지 않을 수 없다. 이제부터 이 글이 논구할 주제이나 다소 당위(토착)적 과제로서 제시·서술될 것이다.

## 24절기 문화의 본질
### - 그것이 왜 기독교 예배 의식에 중요한가?

지금까지 보았듯이 인간과 자연의 지속 가능성을 목적하여 생겨난 성서의 음식 규정을 이 땅에 정착한 기독교가 되살려 내기 위해 한국적 기독교는 무엇보다 '24절기' 문화를 깊게 성찰하지 않을 수 없다. 물론 24절기 문화 역시 과거 농경문화의 산물로서 때 지난 가치로서 폄하할 수 있겠으나, 아직도 우리 달력에는 그 흔적이 남아 있고, 그에 터해 계절의 변화를 느끼는 감수성이 존중 받고 있다. 지금도 시골에서는 24절기를 기준하여 파종하며 추수하고 축제를 벌이며 인간관계를 유지하고 있는 것도 사실이다. 이 과정에서 밥(음식)은 모두가 공유해야 할 하늘이었고, 철에 맞는 음식은 동시에 가장 좋은 약이기도 했으며, 우주 자연이 허락한 은총의 산물이자 천지인(天地人) 삼재가 협력하여 일궈낸 결과물이었다. 절기 문화를 지켜 발전시키는 것은 유전자 조작(GMO) 식품이 난무하는 현실에서 이 땅뿐 아니라 민중들의 생명을 지키는 문제가 아닐 수 없다. 이런 이유로 필자는 24절기 문화는 이 땅(생명)의 지속 가능성을 위해서라도 지켜져야 할 가치가 있다고 보며, 이를 교회의 예배력 속에 적극 반영시켜 활용하자고 제안하였고,[12] 이 글를 통해서도 이를 재론할 생각이다.

농업을 천하지대본(天下之大本)으로 생각했던 우리 민족은 음력을 택하여 한 해를 24절기로 나누고 대략 한 달에 두 절기씩을 두어 왔다. 음력 정월에 있는 입춘, 우수를 비롯하여 경칩, 춘분(이월), 청명, 곡우(3월), 입하, 소만(4월), 망종, 하지(5월), 소서, 대서(6월), 입추, 처서(7월), 백로, 추분(8월), 한로, 상강(9월), 입동, 소설(10월), 대설, 동지(11월) 그리고 소한, 대한(12월) 등이 그것이다. 각기 15일 기간을 두고 이어지는 절기는 해(태양) 아래 시간의 지배를 받지 않는 것이 없다는 성서의 근본 입장과도 다르지 않다. 이 절기 문화를 통해서 사람은 자연의 흐름에 맞춰 농사(일)을 짓고 때에 맞는 음식을 먹고 옷을 해 입었으며, 어느 경우는 추수의 기쁨을 누리며 그리고 새로운 농사철을 준비하면서 축제를 벌이기도 하였다. 물론 그때마다 먹는 음식이 달랐으나 그것은 노동하는 인간에게는 언제나 보약이었다. 기후에 따라 먹는 음식 역시 달라야 몸의 균형이 유지될 수 있는 때문이다. 이렇듯 매 절기마다 특별한 먹거리 문화가 형성되었고 그것을 함께 나누었으며, 노동을 놀이로 승화 시키는 지혜의 보고(寶庫)가 바로 24절기 문화라 할 것이다. 한마디로 24절기 문화는 밥과 약의 분리, 일과 놀이의 단절 그리고 자연으로부터 인간의 소외를 치유할 수 있는 힘을 지녔다. 자본주의 체제하의 먹거리가 시간의 흐름을 파괴하고 느림의 미학—삭히고 절이는 과정—을 파괴하며 반생태적 실상을 가중시키고 있는 작금의 현실을 떠올리면 그 이유가 분명할 것이다. 교회의 예배력 속에 이처럼 절기문화가 지닌 먹거리, 일 그리고 축제(쉼) 등이 함께 아우러질 수 있다면 기독교의 예배는 지금처럼 건조하지 않고 한층 더 생태적이며 공동체적이고 건강한 축제가 될 수 있다고 확신한다.

주지하듯 24절기가 만든 의식주 문화는 서구와 달리 심신(心身)일원론과 생체일자(生體一者)론을 근거로 한 상생상극(相生相剋)의 틀에 근거해 있다.[13] 이는 신토불이적(身土不二的) 인간 이해의 총체적 측면으로서 24절기 문화 속에 담긴 사상적 토대이자 이론적 배경들이다. 심신일원(心身一元)이란 교감신경(현재의식, 자율성)과 부교감신경(잠재의식, 비자율성) 간의 상호 조화를 말하며 생체일자는 인간 몸이 하나의 통일된 유기체인 것을 뜻하고 상생상극이란 이런 인간이 자신 밖의 자연과 교감하여 생존하는 방식에 대한 총체적 표현일 것이다. 특별히 상생상극은 절기, 방위, 인간의 오장육부, 인간 감정 등과 먹거리 간의 관계에 대한 유기적 설명 체계로서 생태학적으로 정위된 24절기 음식 문화의 이론적 토대라 볼 수 있겠다. 여기서는 범위를 줄여 주로 음식과 절기 그리고 인간의 몸(장기)과의 관계에 초점을 맞추어 설명해야 이 글의 취지에 더욱 적합할 수 있다. 절기상의 봄(木)은 색으로는 푸르며, 인간 몸의 장기(臟器) 중 '간'에 해당하며, 감정으로는 분노(怒)와 유관하다. 그렇기에 간이 나쁜 사람은 화를 잘 내며 얼굴 빛 역시 푸르게 변한다. 이 경우 건강을 위해 분노를 삼가는 것이 중요하고 봄철에 나는 푸른 미나리가 간을 회복시키는 데에 가장 좋다. 여름(火)은 열이 많은 절기로서 색으로는 붉다. 장기로서는 심장과 소장이 해당되고 인간 감정으로는 (지나친) 기쁨이 해당될 것이다. 대개 얼굴빛이 붉은 사람은 심장 계통에 병을 앓을 확률이 크다. 하지만 결명자와 같은 붉은 색을 띠는 여름철 채소나 과일이 이에 크게 도움이 될 수 있다. 인체의 위(胃, 土)는 중앙에 위치하며 걱정, 근심과 같은 감정에 영향을 쉽게 받는 장기이다. 위가 약한 사람의 경우 얼굴빛이 누렇게 변하는 것이 일반적 특색이다. 위장병의 치유를 위해 역시 누런색을 띠는 현미죽, 양배추 그리고 감자 즙이 좋을 것이다. 가을(金)은 색으로 백색이며, 인체로는 폐와 대장이

해당된다. 감정으로는 슬픔이고, 폐가 나쁠 경우 얼굴빛은 늘상 희다. 치료를 위해 역시 흰색을 띠되 많은 열을 지닌 가을산 뿌리식물들, 더덕, 인삼 등이 크게 도움이 될 것이다. 마지막으로 겨울(水)은 방위로는 북쪽이며, 색으로는 짙은 물 색깔인 검푸름이며, 감정으로는 공포심과 관계 있다. 신체 내 장기로는 신장과 콩팥이 해당된다. 대개 신장병 환자들은 공포심이 많고 얼굴색이 검푸르다. 치유에 좋은 먹거리 역시 검정색을 띠는 미역, 검정깨, 검정콩 등이라 할 것이다. 이런 음식들은 무엇보다 물을 먹히게 하는 특색이 있다. 정월 대보름에 검정콩을 먹는 관습은 겨울철 부족했던 신체 내 수분을 공급할 목적에서였다.

이 외에도 절기와 관계된, 무엇보다 밥과 약을 하나로 보는 이 땅의 음식문화의 실례는 부지기수로 많다. 겨울철의 쌀밥과 여름의 보리밥 문화가 또 다른 적절한 예가 될 것이다. 보리란 음식은 본래 추운 겨울 밭에서 자라기에 자신의 몸속에 더운 성분을 간직하고 있다. 인간 몸은 무더운 여름, 자신의 몸을 차게 하여 더위를 이기고자 했으나 차갑게 된 몸을 따뜻이 보호하여 중용을 이루고자 보리밥을 먹곤하였다. 반면 쌀은 더운 여름에 성장했던 탓에 오히려 자신 속에 차가운 성분을 지녔다. 한마디로 보리와는 정반대로 찬 음식이란 사실이다. 겨울철에 인간이 차가운 성분의 쌀밥을 먹었던 것은 추위를 이기기 위해 몸의 온도가 상승했던 바, 더워진 몸의 상태를 본래대로 되돌리려는–균형 잡으려는–목적에서일 것이다.[14] 또한 가을로 접어든 추석명절 때 토란국을 먹는 것 역시도 여름철 수없이 먹었던 푸성귀들의 독성을 해독하기 위해서였다. 이렇듯 절기 음식(자연)과 몸은 밀접한 관계를 맺고 있으며, 밥이 곧 약이 되는 지혜가 우리들 음식문화 속에 담겨 있다. 몸이 병들면 정신 역시 황폐해지는 것이 명백한 현실에서 종교가 음식문화에 무지한 것은 반(反)생태적일 뿐 아니라 참으로 어리석고 무책임한 일이 아닐 수 없다. 다석(多夕)의 말대로 '몸성히'를 통해 '마음이 놓이'고 그 마음에서부터 자신의 '바탈'(本然之性)을 태울 수 있는 영적 힘이 생겨나는 까닭이다.[15]

재론하지만 필자가 '24절기' 문화를 교회 예배력 속에 편입시키려는 이유는 종교와 음식(건강), 더욱 크게는 종교와 생태 나아가 일과 쉼(축제)의 상관성을 명확히 말하기 위함이다. 일(노동)이 없는 사람에게 안식(쉼)은 축복이 아니라 저주인 것도 안식일을 지키라 강요하는 오늘의 기독교가 깊이 유념해야 할 사안이다. 결국 사람의 영적 변화는 몸적 건강의 뒷받침을 필요로 하는 바, 정작 몸은 먹거리의 도움 없이 온전해질 수 없기 때문이다.

## 기독교 예배력을 통한 24절기 문화의 뿌리내리기

그렇다면 이 땅에 들어와 서구 기독교로서가 아니라 토착화된(될) 종교로서 기독교는 어떻게 우리의 절기문화(음식규례)와 만나 새로운 종교 의식(儀式), 곧 예배력을 창조해 낼 수 있을 것인가? 성서 속의 생태적 음식문화를 맘껏 존중하되 그것만을 진리로 여기는 우를 범하기보다, 그를 능가하는 24절기 문화 속에 깊이 뿌리내리는 것이 훨씬 더 기독교 자신의 본래 역할에 충실할 수 있는 길이라 생각한다. 지금껏 기독교가 자연을 지배하는 유위(有爲)적 문화를 일궜다면 이제는 이 땅에서 무위(無爲, 자연)의 존재 양식을 창조할 책무가 있다는 것이다. 이는 필자가 궁극적으로 관심을 갖는 신학적 주제이자 결론으로서 본격적인 논의는 이후 작업으로 미룰 것이며, 여기서는 본 주제에 대한 소견을 간략히 제시하는 것으로 글을 맺고자 한다. 즉 봄의 절기 문화인 입춘과 곡우, 그리고 가을의 절기 문화인 백중과 추석을 우선적으로 기독교 예배력과 관계 지어 생각해 볼 작정이다.[16]

주지하듯 24절기 문화에서 으뜸은 절기가 봄으로 접어든 입춘이 분명하다. 음력 정월에 입춘이 있다는 것은 농사를 짓던 민족에게 큰 의미가 있다. 새해를 입춘과 함께 시작하며 한 해를 계획했기 때문이다. 설날과 대보름은 바로 입춘의 축제였다. 특히 상원이라 불리는 대보름은 양기가 충만한 때로서 입춘의 의미를 충분히 담아냈다. 우선 입춘이 되면 마치 과거 이스라엘 민족들이 문설주에 양의 피를 발라 하느님의 심판을 피하려 했던 유월절 의식처럼 춘시(春祝)라 하여 기둥이나 천정 등에 입춘대길(立春大吉), 건양다경(建陽多慶) 등의 글을 써붙여 놓곤 하였다. 이는 지금까지도 지속되는 일로서 나쁜 것은 물러가고 경사스런 일들만이 가득 차기를 바라는 마음의 표현일 것이다. 곡우에 이르면 농사가 본격적으로 시작된다. 논농사를 위해 볍씨를 담그고 못자리를 만드는 때로서 농사가 부정 타지 않도록 특별히 마음가짐에 온 힘을 쏟았다는 기록에 우리의 눈길이 머문다. 말 그대로 곡우는 비가 내리는 절기로서 흙을 부드럽게 하여 흙으로 하여금 생명력을 잉태토록 하는 시점이다. 땅의 생명력을 하늘의 비와 관계시켜 이해하는 것은 분명 종교적 발상이었다. 영(靈)이란 글자가 무당이 자신의 입으로 이 땅에 비가 내리기를 기원하는 형상을 지녔던 까닭이다. 결국 양의 기운이 충족하여 온 산하가 생명을 품게 된 절기가 된 것이다.

이렇듯 입춘을 기점으로 시작된 24절기 문화는 성탄절을 예배력의 출발점으로 삼았던 기독교 입장과 크게 다르지 않다. 성탄절은 본래 로마시대 이교도의 태양신의 생일로서 밤의 길이가 점차 짧아지기 시작하는 동짓날이었다. 4세기 중엽 성탄일과 이날이 중첩되어 오늘에 이르게 되었다는 것이 정설이다. 이는 빛으로 오신 예수님의 삶을 표현하는 데 적절했기 때문이었다. 그러나 정작 예배력에 있어 먼저 생겨난 것은 부활절이었다. 니케아 종교회의(주후 325년) 이래로 부활절은 춘분 이후 만월(滿月)이 지난 첫 일요일로 정해졌던 것이다. 이처럼 예수께서 죽음을 극복하고 부활하신 이날 역시도 이교도의 봄의 축제, 즉 파종의 시기와 일치되었음을 알 수 있다. 이렇게 볼 때 기독교의 핵심 절기인 성탄과 부활이 이 땅에서는 24절기 문화 중 봄의 축제와 결코 무관할 수 없다는 것이 필자의 신학적 판단이다. 기독교의 예배력 속에 24절기 문화의 본질이 녹아내릴 경우 음식문화–일명 '몸(생명)'성–를 잃어버린 서구 기독교에게 그 가치를 되찾아 줄 것이다. 이때 예배는 비로소 밥과 약을 분리시키고 일과 놀이를 나누며 자연으로부터 인간을 소외시키는 자본주의 문화에 맞서 성서 속에 함의된 기독교 고유한 생명 문화를 정초할 수 있는 원동력이 될 수도 있겠다. 필자는 이를 예배의 일상화라 풀었고 종종 예배의 실학화라 일컫기도 했다.

다음으로 가을은 음력 7월경인 입추로부터 시작한다. 수확의 절기에 이른 것이다. 이때 백종(百種)과 추석 같은 민족의 축제(속절)가 자리했다. 음력 7월 15일 백종은 일로부터 자유롭게 된 농부가 흙 묻은 호미를 걸고 발을 씻어 하얗게 만들었다는 데서 흰 '백'(白) 자를 쓰게 되었다고 한다. 또한 100가지의 씨앗을 거둬 내년을 준비할 수 있다는 의미에서 '백'(百) 자를 사용하였다는 말도 있다. 불교적 해석을 덧붙이자면 어느 날 바닷가 살던 백중(白中)이란 목동(일꾼)이 옥황상제가 거북이를 불러 백성들의 죄가 크니 비바람을 불러 이들을 멸하라는 명령을 엿듣게 되었다. 백성들의 안위가 걱정된 백중은 옥황상제 목소리를 흉내 내어 거북이를 다시 불러내었고 비는 내리되 바람은 불지 않도록 그에게 고쳐 다시 명령하였다. 이후 백성들이 무탈한 것을 보고 대노한 옥황상제는 백중을 잡으려 했으나 그는 스스로 바다에 몸을 던져 죽음을 택했다는 이야기가 백종의 불교적 전승이다.

여기서 중요한 것은 백종이란 절기 속에 '세상을 뒤집어 보다, 혹은 거꾸로 매달리다'란 뜻이 내포되었다는 사실이다.[17] 즉 가난한 백성들의 처지를 생각하여 그들 처지를 반전시키는 지혜가 담겨 있었다는 것이다. 이후 24절기 문화로서 백중은 흙일을 끝낸 머슴들에게 옷과 음식을 주고 자유를 허락하는 세시풍습으로 발전되었다. 이는 중세 때 반상의 신분을 역전시킨 '바보제'를 떠올리게 하며, 인류에게 불을 가져다 준 죄로 독수리에게 간을 쪼이는 프로메테우스를 연상시키기도 한다. 본래 평등했으나 불평등해진 사회구조를 단 며칠이라도 원점으로 돌이키려는 백중의 본뜻이 성서의 희년정신, 그리고 안식일 전통과도 충분히 맥을 같이 할 수 있을 법하다. 본래 노동이란 그것을 통해 자신의 본질(하느님 형상)을 이루어 가는 것으로서, 상품으로 전락한 자본주의의 실상과는 너무도 다른 것이었기에 쉼과 축제를 허락하는 백종의 절기 문화는 성서적으로 새(新)출애굽을 상징하는 오순절 사건 속에 통섭될 수도 있을 것이다.

백중으로부터 한 달 후인 음력 8월 15일은 연중 가장 큰 민족의 명절로서 서구 기독교의 추수감사절과 견줄 수 있다. 가을 한가운데에 있다 하여 한가위, 중추절이라고도 불렸다. 자연이 준 풍요로움에 감격하여 조상들은 보름달을 보며 '더도 덜도 말고 한가위처럼만 될 것'을 소망했던 것이다. 햅쌀로 술을 빚고 송편을 만들었으며, 무와 호박을 섞어 시루떡을 쪘고, 앞서 말했듯 여름철 푸성귀의 독성을 제거하기 위해 토란국을 먹었으며, 가을철 실과인 밤·대추·감 등의 열매로 부족한 유기물·비타민을 섭취했던 것이다. 백중이 수평적인 인간관계의 회복을 목표로 했다면 추석은 조상과 하늘을 향한 수직적 차원의 관계 복원이 핵심이었다. 조상에게 차례를 지내고 성묘를 하는 것은 지금도 추석을 맞는 우리들 한국인의 보편적 일상이 된 것이다. 대다수 기독교가 조상 제례를 우상숭배로 치부하나 이것은 잘못된 생각일 뿐이다. 조상 제례란 생명의 연속성 내지 삶의 지속성에 대한 감사의 표현으로서 오늘 자신의 존재를 위해 수없는 조상들이 있었음을 잊지 않고자 하는 표현인 것이다. 생명을 허락한 조상을 기억하며 자신도 이후의 생명을 이어갈 것이며 그 생명을 사람답게 키울 것을 다짐하는 것이 조상 제례의 핵심인 것을 기억할 일이다.

누가복음서에 기록된 예수의 족보 역시도 모든 인류의 조상이 아담을 거쳐 하느님께로 이른 것을 확연히 보여주고 있다.[18] 이 점에서 기독교가 조상 제례를 부정하는 만큼이나 유교가 하늘을 도외시하는 것 역시도 수정될 필요가 있을 것이다. 결국 가을 축제를 통해 24절기 문화가 말하고 싶었던 것은 생명의 연속성에 대한 이해이자 감사였던 바, 이 역시 성서적 본뜻과 결코 무관치 않다. 자연이 주는 풍요로운 선물을 하늘이 인간을 품어 허물을 용서한 탓이라 믿고 감사한 것이 유대인들의 맥추절이고 장막절이었던 것이다. 이런 차원에서 자신의 예배력 속에 가을의 축제를 의례화 하는 것 또한 전혀 생소한 일만은 아닐 것이다. 자연 앞에 겸손하며 약한 사람을 배려하고 이웃에게 열린 존재로 살고자 하는 것, 그리고 하늘과 땅 그리고 조상에 대한 은총의 감각을 회복하는 것이 백중과 추석의 핵심인 까닭이다. 일과 쉼이 어우러진 신명난 세상을 만들고 좋은 먹거리를 생산하는 일 또한 24절기 문화가 주는 선물일진대, 이런 절기 문화 속에 기독교 예배력이 접목될 경우 기독교는 비로소 영육을 아우르는 성육신 종교로서의 사명을 다할 수 있을 것이라 확신한다.

하지만 대다수 서구 기독교 그리고 이 땅에 유입된 기독교 역시 어느덧 백여 년을 훌쩍 넘는 시간이 흘렀건만, 여전히 이 땅의 문화와 반목한 채 도시화의 과정을 되풀이하고 반(反)생태적 종교로 머무는 가운데 '영적' 종교로서의 역할만을 배타적으로 주장하고 있다. 그로써 본래 성서적 종교가 간직했던 삶의 지속성을 위한 생태적 비전을 상실했고, 먹거리 문화를 송두리째 잊고 말았으며, 철저히 서구 자본주의에 잠식당한 식민지적 영토를 확대 재생산하고 있는 중이다.

일찍이 프랑스 신학자 엘룰은 『도시의 의미』라는 책에서 인류 최초로 도시를 만든 사람을 카인이라 하였고 도시를 스스로의 안정을 찾고자 효율성, 익명성 그리고 자율성을 최상의 가치로 삼는 공간이라 정의했다.[19] 소비를 미덕 삼고, 검소와 절약의 가치를 비웃으며, 돈으로 먹거리는 물론 남의 시간, 재능 심지어 생명까지도 살 수 있는 장소가 바로 도시라는 것이다. 따라서 그는 카인의 후예로서 죄인 된 실존의 모습을, 느림의 미학을 잃고 빠름의 삶의 양식에 종속된, 반생명적 도시 문화에 식민화된 삶의 현실에서 찾고 보았다.

24절기 문화를 잊고 종교조차 도시적 생태로부터 자유로울 수 없는 한에서 우리는 필연적으로 죄인이란 것이 엘룰의 지적이다. 따라서 이 글은 24절기 문화를 토착화시킴으로써 성서적 종교가 지향했던 가치를 회복할 수 있을 뿐 아니라, 도시화・자본화되는 과정에서 잃었던 '밥이 약 되는' 먹거리(생명) 문화를 복원시킬 수 있을 것이라 주장하였다. 그렇기에 다시 강조하지만 밥은 누구도 독점할 수 없는 하늘과 같은 것일 뿐 아니라, 제철, 자기 땅 음식이야말로 최상의 약인 것을 가르치는 24절기 문화는 반드시 기독교 예배력 속에서 재구성되어야 옳다. 이것이 반생태적・교리적・이원론적 종교로 평가받는 기독교가 생명적・실학(實學)적・전일적 종교로 거듭날 수 있는 유일한 길일 것이다. 더욱 근본적으로 성육신의 종교로서 자신의 본 모습을 찾을 수 있는 길이기도 하다.

# 3부

# 신학 텍스트로서
# 이 땅의 현실

# 01──종교 다원주의와 보수신학
- 우리는 어디에서 하나가 될 것인가?

필자는 평소 진보·보수신학자가 함께 하는 토론의 자리를 기다려 왔다. 필자의 경우 종종 종교 간 대화의 자리에 나가보면 늘 같은 생각을 하는 학자들끼리 모여, 근본주의적 기독교를 성토하는 것으로 끝나는 일이 다반사였기에 늘 식상했던 탓이다. 대체로 이웃종교에 대한 열려진 태도는 가톨릭이 개신교보다 한 발자국 앞서 있었고, 오히려 같은 개신교 안에서의 격차가 기독교와 이웃종교들 간의 차이보다 언제나 컸다. 하지만 우리 시대의 소위 '핵 마피아'들도 기독교인들이고 반/탈핵을 앞서 주장하는 이들도 기독교인 것을 보면서 그리고 세월호 유족을 돕는 이도 그리고 그들을 비판하고 조롱하는 이들 역시 기독교인 것을 목도하며 도대체 기독교가 무엇인지 되묻게 된다.

## 진보, 보수 신학자가 함께 머리를 맞대다

오늘 보수신학을 대표하는 발제자는 자신의 글을 통해 보수신학자로서 종교 간 대화에 대한 자신의 깊은 고뇌를 적시하였다. 시대 적합한 일이지만 절대성을 포기할 수 없는 기독교적 속성, 곧 명제적 진리로 인해 선뜻 그 흐름에 동참할 수 없는 안타까움을 드러낸 것이다. 그러면서도 종교 간 대화, 나아가 종교 다원주의가 기독교 절대성을 훼손시킨다는 전제하에 이 담론에 눈길 한 번 주지 않는 보수신학의 현실을 변호할 마음도 없지 않았다. 종교 간 대화의 승인을 곧바로 루비콘 강 건너는 것으로 오독하는 교계 현실도 무시할 수 없고, 그렇다고 서구처럼 기독교 이해에 있어 계몽주의를 거치지 못한 한국 교회 현실을 그대로 인정할 수도 없는 현실을 토로했기에, 필자는 한 보수 신학자의 고뇌를 깊이 읽었다. 이런 정황에서 필자는 다수교회가 지향하는 보수신학 풍토에서 종교 간 대화가 왜 어려운 지를 설명하는 부분에서 일말의 진정성을 느낄 수 있었다. 따라서 그리스도의 절대성에 대한 긍정은 진보 신학 진영도 피해갈 수 없는 주제인 것을 역설하며, 대화를 어려워하는 보수신학을 '근본주의'란 이름으로 '꼴통'으로 폄하하지 말라는 요구를 당연히 수용할 수 있다고 생각했다.

발제자는 종교 간 대화를 난제로 여길 수밖에 없는 보수신학의 논거를 기독교의 절대성과 타종교의 비진리성에서 보았다. 이는 보수신학의 전제(명제)적 진리로서, 멀리는 성서 문자주의로부터 가까이는 교조적 칼빈주의에 근거를 둔 것이었다. 성서적 진리(구원)가 절대적인 것을 몇몇 핵심 성서 본문(요 14:6, 행 4:12 등)에 잇대어 확신하였고, 칼빈의 예정론, 제한속죄론을 빌어 확증한 것이다. 하지만 필자는 보수신학의 명제적 진리가 성서적이기보다 오히려 근대 서구의 동일성 철학의 산물이라 생각하고 싶다. 서구적 기준이라는 프루테스크 침대에 모든 것을 맞춰 동일시하려는 식민지적 잔재라는 것이다. 더구나 성서가 고백적 언어이고 비유적 언어이며 해석되어야 할 텍스트이지 사실과 동일시되는 기호가 아니라는 것은 어거스틴, 루터, 웨슬리 등을 통해 강조되었다. 칼빈조차도 하느님 영의 활동을 신뢰한 종교개혁가로서 후대의 칼빈주의자들과 구별되어야 할 충분한 이유가 있다. 무엇보다 예수의 언어가 비유(Parable)란 것은 신학을 어떻게 할지를 알리는 시금석이 아닐 수 없다. 성서신학자들이 역사비평, 편집비평, 양식비평 등을 통해 하느님 말씀을 옳게 해석하려는 바, 이를 명제적 진리가 방해한다면 오히려 그것이 반신학적일 수 있을 것이다.

## 속죄론에서 화해론으로

발제자는 명제적 진리 - 기독교의 절대성과 종교들의 비진리성 - 의 내용이자 근거로서 예수의 대속, 속죄 사건을 언급한다. 진보 신학자들도 이 점에서 예외가 아닌 것을 역설하면서 말이다. 하지만 예수의 특이성을 부정하지 않으면서도 대속을 달리 이해하는 시도도 얼마든지 있다. 예수의 죽음을 종교 개혁가들의 시각이 아니라 로마 지배 체제 하의 예수·바울의 시각에서 달리 보려는 시도가 그것이다. 즉 예수의 죽음을 하느님 나라의 열정 탓으로 보고, 그의 사후 그리스도안의 존재(En Christo)가 된 기독교인은 누구라도 로마와는 다른 방식으로 유대인과 이방인, 유대인과 기독교인, 이방적 기독교인과 유대적 기독교인들 간의 일치와 화합을 위한 존재로 부름 받았다고 보자는 것이다. 따라서 속죄란 이런 '화해'를 위해 참여적 존재(참여적 속죄론)로 부름 받았다는 것을 의미하며, 여기선 정치와 종교가 별개의 문제가 되지 않는다. 이런 시각은 오늘날 종교 간 대화를 위해서도 시사하는 바가 크다. 일찍이 본회퍼는 기독교인은 이런 예수와 동시성을 얻는 존재로서 이들이 바로 제자인 바, 이런 삶을 사는 제자가 생기(生起)치 못한다면 기독교는 한낱 신화나 이념에 불과한 것이라 말한 바 있었다. 그렇기에 로마나 헬라 그리고 유대 담론과 달리 그리스도 담론은 영의 구원에만 만족하지 않는다. 성육신의 신비는 개인의 영적 삶에서뿐만 아니라 강도 만난 구체적 현장 속에서 재현된다는 것이 대개 진보신학자들의 생각이다.

기독교 절대성에 대한 보수신학의 주장은 자연스레 이웃종교의 비진리성, 즉 배타적 구원관으로 이어진다. 하지만 앞서 말했듯 아군·적군의 이분법적 도식은 성서적이지도 않고 오히려 근대 서구의 인식틀일 뿐이다. 인간과 자연의 전적 타락을 강조하고, 종말을 세상의 파멸로 이해하면서 피안적 천국관을 선포하며 교회만을 구원의 방주로 고백하고 있는 것이 배타성의 본질이자 내용일 것이다. 발제자는 칼 바르트의 자연신학 논쟁을 통해 일체의 접촉점을 부정한 사례를 말했으나, 정착종교들뿐 아니라 가시적 교회 역시도 바르트가 같은 척도로 비판했음을 언급하지 않았다. 부패한 현상의 교회 역시 바르트에게 여타 종교들과 다르지 않았던 것이다. 아마 그랬기에 바르트마저 보수신학은 자유주의 신학자로 매도·비판하였을 듯싶다.

## 동양의 하늘과 서양의 하늘은 같다

그럼에도 바르트의 자연신학(종교) 부정은 히틀러 체제를 지지한 독일 기독교에 대한 정치적 항거였음도 기억할 필요가 있겠다. 하지만 그의 종교 및 자연신학 비판은 그와 함께 고백교회를 이끌었던 본회퍼에 의해 다시 부정되었음을 알아야 한다. 자연과 초자연은 결코 둘이 아니라는 전제하에 그는 루터의 두 왕국설을 비판할 수 있었다. 기독교 역시 비종교적으로 이해해야 옳다는 것이었다. 우리 시대가 오히려 비종교적 시대에 접어들었다는 본회퍼 특유의 신학적 통찰인 셈이다. 이와는 다른 맥락이나 필자가 속한 감리교 전통은 특수 계시를 인정한다고 해서 일반 계시를 부정할 이유가 되지 않는다는 입장을 견지해 왔다. 기독교 초기부터 '서양지천즉 동양지천'(西洋之天即 東洋之天)이라 하여 유교와 기독교를 연속선상에서 이해했던 정동교회 목사 탁사 최병헌을 위시하여, 유불선 종교를 부여잡고 기독교 복음과 대화하며 토착화 신학을 전개했던 학문전통을 잇고 있는 것이다. 이는 서양인보다 더 서양적인 기독교인이 되는 것을 바라지 않고 오로지 한국적 기독교인이 되기를 바라서이다. 한국이 낳은 최고의 기독교 사상가로 일컬어지는 다석이나 함석헌 역시 유불선 모두 하늘로부터 계시 받을 것은 다 받은 종교이나 자신들에게는 예수만이 '의중지인'(意中之人)이라며 절대성과 다원성을 함께 긍정하는 건강한 입장을 견지하고 있다.

종교란 믿는 당사자들에겐 어머니와 같은 존재이다. 아무리 못났어도 자기 어머니는 자신에게 최고의 존재인 것이다. 하지만 여기에도 단계가 있다. 어린 시절 우리는 자기 어머니를 의당 최고라 부르며 그에게 절대 의존한다. 하지만 사춘기를 겪으면서 우리는 다른 어머니들을 보고 만나게 되며 어쩔 수 없이 비교하게 된다. 객관적으로 더 잘난 어머니가 눈에 많이 뜨이고 상대적으로 못한 자기 어머니 모습이 발견될 수 있다. 필자의 경우 시골서 농사짓다 자식 찾아 올라온 얼굴 검은 어머니가 부끄러운 적이 있었다. 하지만 좀 더 철이 들면서 그 어머니가 다시금 한없이 소중해지는 것이 성숙한 자의 모습이다. 세상에서 둘도 없이 소중하고 절대적인 존재로 어머니가 다시금 고백되는 것이다. 이런 이유로 오늘 기독교가 자신의 명제적 진리만을 고집한다면 사춘기 이전 어린아이의 순진무구한 모습으로 세상에 비춰질 수 있다. 따라서 우리는 자기 종교를 의당 비판적으로 바라 볼 수도 있어야 한다. 믿음의 눈만이 아니라 의심의 눈이 필요하다는 말이다. 이 점에서 여성신학자들은 성서가 자신들에게 돌이 아니라 빵이 되도록 하기 위해서라도 성서를 의심의 눈으로 보고자 하였다.

그러나 종교 간 대화는 의심의 해석학과 더불어 또 다른 눈을 요구한다. 그것은 이 책 서문에서도 강조하였듯이 자기 발견의 눈이라는 또 다른 시각이다. 이는 아시아 신학자 파니카가 가르쳐 준 것으로, 동일한 세계관에서 태동된 종교들 간에는 무엇이 옳고 그른지를 묻는 변증법적 대화가 필요하나, 전혀 다른 이질적 세계관에서 발생한 종교들 간에 상호 차이를 알고자 하는 대화적 대화가 필요하다는 것이다. 주지하듯 성서 안에 언급된 뭇 종교들은 예외 없이 고대 근동 지방 혹은 헬라적 풍토에서 생성된 것들이다. 그렇기에 그들 간에 변증법적 대화를 전개하는 것이 당연했고 그 와중에서 옳고 그름이 가려지는 것이 필요했다. 하지만 성서 안에 아시아의 종교적 세계관이 부재했음을 파니카는 적시했다. 아시아 종교들을 기독교가 결코 변증법적 대화의 시각에서 바라볼 수 없는 이유이다. 따라서 오늘을 사는 신학자는 이웃종교와 만나는 방식을 새롭게 고민하지 않을 수 없게 되었고 이를 연구하는 학자들이 많이 배출되어야 할 필요가 있다. 이웃종교는 기독교와 결코 같은 구원의 길을 가지 않는다. 그곳에 몸담아 보지 못한 우리로선 그들의 구원이 무엇인지 알 수도 없다. 하지만 분명한 것은 그들도 자신의 종교에 절대적 헌신하며 인생을 살며 구원의 길을 간다는 사실이다. 예컨대 축구의 문법을 아는 이들에게 축구는 한없이 재미있는 게임이다. 그러나 야구의 게임 룰을 아는 이들에게 야구 역시도 그에 못지않게 재미있다. 저마다 자기 게임 룰(종교언어)만 알기에 다른 경기(종교)가 흥미롭지 않을 뿐이다. WCC 측이 오랜 숙의 끝에 예수 그리스도가 우리 기독교인을 위한 구원의 핵심이지만 그의 구원 활동은 인간의 인식을 넘어서 있다고 말한 것도 이런 정황과 무관치 않다. 결국 성서 66권 안에만 하느님 계시가 담겨 있다는 폐쇄적 확신은 일견 믿음인 듯 보이나 실상 하느님을 과거 속에 가둬 두는 일이 아닐 수 없다. 지금도 새로운 생명 종이 탄생되고 있으며, 지구가 속한 태양계가 지금껏 발견된 우주에 비해 턱없이 작은 일부라는 사실도 이를 반증하고 있다. 가톨릭만 하더라도 73권을 성서라 여기고 있지 않은가?

## 하느님 속의 다원성

보수신학은 가치(종교) 다원 현상은 긍정할 수 있되 그것이 종교 다원주의와 등가·병존되는 상황을 두려워하는 것 같다. 현상은 부정할 수 없는 대세이지만 그것이 어떤 '-주의'(ism)로 되는 것을 감당할 수 없다는 것이다. 그리하여 서술적 다원주의와 규범적 다원주의를 분리시키고자 하였다. 이런 근거로 보수신학이 삼위일체론을 말했으나 사실은 그것이 하나(一者)에 대한 고백에 치중되었음을 이실직고했다. 경험적으로 삼위(三位)보다는 하나(一)에 무게중심을 두었던 탓에 복수(다원)성을 인정할 수 없었다는 것이다. 한국 교회의 현실을 반영하는 솔직한 고백이긴 하나 이것이야말로 기독교 본래성과 어긋나는 주장이 아닐 수 없다. 사실 성서가 말하는 '하나' 곧 유일신론(Monotheism)은 숫자적 하나가 아니라는 것이 중론이다. 또한 성서가 타자 부정적인 유일신론을 강조한 것은 포로기 이후 자신들 정체성이 최고로 위협받던 시절에 자신을 지키기 위한 최후 고백이었던 것도 사실이다. 소수자로서 정체성이 위협받던 시절 자신을 지키기 위한 고백이 기독교가 다수이고 주도권을 쥔 상황에서 밖을 향해 강요될 경우 그것은 사람 잡는 정체성이 될 수 있음을 성서학자들이 우려하고 있다. 본래 초기 기독교는 이런 유대교의 유일신론과 헬라의 유일적 최고신 개념과의 싸움으로부터 자신의 정체성을 얻고자 했다. 헬라 역시도 유대와 마찬가지로 폴리스(polis)들 간의 싸움을 통해 최고신 개념을 확보했으며 이데아(플라톤), 부동(不動)의 동자(動者; 아리스토텔레스)란 이름으로 발전시켰고, 그를 제국신학의 토대로 삼았던 것이다.

이런 정황에서 예수가 하느님이란 고백은 납득될 수도 수용될 수도 없었던 것으로, 초대교회는 이런 유일신론과 싸워 자신의 자리를 만들어 내야 했다. 이때 돌파구가 되었던 것이 아프리카적 사유, 'I am because we are'라는 것이었다. '우리'이기에 '나'이며 '나 속에 우리가 있다'는 복수성(다원성)의 사유가 바로 예수를 신적 존재로 이해할 수 있는 틀거지가 되었고 이를 바탕으로 최초의 삼위일체 교리(터툴리안)가 만들어질 수 있었던 것이다. 하지만 당시 로마제국은 기독교를 통치이념으로 수용했기에 이후 어거스틴에 이르기까지 '삼위'(三位)라는 복수성을 결국 '하나'로 환원시켜 버리는 우를 범하고 말았다. 이는 오늘 보수신학이 다원성, 복수성을 거부하는 자신들의 정서로서 '하나'를 강조한 것과 거지반 맥락이 같다. 결국 예수가 신인 것은 그의 복수성, 다원성을 말하지 않고서는 말해질 수 없다는 것이 처음 기독교의 핵심 주장이라 할 것이다. 최근 미국에서는 이렇듯 하나로 귀결되는 기독교의 삼위일체론을 비판하며 리좀적 사유 방식을 통해 다중교리(Polydoxy)를 주장하는 추세이다. 수많은 억압된 공간들을 탈(脫)하여 그것을 새로운 공간으로 다시(再) 만드는 것을 성육신 신학의 본질로 삼고자 하기 때문이다. 그렇기에 삼위일체 신학, 다중교리를 통해 성육신을 말하는 기독교 신학은 하늘나라가 이 땅에 임하는 것(새창조)에 관심할 수밖에 없다.

글 마지막 부분은 종교 간 대화에 대한 보수신학의 견해를 열린 시각에서 제안하고 있다. 다행히도 개종주의적 선교의 지양을 첫 과제로 꼽았다. 정복과 점유의 선교가 아니라 더불어 있음(공존)의 자각을 요청하는 것이다. 기독교의 유일성을 지키면서도 이웃종교와의 관계 형성을 이루어야 한다고 주장하였다. 사실 종교 간 대화, 종교다원주의의 여러 이론들이 이런 입장을 취하지 않는 것이 거의 없다. 단지 절대성을 무제약성으로 개념을 달리 했을 뿐이자 자기 종교에 뭔가 부족하여 이웃종교를 기웃거리고자 함이 결코 아닌 까닭이다. 그럼에도 발제자는 종교 간 대화가 종교 혼합주의로 변질될 것을 우려한다. 하지만 이미 성서신학자 R. 불트만이 밝혔듯 원시 기독교는 본래 종교 혼합주의적 현상이었다. 구약성서, 유대교, 스토아 철학, 영지주의 그리고 밑의 종교들이 바로 신약 성서 속에 산재해 있다고 했다. 그럼에도 기독교 정체성은 상실되지 않았고 오히려 이런 혼합적 개방 과정 속에서 더욱 분명해졌다는 것이 불트만의 지론이었다. 교회를 사랑하는 신학자로 꼽히는 과정신학자 존 캅 교수도 수많은 종교 중에서 기독교가 역사적으로 번성할 수 있었던 것은 기독교만이 주변 종교와 적극적으로 혼합적이었기 때문이라 말하였다. 문제는 자기 정체성을 잃는 것이지 섞임을 통해 자기 정체성을 더욱 적실하게 표현할 수 있다면 혼합주의란 역사의 필연적 현상으로 받아들여야 한다고 역설했다.

오늘 우리 시대는 형이상학적 진리를 선호하지도 주장하지 않고 있는 추세다. 종교 없는 영성은 가능해도 영성 없는 종교는 불가하다는 말 역시 힘을 얻고 있다. 교리란 본래 '사실 적합한' 삶의 흔적이자 열매일 뿐 그것이 삶 자체를 지배할 수 없다는 말도 회자되고 있다. 따라서 향후에도 명제적 진리가 아니라 수행적 진리가 더욱 소중한 시대가 될 것이다. 종교들 간에도 교리로 판단할 것이 아니라 누가 더 종교 창시자들의 정신을 잘 구현하고 있는가에 관심을 두는 선한 싸움이 필요할 때가 된 것이다. 오늘과 같은 보수·진보 신학자들 간의 대화가 이런 결론을 도출할 수 있기를 간절히 소망한다. 하지만 이는 발제자도 언급했듯 보수신학계 안에서 먼저 이웃종교들에 대해 그리고 성서 자체에 대한 계몽주의적 이해가 발생할 때 가능할 수 있는 일이다. 폐쇄적 진보신학에 대한 지적도 일리 있는 것으로 겸손히 수용할 필요가 있다. 저마다 닫힌 입장이 있는 것도 사실인 까닭이다. 어려운 자리에서 난제를 부여잡고 진정성 있게 발표한 발제자의 수고가 참으로 고맙다.

# 02 ── 한국신학에 대한 논쟁
### - 고독, 저항, 상상의 기독교가 되라

## 세상의 중심은 약자들이다

어느 날 갑자기 기상 편집장 홍승표 목사로부터 글 한 편이 보내졌다. 읽고 반박문을 써 보낼 수 있느냐는 물음과 함께. 잡지를 편집하고 있으니 흥밋거리를 더하고 싶은 탓도 있었겠으나, 그 역시 토착화 신학 전통에서 공부했으니 뭔가 오해를 바로잡아야겠다는 생각 때문이었을 것이다. 글의 내용에 대한 토론은 차치하고서라도 김균진 교수와의 지상논쟁의 형식이 타당할지 망설여졌다. 직접 만나 글에 대한 이야기를 나누는 것이 도리일 것이라 생각해 보기도 했다. 학창시절 70년대 초반 학번인 우리는 그분 책으로 공부했고 사모님으로부터 독일어를 배운 것도 생각났다. 필자의 스승 변선환 교수께서 헤겔에 대한 선생님의 연구를 극찬하셨던 것도 기억났다. 이후 필자도 교수가 되었고 조직신학회의 회원이었으며 수 차례 임원을 거쳐 급기야 선생의 뒤를 이어 학회 회장으로 활동하였다. 상대적으로 이른 시기에 학회 회장으로 피선된 것도 선생의 남다른 배려 덕분이었다. 선생은 30년 남짓한 교수 생활을 통해 타의 추종을 불허할 만큼 많은 저서를 남겼고, 본인의 스승 J. 몰트만의 저작들 거의 전부를 - 때론 영역보다 빠르게 - 홀로 번역한 것으로 기억된다. 그중 상당수의 책이 문광부 내지 학술원 우수 도서로 선정된 것을 후학들은 자랑으로 알고 있다. 경험상 이런 학문적 업적은 공부 외에 다른 관심을 갖지 않은 올곧은 학자의 삶에서나 가능한 일이다. 그렇기에 은퇴하신 대학자께서 심기 불편하여 쓰신 소논문을 평하고 반박하는 일이 결코 쉽지 않았고 망설여졌다.

하지만 돌이켜보니 제게 맡겨진 이런 역할이 결코 우연한 것은 아닌 듯 싶다. 정확한 시기는 기억되지 않으나 선생의 조직신학 저서 전권 출판기념회 자리에 필자는 한신대 김경재 교수와 서평과 축사의 임무를 띠고 초청된 적이 있었다. 당시 선생께서는 선배이자 동료였던 김광식 교수와 더불어 앞서 거니 뒤서거니 하며 조직신학 체계를 만들고 있었고 먼저 끝을 이루신 상태였으니 참으로 기쁘고 스스로도 대견하였을 것이다. 그럼에도 당시 우리는 정작 선생님에게 축하만 드릴 수 없었다. 5권에 이르는 선생의 조직신학 책들 속에서 그와 동시대를 살아온 이 땅의 신학 및 신학자들에 대한 언급이 전혀 없었던 까닭이다. 후학을 믿고 서평할 수 있는 영광된 기회를 주었으나 필자는 한국신학자들의 글들과 아무 교감 없이 전개된 선생님의 조직신학에 대해 불편한 심기를 드러내고 말았다. 필자에게 신학은 구체적인 시간과 공간 안에서 일어나는 행위이고 예수를 '대답'이라 믿는 사람일수록 자신들 '삶의 자리'에 대한 물음에 더욱 철저해져야 된다고 생각한 까닭이다. 김경재 교수 역시 축사를 통해서 공교롭게 동일한 문제점을 지적했고 귀가하는 자리에서 선생께 미안한 감정을 표했으며 누되지 않기를 바랐던 것이 기억난다. 이런 죄송함이 선생의 은퇴 찬하 논문집에 글 한편 바치는 계기가 되었다. 은퇴 하신 이후 선생님의 글 속에서 종종 한국신학자들의 글들이 인용되는 것을 보고 기뻤고 '신학적 제안'도 이런 선상에서 반갑게 읽을 수 있었다.

이렇듯 '한국신학에 대한 나의 제언'이란 뜻밖의 글을 대하며 지난 과거가 주마등처럼 떠올랐다. 이제는 칠순을 훌쩍 넘겼을 선생님께서 자신의 신학에 대한 지난 시각과 평가들이 못내 서운하였을 것이라 헤아려진다. 그래서 오늘의 '제언'을 통해 선생은 역으로 서구 신학을 제대로 배우고 알지도 못한 주제에 오히려 그를 부정·배타하는 듯한 일부 한국신학 및 신학자들의 동향에 대해 평소 하고픈 말씀을 쏟아 놓았다. 저 역시 선생께서 저자 이름을 명시하지 않은 채 인용한 몇몇 글에서 그 논리적 지나침을 인정한다. 인용문 중에서 어느 것은 내가 썼던 글의 일부라 생각되기도 했다. 정확한 글의 출처와 저자를 밝혀 말씀 하였다면 오늘의 논의가 더욱 창조적이었을 것이다. 분명 인용문의 저자는 의도적으로 서구 신학과 각을 세우며 썼을 것이고 또한 생태계 위기 상황에서 기계론적 세계관과 짝했던 종교개혁 이후 서구 신학의 한계 및 문제점을 과장되게 서술한 부분이 있었을 것이다.

그러나 글에는 문맥이 있는 법, 앞뒤를 잘라 논쟁을 부각시키는 것은 문제가 있다. 더구나 이런 주장들이 일부 현대신학의 흐름과 공명하기에 전혀 사실무근이 아닐 터, 이런 글의 진정성을 헤아려 주는 것도 필요한 일일것이다. 무엇보다 극히 제한된 주제를 부각시켜 한국신학의 진정성과 본래성을 왜곡 내지 비판하는 선생님의 글에서 평소 존경받는 신학의 대가다운 모습이 실종된 듯 보였다. 서구 신학을 읽고 그에 대한 글을 써 온 엄밀함의 잣대로 한국신학의 해석학적 관심을 세밀히 읽었어야 했는데 아쉽게도 감정에 치우친 듯했다. 한국신학의 본뜻이 아쉽게도 학문적으로 전혀 논쟁되지 못한 것이다. 본 제언에서 선생께서 말씀하신 한국신학이란 주로 토착화 신학과 민중신학을 일컫는다. 그중에서도 민중신학 계열보다는 주로 유동식, 윤성범 교수 등이 주도했던 토착화 신학에 대한 비판이 '제언'의 핵심 논지였다. 하지만 아쉽게도 정작 이들이 시도했던 토착화 작업에 대한 학문적 성찰은 부재했다. 선생님의 신학적 조망권 안에 오로지 이 땅의 부정적 현실만이 포착되는 것 같았다. 선생님에겐 메시야 전통에서 한국의 잘못된 현실을 바로잡는 것이 신학의 전부였던것 같다. 한국적 현실과 가장 어긋나는 것이 한국신학이란 선생의 지적이 일리 없지 않으나 서구 기독교 역시 예수를 배반한 종교인 것을 선생께서 인정해야 할 것이다. 이런 이유로 선생의 '제언'이 꼭 저 필자에게 해당되는 것은 아니겠으나 토착화 신학 2세대에 속한 학자로서, 저 역시 은퇴를 몇 년 앞두고 있는 현실에서 응답을 면피할 수 없었다는 것을 이해했으면 좋겠다.

우선 선생의 문제의식은 아직 개념조차 온전히 정의되지 못한 한국신학이 적반하장으로 서구 신학을 배타하며 오히려 자신을 절대화시키고 있다는 사실에 있었다. 그리하여 수입신학, 식민지 신학, 이분법적 신학 등의 이름으로 서구신학을 평가하고 부정하는 것에 대한 선생의 노기가 하늘을 찌르고 있다. 하지만 필자의 생각은 달랐다. 종래와 같이 여전히 한국적 상황을 고려치 않는 서구 신학의 탈(脫)맥락적 수용이 강제된다면 저항에 부딪치는 것은 당연한 일인 탓이다. 오늘 우리 시대의 신학적 화두가 탈(脫)현대를 넘어 탈(脫)식민화에 있음이 주지의 사실이다. 이런 의미에서 서구 전통과 신학을 '의심의 눈'으로 지켜보고 우리 전통을 '자기 발견의 눈'을 통해 의미(주체)화하는 것은 지당하며 필요한 일이다. 선교사 중심의 기독교 사관을 넘어서야 한다는 의미일 것이다. 이미 오래전 윤성범 교수가 '화분론'을 거부하고 '씨앗론'으로 토착화를 말했고, 유동식 교수가 접목론을 말하되 우리 문화를 서구 기독교의 생명력(새순)이 접붙여져야 할 나무의 밑둥(뿌리)이라 말한 것도 분명 이런 이유에서였다. 그렇기에 여전히 서구 신학이 대세인 상황, 그 옛적 유대인들이 이집트만 바라봤듯 미국을 비롯한 서구만 쳐다보는 이 땅의 학문적 현실에서 소수 신학자들의 주체성 요구를 너그럽게 이해하는 것이 마땅한 일이다.

　주지하듯 기독교 신관(神觀)의 절대적 배타성의 요구는 바벨론 포로기의 위기 상황에서 오히려 자신의 주(主)체성을 강하게 표출하는 과정에서 비롯한 것이었다. 극히 소수의 학자들이 관심을 갖는 한국신학의 과제도 동일선상에서 옳게 읽혀져야 할 일이다. 초국적, 탈민족적 세계화의 추세에서 닫힌 민족주의를 벗고 열린 문화적 민족(민중)주의 시각에서 대안적 세계화를 위한 주체적 신학(영성)운동을 폄하해서는 안 될 것이다. 서세동점의 시기 모두가 자신의 과거(종교)를 버렸을 때 '동양지천즉 서양지천'(西洋之天卽 東洋之天)을 말하며 양자를 연속선상에서 보았던 탁사 최병헌의 문제의식은 그래서 지금도 유효하다. 선생의 스승인 몰트만 교수 역시도 맥락은 다소 다를지라도 21세기 신학의 과제를 '교파신학에서 에큐메니칼 신학으로, 유럽 중심의 신학에서 아시아 중심으로 그리고 기계론적 세계관에서 유기체적 세계관으로의 전이(轉移)'이라 말했다고 기억된다. 물론 선생의 지적처럼 동서양은 물론 동서양 신학을 이분법화하는 것에 필자도 선뜻 동의할 수 없다. 하지만 분명한 것은 기독교 서구가 지난 세월 동안 스스로 부정하고 폄하했던 자신의 신학적 전통(가치)을 재평가하고 있으며 바로 그것들이 동양(한국)적 가치들과 부합되고 있는 현실 역시 인정해야 옳다. 재론하거니와 누구도 서구 신학 전체를 식민지 신학이라 매도할 만큼 어리석고 몽매한 학자는 없을 것이다. 이는 오로지 오늘의 '제언'에서 선생께서도 그리했듯이 자신의 주장을 강조할 목적으로 감정에 무게 실은 일종의 수사학쯤으로 이해하면 좋겠다.

　여하튼 선생께서는 이런 오해를 바탕으로 한국신학에 대한 반론을 몇 항목에 걸쳐 제시했다. 저 역시 이런 선생의 논지에 공감할 여지가 있다고 판단하나, 선생에게도 '역지사지(易地思之)'의 기회를 제공하는 것이 필요하다 싶어 부족한 소견을 피력할 생각이다. 더욱이 성탄절을 앞둔 상황에서 그의 신비를 '역지사지'의 공감력이라 생각했던 탓이다. 우선 선생은 '한국적'이란 한 정사가 붙은 신학이 전혀 한국적이지 않다고 조롱하였다. 토착화 신학자들이 강조하는 '한국적'이란 것이 정의가 실종된 한국적 상황과 견줄 때 전혀 적합성이 없다는 것이다. 이런 정황에서 단지 과거 전통 속에나 존재하는 몇몇 죽은 개념에 기독교적 옷을 입히는 한국신학은 정말 한국적일 수 없다고 비판했다. 본래 정치적 담론이 부족했던 토착화 신학이 귀담아 들어야 할 부분이라 생각한다. 하지만 선생께서 말하는 한국적 실상이란 한마디로 천민 자본주의화한 한국적 현실이다. 그래서 다시 묻고자 한다. 선생께서 말하는 오늘의 자본주의적 병폐가 실상은 기독교와 함께 유입된 서구적 가치관의 탓은 아니겠는가?라고. 오늘과 같은 천민 자본주의를 부추겼던 것이 오히려 기독교라는 것이 중론이다. 소위 JPIC 문제로 집약된 자본주의의 병폐를 어느 특정 종교, 어떤 신학이 홀로 감당할 수 있는 일인지도 묻고 싶다. 주지하듯 오늘의 난제가 특정 신학은 물론 기독교만의 과제가 아니었기에 전 세계 종교인들의 동참을 호소했던 것이 서울에서 열렸던 JPIC 대회의 본뜻이 아니었을까? OECD 국가들 중에서 욕망지수가 가장 높은 나라란 것이 기독교 강국을 자랑하는 이 땅의 현실인 것을 기독교가 먼저 성찰할 일이다. 기독교 본질의 차원에선 선생처럼 얼마든지 신학적 당위를 말할 수 있겠으나 현실 기독교가 오히려 사회 문젯거리로 전락된 상황에서 전통과 문화를 폄하한 채 '오직' 기독교, '오직' 서양만을 외칠 수 없는 노릇이다.

최근 한 서양학자가 『한국인만 모르는 대한민국』이란 책을 통해 한국적인 것이 인류 미래를 위해 기여할 바가 얼마나 큰지를 가르쳐 주었다. 현실의 부정성에 눈감는 것도 문제지만 자신의 긍정성을 옳게 바라볼 수 있는 눈을 상실한 것이 더 큰 슬픔이라 하였다. 자본주의 극복이 인류 미래를 위한 최대의 과제가 된 현실에서 우리는 같은 방식으로 기도할 수 없으나 같은 주제를 위해 마음을 모을 수 있다면 좋은 일이다. 그리하며 지금은 뭇 차이를 가로질러 새로운 보편성을 획득하는 것이 탈현대를 극복하는 신학의 새 과제가 된 것이다. 이를 위해 체제 안에서만 사유할 것이 아니라 체제 밖의 사유를 요청받는 바, 기독교 역시 이런 모험에 응할 때가 되었다. 본래 토착화 신학은 나름대로 서구 신학의 한계를 극복할 문제의식하에서 생겨난 것이다. 일제 치하에서 '우리' 것을 빼앗긴 경험이 한국적 주체성의 발견을 우선시했던 것이 사실이나 그것 역시 세계적 주제와 결코 불통하지 않았으며, 우려하듯이 결코 탁상공론은 아니었다. 상세히 말할 수 없어 유감이나 서구 기독교의 개인주의 한계를 직시하고 그를 치유하기 위하여 공동체성을 강조했으며(윤성범), 교회적 차원의 선교를 넘어 하느님 선교의 우주 생명적·미학적 차원을 열었고(유동식), 그리고 아시아의 종교성과 민중성을 통해 기독교의 해방적 역할(변선환)을 선포한 것이 토착화 1세대 신학자들의 공헌이자 신학적 관심이었다. 필자 역시 이들을 스승으로 모신 까닭에 JPIC 주제를 한국적으로 수용하는 차원에서 '생명'을 화두 삼아 자본주의 이념 체계와 신학적 사투를 벌여 왔다. 그렇기에 토착화 신학 역시 한국적 현실이 어두울수록 더욱 요청될 수밖에 없을 것이다. 토착화 신학(者)을 한국 현실에 맞지 않고 세계와 불통하며 자폐증에 걸린 환자처럼 여기는 것은 크게 삼가야 할 일이다.

두 번째로 선생께서는 서구 신학에 대한 토착화론자들의 배타적 태도를 꾸짖고, 장차 한국신학이 서구를 품는 포괄적 신학이 되어야 할 것을 역설하였다. 너무도 지당한 말씀이어서 크게 이론의 여지가 없다. 토착화 신학은 결코 우리 것만 옳다고 주장할 만큼 힘이 있지도 않고 애시당초 그런 주장을 할 수도 없는 탓이다. 모든 신학이 실상 저마다 풍토에서 생기(生起)된 토착화 신학이라 믿기에 단지 한국신학계에 편만한 서구 맹종적 풍토를 비판했을 뿐이다. 아마도 배타적 표현은 이런 상황을 타개하기 위한 전략이었을 것이다. 바젤의 신학자 H. 오트는 베드로전서 3장 15절에서 신학의 본성을 찾아 읽었다. 온유하고 겸손한 신학이 되려면 어느 신학자든 간에 신학 자체가 구체적 시공간 안에서 일어난 것임을 인정하라고 한 것이다. 그렇기에 필자는 선생께서 언급하신 여성신학을 비롯한 현대신학의 여러 사조들뿐 아니라 더욱 큰 틀에서 가톨릭 신학조차 히브리 종교의 헬라적 토착화라 보며, 개신교 신학 또한 복음의 독일식 재구성이었다고 평가한다. 같은 차원에서 장로교와 감리교 역시 당연히 대륙과 영국의 풍토 및 사유 방식(연역/귀납법) 간의 차이에서 비롯한 것이라 여기고 있다. 이런 차이는 현대신학 사조들이 그렇듯 결코 옳고 그름의 차원에서 생각될 수 없는 사안이다. 신비적 합일을 강조하는 요한적인 정교회, 교회 지상주의를 선포하는 베드로 식의 가톨릭교회 그리고 개인 신앙에 무게중심을 두는 바울적 개신교가 있다는 것도 부정할 수 없는 현실이다. 지금도 이슬람 풍토에서 아랍어를 사용하여 예배를 드리는 시리아정교회 역시 금번 WCC 부산대회에서 크게 주목을 받았다. 이런 정황에서 유불선 사상의 빛에서 기독교 복음을 조명하려는 시도 역시 이 땅에서 필요한 일이 아닐 수 없다. 토착화 신학자들은 이런 신학적 시도를 인정해 달라고 요구하였을 뿐, 이런 작업만 옳은 것이라 주장하지 않았다. 이런 과정을 통해 토착화 신학은 밭에 묻힌 보물처럼 서구 기독교가 주목하지 않았던 그들 전통 내 비주류의 신학 사상들을 더 잘 선용할 수 있었다. 주지하듯 토착화 신학자들에 의해 강조된 우주적 그리스도론은 선생께서 제안하신 신학의 '포괄성'을 위해서도 반드시 필요한 사안이다. 본 주제에 관해 선생께서 격한 마음으로 쓰신 한 구절을 필히 언급해야겠다. 모든 현대 영미권 서구학자들이 희랍사상에 빚지고 있으나 희랍철학자가 아니듯, 또한 자신들 스스로도 희랍의 식민지 사상가로 여기지 않는 것처럼, 유불선을 공유하는 이 땅의 사상가들 역시 자신을 인도나 중국 사상의 아류로 생각하지 않는다.

헬라 철학이 유럽에서 창조적 진화의 과정을 겪었듯, 인도와 중국 사상 또한 이 땅에서 무수한 세월에 걸쳐 창조적 변형, 곧 토착화를 이루어냈던 까닭이다. 만약 선생님께서 앞의 진실을 덮은 채 뒷 이야기만을 고집하신다면 선생님께서 얼마나 서구에 경도되었는가를, 그래서 부지불식간에 동양을 폄하하고 있는가를 고민해야 할 것이다.

다소 순서를 바꿔 선생의 또 다른 고언(苦言), 한국신학이 서구 신학에 대해 충실하지 못했다는 지적에 대해 말씀드리고자 한다. 이에 답하고 나면 선생의 글 '한국신학에 대한 나의 제언'의 결론, 즉 선생 고유의 신학적 시각에 대한 평가만이 남게 될 것이다. 우선 서구에 대해 충실하지 못했다는 지적에 대해 묵묵부답해야 옳다. 무수하게 쏟아지는 서구 신학의 결과물들을 읽고 사유하기가 버겁기 그지없었던 탓이다. 안테나 신학자란 별명이 흉이 아니라 덕목이 되어야 할 정도로 신학 영역에서도 정보가 지나칠 정도로 과다하다. 필자 역시 가능하면 새로운 신학사상을 습득하려 애를 쓰는 편이다. 최근에는 신학을 자본주의 비판의 토대로 활용하는 소위 좌파 철학자들, 바디유나 지젝의 사상을 버겁지만 소화하려고 노력중이다. 하지만 쏟아지는 신학적 저술들의 양에 비해 오히려 신학의 사회적·공적 역할이 점차 축소되는 것이 안타깝다. 학술 진흥재단에서 기독교 분야를 담당하는 전문위원(RB)으로 활동하면서, 나는 신학자들이 얼마나 다양하게 연구 프로젝트를 진행시키고 있는지를 보아 왔다. 전문성에 있어 여타 분야에 결코 뒤지지 않았다. 하지만 정작 사회적 실천과 연계된 관심은 상대적으로 약했다. 기독교 신학이 서양 종교의 한 부분으로서 전문성에 갇혀 버린 결과이다. 그렇기에 신학적 언어가 사회에서는 물론 교회 안에서도 그 설자리를 빼앗긴 것이다.

자타가 공인하듯 선생 역시도 참으로 많은 서구 신학 책을 번역하였다. 그 중 영역보다 빨랐던 것이 아마도 『생명의 영(Der Geist des Lebens)』인 것으로 기억된다. 아마도 선생은 '내가 이렇게 많은 서양 책을 번역 소개했는데 다른 신학자들은 도대체 무엇을 했는가?'를 묻고자 하실 것이다. 그렇다. 선생의 번역작업에 비해 저희들이, 후학들이 한 일은 사실 너무 초라하다. 번역 작업은 참으로 지난한 작업이고 고된 일이기에 처음 한두 권 시작했다가 지속할 수 없어 손 놓았던 경험들을 갖고 있다. 신학의 여러 영역을 전공한 해외파 학자들이 자기 분야의 핵심 도서를 옳게 번역해 주어야 이 땅의 신학이 발전되는 것은 당연한 일일 것이다. 하지만 행여나 토착화 신학의 작업이 외국 신학 서적을 읽지 않고 동양적 재료만 갖고 소꿉장난(탁상공론)이나 하는 듯 여겨지지 않기를 바란다. 필자의 경우 '생명'을 주제로 한국적 생명신학을 전개할 때 선생께서 번역하신 몰트만의 저서를 읽어야만 했고, 서구에서 토론된 종교와 과학 간의 간(間)학문적 대화를 배우지 않을 수 없었다. 아울러 토착화 신학은 서구 신학은 물론 아시아 각국에서 전개된 다양한 신학에 대한 열려진 안목을 통해서만 가능한 일이었다. 예컨대 R. 파니카나 A. 피에리스 그리고 송천성의 신학을 알지 못한 채 토착화 신학을 전개시킬 수 없는 바, 바로 이들 신학들이 본래 서구에 대한 비판적 성찰에서 비롯한 것임을 주지해야 옳다. 이 점에서 나는 감히 토착화 신학이야말로 서구는 물론 아시아 신학과의 소통 속에서 가능한 것임을 강조하고 싶다.

최근 토착화 신학이 탈민족주의 사조와 대화하며 진화해 나가고 있음도 알아야 할 것이다. 전 세계 13억 인구가 열광하는 한류에 대한 신학적 연구, 『한류로 신학하기, K-Christianity』도 최근 한국 문화신학회의 집단(공동)지성의 결과물로서 세상에 선보였다. 또한 필자는 토착화 신학이 성령의 시대에 합당한 현대신학의 한 흐름이라 생각하고 있다. 성령의 시대는 형이상학적 진리보다 소위 '수행적 진리'(performative truth)가 소중하다. 이는 진리란 자신이 맺는 열매(행위)를 통해서만 드러난다는 것으로서 지행합일(知行合一)의 동양 전통과 너무도 잘 소통한다. 자신의 사상을 진리 실험의 열매로 인식한 간디 자서전의 『my life is my message』는 지금 우리 기독교의 부족한 점을 여실히 보여준다. 신학적 언어가 공적으로, 그리고 몸적 현실로서 너무도 적게 역할 하는 오늘의 상황에서 토착화 신학이 오히려 삶의 문제를 해결할 수 있는 동력이 될 수 있다는 것이 필자의 확신이다. 신학은 본래 본회퍼의 말처럼 예수의 제자를 키워 내는 일(동시성)에 쓰임새가 있어야 한다. 하지만 오늘의 신학교는 의미 상실된 지식만 전달하며 신학교 유지 내지 성직자 양성을 빌미로 학위 장사하는 기관으로 전락해 가고 있는 듯하다. 이 점에서 우리는 서구 신학에 성실하지 못했음을 걱정하기보다 오늘의 교회와 신학이 왜 이렇듯 공적 현실에서 무능력하게 되었는지를 먼저 염려해야 할 것이다.

이제 선생의 마지막 질문이자 대답이기도 한 '메시아 전통'에 대해 논의할 시점이다. 선생님에게 메시야 전통은 성서의 핵심으로서, 잘못된 한국 상황을 고칠 수 있는 유일한 신학적 대안으로 제시되었다. 이는 잘못된 한국적 상황을 한국신학에게 맡겨 놓을 수 없다는 판단의 산물일 것이다. J. 몰트만이 강조하는 메시야 전통만이 유일한 신학이란 말을 선생께서 하고 싶었던 것이다. 필자 역시 메시야 전통이 기독교의 핵심이자 진실로 동력이 되기를 바란다. 몇 해 전 몰트만의 『희망의 신학(Die Theologie der Hoffnung)』 출간 40년을 기념하는 심포지움이 그의 방문을 기해 한국조직신학회 주관으로 감신대 교정에서 열렸었다. 당시 한국조직신학회에서는 '몰트만 희망의 신학 속에 희망이 있는가?'를 주제로 내걸고 몰트만 교수와 토론하였다. 한편에서는 국내 바르트 학자들이, 또 다른 한편에서는 토착화 (문화)신학자들이 몰트만 교수에 대한 우/좌파의 역할을 감당했었다. 서로 다른 시각에서 예리한 비판들이 쏟아졌으나 각기 자신들 언어에 갇혀 충분한 토론이 되지 못해 아쉽던 기억이 남아 있다. 당시 '무로부터 창조'에 동의하지 않는 한 과정신학자의 질문이 있었는데, 정작 몰트만 교수는 신적 전능성을 약화시킨다는 이유로 과정신학의 가치와 의미를 단숨에 무로 만들어 버렸다.

이렇듯 과거 기억을 되살리는 것은 신학에 있어 '반드시'라는 것이 존재할수 없음을 말하기 위해서이다. 메시야 전통만이 성서의 유일한 잣대라 말하는 학자도 있으나 성서 속에는 실현된 종말론, 철저 종말론 역시 상존하며, 묵시문학을 신약성서의 모체로 보는 학자도 있고, 최근 역사적 예수 연구가들 중에 예수를 대안 문화를 창출했던 지혜 전통의 현자로 보는 이도 적지않다. 메시야 전통보다는 오히려 욥기 식 사유를 신약성서의 예수와 일치시키는 흐름 역시 병존한다. 이들 각각의 신학에 흑백의 잣대를 들이대는 것은 신학적으로 옳지 않다. 이들 역시 여전히 우리 시대를 위한 순기능을 행사할수 있는 까닭이다. 따라서 메시야 전통만을 성서에 적합한 것으로 여기며 그것 없이는 신학 및 기독교의 정체성을 잃을 수 있다는 판단을 수긍하면서도 공감할 수 없다. 필자 또한 선생님처럼 기독교 신학이 사회적 약자를 돌보고 불의한 현실에 예언자적 사명을 일깨우며, 새 하늘 새 땅을 선포하는 메시야 전통의 소중함을 인정한다. 아울러 모든 악의 근원인 천민 자본주의 모순을 기독교 신학에 근거하여 해결코자 하는 앞서 언급된 철학자 바디유의 바울이해, 지젝의 유물론적 신학 역시 결코 무의미하게 보지 않는다. 이들은 과거 예수처럼 체제 내 현실에 좌절할 경우 오히려 체제 밖(하느님 나라)을 사유할 것을 가르쳤고, 기독교 신학이란 시종일관 '예외자'들, '예외적 사건'을 사유하는 것으로 믿었기 때문이다. 이처럼 신학은 얼마든지 달라질 수 있고 달라야 마땅하다. 그러나 그보다 더 중요한 것은 그것이 신학이라면 무엇보다 세상의 중심을 약자에 두는 예수의 하느님 나라 비전을 공유하는 일일 것이다. 세상 안에서 세상 밖을 사는 일이 먼저 일어나야 할 것이며, 불의한 체제에 맞서는 열정이 필요한 것이다. 이런 의미에서 교회란 하느님을 사랑하는 자들의 그 사랑의 이름으로 품어야 할 가치, 곧 '불가능한 것(하느님 나라)에 대한 열정'을 지닌 사람들의 공동체여야만 한다. 교리나 신조로 고백된 차원을 넘어 실제로 불가능한 것에 대한 열정이 살아 숨쉬는 이들의 모임, 바로 그것을 일컬어 우리는 성령의 공동체라 말할 수 있을 것이다.

여하튼 선생은 죄악된 한국 현실을 직시하며 메시야 전승에 기초하여 하느님 정의를 세우는 것이야말로 진정한 '한국신학'이라 결론지었다. 필자 역시 이런 제안이 충분히 설득력 있고 귀하다고 판단한다. 그러나 결론에서 선생은 이 틀거지 하에서 기존 토착화 신학의 문제를 진부하게 재차 언급하였다. 그렇게 강조하지 않아도 충분하게 선생의 뜻이 전달되었음에도 말이다. 아마도 그만큼 토착화 신학으로서의 한국신학에 대한 불신, 못마땅함이 선생님 심중에 자리했던 모양이다. 이런 까닭에 필자 또한 재론하기 싫으나 어쩔 수 없이 반복해야 될 상황이다.

마지막에 이르러서도 선생의 질문은 처음과 조금도 달라지지 않았다. 토착화 신학자들이 말하듯 언제 동양이 유기체적 사회였던가? 정의가 제대로 실현된 적이 있었는가? 이원론을 부정한다면서 여전히 갑을(甲乙) 간 갈등 사회를 만들고 있지 않은가? 약자의 탄식이 하늘을 찌르는 사회는 아니던가? 민주주의가 서양에서 시작된 것을 고마워해야 하지 않는가? 하는 것들이다. 하지만 이런 선생의 지적은 옳으나 틀렸다. 서구와 변별된 좋은 세계관·자연관을 갖고 있음에도 천부인권을 빼앗긴 동양의 슬픈 운명도 탓해야 하지만, 복음과 자본 그리고 군대를 앞세워 동양을 수탈한 서구 제국주의를 말하지 않는 것은 지식인의 직무유기일 것이다. 자본주의에 잠식당한 이 땅의 현실도 의당 문제이겠으나, 초국적 기업을 앞세워 세상을 온통 자본의 힘에 굴복시킨 서구의 원죄를 묵과하는 것도 정당화될 수 없는 것이다. 어느 종교를 막론하고 천민 자본주의를 이길만한 힘을 지닌 종교가 눈에 띄질 않는다. 이와 맞서 싸울 수 있는 신학이 있다면 우리 모두는 그를 선택해야 옳다. 토착화 신학도 이 일에 일조하고자 노력하고 있을 뿐이다. 선생께서 지적하듯 서구 신학을 절대로 매도하지도 않을뿐더러 할 수도 없는 것이 현 기독교의 현실이다. 필자가 다석 유영모의 '없이 계신 하느님'을 좋아하고 함석헌의 '흰 손'이란 시에 공감하는 것, 나아가 동학의 시천주(侍天主), 이천식천(以天食天) 그리고 유불도의 여러 개념과 씨름하는 이유도 결국 새로운 세상을 꿈꾸기 위해서이다.

최근 대안적 세계화를 말하는 분위기가 무르익고 있다. 자본을 앞세워 자연을 독식하는 서구 자본주의, 그를 추동하는 보수 근본주의 기독교를 보며 메시야 전통이란 것이 과연 무엇인가를 되묻게 된다. 신학의 언어가 교회 밖은 물론 교회 안에서조차 힘을 잃고 있는 현실을 선생님 역시도 모르지 않을 것이다. 이런 상황에서 대안적 세계화 추세와 발맞출 수 있는 좀 더 보편적 개념들이 신학 안에서 발굴되면 좋겠다. 기독교 전통 하에서도 우리는 얼마든지 유기체적 사유를 발견할 수 있을 것이다. 단지 그것들이 지금껏 기독교 전통에서 소외되었을 뿐, 없었던 적이 없었던 까닭이다. 의당 서구가 이원론만 강조했던 것도 물론 아닐 것이다. 성서 역시 마치 우리의 삼재론(三才論)처럼 하느님과 인간 그리고 자연 간의 상호성을 말하고 있는 까닭이다. 이제는 차이를 횡단하는 보편성을 추구해야 세상을 망가뜨리는 악의 세력에 대항할 수 있는 때가 되었다. 무엇이든 홀로 되는 법은 없다. 그렇기에 오히려 선생의 글 속에 담긴, 어느 것은 되고 어느 것은 아니 된다는 이분법적 논리가 거둬져야 할 것 같다. 이 점만 극복되고 인정된다면 선생의 생각에 필자는 일백 번 고쳐 동의할 수 있다. 필자 역시 세상의 중심은 약자들이라 믿는 까닭이다.

지면 관계상 더 길게 첫글에 대한 답을 쓸 수 없을 듯하다. 선생의 '제언' 보다 더 긴 글을 남기는 것은 큰 실례일 것이다. 혹시라도 글 속에서 선생님의 심중을 상하게 한 것이 있으면 크게 용서를 구한다. 필자 역시 갈수록 모르는 것투성이임을 느끼며 삶이 없는 신학의 한계를 여실히 느끼고 있을 뿐이다. 오랫동안 뵙지 못했던 선생을 지면을 통해 대화하게 되었으니 고맙고 감사할 뿐이다. 강건함과 평안을 누리시기를 그리스도 안에서 기도한다.

## 하느님을 사랑하는 자, 과연 무엇을 사랑하는가?

이상과 같은 필자의 글에 대해 다시 답을 주신 것에 대해 김균진 교수님께 감사드린다. 선생님의 후학에 대한 격려와 너그러움을 충분히 느낄수 있어 크게 감사했다. 언중유골이라고, 학문적 토론이란 아무리 온유한 말로 표현되었을지라도 그 속에 가시 같은 것이 있는 법인데 그런 것조차 넉넉한 마음으로 품었으니 말이다. 자전(고백)적 성격의 답변을 통해 선생의 신학 여정 속에서 우리가 평소 몰랐던 고뇌가 깊게 자리했던 것도 알 수 있었다. 이런 저런 기회로 교수 재직 30년 가까운 세월동안 선생과의 인연이 적지 않았음에도 서로 겉으로만 대화했을 뿐 속 깊은 대화를 나눌 수 없었던 것 같아 송구스러웠다. 신학 이론(교리)에 대한 토의에는 생사가 달린 듯 참여하다가도 정작 자신들 삶을 나눔에 있어 너무도 인색한 모습을 신학자들 모임에서 자주 보았던 탓에 선생의 세월을 담은 솔직한 금번 글은 필자에게는 큰 감동이었다. 언젠가 영동 추풍령 단해 교회에서 조직신학 대회를 마친 후 선생님과 늦은 저녁을 함께 한 기억이 있다. 그때도 선생은 온갖 언사는 화려해졌으나 삶이 없고 영혼의 크기가 줄어든 후학들의 모습을 보며 한국 교회의 앞날을 크게 걱정하였다. 필자도 종종 그런 느낌을 받는다. 신학자들의 숫자는 선생님 세대와 비교할 수 없을 정도로 늘었지만 세상을 품기는커녕 교회와 사회에 미치는 영향력이 한없이 초라해지고 있으니 말이다. 하지만 그들만 탓할 수 없는 시대적 이유들도 적지 않음을 선생님도 아실 것이다. 평생 시간강사로 살며 호구책을 염려하고 논문 제조기로서 삶을 사는 후배, 제자 교수들의 현실이 안타깝고 그에 무기력한 우리의 잘못이 크다. 그럼에도 불구하고 필자는 후학들에게 선생의 학문적 성실성, 인간적 정직성 그리고 삶의 해학들을 배울 것을 권면하고 싶다. 선생의 일구신 족적은 하나의 '사실'(Fact)로서 교수의 길을 걷고자 하는 후학들의 사표가 되어야 하는 까닭이다.

실상 선생의 두 번째 글을 읽고 계속하여 답변을 드려야 하는가를 놓고 많이 생각했다. 선생의 말씀처럼 신학적 견해차가 크게 드러나지 않았고 『한국신학』에 대한 제 오해도 거지반 불식되었기에 이쯤에서 선생께 전화 드려 '고맙습니다'란 말로 마무리 하는 것도 좋겠다고 여겼다. 그러나 선생의 글 말미에 더 하실 말씀이 있는 것 같았고, 기왕지사 이런 지면이 생겼으니 하고픈 이야기를 더 풀어내야겠다는 마음도 일어났으며, 독자들 중에서도 흥미롭게 읽었다며 좀 더 토론할 것을 부탁·주문하는 이도 적지 않았다. 이런 이유로 두 번째 답변을 드리게 된 것에 대해 먼저 선생님의 너그러운 양해를 구한다. 선생님의 지적대로 본 기회를 통해 평소 생각들이 두루 공유되어 오로지 한국신학 발전에 기여하는 건설적(constructive) 기회가 되기를 바랄 뿐이다. 인생 경험의 부족 탓에 제가 선생처럼 수필과 여담으로 읽기 쉽게 풀어낼 수 있을지 염려되나 가능하다면 선생의 글쓰기를 뒤따라 볼 생각이다.

제가 드리는 두 번째 답변의 글 제목을 옛적 어거스틴의 말 '하느님을 사랑하는 자, 과연 무엇을 사랑하는가?'로 잡은 것은 '세상의 중심은 약자에 있다'는 앞선 말과 뜻을 잇는 것으로서 신학에게 불가능한 것에 대한 열정을 회복시킬 목적에서이다. 이는 선생이 메시야 전통에서 꿈꾸는 '새로운 세상'일 수도 있겠고, 아시아적으로 하느님을 사유하는 일이겠으며, 탈(脫)식민주의 신학, 곧 자본화된 제국신학에 대한 저항과 탈주라 해도 좋을 것이다. 아마도 이것은 "예수가 대답이라면 무엇이 문제인가?"라는 말과도 의미상통할 것인데, 직면한 현실(狀況)에 대한 철저한 물음 없이 답을 강요하고 전제하는 연역적인 신학, 도그마적 기독교의 부적실함에 대한 비판이 될 것이다. 재차 말씀드리지만 선생의 두 번째 글에서는 논쟁점이 부각되지 않았었기에 선생의 글 요지를 분석·비판했던 필자의 첫 번째 글과는 달리 두 번째 글에서는 한국신학에 대한 선생님의 의중과 전(前)이해를 나름대로 가늠하며 제 생각을 적극 피력해 볼 작정이다. 선생의 답신 말미에 이러저러한 방식으로 한국신학에 대한 선생님 자신의 구상 내지 사상적 단초를 조금이나마 엿볼 수 있었기 때문이다. 어쩌면 주제 넘게 너무 많은 이야기를 쏟아놓을지 모르겠으나 여하튼 필자가 생각하는 한국신학에 대한 선생의 비판적 고견을 다음 글을 통해 성심껏 기다려 보겠다. 총론에서는 비슷할지라도 아마 한국신학에 대한 각론에 이르면 필자와 선생 간에 의외로 많은 차이점들이 가시화될 수도 있는 까닭이다. 필자의 판단이 틀리지 않았다면 선생께서도 이렇듯 쟁점이 부각되기를 기다리시면서 두 번째 답신을 주셨을 것이다.

먼저 필자는 선생의 답변 속에서 두 가지 사실에 주목할 것이다. 하나는 우리 민족의 불행한 역사적 경험을 자신의 신학적 실존으로 수용했다는 선생의 고백과, 다른 하나는 신학교의 입학 동기가 신천옹 함석헌 선생의 영향 때문이었다는 사실이다. 해방 직후 이념 갈등으로 인한 혼란, 골육상쟁을 초래한 6.25의 비극을 온몸으로 경험한 선생께서 민족의 역사를 성서의 고난 사관 내지 '뜻'의 관점에서 풀어낸 함석헌 사상의 운명적 만남을 통해 신학교로 진로를 바꾸게 되었다는 사실은 필자로서는 엄청난 발견이었다. 함석헌으로 인해 신학에 입문하게 되었다면 말씀처럼 민족의 고난 경험을 신학 속에 용해시키는 것은 당연한 일이었을 것이며, 그렇게 생기(生起)된 신학적 실존은 결코 평범할 수 없었을 것이다. 그렇기에 선생의 신학적 실존은 자신의 기득권을 버리는 것에서부터 시작되었다. 지금도 그렇겠으나 당시로서 부산상고는 졸업 후 출세가 보장되는 명문 고등학교였다. 좋은 대학에 진학할 수도, 유수한 기업에 취직하여 장차 일가(一家)를 이루어 사는데 부족함이 없을 토대였다. 언젠가 선생은 『초현실주의와 영(靈)의 신학』을 남긴 필자의 장인 고(故) 이신 박사께서 부산상고 출신으로서 선생보다 앞서 신학의 길에 들어선 것을 높게 평가하는 글을 보낸 적이 있었다. 짐작건대 선생께서는 자신의 지난 과거를 돌이키며 그런 글(말)을 쓰셨(하셨)을 것 같다. 이런 이유로 선생은 세상의 약자들을 보듬는 '새로운 세상'에 대한 신학적 꿈을 갖게 되었고 신학자 몰트만과의 만남 속에서 그것을 메시야 사상으로 풀어 펼치는 신학자의 길을 평생 걸을 수 있었다.

그럼에도 이 지점에서 필자는 하나의 큰 의문이 생긴다. 이처럼 함석헌과의 만남이 선생에게 중요했고 더구나 유불선을 포함하는 민족의 전 역사가 '뜻의 존재론'의 차원에서 긍정되었음에도 불구하고 과문한 탓이겠으나 이에 관한 생각의 흔적들을 이후 선생의 저서에서 찾을 수 없었기 때문이다. 물론 선생은 어느 보수신학자들처럼 우리의 전통과 문화를 폄하하지 않았다. 오히려 기독교가 우리 민족과 문화에 이질적 존재가 되지 않기를 바랐다고 언급했다. 하지만 선생의 신학적 실존, 그 영향사를 생각할 때, 이런 답변이 충분치 않아 보인다. 아마도 여기서부터 한국신학에 대한 선생과의 의견차가 가시화될 수 있을 것 같다. 거듭되는 말이겠으나 필자는 선생께서 감리교신학 전통인 토착화 신학에 대해 반감을 갖고 계셨다고 생각지 않는다. 단지 저는 선생께서 그 위험성에 대한 우려로 - 아마도 종교 혼합주의에 대한 염려로 인해 - 토착화 신학보다는 기독교 불모지인 이 땅을 위해 서구 신학의 소개를 위해 평생을 살았다 생각한다. 따라서 선생께서 역량 부족을 이유로 토착화를 논하지 못했다고 말씀한다면 그것은 너무도 겸손한 언사이다. 저는 선생께서 지금이라도 원(총)론 수준을 넘어 한국신학자로서 자신에게 도적처럼 다가온 최초의 신학적 실존을 은총(사건)이라 여기며 그를 근거로 한국신학을 이론적으로 펼쳐낼 수 있기를 정말 기대한다. 서구 신학을 소개하는 일에 평생을 바친 선생께서 지금 그 일로 여생을 다시 산다면 그것만큼 선한 일이 없을 것 같다.

기왕지사 한 가지 더 아쉬운 것을 말씀드려 보겠다. 선생은 두 번의 글을 통해 시종일관 민중, 토착화 신학자들이 서구 신학을 배타하는 것을 섭섭한 경험으로 기억하였다. 그러나 그것은 너무도 특별한 몇몇 신학자들의 과한 언사일 것이다. 그렇기에 그 점을 확대시켜 침소봉대 하는 것은 오늘의 기독교 현실을 왜곡하고 눈감는 일이라 생각한다. 오히려 그 반대의 경우가 우리의 실상인 것을 지적하며 저항하는 것이 소위 진보 신학자의 과제일 것이다. 그 옛날 이집트만 바라봤던 이슬라엘 사람들처럼, 지금은 미국만 쳐다보며 그들 교회를 모방하고 설교의 인용문조차 그들의 것으로 도배하는 한국의 신학교, 교계 현실로 인해 지역(토착)신학들의 존재감이 위축되는 작금의 현실에 대한 선생의 비판은 오히려 충분치 않았다. 선생을 서구 식민주의 신학자로 매도하는 일은 더 이상 없을 것이고 없어야 할 것이다. 그런 사람이 있다면 그들이야말로 고루한 민족주의자로 매도되어야 마땅한 일이겠다. 그렇기에 저는 이제 선생께서 종래의 주관적 경험과 판단을 넘어서서 오히려 이 땅의 문화가 타자화되는 것을 함께 분노하며 저항해 주실 것을 부탁하고 싶다.

하지만 선생님의 글 속에서 필자가 거듭 발견했던 것은 토착화 작업으로 인해 기독교가 전통 종교 사상에 동화되거나 침식당할 것에 대한 우려 내지 두려움이었다. 따라서 우리의 종교 문화를 해석학적 주체로 인정하는 일에 인색하였다. 오로지 성서적, 기독교 정신의 바탕에서만 민족정신(종교)이 새롭게 탄생될 것이라 믿었던 때문일 것이다. 이는 물론 과거 헬레니즘적 기독교의 병폐를 반복치 않으려는 노력의 일환일 듯 싶다. 하지만 이것은 굳이 언표한다면 성서(복음)를 '누룩'으로 보거나 'Christ above culture'(니버) 모형의 산물일 것이다. 후술하겠지만 지금은 이보다 진일보된 해석학으로 종교 간 만남이 이루어지고 있는 것을 선생은 모르지 않으실 것이다. 아울러 소위 헬레니즘적 기독교 역시 필요했다고 보는 입장이다. 이후 의당 극복될 필요는 있었겠으나 그것의 역사성 자체를 부정하는 것은 오늘의 시각일 뿐 당시의 생각은 아닌 까닭이다. 인간의 진리란 항시 시공간 안에서 생기하는 역사성의 산물이기에 거듭 달라질 수는 있겠으나 부정될 이유는 없다(오트). 원시 기독교를 종교 혼합주의 현상으로 규정했던 불트만의 시각도 존재했던 것을 기억할 일이다. 단지 그로써 자기 본질을 잃지 않고 개방적 종교로서 자기 정체성을 더욱 확실히 했던 덕분에 지금의 모습으로 살아남을 수 있었다는 말(캅)도 유념할 필요가 있겠다. 따라서 이하 내용을 통해 필자는 한국신학에 대한 필자의 견해를 좀 더 적극적으로 피력할 생각이다. 이를 위해 성서를 바라보고 이해하는 선생과의 변별된 시각(觀) 역시도 언급될 필요가 있을 것 같다. 이는 결국 선생과 필자가 신학적으로 다른 선상에서 출발했다는 것을 반증한다. 선생님 아시듯 비(非)케리그마화(Enrkerygmatizierung)란 것이 신학 방법론으로 필자에게 중요했던 것이다.[1]

두 번째 답변에서 지적되었듯 선생에게 한국신학은 일견 한국 땅에서 행해지는 일체 신학적 작업을 일컫는다. 삶의 제 영역 속에서 보수/진보를 막론하고 규범/현상적인 것의 구별 없이 이 땅의 여러 신학자들에 의한 포괄적인 연구 작업을 통칭하는 개념이 된 것이다. 이런 형식적 개념과 더불어 선생은 한국신학이 의당 품어야 될 내용을 제시했다. 그것은 이 땅의 역사를 새롭게 창조하는 일이었다. '새롭다'는 말 속에서 저는 두 가지를 가정해 본다. 우선은 우리의 전통이 가치 면에서 잘못되었다는 전제일 것이며 다른 하나는 그래서 성서만이, 혹은 선생의 경우 메시야 신학이 민족 문화를 달리 만들 수 있다는 확신이다. 물론 간(間)문화적인 해석학적 과정을 통해 예상치 못한 새로움이 창발(創發)될 수 있음을 필자 역시 부정하지 않는다. 하지만 필자 짐작이 옳다면 선생에 의해 정의된 한국신학은 오히려 그로써 염려하신 결과, 곧 이 땅에서의 기독교의 이질화를 초래할 수도 있을 것 같다. 2013년 10월 이 땅에서는 온갖 해프닝으로 인해 그 본질이 흐려진 상태로 WCC 세계대회가 열렸다. 유불선이 공존하는 세계 유일한 곳, JPIC의 심각성을 총체적으로 걸머진 나라 그리고 세계 유일의 분단국 등이 이 땅을 바라보는 세계인들의 시각이었을 것이다. 하지만 유구한 종교문화를 간직한 이 땅의 종교가 상대적으로 주목받지 못한 것은 유감이었다. 마지막 날 폐회 예배 설교에서 남아공에서 온 두 손 잃은 목사께서 하신 말씀이 없었다면, 이곳 종교인들은 크게 섭섭했을 것이다. 설교 말미에 이르러 그는 '이 땅에서 유구한 세월 활동한 종교들을 배울 기회가 없이 우리끼리만 머물다 간 것에 대한 용서'를 진지하게 구했다. 정확하게 옮긴 내용은 아니겠으나 대략 이런 취지의 말씀이었다고 생각한다. 이렇듯 우리가 생각하는 한국신학이 이런 반성에 기초한 것이 아니라면 결코 문제가 없지 않을 것이다. 선생이 거듭 주장하신 대로 문화적 주체성과 자존감의 회복이 말로만의 생색이 아니려면 그들을 있는 그대로 바라보는 일에서 비롯해야 할 것이다. 따라서 우리 문화의 부정적 '현상'을 기독교의 '본질'로부터 비판하는 일은 결코 옳다고 여겨질 수 없다. 현상은 현상으로써, 본질은 본질로서 대면해야 상호 공평한 일이겠다. 우리 종교문화에게도 본질적 측면이 없지 않기에 오히려 역으로 그로부터 '새것'을 기독교가 기대할 수는 없는 것인지도 깊이 생각할 일이다.

주지하듯 모든 신학적 대답(진리)은 구체적인 시공간적 역사성의 산물이란 H.오프 교수의 말에 근거하여 저는 일체 신학은 그 자체로서 본래 토착화 신학이라 생각해 왔다.[2] 그래서 필자는 한국신학과 구별하여 '한국적 신학'이란 말을 즐겨 쓰는 편이다. 아마도 '한국적'이란 한정사로 인해 마음이 불편한 이들도 적지 않을 듯싶다. '한국적 신학'이란 이름하에 필자는 유불선 그 너머에서 한국 고유한 사유 틀을 찾고자 했고, 그 결과 삼재(三才)론을 발견했으며 그에 기초한 다석 신학에 깊이 관심을 가질 수 있었다. 아마도 이런 작업은 선생의 다음 말씀에 비추어 크게 비판받을 일인지도 모르겠다. "중국(한국) 철학의 특정 개념을 신학적으로 해석하는 시도와 이론만이 한국신학인가?" 하지만 선생께서 자랑하신 한글 역시도 삼재론이 없었다면 존재할 수 없었고, 우리의 사유 방식 곳곳에서 그 흔적을 찾을 수 있다면 조금은 달리 생각될 부분이 있을 것이다.

저는 최근 시카고 대학의 한 신학자(Schneider)의 글을 읽으며 필자 생각이 틀리지 않았음을 확인할 수 있었다.[3] 주지하듯 기독교 초기 유대교 신학과 헬라 철학만으로는 기독론(성육신)을 창조할 수 없었다. 기독교 이전의 이들 두 전통은 저마다 강력한 유일신론을 고수해 왔기 때문이다. 이들의 유일신론의 사유 틀과 성육신의 교리가 공존하기는 참으로 지난한 일이었다. 이때 결정적 도움을 준 것이 아프리카의 고유한 사유 방식, 곧 'I am because we are'라는 것이었다. '우리'이기에 '나'일 수 있다는 아프리카적 사유는 참으로 아시아와 닮아 있다. 신(神) 역시도 그러하다는 추정이 여기서 비롯할 수 있었다. 이처럼 신적 다양성(Multiplicity)의 전제 하에 성육신 개념이 태동될 수 있었다. 이처럼 성육신이 유대교는 물론 헬라 철학도 아닌 아프리카적 사유 방식의 도움에서 비롯되었다는 것은 참으로 놀라운 발견이다. 이 점에서 개념적 차원에서만 아니라 지금도 삶의 문화 깊숙이 영향을 미치는 천지인(天地人) 삼재론 역시 서구 기독교 신학의 한계를 채울 수 있는 좋은 방편이 될 수 있을 것 같다. 아프리카적 사유 틀이 없었다면 서구신학의 핵심인 기독론이 탄생·전개되지 못했을 것이란 가설이 더 이상 허구(fiction)만이 아닐 것이라 믿는다면 말이다. 생태계 파괴, 가부장제 그리고 탈자본주의의 난제를 풀기 위해 뭇 이론과 실천이 요구되는 현실에서, 삼재론 역시 서구신학의 철저화를 위한 틀거지가 될 수 있다는 것이 '한국적'이란 한정사 속에 담긴 필자의 생각이다.

더욱이 최근에 이르러 필자는 슬로베니아 철학자 지젝의 유물론적 신학에 관심을 갖고 있다.[4] 유물론과 신학의 관계는 실상 '한국적' 이란 개념과 신학이란 말보다도 훨씬 더 낯선 것이겠으나 동이 서에서 먼 것처럼 상호이질적인 것을 함께 엮어 멋진 신학으로 풀어낸 지젝의 사유에 일정 부분 공감하고 있는 탓이다. 물론 헤겔, 라캉 그리고 마르크스를 자기 식대로 해석한 결과이겠으나, 필자가 관심을 갖는 요지는 결국 이것 역시도 공산주의를 경험한 토양에서 비롯된 토착화 신학의 한 모습이란 사실 때문이다. 이를 위해 지젝은 성서를 참으로 다르게 해석하는 자기 발견의 눈을 갖고 있었다. 진리 개념을 갖고 지젝과 수없이 논쟁해 온『사도바울』의 저자 바디유 역시 유럽(불어)권 사유에 적합한 신학을 선보이고 있음도 주목할 일이다. 이들의 성서 해석을 결코 자의적이라 볼 수 없는 학문적 이유는 열거할 수 없을 정도로 많다. 이들의 공통된 관심이 자본주의 체제 비판에 있다는 것 역시 신학이 오히려 고마워해야 될 일이다. 성서가 말하는 하느님 나라란 예나 지금이나 결국 체제 밖 사유인 까닭이다. 이처럼 필자는 모든 신학을 토착화 신학이라 여기며 그것은 항시 체제 비판적일 수밖에 없다고 믿고 있다.

이를 더 큰 범주로 확장시켜 말할 때도 마찬가지이다. 다소 거친 표현이겠으나 '존재 유비'의 가톨릭 신학의 경우 그것을 히브리의 초자연적 신관이 희랍적 자연관과의 조우를 통해 생겨난 토착화 산물로 볼 수 있을 것이다. 그로써 토마스 아퀴나스는 천년의 암흑기를 벗어날 수 있었다. 우리가 속한 개신교의 '신앙 유비' 신학 역시도 종교개혁 당시 유럽 북서부라는 풍토에서 생겨난 독일적(신비주의적) 기독교의 양상이라 말해도 전혀 틀린 판단은 아닐 것이다.[5] 초월성을 인간 내면 깊이에서 재구성한 독일적 기독교가 지금 세계적 기독교로 불리우고 있다. 프랑스를 비롯한 유럽 남부에 개신교가 자리할 수 없었던 것은 분명 풍토(공간)적 요소와 무관치는 않을 것이다. 개신교(종교개혁) 신학이 아리스토텔레스적 요소, 곧 피지스(physis) 철학을 부정한 것이 일정 부분 탈(脫)희랍화, 곧 그들 나름의 토착화의 시각 때문이었고, 그로써 근대의 여명을 가져왔다는 판단은 충분한 일리가 없지 않을 것이다. 이후 루터파에 속한 신학자들, 예컨대 키에르케고어와 본회퍼 등- 물론 다른 요인들도 있었겠지만 - 루터의 개신교 신학의 근원적 한계를 적시한 것도 동일선상에서 토론될 필요가 있을 것이다. 한때 '약'이었던 루터의 칭의(은총)론이 오늘 교회의 현실에선 '독'이 되고 있는 까닭이다. 이런 연유로 필자는 종교개혁 500년을 앞두고 더 큰 틀에서 기독교 복음이 아시아적 풍토에서 재구성될 수 있기를 소망한다. 필자는 이것을 옛적 어거스틴의 질문, '하나님을 사랑하는 자, 너는 무엇을 사랑하는가?'에 대한 제 나름의 답변이라 믿고 있다. 카푸토 같은 신학자가 앞서 이 물음에 대한 답으로서 '불가능을 향한 열정'을 말했던 때문이다. 신앙의 다른 이름으로서의 불가능한 열정만이 오늘 우리 시대에 탈식민적 과제, 곧 토착화 신학으로 또는 자본화된 체제 밖을 사유하는 일로서 우리의 신학적 실존을 이끌 수 있을 것이다.

이제 저는 한국신학이 되기 위한 조건으로서 선생이 제시한 '성서'라는 준거(準據)에 대해 의견을 제시하고자 한다. 이 문제는 '한국적' 신학을 구상하는 필자에게도 의당 중요한 질문이 아닐 수 없다. 선생은 거듭 다음처럼 강조했다. "한국의 전통 종교사상이나 철학 사상을 수용하느냐 아니면 서구신학을 수용하느냐는 비본질적 문제이다. 본질적 문제는 한국인의 '삶의 자리'에서 성서의 주요 관심에 얼마나 충실하느냐에 달려 있다."고 말이다. 여기서 핵심은 한국인의 '삶의 자리'와 '성서의 주요 관심'이란 개념이겠다. 신학이란 성서와 신문을 만나게 하는 일이라는 바르트의 말은 기억해도 좋겠다. 지난 답변에서도 말했듯이 성서를 통해 우리는 무수히 많은 해석된 관점들, 곧 다양한 신학을 발견할 수 있다. 그리하여 외형상 성서가 답하는 것이지만, 실상은 어떤 입장을 취하는 성서 속의 견해(신학)가 우리 현실에 대해 답을 하는 것이라 말해야 옳다. 이렇듯 성서의 다층(양)성에 대한 발견이 서구신학의 공헌인 것을 필자는 크게 공감하며 감사한다. 따라서 성서 내 어떤 관점과 조우하느냐에 따라 우리의 삶의 자리 역시 달리 독해될 수밖에 없을 것이다.

이와 더불어 필자는 우리의 현실 역시도 역으로 성서를 새롭게, 달리 발견할 수 있는 주체적 힘을 지녔다고 믿고 있다. 사회 역사적 현실에 기초한 민중신학은 물론 종교 문화 현실에 터한 토착화(종교) 신학이 바로 이런 관점을 대변한다. 우리의 상황을 텍스트로 읽었던 서남동의 민중신학과 종교를 신학의 주체라 여긴 변선환의 종교신학이 구체적인 예가 될 것이다. 필자의 경우도 종교 간 대화는 물론 과학과 종교 간 대화에 관심을 갖게 되면서 신학 자체는 물론 성서를 보는 관점 역시 조금은 달라졌다. 우선 종래처럼 '알기 위해서 믿을 것'(Up-Down experience)을 요구받는 것도 긍정하나 '믿기 위해서 알아야 하는 것'(Bottom-Up experience) 역시도 부정할 수 없게 된 것이다. 아마도 이것은 '신학 함에 있어 도그마적 방법인가 아니면 역사적 방법인가?'를 물었던 트뢸치 신학의 변형이자 그의 철저화라 해도 좋겠다. 성서적 진리와 크게 변별된 이웃종교들의 가르침 그리고 여러 과학의 새 발견물들이 우리를 놀라게 하는 현실을 부정하기 어려운 시대를 살고 있는 까닭이다. 우리 시대의 신학의 특징을 소위 구성신학(Constructive Theology)이라 부르는 것도 이런 현실 변화에 기인했을 것이다.[6]

이런 점에서 필자는 인도 신학자 파니카의 대화 원리를 원용하여 성서를 보는 세 가지 눈(觀)이 필요함을 평소 생각해 왔다. 가톨릭 신학자 라너와의 '익명의 기독교인' 논쟁으로 유명했던 그는 종교 간 대화법으로 '실존론적 대화', '변증법적 대화' 그리고 '대화적 대화'를 제시했다. 처음 것이 역사적 거리를 줄여 성서와 조우하려는 서구 기독교인들의 입장이라면, 두 번째 것은 같은 세계관에서 태동된 종교들 간의 옳고 그름을 묻는 일, 예컨대 유일신 종교들 혹은 불교/힌두교 간의 가치 투쟁을 염두에 둔 발상이었고, 그리고 마지막 것은 전혀 이질적인 세계관에서 태동된 종교들 간의 상호 이해의 필요성에 관한 것이다. 여기서 관건은 기독교와 불(儒)교의 사례처럼 두개의 이질적인 세계관에서 태동된 탓에 상호 대화적 대화가 요청되는 경우이다. 이들 두 종교를 마치 동일한 세계관의 산물인 것처럼 갈등과 대립, 충돌의 양상(변증법적 대화)으로 몰고 갈 경우 그것은 인류의 미래를 위해 비극이란 것이 파니카의 생각이었다. 오히려 인류의 미래는 대화적 대화를 통해 자신들 속에 부재한 것을 발견하여 스스로의 전통을 변화시키는 일에서 시작될 수 있다고 역설하였다. 이를 어느 학자는 동서양 간의 '불가결한 보충'(야스퍼스)이라 했고, 혹자는 '창조적인 상호 변혁'(캅)이라 각기 달리 불렀다.

이런 대화법은 즉각적으로 필자에게 성서를 보는 세 형태의 '관'(觀)을 갖도록 도왔다. 선생께서도 잘 아시듯 '믿음의 눈', '의심의 눈' 그리고 '자기 발견의 눈'이 바로 그것이다. 신학자인 우리가 성서와의 동시적 삶(본회퍼)을 위해 신앙의(영적) 해석학에 터하는 것은 너무도 당연한 일일것이다. 하지만 성서가 이데올로기로 변질되지 않도록 의심의 해석학 역시 함께 필요하다. 여성들, 민중들에게 성서가 돌이 아니라 생명의 빵이 되어야 했기 때문이다. 그러나 동시에 세계관 차이로 인해 성서에 부재한 것을 이웃종교, 현대 과학 속에서 찾고자 하는 부단한 노력 역시 신학의 과제일 수밖에 없다. 의심의 눈이 성서 안에서 이데올로기를 벗겨내는 일이었다면, 자기 발견의 눈이란 성서 밖에서 하나님을 찾고자 하는 노력일 것이다. 이는 물론 성서가 부족해서도 열등해서가 결코 아니다. 성서 및 교회(전통)라는 공간 밖에서 살아 계신 하나님의 더 큰 활동을 찾고자 하는 오롯한 열망 때문이다. 선생께서 말씀하신 한글의 우수성이 그 기능적 면에서도 입증될 수 있겠으나 다석이 말했듯 삼재(三才) 사상에 터한 그의 계시적 특성에서 더 잘 찾아질 수 있다는 것이 필자의 소견이다. 그래서 저는 어느 신학자의 말처럼 성서 66권 안에 하나님의 계시가 완벽하게 갖추어졌다고 믿는 제사장적 확신에 동의하고 싶지 않다. 개신교와 달리 이미 가톨릭교회가 성서 73권을 정경으로 삼고 있으며 지금도 생명의 종(種)이 거듭 창조되고 있을 뿐 아니라 - 물론 그보다 100배 이상 빠른 속도로 생명의 종들이 파괴되는 것이 더 큰 문제이겠으나 - 지구를 포함한 태양계가 전 우주 속에서 지리산 자락에서 흘린 머리카락 하나의 크기로 비유되는 놀라운 현실에서 'Bottom-Up'의 경험으로서의 자기발견의 눈[觀]은 장차 신학의 앞날에 크게 기여할 것이다. 결국 필자가 생각하는 '한국적' 신학, 곧 토착화 신학이란 이런 세 형태의 눈[觀]이 때론 갈등도 할지언정 궁극적으로 함께 작용할 때 생기(生起)하는 일종의 구성신학이라 말해도 좋겠다. 그러나 이것은 결코 이론적 작업만으로 끝날 수 없고 오히려 생태계와 파괴, 과한 욕망을 부추기는 천민 자본주의와 같은 시대의 난제들을 풀 수 있는 실천력으로 가시화되어야 마땅하다. 2009년 영국 BBC 방송이 보도하였듯 대한민국이 OECD 국가 중에서 욕망지수가 가장 높다는 비판을 겸허하게 수용하면서 말이다. 기독교 강국을 자랑하는 나라에서 욕망 지수가 높다는 것은 어쩌면 종교 무용론을 부추기는 일이 될지도 모르겠다.

이제 글을 마무리 할 시점에 이르렀다. 기왕지사 얻은 기회를 활용하여 선생과의 대화를 좀 더 길게 이어가고픈 욕심에 힘껏 마음을 들어냈다. 그러다 보니 숨겨도 좋을 것을 너무 많이 드러낸 것 같아 부끄럽기도 하고 죄송스럽다. 선생께서 부족한 후학을 격려하고 넉넉한 도량을 지니신 까닭에 필요 이상의 말들로 글을 춤추게 한 것 같다. 성글지 못한 글 읽어 주시느라 정말 수고 많으셨다. 아마도 다음 번 글에서는 선생의 진한 충고와 나무람이 많이 있을 것이라 사료된다. 두렵지만 설레는 마음으로 선생의 말씀을 기다려 볼 것이다.

끝으로 선생께서 조정래의 최근 소설 『만리장성』의 글을 인용하셨기에 저 역시 그의 자전적 이야기를 담은 『황홀한 글 감옥』의 내용 하나를 떠올려 보았다. 정확한 문구는 기억나지 않으나 그가 우리 시대의 젊은이들에게 충고한 것은 '민족'의 문제였다. 물론 협소한(배타적) 민족주의가 아니라 문화적 민족주의의 열망에 대한 것이라 생각한다. 수없는 책을 밀리언셀러로 만든 대하소설의 작가인 그는 이 땅의 젊은이들에게 '너희들 유전인자 속에 민족의 영혼이 각인되어 있음을 기억하라'[7]고 충고하였습니다. 필자의 토착화 신학, 한국적 신학의 여정 속에서도 이런 영혼의 응집력이 맘껏 표현되기를 간절히 소망한다.

어느덧 사순절 절기의 끝자락에 이르렀다. 마가복음의 금요일 신학이 가르치듯 로마가 예수를 이긴 것이 아니라 그 역이 진리인 것을 확신하는 부활의 아침을 함께 기다리며, 우리의 신학 역시도 어떤 이름으로 불리든지 간에 불가능한 열정의 표현이자 그런 삶을 살아 내는 일이 되기를 간절히 소망한다. 선생께 부활의 은총이 함께하시길 바라며 재차 고마운 마음을 전하고 싶다.

# 예언과 환상을 빼앗긴 기독교
 - 종교 혼합주의에 대한 염려

이렇듯 두번의 대화를 오가다 보니 어느덧 한해의 절반을 뒤로 하고 맥추절과 함께 7월을 맞게 되었다. 덥고 지루한 장마철을 건강하게 보내기를 먼저 인사드린다. 아마도 이 글을 읽을 때면 황금 같은 방학이 끝난 9월 초순경이 될 것이다. 서로 급하게 글을 주고받는 것보다 이렇듯 시차를 두고 글의 내용과 방향을 깊게 고민하는 것이 좋아 보인다. 이번에도 시간의 흐름을 필자보다 훨씬 빠르게 느끼실 선생께서 공들여 읽고 답을 해 주시니 고마울 뿐이다. 본래 '고맙습니다'라는 순우리말이 '이제 충분하니, 그만 하십시오' 라는 의미라는데, 저는 이렇듯 말뜻을 어긴 채 다시 글을 쓰며 선생의 귀중한 시간을 빼앗고 있다. 후배 교수를 격려하며 더불어 우리 시대를 염려하는 선생의 마음을 고맙게 생각하기에 저 역시 쌓인 일 뒤로 미루고 선생 글에 답하려 자리에 앉아 있다.

선생께서도 글 말미에 언급하였듯이 지금 이 땅은 세월호 참사의 후폭풍으로 몹시도 황폐해져 가고 있다. 이에 마음 괴로워 다니엘의 기도를 드린 것을 보았다. "하나님이여, 우리의 황폐된 상황을 보옵소서!" 필자 또한 같은 마음으로 주신 본문을 수 차례 곱씹어 읽었고 미가서의 말씀 한 곳을 더 찾아 묵상했다. 미가서는 죄악으로 터 닦여진 예루살렘, 곧 오늘의 한국 및 교회의 실상과 흡사한 당시 예루살렘의 황폐화를 정치가와 종교가들의 책임이라 했다. 본문은 예나 지금이나 정치와 종교들이 백성들을 희생시켜 자신들 배불리고 겁박하여 기득권을 유지하는 방식을 여실히 보여 준다. 이 땅의 대다수 정치인들이 기독교를 배경으로 하고 있는 까닭에 세월호 참사, 국무총리 지명을 전후하여 정의의 감각을 잃은 이 땅의 기독교는 민초들의 상식 앞에서 재차 무너져 내렸다. 이로써 미가를 통한 하느님의 경고가 예사롭지 않아 지금 우리 마음이 너무도 서늘하다. "선지자들아, 너희의 날이 끝났다. 이미 날이 저물었다. 내 백성을 곁길로 이끌었으니 너희가 다시는 환상을 못 볼 것이고 너희는 예언을 하지 못할 것이다(미가 3장 6절)."

지금껏 우리는 기독교가 문명화, 자본화 과정과 맞물려 이 민족을 새롭게 개조해 왔다고 믿고 싶었고 믿어 왔다. 그러나 그것이 결국 성공이 아니라 실패였음을 입증하는 것이 바로 세월호 참사였다. 어느덧 세상에서 욕망 지수가 가장 높은 나라가 되어 돈을 최고로 아는 대통령을 배출했고, 물질적 욕망을 신의 축복이자 뜻으로 여기는 기독교 문화가 생성된 것이다. 물론 그간 기독교가 우리 역사에 미친 거대한 영향력을 조금도 과소평가할 생각이 없다. 그러나 이제는 그 부작용을 염려해야 할 때이기에 이 땅의 종교문화로 향했던 그 비판이 오히려 기독교에로 향해질 때가 된 것이다. 환상을 잃고 예언을 빼앗긴 오늘의 기독교로는 민족의 미래를 이끌 수 없다. 이런 현실을 선생께서 모르지 않건만 '그럼에도 불구하고'의 논리로 기독교를 변호하는 것에 저는 반쯤만 동의한다. 현실에서 실패했다면 이상과 꿈, 본질을 한번 다시 되돌아보는 것도 결코 나쁜 일도, 불신앙도 아닐 듯싶다. 여하튼 우리는 지금 세월호 이전과 다른 이후의 기독교, 그 이후의 나라 그리고 전적으로 다르게 살겠다는 우리 자신의 변화가 절실한 현실에 직면해 있다. 이하글에서 본인은 선생과 이 점을 토론하고 싶다. 지난 글 말미에 그 뜻을 분명히 하셨기에 드리는 말씀이다.

필자는 선생께서 신학이 우리 사회는 물론 정작 교회 현장으로부터 외면·기피당하는 현실에 공감하신 것에 주목하고 싶다. 신학의 위상이 한없이 초라해졌고, 신학자들의 역할 역시 예전과 달리 볼품이 적어졌다. 교회의 크기가 목사의 크기가 되었고 교회 규모도 신학(교)을 압도하고 있는 탓이기도 할 것이며, 돈에 굴복당한 신학교에게 책임을 물어야 할 것이다. 무엇보다 예언과 환상을 잃었다는 미가서의 말씀이 바로 교회와 신학의 현주소이다. 이런 점에서 저는 한국(적) 신학의 중요성을 다시 생각해 본다. 한국적이란 한정사가 기독교를 자극하고 추동시켜 그 본래성을 이 땅의 방식으로 회복시킬 수 있다는 믿음 때문이다. 토착화 신학이 추상적이거나 비현실적 차원에서의 공론(空論)이 결코 아니란 말이다. 이신(李信) 박사께서 말씀했듯 '자기 십자가를 지고 나를 따르라'는 예수의 말씀이 단순 모방을 넘어 창조적 존재가 되라는 명령으로 들리는 것도 이런 이유에서이다. 따라서 필자가 생각한 한국적 신학, 토착화 신학은 불가피하게 발생하는 현상적 차원을 넘어 의당 가치론적으로 정위될 필요가 있다.

사실 필자는 마지막에 쓰신 글에서 신학 방법론에 대한 가르침을 받고자 했다. 부족한 대로 지면이 허락하는 한 듣고 싶었던 것이다. 한국적 신학의 이론적 근거와 토대를 방법론적 차원에서 앞서 말씀드렸다 생각했기 때문이다. 하지만 선생께서는 앞서 제가 언급한 신학 방법론을 여전히 '종교 혼합주의'란 이름으로 단순 수용하였고 그에 대한 우려를 논하는 것으로 긴 지면을 메웠다. 충분히 염려할 만한 사안이라 생각한다. 토착화 전통을 가르치셨던 저의 선생님들, 유동식·윤성범 교수님들 역시 그런 시비에 휘말리신 적이 수 차례 있었다. 교회 밖 구원의 문제를 다룬 박아론/변선환 선생 간의 논쟁 역시 저의 신학교 시절 있었던 까닭에 열심히 읽었던 기억이 있다. 이렇듯 종교 혼합주의에 대한 논의로 범위를 좁혀 주었기에 저 역시도 아쉽지만 선생의 논지에 따라 몸말을 시작할 것이다.

선생께서는 본인 삶의 경험에 비추어 기독교 유입 이전 한국 종교문화의 부정성을 적나라하게 고발했다. 충분히 그럴 수 있다고 생각한다. 필자 역시도 기독교의 세례를 받고 부친의 유교, 모친의 무속적 관습이 너무도 부끄

럽고 안타까워 그를 온몸으로 저항하던 때가 있었다. 조상을 기억하는 제사상 앞에서 자필로 쓴 축문을 읽으며 불효자의 한(恨)을 울음으로 표현한 아버지, 늦게 둔 자식을 위해 장독대 위에 정화수 떠놓고 흰 옷 입고 비셨던 어머니, 그분들이 어둔해 보였고 미신을 섬긴다 했으며 그렇게 살면 지옥간다 외치며 저는 그분들의 종교적 삶에 분노했고, 그것이 노여워 자식에게 매질하며 엉엉 울었던 아버지의 모습을 지금 떠올릴 수 있다. 어린 나이에 농촌을 떠나 홀로 객지에서 생활하며 일가를 이루는 과정에서 부인을 잃고 새로운 아내를 맞아야 했던 가장의 고뇌, 의료 혜택 없이 아이를 낳다 서넛을 잃은 경험이 있어 마지막 한 생명을 위해 자신의 모든 것을 바치고자 했던 모친의 생명(자식)에 대한 집착, 그런 것의 소중함을 알고 부모를 이해하기까지 필자 역시 긴 시간이 필요했다. 선생 말씀대로 가정의 대소사를 기념하기 위해 떡을 빚어 집안 곳곳에 심지어 변소, 부엌에도 떡 접시를 놓아 둔 것은 떠올릴 수 있다. 초등학교 4학년 시절 홀로 서울로 올려 보내져 교회에 나가기 시작했고, 장로교 계통의 중고등학교를 다니면서 저는 부모의 삶이 창피했고 그 기억을 지워 나가기 시작했다.

하지만 지금 와 생각하면 당시 어머니들은 학교 문턱에도 드나들지 못했으나 풀, 꽃, 나무, 벌레들의 이름들을 불러주며 인생을 살았던 분들이었다. 시간은 물론 공간(터)과 소통하였던 것인데 그 속에서 살아 있는 기운(生氣)을 느꼈기 때문이다. 지금은 대학을 졸업하고 박사가 된 이들이 많으나 뭇 생명의 이름을 당시 그들처럼 불러 주는 이들은 적다. 모든 것을 돈의 힘에 의지할 뿐 당시 그분들처럼 손의 창조력에 의지하여 집안을 가꾸고 이끌 수 있는 존재로 양육되지 못한 것이다. 세상, 주위 환경과 교감하는 능력이 모조리 실종되어 버린 탓이다. 현대 신학은 이런 감각을 녹색 은총이라 부르며 영성이란 말로 멋지게 재천명한다. 선생께서 언급하였듯 근대화와 짝하여 들어

온 기독교가 이 민족을 위해 한 일이 너무도 많은 것을 인정한다. 최근 전라도 지역에서 활동한 서서평이란 여자 선교사의 삶에 대한 기록을 보면서 서구 기독교의 공헌을 새삼 확인할 수 있었다. 하지만 근대화의 폐해가 커지면서 그를 반성하자는 소위 '성찰적 근대화'란 개념이 등장한 것도 사실이다. 근대화가 결코 민족 나아가 세상을 위해 좋은 것만을 가져오지 않았다는 것이다. '오래된 미래'란 말이 적시하듯 우리의 과거는 성찰적 근대화에 의거, 결코 사라져 버릴 어떤 것이 아니었다는 말이다. 서세동점의 시기 많은 이들이 자신의 전통, 역사 그리고 문화를 버리고 서양 것만을 진리로 여겼던 때가 있었다. 이 땅의 종교문화가 제 역할을 못했으니 그리 하여도 할 말이 없었을 것이다. 그러나 그런 와중에서 자신의 평생 신념이자 가치였던 유교를 버리지 않고, 그 바탕에서 기독교를 수용하여 '동양지천즉 서양지천(東洋之天卽西洋之天)'이란 말을 남겼던 탁사 최병헌의 사상이 감리교 신학의 전통이 되었다는 것은 성찰적 근대화와 맞물려 시사하는 바가 크다. 이후 한국 땅 최초의 조직신학자 정경옥이 '계시종교를 긍정하는 것이 일반 계시를 부정하는 이유가 되지 못한다.' 했고, 유동식이 무속을 알고 난 이후 기독교 성서가 훤히 들여다보였다는 말이 회자되기 시작했다. 이를 일컬어 '자기 종교만 알면 자기 종교도 모른다'(One who knows one, knows none)는 종교학적 공리의 신학적 실천이라 해도 좋을 것이다.

이렇듯 선생님의 경험과 제 경험이 저마다 일리(一理) 있다 인정된다면, 나아가 성찰적 근대화에 의해 우리의 문화가 달리 평가될 여지가 있다 할 경우, 이 땅의 기독교는 우리 전통의 종교 문화와 다른 만남을 시도해야 마땅하다. 탈(脫)민족 시대에 접어든 지금 '민족, 겨레'라는 말이 실상 도전받는 개념이 된 것도 사실이지만, 초국적 세계화, 신자유주의 시대에 민중을 위한 보루로서 그 역할 또한 부정될 수 없을 것 같다. 사실 우리는 일제 치하 36년의 세월을 거치면서 민족에 대한 부정적 이미지를 주입 받았다. 그에 맞서 지나친 영웅사관, 저항적 세계관이 생겨났던 것도 사실이다. 그럼에도 우리 종교 문화 속에는 세상을 아우르고 포용할 만한 보편적 가치 역시 없지 않았다. 동학이 그렇고 3 · 1정신이 그러했으며 전 세계 13억 인구가 환호하는 한류의 정신 또한 부정할 수 없는 실체이다. 물론 그 한계도 분명 직시해야 옳을 것이다. 최근 정도전을 주제로 한 사극이 화제가 되었다. 그 속에 담긴 백성을 위한 주옥 같은 언어들이 크게 주목을 받았다. 실제로 14~15세기경 민초들을 위한 제도, 곧 민본(民本)의 정신이 가장 완벽하게 구현된 나라가 바로 유교적 이념을 수용한 조선이었다는 역사학자의 평가를 귀담아 들어야 할 것이다. 인의예지에 근거한 조선조 초기의 이 땅 조선은 세상에서 유래를 찾을 수 없을 만큼 민본(民本)의 나라였다는 사실이다. 이는 문창극 총리 후보의 기독교 중심적 역사관, 선교사관과는 동이 서에서 멀 듯 다른 이야기이다. 대다수 대형교회 목사들이 동조하고 나선 문 후보의 역사관에 따르면 이 땅이곳의 문화는 온통 잘못되었을 뿐이다. 일본의 식민지 지배 역시 오류로 점철된 게으른 민족을 살리기 위한 하나님의 뜻이자 섭리였다는 말도 기독교 신앙사관으로 미화 · 수용되었다. 물론 선생님께서 이런 유형의 사관에 동조하실 리 없겠으나 혹시라도 '이 땅에서 유구한 세월 동안 활동한 종교들에 대해 희망을 가질 수 없었다'는 선생님의 확신적 언급이 궁극적으로 문 후보의 확신과 어떻게 다른가를 되묻는 빌미가 될 수도 있을 것 같다. 선생께서는 본인의 경험 때문에 종교 혼합주의를 경계하신다고 했다. 하지만 필자는 경험상으로 이웃종교와의 해석학적 대화가 자리이타(自利利他)의 길임을 믿는다. 물론 저 또한 선생 말씀하듯 그런 혼합주의를 선호할 이유가 없다. 앞서도 말했듯 자기 정체성의 확장을 위해서 자기 발견적 해석학, 곧 성서 밖 세계상, 이웃종교 문화와의 대화가 현대 과학과의 공명론적 접근을 위해서라도 반드시 필요하다 여길 뿐이다.

이어 선생께서는 종교적 혼합주의는 유일신론에 대한 거부와 다를 바 없다는 논리를 폈다. 유일신론이야말로 범신론, 다신론과 구별되는 기독교 고유한 세계관의 원천이라 여기는 까닭이다. 하지만 선생께서는 유일신론이 반드시 이원론을 전제하지 않으며 범신론만이 유기체적 세계관과 등가적이란 사실에 이의를 제기했다. 필자도 이 점에 대해 충분히 동의할 수 있다. 오히려 선생은 이원론은 기독교와 무관한 것으로 어릴 적 경험했던 동양적 종교 현상에서 이원론의 잔재를 보고 느꼈다 하였다. 그러나 이 점은 과한 지적이라 사료된다. 오히려 곳곳에 신이 있다고 믿는 범신론, 다신론이 약자를 억압하며 생명 파괴를 가중시켜 왔다는 판단은 근대 이래로 기독교가 행했던 악에 견줄 때 견강부회일 것이다. 서구 근대 국가들이 식민지 확장을 위해 기업과 군대 그리고 종교(선교사)라는 삼위일체 구조를 필요로 했다는 역사적 현실을 감출 수 없는 까닭이다. 지금도 그런 일은 남미, 아프리카 그리고 아랍 국가들 속에서 재현되고 있다. 물론 필자도 범신론, 다신론의 세계상을 무조건 긍정하지도 않거니와 할 수도 없다. 그것은 과거에로의 회귀일 뿐 역사의 미래는 아닌 까닭이다. 하지만 근자에 들어 성서학자들조차 기독교의 하느님은 유일신이 아니라 범재신론의 틀에서 이해할 것을 주장한다. 몰트만 교수 역시 『창조 안에 계신 하느님』과 『생명의 영』이란 저서 등에서 삼위일체 신관을 유기체적 범재신론의 틀거지에서 확대 해석하였다. 그러나 '무(無)로부터의 창조'(Creatio ex nihilo)란 개념을 두고 그것이 현대과학의 자연 이해와 공명할 수 있는지에 대한 논쟁은 여전히 불씨로 남아 있다.

필자는 여기서 선생께서 삼위일체 유일신만이 참 하느님이요 그 외의 것은 거짓이며 잘못되었다는 판단을 자신의 과거 경험에 근거, 반복하는 사실에 주목할 것이다. 선생에게 삼위일체란 신이 세상을 초월하나 세상과 분리되지 않는 방식으로 세상과 관계하는 기독교 고유한 신관을 일컫는다. 창조와 해방의 신, 육화되신 하느님, 온 만물에 내주하는 성령의 주, 바로 이런 세 표상의 하나 됨 속에 기독교 고유한 구원의 길이 있다는 것이다. 이 확신이 없다면 우리는 기독교 종교를 떠나야 할 것이며 차라리 중립적 종교학자로 머무는 것이 옳다 하였다. 하지만 필자는 앞선 장에서 기독교의 유일신론의 문제점을 다중교리(Polydoxy)라는 새로운 신학적 관점에서 이야기했다. 하지만 그에 대한 선생의 답변이 없어 궁금하기 그지없다. 삼위일체 유일신론을 신의 복수성 차원에서 재차 논의할 수 있는 기회를 갖고 싶은 것이다. 그로 인해 성육신을 토대로 유일신론을 시대 적합하게 재구성할 수 있다는 판단에서이다. 그로써 제1세계 국가들에게 면죄부를 주려는 몰트만과 달리 탈식민주의적 신학이 가능해 질 것이다. 다음 기회에 이 점에 대해 논의할 여백이 생기리라 믿기에 더 이상의 의견을 개진하지 않겠다.

하지만 선생께 다음처럼 아주 소박하게 물음을 던져 보려 한다. 에큐메니칼 신학자로 정평 난 몰트만의 의견을 성실히 따르시는 선생님의 판단을 존중하며 동의함에도 불구하고 선생의 경험 자체가 일리(一理)의 가치일 뿐 진리(全理)가 아닌 상황을 긍정하실 수 있겠는가 하는 것이다. 구체적으로 하느님은 선교사의 등에 업히어 올 만큼 장애를 입지 않았다 하며 우리 역사 속에서 활동한 신의 흔적을 찾고자 했던 선배 신학자들의 노력을 가치 없다 말씀하시겠는가 하는 물음이다. 성서의 예수를 전통적인 우리 종교문화를 통해 더 잘 발견할 수 있다는, 살아 있는 한 신학자의 주장이 부인되어야 옳은 일이겠는가 하는 질문이다. 지금도 확장 전개되는 우주의 변화 속에서 새롭게 발견되는 진리를 성서에 부재하다는 이유로 거절하실 작정인가? 그래서 이런 작업을 신학이 아니라 종교학이라 여기실 것인지를 묻고 싶다. 이를 분별·분리하면서도 신학을 여전히 보편적 학문이라 주장할 수 있을지 모르겠다. 정말 세상은 여전히 기독교 중심적으로 돌아가고 있다 믿어야 옳은 것인지 혹은 이웃종교들의 확신 일체가 잘못된 '―ism'에 불과하다는 것이 선생님의 숨은 뜻이었는지 하는 것이다. 혹시 몰트만의 '무로부터의 창조론' 역시 유대교 카발라 신비주의 속의 '찜줌(Zimzum)이론'에 터했다는 사실은 어찌 설명할 수 있을까 궁금하다. 힌두교적 보편주의로 기독교를 반격했던 파니카의 신학, 아시아의 가난과 아시아의 종교성으로 서구 신학에 세례 주고자 했던 스리랑카의 신학이 과연 무의미한 외침이었을까? 또한 같은 서구 신학이라도 세상을 신의 몸이라 보며 그 하느님을 여성적 존재로 은유하는 생태여성신학을 전통적인 삼위일체적 틀의 부재를 이유로 전적으로 부정하시겠는지요? '오직 믿음'이란 명제로 종교개혁을 일으킨 개혁가들의 신학이 실상 로마서의 오독에서 비롯한 것이라는 최근 성서 신학자들의 견해, 나아가 로마서의 핵심이 구(대)속이 아닌 전 세계의 화해에 있다는 것에 대한 선생의 생각도 궁금하다. 신학이 자신의 특수성을 넘어 새로운 보편성을 추구해야 한다는 시대적 요청이 쇄도하고 있는 현실에서 말이다.

최근 필자는 기독교와 불교 간 차이 중에서 평소 생각지 못했던 결정적인 것 하나를 발견했다. 그것은 기독교가 하나님 말씀을 성서 66권에 한정시킨 반면 불교는 긴 역사 속에서 생성된 팔만대장경 모두를 경전화했다는 사실이다. 물론 기독교의 경우 국교화되는 당시 정해진 원칙, 즉 교회 조직의 유/불리에 따라 소수의 경전을 채택할 필요가 있었겠으나, 지금이라도 내쳐진 경전들을 파헤쳐 더 넓고 다양한 연구로서 자신의 정체성을 확장시킬 필요가 있다. 지금의 현실과는 다른 여러 형태의 기독교 존재 방식을 아는 것이 기독교의 앞날을 위해 유익하다고 믿는 까닭이다. 앞서 말했지만 선생이 강조하듯 메시아적 관점이란 것 역시도 저는 중요한 하나의 시각일 뿐 그것으로 기독교 전체를 개관할 수는 없다고 본다. 얼마 전 필자가 관계하는 대화

문화아카데미에서 평생을 신학자로, 목회자로서 활동하다 은퇴하신 칠순을 훌쩍 넘기신 신/구교 학자들 15~16명과 더불어 '내가 믿는 부활'이란 주제로 이야기를 펼칠 수 있는 기회가 있었다. 저마다의 방식으로 모두가 호소력 있게 자신의 부활, 내세의 문제를 논했으나 그 핵심에 있어 내용이 같은 분을 한 사람도 찾지 못했다. 이들 증언을 교회 평신도들에게 읽혀 토론한 결과, 그들 역시도 이들이 말한 모든 것이 기독교 부활의 내용이었으면 좋겠다고들 반응했다. 이처럼 저마다 일정 방향성은 있되 달리 언표되는 부활신학에 직면해 볼 때 어느 한 관점만을 옳다 하는 것이 결코 쉽지 않은 일이다.

선생께서는 거듭 자신이 서양 신학에 몰두한 것이 이 땅의 종교문화에 대한 무관심 탓이 아니라 종교 혼합주의에 대한 염려 때문이라 했다. 자신이 소개한 서구 신학을 발판으로 후학들이 한국적 신학을 할 수 있는 결정적(?)인 날을 기대하면서 서양 신학에 관한 저술을 위해 인고의 세월을 바쳤다고 하였다. 이 점에서 선생의 공헌은 신학계 안에서 결코 잊혀지지도 않을 것이요, 잊혀질 수도 없을 것 같다. 후학들의 존경을 한몸에 받으실 충분한 자격을 갖추었다. 그러나 선생님이 말하는 '때'라는 것이 과연 언제일는지 묻는다. 과연 서구 신학을 추종하다시피 배우고 돌아온 학자들이 동양 및 자신들 고향 아시아에 눈을 돌릴 수 있다고 보는 것인가? 경제력이 갖추어지면 제 것을 다시 찾을 것이라 하였다. 그렇게 제 것을 찾는다면 아마도 그것은 우리가 원치 않는 오리엔탈리즘의 시각에서일 것이다. 도(道)와 기(器), 즉 정신과 물질은 함께 가는 것이고 동전의 양면과 같은 것으로서 결코 분리될 수 없다. 늙어서 자연을 찾는 것은 젊은 시절부터 자연의 가치를 배워 그를 지키려는 생명운동과는 한없이 거리가 멀 것이다. 우리가 서구로부터 배울 것은 신학 하는 방법이지 그들 신학의 내용 자체는 아닐 것이다. 그들 신학의 역사는 그들 토양의 산물인 까닭이다. 서구인들 중에는 우리 것을 배워 자신의 이론으로 포장하여 새것인 냥 내어놓는 학자들도 있다. 상호간 배움을 통해 창조적 상상력을 얻는 것을 종교 혼합으로 여기는 것은 결코 바람직한 일이 아니다. 예수를 대답이라 믿을수록 우리의 문제, 물음이 무엇인지를 치열하게 생각해야 옳다. 서양 신학을 할수록 우리 것에 대한 물음이 함께 일어나야 마땅한 노릇이다. 다음 기회에 저는 선생이 우려하는 종교 혼합주의에 대해 일전에도 언급했던 '혼종성'(Hybridity)이란 새 개념으로 다시 답할 수 있을 것이다. 금번에 그를 논할 수 있는 지면이 없어 아쉽다.

어쩌면 필자를 포함한 우리 선생님 세대의 토착화 신학이 탈(脫)민족주의, 다문화(민족)주의 상황에 직면하여 도전 받듯이 기독교만이 모든 것을 할 수 있다는 메시아주의적 복음 이해 역시 재구성(평가)될 필요가 있을 것 같다. 올해로서 80년을 맞는 바르멘 선언을 통해 히틀러의 국가사회주의, 즉 정치적 파시즘에 맞섰던 바르트 신학을 다른 각도에서 종교적 파시즘이라 명명한 바젤의 철학자 야스퍼스의 자유와 진리의 철학 - 철학적 신앙 - 을 생각해 볼 때이다. 최근 이 논제를 발전시킨 카렌 암스트롱의 『축의 시대』란 책이 널리 회자되고 있으며 그 핵심 내용인 '공감'(Homo Empatipicus)이 일상의 화두가 된 것에 대해 신학이 진정코 공감해야 할 것이다. 기독교의 예언자적 열정, 메시아적 구원이 오늘 우리 시대에 칼의 양면처럼 사용될 수 있다는 것이다. 이 글을 쓰는 시점에도 인도의 불교 사원에서 한 기독교 선교단체의 '땅 밟기'로 인해 불교 측의 거센 항의가 있었다는 소식을 접했다. 이 역시 예언자적 열정의 한 표현이자 메시아적 구원관의 한 양상이리라. 특정 종교인으로서뿐 아니라 성숙한 시민으로 살아야 하는 삶의 연습이 기독교의 배타적 우월성으로 인해 무시되는 현실에 대한 염려와 우환 의식은 신학자가 지녀야 할 덕목이다. 선생 말씀대로 메시아적 세계관에 입각하여 개혁해야 할 주체가 개혁의 대상이 된 너무도 명백한 현실에서, 예언과 환상을 철저히 박탈당한 현실에서 메시아적 구원관은 우리 현실에서 너무도 공허하다. 끝까지 하나님에 대해 절망치 않는 것이 우리의 믿음이겠으나 그 믿음이 더욱 열려져 이웃, 이웃종교인들과 더불어 할 수 있다면 얼마나 좋겠는가? 정치적으로 진보적인 기독교가 종교적으로 폐쇄적인 것은 자기모순이다. 선생님 경험 속에 뿌리 깊게 자리한 이 땅 종교들의 부정성이 기독교가 그렇듯 현상일 뿐 본질이 아니라는 것을 인정할 때 기독교는 화해의 종교로서 역할할 수 있을 것이다.

선생의 신학을 형성했던 한신대, 아마도 장공 김재준 신학의 영향을 빼놓고 선생님을 말할 수는 없을 것 같다. 〈장공 김재준 목사 기념사업회〉의 배려로 그에 대한 논문을 발표할 기회를 얻어 그의 글을 접해 읽었다. 4·19에 대한 평가 이상으로 모든 종교가 함께했던 3·1운동에 대한 의미를 부각시킨 것이 눈에 들어왔다. 예상 외로 후자에 관한 글 편수가 전자 보다 훨씬 많았다. 이것이 뜻하는 바는 장공에게 있어 이 땅의 종교성이 결코 부정의 대상이 아니었다는 사실이다. 더욱이 3·1독립선언이 당시 다수를 점했던 동학(천도교)의 물심양면의 도움 없이는 불가능했던 정황에서 이에 대한 장공의 확신은 너무도 분명했다. 선생께서 동의하고 싶지 않았던 '뜻의 존재론'의 화자인 함석헌과의 친분 때문인지도 모를 일이다.

이제 글을 접어야 할 지점에 이르렀다. 선생의 노고가 담긴 글을 감사한 마음으로 읽었다. 옆에 있던 아내 이은선 교수가 선생께 마음껏 감사하는 마음으로 글을 쓰라고 조언한다. 조언이 아니더라도 저의 마음은 처음부터 그랬다. 하지만 세월호 참사를 보며 필자는 메시아적 희망을 바랄 수 없었고 오히려 예언과 환상을 빼앗긴 이 땅 기독교의 무능과 좌절을 먼저 생각했다. 환상과 예언의 힘을 상실한 기독교에게 메시아적 비전을 기대할 수 있겠는가? 시인 박노해의 말대로 우리의 현실을 직시할 때 그것은 절망뿐인 것을 솔직하게 인정하는 것이 옳다. 그런 절망 없이 품는 희망과 낙관은 교리일 뿐 삶이 아니며, 교만으로서 진정성이 없다. 이렇듯 기독교를 험담하는 제게 도 제 삶을 붙들어 맬 수 있는 그루터기는 있다. 그것이 바로 성서의 예수이 다. 조만간 예수에 대한 이야기를 나눌 수 있는 시간을 기대한다. 앞으로 선 생과의 대화를 격려하며 지켜보는 독자들을 위해 좀 더 체계와 짜임새를 갖 추어 논의를 이어가야 할 것 같다. 같은 주제가 반복되면 흥미를 잃을 것 같 기에 말이다.

선생님께서 염려하신 대로 필자는 2014년 봄 학기를 마지막으로 명퇴를 준비했다. 동료인 송순재 교수와 더불어 그런 생각을 오래전부터 품어 왔던 것인데 실현시키고자 했었다. 선생님만큼은 아니겠으나 때를 잘 만나 긴 세 월 동안 교수 생활을 했기에 자리 없어 고통 받는 후학들을 위해 물러나는 것을 도리라 여겼다. 좀 더 건강할 때 일선에서 물러나 하고 싶은 일들을 마 음껏 하며 살고자 했다. 시골에서 기도와 독서, 그리고 노동이 있는 수도원 같은 공간을 후학들을 위해 만들고 싶었던 것이다. 여타 종교와 달리 수행자 개념이 부족한 개신교의 앞날을 위해 반드시 필요한 일이라 여겼다. 아직도 모르는 것이 아는 것보다 훨씬 많겠으나, 그래도 그간 머리로 알았던 것을 몸으로 표현하며 살고 싶은 욕구때문이었다. 자신이 행한 것만큼만 아는 것 이란 동양적 지혜가 행위 없는 믿음은 죽은 것이란 성서의 말씀과 중첩된 까 닭이기도했다. 그래서 부족할지라도 '제소리'를 내며 사는 인생을 살고자 했 다. 이런 결정을 실현시킴에 있어 모든 난관은 넘었으나 학생, 동문들이 아 직은 때가 아니라고 대자보로, 서명을 통해 우리를 붙잡았다. 더욱이 제자들 몇몇이 세종대왕상에 올라 세월호 참사의 책임을 묻고 있었고 그로 인해 곤 경을 겪는 상황이었다. 다수 교회의 냉담한 반응, 목회자 부모들에게까지 악 영향을 미치는 한국 교회의 현실을 목도하며 꿈꿨던 목회를 접고자 하는 학생들이 생겨났다. 이런 상황에서 우리의 계획은 미뤄져야만 했다. 이들이 걱정하지 않고 마음껏 예언과 환상을 말할 수 있는 시대를 만들기 위해 그들 곁에 서 있어야겠다고 마음을 다진 것이다. 함께 울며 고마워하고 그리고 새로운 미래를 기약하면서 우리는 주위에 큰 폐를 끼친 채로 새 학기를 준비하고 있다. 어떻게 이 소식이 선생께도 전해져 염려하시게 되었는지 모를 일이다.

# 03 — 세월호 이후 신학과 아우슈비츠 이후 신학
## - 한국기독교의 죽음, 그리고 그 이후

해방 이후 급진적 근대화 과정을 겪는 동안 대한민국은 수없는 사건 사고들을 경험했고, 급기야 사고 공화국이란 별칭을 얻었다. 2014년 4월 16일에 있었던 세월호 참사는 여러 면에서 그 정점을 찍은 것으로서 한국 사회의 총체적 부실을 알리는 준엄한 지표이자 징표였다. 이로부터 백성들은 급격한 삶의 방향 전환 없이 우리 사회의 유지·존속이 불가능하다는 실상을 직시했다. 더욱이 희생자들의 죽음을 실시간으로 목도했던 유족들로선 정부의 무능을 넘어 국가의 존재 자체를 의심할 수밖에 없었다. 진도 팽목항의 실상을 〈다이빙 벨〉 영상으로 접한 우리는 몸부림치며 울분을 토하는 유족들을 정부가 5·18광주에서처럼 폭도로 몰아갈 수도 있었음을 알게 되었다. 지금까지도 밝혀지지 못한 사실(fact)로 인해 세월호 참사에 관한 수없는 유언비어가 난무했으나 정작 정부가 한 일은 진상조사가 아닌 이를 억제하려는 공권력 강화였고 이념논쟁이었다. 그로인해 소통의 장이었던 카톡에 대한 불신이 커졌고 결과적으로 피의 댓가로 세워진 민주적 가치가 크게 훼손되기도 했다. 따라서 일부 언론에서 과거 독일식 나찌 망령이 이 땅에 서서히 드리워지는 것 같다는 염려를 토로하였다.[1] 따라서 4·16 참사가 결코 사고가 아닌 사건이라 여기는 이들 중에서 이를 광주의 5·18 사건과 같다고 단언하고 있다.[2] 보편적으로 알려진 객관적 정황 상, 세월호 참사는 정치적으로 계획된 사건으로서 죄 없는 약자들을 희생양 삼은 학살이자 타살일 수 있다고 믿고 싶은 것이다.[3] '설마'라는 말을 떠올리며 이렇듯 불온한 생각을 지우려 했으나 유족들의 기막힌 한을 풀고자하는 염원을 갖고 시작된 세월호 특별법의 입안과정에서 정부가 보여준 파렴치한 정치적 공세는 그 '혹시'를 '역시'로 믿게 했다. 법력과 공권력에 대한 신뢰를 앗아간 정부, 진도 바다 속에서 건진 소중한 증거마저 은폐 축소시키려 했던 검찰조직에게 세월호 특별법을 맡길 수 없는 것은 명명백백한 일이었다.[4] 세월호 참사가 정말 사고였다면 정부는 법의 저항을 무릅쓰고서라도 유족들이 원하는 특별법 제정을 성사시켜야만 했다. 본 참사가 유례없이 특별했던 것만큼 법정신 역시 달리 적용될 수 있음을 다수 법조인들이 선포했고 외국 사례도 충분히 제시되었음에도 정부는 애완견으로 전락된 공영방송과 허접스런 종편을 통해 국민여론을 분산시켰고 진실을 덮는 길을 선택했다. 이런 이유로 누더기가 돼버린 특별법 시안을 통해 진실이 밝혀질 것을 기대하기는 어려울 듯싶다. 이미 국회는 올 초 유족들의 뜻과 상관없이 보상기준을 마련했던 바, 이는 보상을 앞세워 진실을 덮으려는 악한 의도의 표출이라 할 것이다. 최근 세월호 진실 규명 예산이 과도하게 책정되었다는 것을 빌미로 정부가 졸속 축소된 형태로 특별법 시행령을 발표한 것도 험난한 앞날을 예견케 한다.

## 세월호 참사로 밝혀진 이 땅의 정치와 경제의 허상

이런 절망적 상황에서 우리는 다음 몇 가지 사실에 좀 더 주목코자 한다. 우선 다소 위험한 추정이겠으나 민심이 늘 유언비어의 형식으로 표현된 전례에 근거, 세월호 참사를 타살이자 학살로 볼 수 있는 정치적 개연성을 판단해야 할 것이다. 둘째로 경제를 최고 가치로 설파한 전직 장로 대통령 탓에 이후 백성들 모두가 경제의 노예가 되었던 정황을 말해야 할 것이며 마지막 셋째로 이 땅의 종교들 역시 번영(성장)신학에 눈 어두워 정의의 감각을 잃어버렸던 점을 적시할 필요가 있겠다. 첫 번째 주제는 세월호 참사가 지난 대선의 부정의혹을 덮고자 국정원이 개입하여 일어난 사건이란 의혹이다. 우여곡절 끝에 밝혀졌듯 세월호가 국정원 소유라는 사실이 이런 추정과 의혹을 뒷받침했다. 지금도 거리에선 지난 대선의 불법성을 폭로하는 의식(ritual)이 진행되고 있고 관계자들을 검찰에 고발한 상태이다. 세월호 참사가 불법적 대선개입설의 차단을 위한 방편이란 의혹이 정말로 유언비어이기를 바라나 사실(fact) 자체를 거의 은폐시킨 탓에 궁금증이 수그러들지 않았다. 4월 16일 당일 밤, 기상 탓으로 일체 다른 선적 출항이 금지되었을 때 왜 세월호만 홀로 인천항을 떠날 수 있었는지, 도대체 왜 선상 직원들이 그날따라 평소와 다른 사람들로 대체되었는지 그리고 어찌 선장을 비롯한 뱃사람들을 해경이 먼저 구해 그들을 빼돌렸는지, 도대체 평형수를 빼낼 만큼 과적한 불법에 눈을 감을 수 있었는지 등등 밝혀져야 할 일이 산적하다. 본 사실이 밝혀질 수 없다면 세상이 의심하듯 대통령 구하려 세상의 약자를 희생시켰다는 엄청난 의혹으로부터 정부는 결코 자유로울 수 없다. 정부가 자신을 향한 비난을 어처구니없게 청해진 그룹의 유병언에게 돌렸으나 시신조작이란 의혹만 키웠고 그에 놀아나던 백성들마저 등을 돌렸으니 이제 그들은 세월호 특별법 저지만이 자신들 살 길이라 여길 것이다. 여야 정치인들이 이런 정부의 거짓에 온몸으로 저항치 못한 것은 그간 정경유착의 관행, 즉 불법 묵인 대가로 정치자금을 받았기 때문일 것이다. 세월호 참사로 인해 관(官)피아의 실상이 밝혀진 것은 참으로 유감스러우나 우리의 미래를 위해 불행 중 다행이다. 이쯤에서 부패의 사슬이 끊어져야 약자들의 삶이 존속되고 우리들의 조국, 이 땅의 미래가 지속될 수 있는 까닭이다.

다음으로 우리는 MB정부 시절 극대화된 천민 자본주의 실상을 말해야 할 것이다. 이제서야 언론이 수조원의 나랏빚을 남긴 이명박 전 대통령의 자원외교의 거짓과 허상을 밝히기 시작했으니 그나마 다행이다. 4대강 개발을 비롯한 국가 기간산업을 상대로 잇속을 챙기고자 했던 지난 정부는 우리 백성 전체를 경제적 동물로 만들고 말았다. 압축성장의 화신처럼 추앙된 그를 백성들, 특히 이 땅의 교회들이 그를 대통령으로 세웠고 그 대통령은 백성에게 황금송아지를 숭상케 했다. 그가 대통령으로 재임하던 시절 영국의 국영방송(BBC)은 제반 지수를 종합하여 대한민국을 OECD 국가 중 욕망지수가 가장 높은 나라로 지목하였다. 자살률과 불행지수 역시 덩달아 최고의 나라라는 불명예가 이 땅 사람들의 몫이 된 것이다. 이런 경제적 시각은 급기야 박근혜 정부의 통일 대박론으로 이어졌고 남쪽을 넘어 북쪽지역마저 인간 아닌 돈의 세상으로 만들고자 했다. 하지만 자본주의는 누군가의 희생을 자양분 삼는 것으로서 한 명의 부를 위해 99명을 희생양 삼아야 유지, 존속 될 수 있는 이념체제이다.[5]

새로운 가난한 자(new poor)로 전락한 자연의 희생 역시 의당 전제될 수밖에 없을 것이다. 이 점에서 박근혜 대통령이 입버릇처럼 말하는 통일 대박론 역시 북한의 자원을 빌어 남한을 살찌우겠다는 자본주의 발상으로서 오히려 한반도 평화를 깨트리는 위험한 발상일 수 있겠다. 주지하듯 이 땅 대기업의 실상은 비정규직의 고통과 눈물위에 세워진 겉만 화려한 모래산성과 같다. 한 시인은 임금의 절반밖에 받지 못하고 권리 역시 절반밖에 누릴 수 없는 그럼에도 언제든 해고 1순위 대기자인 비정규직노동자를 반인반수(半人半獸)의 괴물로 언표 한 바 있다.[6] 어느덧 이 땅이 반인반수의 공화국이 되어 버린 것이다. 지금 우리 사회에는 기업의 유지, 존속을 위해 죽을 수도 없는 가

련한 재벌총수와 자신의 해고를 죽음으로써 저항하는 노동자들이 슬프게도 함께 공존하고 있다. 이런 기이한 현상 속에서 당장 기업이 이기는 듯 보여지겠으나 자리이타(自利利他) 정신의 실종으로 양자가 함께 공멸할 것이 확실하다. 정치권과 결탁된 국정원 소유의 청해진 해운의 세월호 운영방식에서 우리는 이런 현실을 압축시킨 '인간 없는 경제'의 실상을 접했고 이를 묵인한 국가의 운명 역시도 세월호처럼 침몰할 것을 예감하며 염려할 수밖에 없다. 승객 안전을 책임질 선장을 비정규직으로 대치했고 사람을 돈으로 본 탓에 배를 고쳐 좌석 수를 늘렸으며 급기야 평형 수 무게마저 줄여 화물을 과적했으니 이런 세월호의 운명은 경제 동물로 전락한 인간의 최후 모습이자 그를 추동한 국가가 처할 '가까운 미래'가 될 것이 명확하다.

## 세월호 참사로 드러난 이 땅 기독교의 자화상(민낯)

그렇다면 종교, 특히 우리가 속하고 있던 기독교의 자화상은 어떠했는가? 우리 사회가 이 지경이 되도록 한국 교회는 국가의 성장신화를 신의 이름으로 축복했고 자본주의적 욕망을 종교적으로 정당화하는 일에 앞장섰다. 대형교회를 꿈꾸던 성직자들이 성도들의 헌금을 축복이란 이름의 면죄부와 교환했고 그것으로 모자라 은행빚으로 건축했으나 지금 경매대상이 된 교회수가 부지기수이다. 신권주의라는 망발을 앞세워 교회를 사사화(私事化)시켰고 세습했으며 그런 부(富)를 통해 자신들 존재이유를 잊은 영적 치매에 빠져 있는 것이다. 어렵게 제작, 상영되어진 '쿼바디스' 영화를 통해 우리는 한국 교회의 이런 타락상을 여실히 알게 되었다. '주여 어디로 가십니까?'를 세상이 교회를 향해 묻고 있다. 그럼에도 이런 대형 교회들 다수는 신의 이름으로 종북/좌빨의 프레임을 만들었으며 종교 간 갈등을 넘어 이념충돌을 부추기는 집단으로 변질되고 말았다. 소위 근본주의라는 이데올로기가 교회의 자기합리화를 위한 방편이 되었기 때문이다. 더구나 금번 세월호 참사 역시 구원파라는 기독교 집단과 깊이 연루된 이유로 추락하는 기독교엔 날개가 없다는 말이 회자되었다. 빌어먹지 않고 벌어먹는(경제활동)[7] 종교가 된 것이다. 구원파라 하여 기독교내 이단집단으로 폄하 하지만 실상 다수 한국 교회가 구원파와 다를 것이 없다. 하느님 신앙 대신 돈에 대한 신뢰를 앞세움에 차이가 없었던 때문이다.

이런 이유로 한국 기독교는 뭇 생명들을 진도 앞 바다에 수장시킨 채 부활절을 맞이해야만 했다. 자폐와 치매에 걸린 한국 교회가 걸머진 슬픈 운명이었다. 세월호 참사로 부활을 노래할 수 없는 종교가 된 것이다. 그럼에도 다수 한국 교회는 세월호의 아픔을 부활 메시지와 연계시켜 생각할 힘을 갖지 못했다. 그리스도의 부활을 304명을 죽음으로 몰아간 이 땅의 구조적 모순의 빛에서 읽을 능력이 없었기 때문이다. 정치(현실)와 무관한 영적기관으로 자신을 자리매김한 탓일 것이다. 영적 기관인 교회가 정부의 애완견 역할에 충실했고 경제적 욕망에 세례를 준 것이 고작이었다. 그래서 교회는 세월호 유족들은 물론 이 땅의 사람들에게 위로와 희망의 메시지를 선포할 수 없었다. 세월호 참사 후 부활의 메시지를 세월호 참사의 구조적 문제와 직접적으로 관계시켜 설교한 교회 수가 극히 적었고 특히 대형 교회의 경우 거의 전무했었다.[8] 세월호 특별법을 지지하는 기독교인들 서명수가 불교나 천주교에 비해 현격히 적었던 것은 정확히 이런 현실의 반영일 것이다. 더욱 불행한 것은 상당수의 신앙인 유족들조차 교회를 등졌고 자신들 신앙에 회의하고 있다는 사실이다.[9] 교회가 약자들 편에 끝까지 서있지 못했고 가해자들의 시각에서 유족들을 바라본 탓에 그들은 교회, 기독교의 민낯을 보았다고 슬퍼했다. 간신히 교회에 남아있는 이들 역시도 그 공간이 좋아서가 아니라 자식들과의 해후를 보장하는 오로지 천국신앙 때문이었다. 그러나 과연 이런 식의 하느님 나라가 존재하는지, 기독교의 역할이 이렇듯 죽음 이후를 말하는 것으로 족한지, 나아가 산자와 죽은 자의 소통이 어떤 것인지를 신학자들은 더욱 정직하게 설명해야 할 것이다.[10] 여하튼 이런 이유로 세월호 참사와 더불어 기독교 역시도 국가와 더불어 침몰했다고 보아야 옳을 듯싶다. 국가가 돈과 권력에 눈멀었듯이 교회 역시 약자들의 절규를 들을 수 없었던 때문이다. 눈먼 국가에 귀먹은 교회 그리고 자갈물린 언론이 세월호 참사의 공범들이다.[11]

## 이 땅에 공동체는 존재했었는가?[12]

이상과 같이 우리는 세월호 참사로 모든 것을 잃었다. 국가에 대한 신뢰는 물론 우리 자신 나아가 기독교 신앙마저 뿌리 채 흔들렸다. 의도적(?)이었든지 아니면 준비 없음으로 구하지 못한 것이든 간에 세월호 참사는 국가가 더 이상 국가가 아니었음을 여실히 증명했다. 정규/비정규직 노동자들 역시 한 울타리 안에 머물 수 없는 나라가 되어 버렸고 교회 역시도 우는 이들과 함께 울고 슬퍼하는 그런 공동체가 결코 아니었고 그를 원하지도 않았다. 슬퍼하는 이 곁에 머물고자 하는 이들을 소위 '일베' 집단을 내세워 방해했으며 그들 악행을 방조한 것이 이 땅의 공권력이었고 번영신학에 함몰된 다수 성직자들이었고 자신들 악행을 감추려했던 관피아, 정치가들이었기 때문이다. 따라서 세월호 참사 이전과 이후가 확연히 달라야 한다는 소리가 드높다. 이런 사건을 시대의 징표로 갖고서도 전혀 다른 삶을 꿈꾸지 않고 다른 정치를 말할 수 없고, 다른 기독교, 전혀 새로운 종교를 세우지 못한다면 한류를 뽐내며 OECD 가입국을 자랑하던 대한민국이 정말 순식간에 세월호 운명처럼 실종될 것이라 염려하기 시작한 것이다. 이런 이유로 우선 기독교 학자들 간에 '세월호 이후(以後) 신학'에 대한 논의가 봇물 터졌고 3천억으로 지어진 교회, 그를 부럽게 쳐다보는 목회자들, 약자들을 침몰시킨 무능하고 사악한 정부를 향해 '아니요'를 말하기 시작했으며 자신들 삶 역시 되돌아보며 신학 자체를 전혀 새롭게 구성하려는 노력들이 생겨났다.[13] 지난 세기 흑백 투쟁의 와중에서 킹 목사가 했던 말, '우리시대의 불행은 악한 자들의 아우성이 아니라 소위 선한 이들의 침묵' 곧 악의 평범성이라는 것을 깊이 새기면서 말이다.

이에 필자는 세월호 이후 신학을 구상하면서 유대인 대학살을 경험한 독일 신학자들이 아우슈비츠 경험이후 신학을 어찌 달리 정초했는지를 살피고 그에 근거하여 '세월호 이후(以後) 신학'의 가능성을 조심스럽게 드러낼 생각이다. 유대인 대학살을 위해 독일백성을 선동한 나치 정권이 더 이상 국가일 수 없었듯이 세월호 학살을 야기한 우리 정부(國家)도 이미 그 정당성을 잃었다 본 탓이다. 세월호 학생들을 구조치 않은 국가는 백성들이 부여한 법적 강제력을 집행할 수 없다는 말이다. 이에 기독교 신학은 이들 위법성을 신학적으로 다시 판단할 필요가 있다.[14] 기독교적 정의의 차원에서 법의 공권력을 사적 기득권으로 협소화시킨 국가적 범죄에 저항하라는 것이다. 이는 법(국가)을 향한 정의(종교)의 심판이기도 할 것이다.

일찍이 아감벤은 인간 역사 속 최대의 비극의 장소인 아우슈비츠란 말을 '사람이 없는 공간'이라 정의했다.[15] 인간을 삶 자체로부터 분리시켜 철저하게 비인간으로 만든 전대미문의 장소란 것이다. 세월호 참사 역시 인간 없는 장소였다는 점에서 크게 다르지 않다. 당시 유대인수용소의 대명사인 아우슈비츠에서 일어났던 일이 상상을 초월한 엄청난 일이었기에 증언자체가 어려웠듯이 세월호 비극 역시 사실 자체가 은폐됨으로 엄청난 유언비어가 만들어진 것이다. 이처럼 아우슈비츠가 언어가 단절된 공간이었던 것처럼 이곳 정부 역시 세월호 참사를 '사람 없는 공간'으로 만들고자 하였다. 이로써 증언 자체를 불가능하게 만드는 것이 참사이후 그들의 존재이유가 된 것이다. 그렇기에 세월호 특별법 제정을 앞둔 우리가 두려워하는 것은 아우슈비츠 수용소 내 나치 친위대의 다음과 같은 자신감이다. "전쟁이 어찌 끝날지 언정 너희들에 대한 전쟁에서 이긴 것은 우리다. 너희 중 누구도 살아남아서 증언하지 못할 것이다. 하지만 설령 누가 살아남을 지라도 세상이 그의 말을 믿지 않을 것이다. 아마도 의심과 토론, 역사가들의 조사가 있을 지라도 확실한 증거는 밝혀지지 않을 것이다. 왜냐면 우리는 너희들과 함께 증거를 죄다 없애버릴 것이기 때문이다. 수용소 역사가 어떻게 쓰일지를 정하는 것은 우리가 될 것이다".[16]

  현실을 돌아보면 아우슈비츠나 세월호는 지금 우리들 삶에 있어 예외가 아니라 일상이 되고 있다.[17] 제 2, 제 3의 수용소와 참사가 우리들 일상을 지배할 수 있다는 말이다. 이런 정황에서 우리는 우리들 실존, 곧 존재이유를 재고할 필요가 있다. 그것은 우리가 다시 '말하는 자'가 되는 것, 주체보다 앞선 우리의 언어인 모국어를 갖고서 기억을 지우려는 이들에 대해 또렷이 증언하는 존재가 되는 일일 것이다.[18] 일찍이 다석(多夕) 유영모는 한글을 하늘이 우리민족에서 준 천문(天文)이라 했고 그것을 성령의 존재성이라 여겼다. 그렇다면 옳게 증언하는 것이 다시 사람 되는 길일 것이며 신학적으로 성령의 활동이라 말할 수 있겠다. 물론 아우슈비츠 이후(以後)와 세월호 이후(以後) 신학 간에 여러 정황에서 유사점만 있는 것이 아닌 까닭에 양자 간 차이점도 부각시켜야 마땅하다. 하지만 이 글에서는 '아우슈비츠 이후(以後) 신학'을 모색한 독일 신학의 틀(text)을 사용하여 세월호 신학의 가능성을 탐색하는데 중점을 둘 생각이다. 하지만 차이점 역시 간과할 수 없기에 그 방향성만을 언급하는 것으로 만족할 것이다.

## 아우슈비츠 '이후(以後)' 신학에서 세월호 '이후(以後)' 신학을 보다

주지하듯 유대인 대학살을 상징하는 아우슈비츠 사건이후 독일 신학계는 크게 흔들렸다. 오랜 시간에 걸쳐 나치 정권은 자신들 독일 민족의 정치적 입지와 경제 활성화를 이유로 '아리안 조항'을 통해 유대 종족을 특별 관리했고 당시 다수 독일(루터) 교회는 그런 나치 정권에 협력하며 유대인의 차별을 묵인하였다. 이렇듯 독일 교회의 나치 예속을 지켜보며 유대인 약자들 편에서 나치에 정치적 저항을 하던 소수 신학자(고백교회)들이 있긴 했으나[19] 다수 독일교회는 유대인 6백만 명을 희생시킨 아우슈비츠 대학살의 공범자로 역할 하였다. 이 과정에서 아우슈비츠는 어떤 윤리도 작동할 수 없는 장소, 한마디로 어느 신학도 무력해진 '비인간화된 공간'을 상징했다. 이는 아브라함과 야곱, 이삭의 하느님 나아가 어떤 형태하의 형이상학적 필연성으로서의 신의 죽음을 뜻했다.

이에 대한 탈출구로서 정치신학이 등장했다. 권력에 종속된 부르주아적 기독교의 치명적 한계를 인정하여 자신들 신학 전통을 급 전회 시킨 것이다. 즉 신학방법론과 역사/사회 방법론을 병치시켰고 교회, 사회 그리고 국가를 나눌 수 없는 다차원적인 하느님 영역으로 재인식한 것이다.[20] 이를 토대로 신학은 신(神) 죽음의 선포와 더불어 하느님을 죽게 만든 체제와의 싸움을 위해 대리자인 예수를 앞세웠고 그를 정치적 인물로 재구성했다. 신(神)죽음 신학의 포문을 연 신학자가 바로 본회퍼였으며 이후 여성신학자 D. 죌레는 『대리자(Stellvertreter)』[21]를 통해 정치신학으로서의 아우슈비츠 이후(以後) 신학을 구체화시켰다. 바로 이와 비슷한 경험이 이미 1970년대 이 땅에서도 존재했었고 세월호 참사로 인해 다시 재현되고 있다. 정치신학의 일환으로 민중신학의 등장이 그 구체적인 반증이 될 것이다. 다시말해 아우슈비츠의 실상이 소진되지 않았고 여전히 이 땅에서 거듭 반복되고 있는 탓에 생겨난 것이 민중신학이란 말이다.

　주지하듯 70년대 극악한 노동현실에서 착취당하는 노동자의 현실을 알리기 위해 분신한 전태일의 죽음을 한국신학계는 예수의 죽음이라 고백했으며 그 사건을 계기로 민중예수 론이 태동되었다. 이는 텍스트와 상황을 역전시켜 현 상황속의 노동자를 예수라 보고 성서 속 예수를 오늘의 예수를 이해하는 전거라 여기는 신학적 전회를 이뤄낸 결과이다.[22] 그런데 지금 전태일 죽음 꼭 40년 만에 세월호 대참사(학살)를 다시 겪으면서 이 땅의 신학자들은 단원고 희생자들을 다시금 죄 없는 예수의 죽음이라 칭했고 세월호를 제국에 희생당한 십자가 사건으로 독해하고 있다. 성서 속 마리아의 찬가(讚歌)를 통해 예수의 현존과 그가 일굴 엄청난 미래를 자신의 삶으로 품으며 자신도 그렇게 살고자했던 마리아가 아들 예수의 고통스런 십자가 처형을 목도하는 장면을 떠올릴 때 그 모습이 세월호 어미들과 정확히 중첩된다. IMF를 겪었던 안산의 어머니들 역시도 자식을 낳고 힘겨운 중에도 나름의 찬가(讚歌)를 썼을 터인 바, 이 땅의 총체적 부실, 무능 심지어 학살이라 불릴 만큼 의문투성이의 사건으로 인해 턱밑까지 차오는 물을 피하려 애쓰다 죽어간 자식들을 실시간 지켜보아야 했으니 두 어머니들의 고통과 절망과 삶이 너무도 크게 닮아 있다.

　그렇기에 지금 이 땅의 신학과 신학자들은 다시 새로운 문제에 직면, 봉착하고 있다. 아우슈비츠 이후 정치신학을 근거지은 예수 곧 이 땅의 민중들이 거듭 죽고 지속적으로 살해되는 현실에서 세월호 이후(以後) 신학의 새로운 근거가 필요해진 것이다. 사실(fact)을 덮고자 하는 이들로 인해 기억이 지워졌고 교회들 스스로도 슬픔을 잊을 때가 되었다 했기에 참사는 거듭되었으며 이 땅의 예수들인 민중은 더욱 무력해졌다. 이처럼 뭇 예수들의 죽음이 반복, 예견되는 현실에서 더구나 이웃종교인들, 이 땅의 선한 벗들이 오히려 유족들의 진정한 '곁'이 되었던 현실에서 신학은 다시금 교리를 넘어설 필요가 있다. 전통적 교리는 물론 서구적 신학의 틀로 오늘의 현실을 재단할 수 없다는 것이다. 이 점에서 필자는 기독론보다 성령론이 세월호 이후(以後) 신학을 위한 해석학적 틀거지가 될 수 있다고 생각한다. 성서가 말하듯 탄식하는 이들을 위해 대신 탄식하며 그들을 기억하며 위로하고 세상 악에 맞서도록 용기를 주는 성령을 통해 더욱 보편적으로 하느님과 예수를 말할 수 있다고 믿는 때문이다.

따라서 신학 자체도 자기변증에 안주하기보다 근본에서부터 달라져야 마땅하다. 전통적인 삼위일체 틀거지로 기독교적 고유성을 거듭 변증하는 이론 신학에 만족치도, 머물 수도 없다는 말이다. 이미 세월호 유족들, 그 중 다수 기독교인들이 교회를 떠났고 십자가를 버린 까닭이다. 세월호 참사를 겪으며 세상은 최선을 타락시켜 최악을 만든 기독교의 민낯을 경험했고 그 실상을 조롱했다. 오히려 이웃종교인들, 아니 평범한 시민들이 세월호 유족들에게 더 많이 이웃이 되었고 슬픈 이들을 끝까지 애도했던 것을 생각한다면 말이다. 더구나 나뭇가지 흔들거림을 통해 바람의 존재를 알 수 있듯이 성령이 수행적 진리를 요구하는 바, 성육신의 신비를 재현시킨 사마리아인들이 바로 이웃종교인이자 시민들이었음을 중히 인식해야 할 것이다. 바로 여기에 세월호 이후(以後) 신학이 결코 아우슈비츠 이후의 독일 정치신학과 같을 수 없는 이유가 있다. 세월호 참사가 기독교 단일 문화권인 독일의 경우와 달리 다(多)문화, 다(多)종교적 토양에서 일어난 때문이다. 이렇듯 성육신의 신비가 다차원적으로 경험된 세월호 참사 현실은 향후 기독교 신학을 성령론적으로 더욱 보편적, 수행적 차원에서 새롭게 구성토록 할 것이다.

## 아우슈비츠 '以後' 기독론의 10개 명제와
## 세월호 '以後' 신학, 그 같음과 다름

　이런 문제의식을 토대로 본 글에서는 아우슈비츠를 경험했던 독일 그리스도교 내 새로운 신학형성 작업을 살필 것이다. 즉 가톨릭과 개신교 내 핵심 신학자들이 모여 새로운 기독론을 만들고자 했던 소위 '이후'(以後) 신학, Christologie nach Auschwiz(1998)[23]의 내용 중 일부를 발췌, 소개하고 그에 잇대어 세월호 이후 신학과의 연관성을 모색할 생각이다. 위 책은 이들 신학자 중 특히 가톨릭 신학자, 피터스(R. R. Peters)가 책 제목이 말하듯 '이후'(以後) 주제에 관한 자신의 입장(명제)을 발표했고 그에 대해 신구교 학자들이 각각의 신학적 의견을 개진, 첨가하는 방식으로 '아우슈비츠 이후(以後) 신학'의 교집합을 모색하려 한 것이다. 물론 이 과정에서 신학의 모범답안 같은 것이 제시되지는 않았으나 다루어져야 할 신학적 주제들이 새롭게 적시된 것만큼은 분명하다. 이 글에서 필자는 피터스가 제시한 기독론 명제 10개를 요약 정리하는 방식으로 소개하고 이를 세월호 참사의 실상과 견주어 개인적 의견을 첨가하는 방식으로 양자 간의 유사성을 정리할 것이다. 이런 과정을 통해 우리 역시 세월호 참사(학살) '이후'(以後) 신학의 기본적인 명제를 생각할 수 있고, 어찌 달라져야 할 것인지를 질문할 수 있으며 나아가 양자 간의 변별된 모습 역시 찾을 수 있기를 소망했다.

　첫 명제로 피터스는 기억(과거) 속에 묻힐 뻔 했던 아우슈비츠 진실을 「밤 (Die Nacht)」이란 소설을 통해 세상에 알린 E. 비젤의 말을 되살려 내었다. 유대인을 사지로 내몰았던 아리안 조약을 토대로 히틀러 정권과 그에 동조한 독일 기독교회가 아우슈비츠에서 유대인 대학살, 곧 민족 말살 정책을 시도했으나 정작 그곳에서 죽은 것은 기독교였다는 역설이다.[24] 당시 히틀러 정권은 예수 십자가 처형의 원인을 유대인에게 돌렸고, 그로써 유대인 말살 정책에 동조할 것을 기독교인들에게 요구했으며, 그들이 부응했었기에 비젤의 말은 뼈아픈 지적이었다. 실제로 그간 서구 신학은 기독론에 근거하여 무수한 오류를 자행해 왔다. 예수 살해자를 유대인이라 하여 그들 학살을 방조한 것은 아주 최근의 일일 뿐이다. 실상 2천년 기독교 역사란 백인 예수를 내세워 유색인을 학대하고, 남성 예수를 이유로 여성을 억압(마녀재판)했으며, 교리적 절대성을 내세워 이웃종교들을 악마시한 과정이었다. 이런 이유로 하버드 신학교의 기독교 윤리학자 톰 드라이버(Driver)는 전통적 기독론의 해체 없이 기독교 윤리의 정립 역시 불가능함을 천명한 바 있다.[25] 이 점에서 독일 신학자들이 아우슈비츠 이후 기독론의 해체와 재구성을 신학의 핵심과 주제로 부각시킨 것은 그 향방이 대단히 옳다. 따라서 기독교가 죽었다는 비젤의 말은 여기서 기독론의 죽음(해체)이라 이해해도 틀리지 않을 것이다. 유대인 대학살이 정작 기독교(론)의 죽음을 초래했다는 것은 실로 충격적인 언사였다. 하지만 이로써 유대인을 적대시했던 그간 기독교의 행악을 명백히 적시한 것이다.

이런 비극적 현실은 신앙 유무를 떠나서 세월호 유족들 마음속에서 기독교가 너무도 하찮은 종교가 되어 버린 것과 비교될 수 있겠다. 한마디로 성육신의 위대한 신비를 졸지에 타락시킨 탓이다. 한국 사회 내 절대 다수가 된 교회들이 억울한 약자들 편에 서 줄 것을 기대했으나 정작 이들 중 다수는 무관심했고, 오히려 '일베들' 정서를 대변했으며, 정부와 공조하여 기억을 지우려 했기 때문이다. 실제로 이 땅의 기독교는 정교분리를 외치면서 종교의 정치화를 거부했으나, 정작 자신들은 전두환을 축복했고 이명박을 지지

했으며 지금은 박근혜 정부 편에 서 있다. 세습, 종교인 탈세, 불법 건축 그리고 성범죄 등으로 흠집 난 교회들이 권력의 도움 받아 유지되고, 정부는 종교 세력을 이용하여 자신들 체제를 구축하는 방식으로 악한 공범관계를 맺고 있는 중이다. 이 와중에서 교회는 세상(이웃종교)과의 소통 통로를 잃었고 (자폐), 가난한 자를 우선시한 자신의 근원을 망각(치매)했다. 이런 맥락에서 아우슈비츠 이후(以後) 신학(기독론)이 오히려 자신들이 버렸던 유대인과의 공속(公屬) 속에서 이루어져야 할 것을 강조한 것은 대단히 뜻 깊다. 가해자의 입장을 편들었던 지난 과오를 씻고 피해자에 대한 사죄의 차원에서 자신들 신학의 방향을 급 전회시킨 때문이다. 이를 우리 경우로 바꿔 말하면 세월호 유족들, 이 땅의 약자, 뭇 예외(소수)자들, 이웃종교인들, 언제든 또 다른 위험 속에 처할 수밖에 없는 이들과의 결속이 그 어느 때보다 신학의 과제이자 기독교의 존재이유가 되었다는 말일 것이다. 지금껏 정교 분리의 원칙 하에서 은연중에 가해자의 편에서 그들 구원(영혼)을 염려했던 기독교가 이제는 약자·피해자의 편에서 정의를 외치고 말해야 한다는 것이다.

이렇듯 아우슈비츠 '이후'(以後) 신학의 첫 명제는 분명히 가해자를 위한 신학에서 피해자를 위한 신학에로 관점을 전환시켰다. 하지만 이 명제를 더욱 명확하게 실현시키려면 종교개혁의 원리인 칭의(稱義)가 정의(正義)로 해석되어야 옳다.[26] 그간 로마서가 너무도 종교개혁자들의 시각에서 주관적·내면적 그리고 개인적 차원에서 이해·해석되어 온 것에 대한 신학적 반성이 선행되어야 한다는 이야기이다.[27] 오늘 우리는 유일신 종교들만 존재했던 중세 기적 상황에 있지 않고 또한 종교개혁 시대와 달리 가톨릭과 개신교의 위상이 급격히 달라진 현실에 처해 있다. 따라서 오늘 우리는 제국(법)에 맞선 바울처럼 자본주의 폐해가 극에 이른 작금의 세계화 정황에서 로마서를 다시 읽어야만 한다. 개인적·종교적 차원의 기독교를 '정의'를 위한 종교로서 정치화해야 한다는 것이다.

둘째 명제에서는 아우슈비츠 이후(以後) 신학이 종래의 반(反)유대주의를 벗고 그에 용서를 구할 뿐 아니라, 기독교 전통 속의 유대적 요소를 적극 인정하고 그것이 오히려 기독교의 출처이자 근원인 것을 숙지하도록 요구했다. 기독론 역시 유대적 전통 속에서 재정립 되어야 한다는 것이다. 이는 종래의 기독교가 헬라적 토양에서 구성되었다는 기존 이론을 뒤집는 것으로서 신학의 흐름을 바꾸려는 시도였다. 지금껏 기독교가 친(親)희랍적 본체(Substance) 개념에 터한 삼위일체 틀거지에 정초됨으로써 유대사상을 철저히 부정했으나, 오히려 유대교가 역으로 기독교(론)의 존재 근거라는 사실을 새삼 강조한 것이다. 이런 이유로 최근 이방인 선교자로 알려졌던 바울조차 철저한 유대적 사고 틀에서 재구성하여 이해하는 작업들이 활성화되고 있다.[28] 희랍 철학이 아닌 유대 사유로의 신학적 전회는 신학 내용과 틀 자체를 획기적으로 바꿀 수 있다. 가난한 자, 피해자가 우선시되며 신인(神人)관계가 다른 범주로 언급될 수 있기 때문이다.

이를 세월호 참사와 연관시킨다면 무엇보다 가난한 자와의 유대, 나아가 예외를 사랑하고 스스로 예외자가 되는 길을 택하는 것이 기독교 정통성을 지키는 길인 것을 적시한다. 이 땅을 밟았던 교종 역시 『복음의 기쁨』이란 책자에서 가난한 이들을 기억하고 그들과 함께하는 것이 기독교 정통성의 기준이라 했다.[29] 무관심의 세계화가 자본주의적 현실인 정황에서 가난한 자, 예외자들과의 공속관계가 '세월호 이후(以後) 신학'의 골자이자, 기독교적 실존이며 복음의 본질에 해당된다는 말이다. 기독교란 본래 구약성서와의 연계 속에서 주류에 안주치 않고 지속적으로, 보편적으로 예외적 사건을 발생시키는 종교였다. 기막힌 일이겠으나 다수의 사람들은 세월호 참사를 지켜보며 과연 이들이 서울의 강남 지역 아들딸이었어도 이렇듯 구제가 되지 않았을까를 반문했다. 이것이 사고이든, 사건이든, 참사든, 세간의 의심대로 학살이든지 간에 애당초 탑승자 계층이 달랐다면 이런 일 자체가 발생치 않았을 것이라 추측하는 것이다. 불행한 추론이겠으나 민심이 그렇다는 것은 정부로선 귀담아 들어야 할 부분이다.

이에 더해 만약 기독교(론)의 뿌리를 유대교(민족)에서 찾고자 할 경우 세월호 이후(以後) 신학에겐 관심을 가질 또 다른 영역이 존재한다. 바울의 기독교가 유대적 민족주의를 거부한 것이 아니었듯이 이 땅의 문화·종교적 상황역시 고려되는 것이 지당하다. 독일의 경우 참사와 학살의 당사자가 유대인이었다면 우리의 경우 한국인이었고 그중 소수가 기독교인들이었을 뿐이다. 참사의 주인공이 이 땅의 가난한 사람들이었고 모두 한국인이었던 탓에 '세월호 이후(以後) 신학'은 다시금 민족(문화)과 기독론의 관계를 되묻지 않을 수없게 한다. 이 점에서 기독교의 케리그마는 서구와 달리 한민족 전통인 유불선을 통해서 우리와 관계될 수 있다는 유동식의 주체적 통찰을 간과해서는아니 될 것이다.[30] 독일의 '이후'(以後) 신학이 유대교로 돌아갔다면 우리의 '이후'(以後) 신학 역시 의당 우리의 민중성과 더불어 우리들 전통(종교성)과 접촉해야만 옳을 것이다.

셋째 명제는 앞서도 언급했듯 지금껏 유대인을 배제시켜 온 종래의 서구기독론 자체가 정치적으로 책임을 면하기 어렵다는 것을 명시했다.[31] 지금껏반(反)유대주의를 부추겨 온 정치(신학)적 원리로서의 서구 기독론에 대한 일종의 사망선고라 할 것이다. 주지하듯 헬라 철학의 개념을 빌려 기독교는 그간 유대인들에게 어떤 공간과 여백(틈)을 허용하지 않았다. 절대(실체)성의 범주를 사용하여 기독론을 형성했기에 그것이 일체를 부정하는 논거가 되었던까닭이다. 하지만 '이후'(以後) 신학의 정치적 반성은 예수를 죽인 유대인들에대한 저주와 학살이 결국 배타(절대)성을 지닌 기독론 때문인 것을 인정했다.

그리스도가 모든 것을 완성·성취했다고 믿기에 앞서 행해진 이스라엘 민족과 하느님의 계약이 무가치해졌고 그로써 유대 역사는 물론 유대인 존재 전체를 부정할 수 있었던 것이다. 율법에 대한 믿음의 우위, 즉 율법에 대한 총체적 부정이 바로 그 실상이었다. 이처럼 서구역사 속에서 긴 세월 동안 반(反)유대(율법)주의는 기독론과 동전의 양면처럼 늘 함께해 왔다. 이 점에서 아우슈비츠 '이후'(以後) 기독론이 반(反)유대주의를 벗고 오히려 반(反)유대주의를 부추긴 세력과의 정치적·종교적 투쟁에 앞장선 것은 기독론의 절대성에 대한 재고로서 서구신학의 가장 급격한 변화라 할 것이다. '세월호 이후(以後) 신학'의 관점에서 볼 때 이런 급진적 변화는 다음의 두 측면에서 숙고할 충분한 가치가 있다. 먼저는 이 땅(민족)의 종교문화들에 대한 배타적 절대성 요구의 폐기일 것이며 또한 빈익빈 부익부을 부추기는 이곳 천민(賤民) 자본주의와의 치열한 싸움일 듯싶다. 일체 문화와 종교를 부정하는 배타적 기독론이 아우슈비츠 경험과 더불어 서구에서 설 자리가 없어진 것은 다행한 일이다. 따라서 아시아의 종교성과 민중성이라는 요단강에 세례를 받지 못한 기독교(신학)는 아시아 땅을 밟을 수 없다는 스리랑카 신학자 A. 피에리스의 말을 선취한 변선환 신학을 기억할 일이다.[32] 이제 기독교(론)은 이 땅의 산적한 문제를 풀기 위한 '무제약(보편적)적' 책임의 상징일 수는 있어도 타자 부정적 실체로서 이 땅과 만날 수는 없게 되었다. 앞으로 기독교는 이 땅의 악에 맞서려는 이웃종교들의 선한 벗이 되어야 옳다. 실제로 불교, 천주교를 비롯한 이웃종교들이 세월호 유족들과 함께 광화문에 모여 기도했고, 그 과정에서 유족들은 침묵했던 다수 교회들보다 그들에게서 더욱 형제자매애를 느낄 수 있었다. 이 땅에 기독교가 존재할 이유가 있다면 그것은 과거 바울이 로마서에서 보였듯 타락한 제국(자본)의 힘에 의해 희생된 세월호 희생자들을 죄 없는 억울한 이의 죽음이라 여기며 그런 죽임을 자초한 천민 자본(제국)주의와의 투쟁을 위해서 앞장서는 데 있다. 이를 위해서 기독교는 종래와 같은 유아독존적인 절대성을 벗고 그 틀 밖에서 새롭게 존재할 목적으로 자신의 해체를 선결과제로 삼아야 한다.[33] 이는 한국의 기독교가 성장했으나 성숙하지 못했고 수는 많아졌으나 걸맞는 역할이 없었으며 그의 절대성이 자신을 절대 부패시켰음을 뼈아프게 인식할 때 가능한 일일 것이다.

따라서 넷째 명제에서는 기독론이란 근원적으로 이스라엘의 하느님을 거부하는 것이 아니라 오히려 그를 더욱 명확하게 하는 일과 다르지 않다고 재차 명시했다. 유대적인 하느님의 의중(意中)이 기독론 속에서 정확히 재현되었다 믿는 까닭이다. 이렇듯 약자를 편드는 이스라엘의 하느님을 적실히 드러내는 바로 그 일이 아우슈비츠 이후 기독론의 핵심이었던 것이다. 동시에 이는 이전 신학이 실상 유대적 경험을 옳게 반영하지 못함으로써 반신학적인 것이었음을 증명했다. 사실 금번 명제는 앞선 셋째 명제의 부연 설명으로서 세월호 '이후'(以後) 신학을 모색하는 우리에게 다음 두 차원에서 숙고할 가치가 있다. 앞서 보았듯 한마디로 세월호 이후(以後) 신학을 위해 이 땅의 민중성과 종교성의 본질을 더욱 강조하라는 것이다. 이스라엘의 하느님은 언제든 정의를 요구하는 약자의 하느님이고 그의 존재는 우리들 전통 속에서도 얼마든지 찾을 수 있고 찾아야 한다는 이야기이다. 따라서 세월호 이후 기독론은 더욱 철저하게 이 땅의 종교문화와 가난의 토양에서 재구성되어야 옳을 것이다. 이 땅의 종교문화와 이곳의 가난, 바로 이 땅의 가난한 자들과 공속 관계에 있지 못한 기독교 신학은 우리 시대에 적합지 않고 '이후'(以後) 신학이란 말에도 걸맞지 않기 때문이다. 이를 감리교 신학자 변선환은 아시아의 '종교해방신학'이라 일컬었고 이 땅을 찾은 교종은 '새로운 복음화'라 별칭하였다. 말했듯 가난한 자, 고통 받은 이들과 함께하는 것이 기독교의 정통성이고 하느님 신비는 오로지 다양한 문화들 속에서만 밝혀질 수 있다고 믿었던 것이다.[34] 유대적 배경에서 기독론의 재구성은 이 땅에서의 토착화 가능성을 결코 배제할 수 없다.

다섯째 명제에서는 다시금 '이후'(以後) 신학이 이스라엘의 하느님을 명백히 하는 것이란 앞선 넷째 명제를 부각시켰다. 이미 필자가 강조하였듯, 이스라엘의 하느님이란 본래 작은 자, 약자들(민중성)과 함께하는 아래로의 연대에 익숙한 분임을 강조하기 위해서이다. 낮은 곳을 지향하는 하느님 경향성을 철저화한 것이 바로 기독론 인 것을 적시했다. 그럼에도 이스라엘의 하느님은 가난한 자에게 아주 근접해 있고 작은 자들 편에 서 있으나, 그는 결코 그들과 같은 존재로서 인간화될 수는 없는 분이었다. 신(神)의 형상화를 금한 것이 유대교의 철칙이었던 때문이다. 이 점에서 기독교는 하느님이 오히려 인간의 형상(Imago Dei)을 입었다고 말함으로써 유대교를 철저화시킨 종교라고 말할 수 있겠다. 이로써 기독교는 유대교와 비슷하나 철저함에 있어 그와 온전히 같을 수는 없게 되었다. 하느님이 바로 그토록 작은 인간이 되었다고 철저하게 믿는 탓이다. 하지만 유대교와의 이런 차이는 예전처럼 기독교의 절대성을 확보할 목적과는 거리가 있다. 더욱 철저하게 약자들 편에 서려는 민중성ㆍ종교성의 차원에서 구별ㆍ강조할 뿐이다. 바로 이런 기독교적 철저성, 인간의 몸을 입은 신은 세월호 '이후'(以後) 신학의 급진성을 바르게 추진하도록 돕는다. 이제는 전태일의 죽음, 세월호 아이들의 죽음이 실로 하느님의 죽음이자 예수의 죽음과 다르지 않게 된 때문이다.

이제 우리에겐 그들의 이름을 기억하며 고통에 동참하는 일만이 남아 있다. 그들의 이름을 지속적으로 불러야 할 것이고, 그들의 이름을 빌려 하늘을 향해 기도할 수도 있을 것이다. 성령께서 그들의 고통을 대신하여 탄식하고 있는 까닭에 그들의 탄식과 비탄의 소리를 듣는 것이 우리 시대의 성령체험이 된 까닭이다. 이런 성령체험이 뜻하는 바는 실제로 무엇을 의미할 것인가? 우리 시대의 언어로 '공감하는 힘'이라 할 것인 데,[35] 이것은 하늘이 심어준 인간 각자 속의 신적 씨앗(바탈)의 힘에 터해 가능할 수 있다. 자신의 약함에 근거하여 이웃의 고통과 공감(소통)할 수 있는 힘, 그것을 우리는 하늘로부터 받았으나 우리들 바탈(본성)이라 칭한다. 그렇기에 그 힘은 일회적 행위로서가 아니라 지속적으로 그리 할 수 있는 능력으로서 성서는 이를 성령이라 고쳐 말했다. 인간 속의 바탈, '하늘로부터 주어진 본성'을 바로 성령이라 본 이가 바로 다석 유영모였다. 이를 토대로 황태현은 서구적 정의(正義)보다 동양적 인애(仁愛)가 자아와 타아(他我)의 존재 의미를 새롭게 밝히는 윤리적 패러다임이 될 수 있다고 자신 있게 말했다.[36] 이처럼 신적 씨앗의 힘에 근거하여 더욱 보편적으로 동시에 지속적으로 타자와 소통하며 세상의 약자들을 죽게 한 현실과 맞서는 일, 바로 이것이 세월호 '이후'(以後) 신학이 기독론을 넘어 성령론적 지평에서 확대 논의될 이유일 것이다.

　그럼에도 여섯 번째 명제에서는 다시금 유대적 사유 형식의 중요성을 환기시켰다. 추상적인 사유 틀로서가 아니라 이야기를 중시하며 인간과 신의 교(공)감을 강조하는 유대적 종교성을 강조하고 재의미화하려는 목적에서였다. 하지만 이는 희랍적 사유와의 단절을 뜻할 뿐 유대적 사유와 유사한 아시아적인 것에 대한 거부는 아니었다. 지난 이천년 동안 서구 기독론을 지배했던 압도적인 희랍적 본질(우시아) 개념과는 달리 유대적인 관계 사유 틀 속에서 하느님의 거주 내지 임재 그리고 하느님의 인간됨을 새로운 방식으로 말하고자 했던 것이다. 그간 전통의 이름으로 수용된 '양성 기독론', 즉 '우시아'란 희랍적 개념 틀 하에서 말해진 신적 속성과 인간 본성의 혼합(섞여짐)이라는 것, 혹은 한 인격 안에서 나뉠 수도 하나일 수도 없다는 말이 과연 무엇을 뜻하는지를 근본에서 되물어야 한다는 것이다. 여기서 중요한 것은 유대적 사유로부터 얻을 수 있었던 '변증적 역설'이란 통찰이다.[37] 아우슈비츠 '이후'(以後) 신학은 본체론 대신 변증적 역설을 앞세워 '본질'보다는 하느님의 '아들' 개념을 선호했다. 이때 비로소 신/인 양자를 동일시하는 희랍적 사유는 물론 둘을 분리시키는 유대적 사유 역시 넘어설 수 있다는 것이다. 이런 방식으로 그리스도를 '하느님 아들'로 보는 유대적 사유가 아우슈비츠 이후 신학(기독론) 속에 유입·재평가되었다. 하느님 아들로서의 예수이해는 한때 양자(養子)론이라 하여 이단으로 여겨진 적이 있었음에도 말이다.[38]

　필자에게는 아우슈비츠 '이후'(以後) 기독론을 근거 지은 이런 유대적 사유가 이 땅의 유교적 사유와 너무도 닮아 보인다. 유교문화권에서 자식은 부모의 미래이자 내세였다. 그렇기에 자식의 죽음은 부모의 미래를 빼앗는 일이자 내세 자체를 말살시키는 행위라 할 것이다. 단장지통(斷腸之痛)이란 말이 있듯 죽은 이유조차 묻혀진 정황에서 자식 잃은 세월호 유족의 절망은 현세는 물론 내세를 빼앗기는 처절한 고통이었다. 그럴수록 그들이 원했던 유일한 것은 자신들 일상을 바쳐 사실과 진실을 밝히는 것이었고, 특별법 제정에 삶을 던지는 일뿐이었다. 유교에서 말하는 '자식'이란 개념이 부모를 위해 이처럼 중요하기에 유대교적 사유와 충분히 맥을 같이 할 수 있지 않을까? 예수를 모름지기 효자(孝子)라 여겼고 효(孝)를 신앙의 다른 말로 이해하려는 해천(海天) 윤성범과 같은 신학자도 있었다.[39] 물론 '변증적' 역설을 말하는 아우슈비츠 이후(以後) 신학은 유교적 사유와 많이 다를 것이다. 아우슈비츠 이후 신학이 몰트만이 말했듯 아들의 죽음에도 불구하고 하느님 안에서 그 예수를 다시금 변증법적으로 살려 낼 수 있는 때문이다.[40]

　하지만 아우슈비츠 이후(以後) 기독론이 사변(추상)을 넘어 하느님 아픔과 고통을 더욱 여실히 말할 목적이었다면 좀 더 급진화되었어야 했다. 아들의 죽음은 그 자체로 아비의 죽음일 수밖에 없기 때문이다. 아버지 안에서 아들의 죽음을 말하는 방식으로 아버지[神]의 생존을 증명하는 것은 이 처절한 참사 한가운데서는 여전히 사변이다. 다석학파에서 비롯한 '씨알' 예수론 혹은 '민중' 예수론을 통해 오히려 우리는 변증법의 이름하에 남겨진 사변의 흔적을 넘을 수 있다. 대참사(학살)를 기억하며 그의 재발을 막고 유족 곁에 서 있는 방식으로만 우리는 신을 도울 수 있을 뿐이다. 대참사, 대학살 속에서 신은 철저하게 죽었고 아무것도 할 수 없을 만큼 연약한 상태로 존재하기에 우리가 신을 도울 수 있고, 우리 속에 주어진 바탈(씨알)에 터해서 세월호 참사의 고통을 극복해야 한다.[41] 하느님은 지속적으로 유족들 곁에 서 있는 사람들 얼굴을 통해서 드러날 수 있다. 성령의 역사라 일컫는 하늘씨앗으로서의 생리(生理)의 내재 탓에 우리 모두 그들 '곁'이 될 수 있고 그로써 신은 우리와 함께할 수 있을 것이다. 비(非)경험적이며 길들여진 희망과의 단절이 이후(以後) 신학의 정직한 출발지점이 되어야 한다.

일곱 번째 명제는 아우슈비츠와 같은 상황이 설령 다시 반복될 경우라도 생각하기를 그칠 수 없다는 사유(철학)에 대한 강조이다.[42] 세월호 참사 이후라도 여전히 그와 유사한 사건이 재차 발생할 수도 있겠으나 결코 인습화된 신앙의 이름으로 도피하지 말라는 충고라 하겠다. 현재 우리 교회의 모습처럼 아브라함과 야곱과 이삭의 하느님만을 말하며 신앙과 철학(사유)을 나누고 대립시키는 것이 결코 문제 해결의 방도일 수 없다는 의미이다. 이는 유대적 신앙 체계와의 일정 부분 거리 두기라 할 것이다. 아무리 유대 신앙 전통이 중요하긴 하나 '사유' 역시 그쳐서는 아니 될 인간의 책무인 것이 틀림없다. 따라서 아우슈비츠와 같은 재난이 거듭 재현될지라도 인간성은 포기될 수 없고 오히려 양육되어야 옳으며, 합리적 사유 역시 더욱 강력하게 작동해야만 한다는 것이다. 세월호 이후(以後) 신학을 위해서도 이는 의당 강조될 부분이다. 유족들 중에는 감당키 어려운 고통 탓에 소위 천국 신앙으로 도피코자 하는 이들도 적지 않다. 현실의 한을 내세가 치유·보장할 것이라 믿고 고통을 잊고 피하려는 인습적 신앙 때문이다. 교회가 길들여진 희망을 강요했고 유족들은 내세적 소망을 내칠 수 없었다. 내세를 믿고 슬픔을 그치라는 냉담한 교회를 마음으론 이미 버렸으나, 천국 신앙을 전하는 교회를 떠날 수 없는 이중고를 겪고 있었다. 이는 심정적으로 이해되나 결코 약이 아니라 독이 될 수 있는 처방으로서 일시적 약발에 불과할 뿐이다. 그렇기에 세월호 '이후'(以後) 교회는 믿음의 장(場)으로서만이 아니라 배움과 학습의 장으로 거듭나야 옳다.[43] 믿음을 앞세워 사유를 억압하지 말고 생각의 힘을 키워 현실과 마주할 수 있도록 돕는 것이 골백번 지당한 교회라는 공동체의 존재 이유다. 따라서 '이후'(以後) 신학은 이제 사유와 신앙을 결합시켜 현실 개혁을 위한 본격적 투쟁의 장으로서 교회를 일궈 나가야 마땅하다. 함께 모여 학습하고 기도하며 삶과 세상을 바꾸는 일이 교회의 존재 이유이자 신앙의 새 차원이어야 할 것이다. '세월호 이후(以後) 신학'은 지금 교회론의 급격한 변화를 요구받고 있다. 따라서 세월호 이후(以後) 신학은 소위 세월호 以後 교회를 정초해야만 할 것이다. 더구나 종교개혁 500년을 눈앞에 둔 정황에서 말이다.

여덟 번째 명제에서는 앞서 언급된 철학(사유)의 중요성과 그 의미를 재차 강조한다. 하지만 사유를 중시한다는 것이 결코 철학에 의존하는 것이거나 버렸던 헬라사상으로의 복귀를 결코 뜻하지 않는다. 또한 사유가 그 자체로 아우슈비츠와 같은 고통을 온전히 이해·해결할 수 있는 힘을 지녔다 믿는 것도 아니다. 아우슈비츠의 고통과 죽음이 논리적으로 설명되고 체계화될 수 있는 범주를 넘어서기 때문이다. 여기서 말하는 사유란 유대적 지평에서 샘솟는 '메시아적' 지혜라 생각하면 좋을 듯싶다. 이 경우 중요한 인물로서 벤야민, 레비나스, 아도르노 그리고 데리다, 아감벤과 같은 유대적 사상가들이 거론된다.[44] 이들은 오늘날 주로 좌파적 성향을 지닌 사상가들로서 법이 아닌 은총으로서의 정의를 목적하며 실험하고 있다. 바울을 목하 자본주의 시대와 맞서는 보편적 정치 신학자로 불러내는 탁월한 논리를 제공하고 있다. 하지만 어떤 사유로도 대재난을 이해하고 해명할 수 있는 길은 존재하지 않는다. 유대적 신학이 정당성을 강요하는 일체 체계를 넘어 '오는(도래하는) 정의'을 말하는 것도 같은 이유에서이다. 그럼에도 그들 토양에서 비롯한 메시아(미래)적 지혜는 고통(타자)을 기억하는 일과 나뉠 수 없기에 중요하다. 역사 속에서 메시아가 매순간 홀연히 도래하나 그 문을 열어줄 돌쩌귀는 기억뿐이란 것이다.

이 점에서 유물론적 역사관을 유대 신학과 혼합하여 역사 이해를 새롭게 전개한 W. 베냐민의 역할이 의미 깊다. 기억의 한 형식으로서 역사는 고통을 결코 완결된 것으로 만들지 않으며, 그렇기에 기억 속에서 역사는 메시아의 도래로 인해 신학이 될 수 있다고 본 까닭이다.[45] 따라서 '아우슈비츠 이후(以後) 신학'은 역사를 신학(메시아)적으로 이해하는 것을 중시했다. 정의를 위해 체제 밖(초월) 사유- 신학적으로는 은총- 를 요청한 것이다.[46] 하지만 고통을 이해하고 수용하는 종교적 사유(지혜)가 어디 유대교 토양에만 존재하겠는가? 세월호 '이후'(以後) 신학을 위해 이 땅의 신학자들 역시 서구 신학이 자신들 뿌리인 유대교로 돌아가듯 동양종교들의 지혜와 더 여실하게 만날 준비가 필요할 것이다. 인간의 본질에 속하는 지정의(知情意)를 각기 과학, 종교철학으로 나눠 발전시킨 서양과 달리 이 모두를 하나로 품은 동양, 특히 유교적 지혜들 역시 신앙과 사유를 분리시킴 없이 대재난과 맞서게 할 수 있다. 무엇보다 공감할 수 있는 힘(仁)이 사람들 각자의 바탈(本然之性)로서 내재되어 있다고 믿는 성령론적 사유는 자본주의라는 제국과 맞설 주체로서 다중(多衆)의 의미와 중첩될 수도 있을 것이다.[47] 따라서 민중 혹은 대중과 변별되는 다중(多衆), 곧 자신이 부분이자 전체임을 자각하는 씨알 주체들의 대듦과 맞섬의 힘에 터해 지속적으로 세상의 달라짐을 기대할 일이다. 우리 세계관 속에도 내재적(성령론적) 사유에 기초한 혁명적 전회, 곧 천지비괘(天地否卦)가 지천태괘(地天泰卦)로 개벽되는-베냐민 식의 표현으로는 '극단적 전환'(변혁)이라 할 수 있는-동적인 움직임이 항존한다. 지금껏 지배 가치였던 양(陽)적 사유가 음(陰)에게 자리를 내주며 역사 이면으로 후퇴한다는 도(道)의 원리[反者道之動]가 극단적 급변을 내재화시켜 존재론적 절대화를 거부할 수 있기 때문이다.[48]

아홉 번째 명제는 앞선 주제를 더욱 철저화 · 객관화 그리고 상대화한다. 아우슈비츠 비극은 메시아적 사유의 절정인 기독론일지라도 그를 충분히 해명할 수 없을 만큼 비극적이란 것이다. 아우슈비츠에서의 신의 죽음은 그곳을 '사람 없는 공간'으로 만들었고 증언 자체가 불가능해졌기에, 달리말해 인간 자체가 철저하게 비인간화된 탓에 어떤 이론도 충분치 않다는 것이다. 따라서 본 명제는 기독론적으로 이해하고 논리화하는 그 이상의 작업을 요구한다. 즉 아우슈비츠를 설명하고 답하려 말고 본 사건 자체가 '그리스도 안'에서 지속적으로 언급될 수 있다면 족하다는 것이다.[49] 언표 불가능한 비극이 거듭 재현될 수 있는 탓에 기독론을 정답이라 여기기보다 그를 고통이 지속적으로 기억될 공간으로 만들라는 것이다. 베냐민이 말했듯 역사적 고통이 완결되지 않았음을 기억하는 것 자체가 바로 신학적 사유의 핵심이란 말이다. 세월호 이후(以後) 신학 역시도 교리적 답변으로 사태를 해결하려는 유혹에서 벗어나야 마땅하다.

그 대신 '이후'(以後) 신학은 세월호 참사(학살)에 대한 기억을 지속시킬 책임을 갖는다. 신적 강제력으로서의 정의의 도래를 위해 비인간성의 공포 속에서도 자신의 언어로 증언할 것을 요구하는 것이다.[50] 한 번 기억하고 그치지 않는 지속성(誠), 비탄과 탄식의 소리를 듣고 그와 교감하는 지속적 힘은 오로지 성령의 역할이자 역사라 할 것이다. 기억하려는 자와 기억을 지우려는 자들, 사실적 기억과 왜곡된 기억 간의 본격적 진리싸움이 이 땅에서 본격적으로 시작된 것을 숙지한다면 말이다. 이 땅의 정치가들은 자신들 과오를 덮기 위한 감언이설과 정치적 공작으로 기억을 말살·왜곡시키려 할 것이다. 재차 정권을 얻을 시(時), 세월호 기억을 묻을 수 있다는 섣부른 판단도 예상할 수 있다. 그럴수록 우리의 과제는 신학적 체계를 만드는 일에 한정되지 않고 역사 속에서 기억의 공간을 지키기 위해 때론 정치적 투쟁 역시 감수하는 데 있다. 따라서 고통을 기억하는 것 이상의 더 좋은 적실한 위로는 없을 것이다. 반복하지만 '이후'(以後) 신학이라 할지라도 세월호 참사와 같은 비극에 대해 어떤 온전한 신학적 답변을 기대할 수 없다. 단지 세월호 참사로 야기된 완결될 수 없는 고통을 위해 사유할 수 있는 여백과 공간을 만들어 내는 작업이 우선이다. 그런 공간 속에서만 기억은 살아 숨 쉴 것이며 그를 통해서 약속(메시아적 지혜) 역시 거듭 작동될 수 있을 뿐이다. 기독론이 성령론으로 지평 확대될 이유 역시도 여기서 찾을 일이다.

마지막 열 번째 명제는 아우슈비츠 신학이 예수 십자가를 목도하며 절망과 좌절에 빠졌던 제자들이 부활 경험을 통해 전적으로 삶의 방향을 달리 했던 사실을 환기시킨다. 이는 부활한 예수가 자신의 공생애 출발 지점이자 하느님 나라 선포의 발원지인 갈릴리에서 만나자 했던 사실과 무관치 않다. 수차례의 부활 현현의 경험을 통해 십자가 현장을 떠났던 제자들이 자신들 발걸음을 그곳으로 원위치시켰고 갈릴리 예수의 추종자(Nachfolger)가 된 것을 기억할 일이다. 이것은 궁극적으로 예수가 걸었던 길을 갔다는 것, 즉 스스로 자기 십자가를 졌다는 것을 의미한다. 이것은 한마디로 아우슈비츠 '이후'(以後) 신학이 더 이상 이론적일 수 없고 실천적이어야 함을 명시했다. 자신의 삶을 십자가의 길로 방향 정위한 존재들이 예수의 제자들이고 그와 동시성을 살아 낸 사람들이며, 이런 동시적 삶 자체가 부활 경험의 실상이란 것이다.

이 점에서 사후 70년을 맞는 본회퍼의 말을 기억할 필요가 있겠다. '예수 그리스도의 제자를 만들지 못하는 기독교는 예수를 한갓 이념이나 신화로 만들고 있을 뿐'[51]이란 말이다. 세월호 참사에 냉담한 오늘의 교회는 제자 아닌 교회의 신도로 자족한 실상을 보여주었다. 이들 교회가 영지주의와 자본주의의 옷을 덧입음으로써 자기 모순적 모습을 하고 있는 것이다. 그렇기에 세월호 '이후'(以後) 신학 역시 기독교인들에게 예수를 죽인 마성(魔性)적 힘들 앞에 맞서도록 기독교인들을 불러내야 마땅하다. 어느 한 일기에서 본회퍼는 재차 '기독교 초기 그토록 급진적 기독교가 어떻게 이렇듯 왜소해졌고 보수적으로 변해 버렸는지'를 묻고 있었다. 어느덧 우리 교회가 세월호처럼 온갖 모순을 품고 부패한 상태로 존재하고 있기에 이 질문이 참으로 뼈아프다. 영화 퀴바디스가 고발한 대형교회들은 한마디로 세상과 격리된 자폐 증세를 보였고, 예수 정신을 잃은 영적 치매에 걸렸으며, 영적 세속성이란 문둥병에 걸려 있다. 세월호 유족들의 단식투쟁이 한창이던 지난여름 이 땅을 밟은 교종이 그리스도인들에게 영적 세속성을 경고했고 인간 자유를 억압한 교회 권력을 질타했다. 이런 실천적 부름 앞에 정직해지는 것이 세월호 이후 이 땅의 신학자로 사는 삶의 방식이라 믿는다. 세월호 유족들은 말이 아니라 행동으로 우리들에게 기독교인 됨을 증명할 것을 절규하듯 요구했다. 따라서 우리에겐 앞서 보았듯 '오직 믿음'이란 종교개혁 원리를 근본에서 되물을 필요가 생겼다. 하지만 본래 성서는 결코 믿음과 행위를 양분하지 않았고 오히려 '믿음 없는 행위'의 허상을 적시하는 책이다. 이 땅 교회들의 실상이 바로 믿음 없는 행위의 결과라는 것이 바로 성서가 가르치는 바다. 성서가 '행위 없는 믿음을 죽은 믿음'이라 가르치듯 동양의 지혜들 역시 사람은 누구나 자신들이 '행한 것만큼만 아는 것'이란 지행합일(知行合一)을 말했고 머리가 아닌 몸으로 깨쳐 아는(頓悟) 경지를 소중하게 생각했다. 이는 서구적 개념으로 말하자면 수행적 진리(Perfomative truth)관에 해당될 것이다. 자신 속에 주어진 바탈(씨알)의 힘을 믿고 그와 하나 되길 애쓰는 삶, 그리스도의 남은 고난(未定稿)을 채우고자 자신을 진리에 복종시키는 일은 한 번에 이루질 수 없고 지속적 수행의 결과일 터, 우리는 이를 성령론의 틀에서 '참여적 속죄론'[52] 혹은 '자속적 대속론'[53]이라 명명할 수 있을 것이다.

## 두 '이후(以後)' 신학간의 차이

이상에서 우리는 두 '이후'(以後) 신학간의 유사점과 차이를 생각해 보았다. 같은 점은 이들 모두 국가에 의해 야기된 참사내지 학살로서 반인륜적인 사건이었던 바, 신학 함에 있어 이전(以前)과 이후(以後)를 나눌 수 있을 만큼 큰 영향을 미쳤다. 하지만 이 글에서 필자가 특히 주목했던 것은 세월호 참사를 바라보는 기독교의 시각이 옛 독일이나 이 땅 한국에서 별반 다르지 않았다는 아픈 사실이었고 오히려 다종교 상황에서 일어난 사건으로서 이웃종교인들의 역할이 컸다는 점이다. 물론 과거 독일에서 기독교가 히틀러 망령에 취해 유대인 학살의 앞잡이 역할을 했기에 비교자체가 불온한 일이겠으나 결과적으로 교회의 침묵과 방조가 세월호의 악행을 완성시켰던 점에서 양자 간 비교가 결코 불가능하지 않았다. 더구나 기독교 유가족들의 자기 신앙에 대한 배신감이 극에 달한 정황에서 이곳, 이 땅의 기독교는 독일 교회 이상으로 죄책 고백이 필요할 것이다. 주지하듯 이 땅 세월호 참사의 희생자는 기독교인 뿐 아니라 이웃종교인들 역시 다수였고 죽음이후 여러 종교에서 자신들 방식으로 이별(영결) 식을 거행했기에 그리고 또한 유족들을 돕는 일에 소수의 기독교인들과 다수의 시민, 이웃종교인들이 함께 했던 탓에 세월호 '以後' 신학은 기독교만의 전유물이 될 수는 없었다. 다문화, 다종교 상황에서 특정 종교를 뛰어넘어 국가의 총체적 무능과 부실 하에 발생했고 하여 다수 종교들과 국가(정부)가 대치된 사건이었기에 세월호 이후(以後) 신학은 의당 아우슈비츠의 그것과 같을 수만은 없었던 것이다. 이 점에서 아우슈비츠 이후(以後) 신학이 신(神)죽음과 동시에 기독론을 근간으로 정초되었다면 필자는 세월호 이후(以後) 신학을 성령론에 터해 더욱 보편적으로 즉 이웃종교인들과 선한이웃들을 포괄하지 않을 수 없었다. 칭의(稱義)를 정의(正義)의 차원에서 확대 해석했고 그 선상에서 화해론 역시 참여적 속죄론의 이름 하에 재정의 되었다. 동시에 그들 신학이 다시금 유대적 사유로 돌아갔듯 우리 역시도 아시아의 종교적 전통과 관계할 필요가 있었고 유대적 지혜가 소중한 만큼 동양적 지혜 역시 세월호 이후(以後) 시대에 적합할 수 있다고 역설했다. 그럼에도 불구하고 두 이후(以後) 신학은 철저하게 수행적 진리관에서 일치했으며 신앙과 사유의 한 편만이 아닌 양자의 종합을 요구했다. 이 점에서 필자는 지정의(知情意)를 각기 철학, 종교 그리고 도덕(윤리)으로 세분하여 발전시킨 서구 학문보다 이 모두를 품고 종교와 철학을 아우른 아시아적인 전일적 사유 역시 세월호 이후(以後) 신학에 도움이 될 것이라 판단하였다. 그럼에도 메시아적 지혜 속에 내재된 '역설적 변증법'은 일관적 서사(敍事)를 지닌 아시아적 사유와 중첩될 수 없기에 두 '이후(以後) 신학' 간의 철저성 문제는 여전히 논의의 대상이 될 것이다.[54]

# [결론]

# 동양사상과 만난 기독교*
## -다석학파의 기독교를 말한다

## 1. 바울의 화신이란 자의식을 갖고 살았던 김흥호

선생 가신 지 벌써 두 해가 지났다. 1주기 때 소식 없어 기일을 놓친 것이 후회막급이었는데 오늘 선생을 기억하는 자리에 함께 있음이 고맙고 좋다. 선생 사후 그분이 했던 일을 지속하는 분들에게 머리 숙인다. 사실 선생 가신 영전에서 슬픔보다 무거운 책무가 마음을 눌렀다. 우선 90수를 훌쩍 넘기셨고 '인생은 죽음으로부터'라는 말씀을 하셨기에 우리는 그의 죽음을 곧 부활이라 생각했다. 우리는 정말 그의 마지막 강연들 속에서 이 말씀을 참으로 여러 번 들었다. 그만큼 선생에게 죽음이 문제가 아니었던 것이다. '일도 출생사'(一道出生死)란 것이 선생의 죽음을 지칭하는 말이라 할 것이다. '내 영혼을 아버지께 맡긴다'는 가상칠언(架上七言)의 예수의 마지막을 보는 듯도 했다. 아침에 도(道)를 깨치니 저녁에 죽어도 여한이 없다는 말씀 역시 선생의

---

* 이 글은 다석의 직계제자 김흥호 선생 사후 2주기 추도식(이화여대 채플)에서 발표한 것이다.

마지막을 닮았다. 그렇기에 우리는 선생을 잃었으나 결코 슬프지 않았다. 단지 그 없는 중에 그의 뭇 말씀을 들었던 사람들이 그분처럼 '깨끗'한 삶을 살아낼 수 있을지가 염려될 뿐이었다. 선생은 거룩을 '깨끗'으로 순 우리말로 풀었다. 한번 깨어져서 끝이 나는 것이 종교의 본질이라 여긴 것이다. 선생의 죽음은 깨어져 끝이 난 것으로 진실로 거룩했다. 그의 스승 다석께서 예수의 삶을 미정고(未定稿)로 보았듯 선생의 삶도 그럴 터인데 그의 말씀을 들었던 남은 자들의 몫이 그렇기에 결코 가볍지 않을 것이다.

실상 선생이 뿌린 말씀의 씨앗이 지금 곳곳에서 싹트고 있음을 본다. 스승 다석을 좇아 평생 연경반을 이끄셨으니 그 없으나 경(經)을 읽고 닦는 학습장은 지속되어야 옳다. 무엇보다 그와 마지막을 함께한 이곳의 제자들에게서 그 지난한 일들이 지속되어야만 할 것이다. 가르치고 배우는 일들이 끊어지지 않을뿐더러 무엇보다 선생이 그랬듯 교회와 시대를 위해 탈존(脫存)한 존재들, 곧 '선생'(先生)이 배출되어야 할 것이다. 가고 오는 세월 속에서 세상을 뚫고 하늘로 오른 존재, '가온 찍은' 존재들이 탄생되어야 한다는 말이다. 우선 목회 현장 곳곳에서 선생의 말씀이 가르쳐지고 실험되는 것이 반갑고 고맙다. 이대 은퇴 후 일아(一雅) 변선환의 요청으로 감신에서 15년 가르쳐 키운 제자들이 목사가 되어 선생의 가르침을 지금 강단에서 펼치고 있는 중이다. 사람 접하는 것이 그들 일인 까닭에 어린 신학생들에게 심겨졌던 씨앗이 지금 목회적 차원에서 열매를 맺고 있는 것이다. 그 열매는 썩어 없어질 것이 아니라 뭇 생명에게 포도주처럼 영생을 선사할 것이다. 필자 역시도 선생이 그랬듯 몇 년에 걸쳐 선생 방에서 독대하며 가르침을 받았기에 소위 다석학파의 끝자락에서 자그만 소임이라도 감당하고자 노력할 것이다. 지금도 대학 강단에서 어린 학생들에게 선생의 가르침을 전하고 함께했던 삶의 경험을 나누는 일들이 즐겁고 감사하다.

대략 선생의 귀천(歸天) 5-6년 전이라 기억되는 어느 해 가을, 연경반 모임 종료 후 '공동선'이란 잡지사 주관으로 선생과 인터뷰를 한 적이 있었다. 필자가 묻고 선생이 대답하는 형식으로 진행되었고 일체 질문지는 필자 임의로 작성할 수 있었다. 정확히 어느 질문 끝에 나온 답변인지 모르겠으나 선생께서는 자신의 정체성을 성서 속 사도바울과 같은 존재로 명시하셨다. 그 어투가 단호했고 바울적 자의식이 너무 강했기에 당시 필자로선 당황스러울 정도였다. 수백 수천 명의 선교사를 보내는 것보다 바울 같은 존재 한 사람 만드는 것이 한국 교회의 급선무라 하시며 다석이나 자신이 그 같은 역할 수행자임을 밝힌 것이다. 이는 나는 것이 본질인 새가 날기를 포기하고 해안가에서 썩은 물고기를 탐하는 모습처럼 변질된 오늘의 교회에 대한 질타이기도 했다. 절대(絶對)란 본래 마주하는 상대를 없이 하는 것인 바, 이런 선생의 언사는 동시에 상대를 품을 수 없는 작은 그릇처럼 된 이 땅의 기독교에 대한 저항이었으며, 또한 자신의 기독교성에 대한 재확인이라 할 것이다. 마주한 상대 일체를 끊을 수 있을 만큼 큰 그릇 된 기독교인을 그분은 바울이라 했고, 다석이라 여겼으며 자신과 동일시한 것이다. '배타'(排他)하는 기독교는 결코 바울을 알 수 없고, 그것으로는 세상을 구원할 수 없다는 것이었다. 어느 날 강의에서 선생은 내가 하느님을 믿는 것이 아니라 하느님이 나를 믿는 경지가 되었다고 말씀하셨다. 세례를 받은 것으로 충족한 것이 아니라 다석이 그랬듯 진짜 믿음에 들어간 이의 경지를 그리 표현했던 것이다. 그리스도와의 동시성을 살아 내지 못하는 기독교는 예수를 한갓 신화나 이념으로 만들 뿐이라는 본회퍼의 지적과 살짝 중첩되기도 한다. 하지만 이 상태는 인간의 지정의(知情意)와 결코 무관한 상태가 아니었다. 그것이 충분히 실험되고 실현된 상태에서 창발되는 계시적 상태라 할 것이다. '줄탁동시'란 말이 바로 그를 일컫는 것이 아니던가?

주지하듯 선생님 생 말기에 우리는 가끔씩 종교 다원주의와의 변별을 당신 고유의 신앙적 실존으로 여기는 선생의 말씀을 접하곤 했다. 때론 그렇듯 강경할 필요까지는 없었을 터인데 다원주의를 부정·거부하는 단호한 모습도 보이셨다. 제자가 전해 주어 알게 된 일주기 추모강연의 주제 역시 이 점을 부각시켰다. 필자가 보기에 당시로선 그 이유가 분명했다. 지금도 그렇게 생각할 여지가 여전히 남아 있다. 다석 사상을 잇고 대중화시킨 또 한분의 제자 박영호가 자기 스승을 선생 살아생전뿐 아니라 지금껏 기독교를 넘어선 교회 밖 종교 사상가로 자리매김하고 있기 때문이다. 바울을 부정하는 것을 넘어 예수를 왜곡시킨 장본인으로 그를 본 탓에 그의 기독교는 자신을 바울화신이라 여긴 선생의 그것과 많은 차이를 보이고 있다.　얼마 전 한 출판기념 모임에서도 가톨릭을 떠나 성공회에 몸담은 성서학자 정양모가 현재 선생의 기독교 중심적 다석 이해보다 그를 기독교를 넘어선 사상가로 본 박영호의 다석 이해가 옳다고 평한 적이 있었다. 청중들 앞에서의 공식적인 언사였고 더구나 성서학을 배경으로 한 신부의 발언이었기에 그 영향력이 적지 않았다. 하지만 당시 필자는 이것을 옳고 그름의 문제로 접근하는 것의 불가함을 역설했다. 그렇기에 살아생전 선생님은 이런 분위기를 걱정하였고, 그럴수록 다석을 기독교적 실존으로 수용코자 했으며, 본인 스스로도 기독교적 정체성을 강하게 드러낼 필요가 있었다. 급기야 선생의 이런 마음은 '기독교식으로 장례를 치르는 것이 고인의 뜻이기에 절을 금한다'는 장례식장의 글귀를 통해서도 명백히 드러났다. 따라서 평소 선생과 교제하던 수많은 이웃종교인들이 장례식장에서 다소 의아해했다. 저마다의 방식으로 고인에 대해 예(禮)를 표하는 것쯤은 선생에게 본래 상식이었을 터, 의외라는 반응을 조문을 다녀온 이들에게서 많이 접하였다. 하지만 죽음의 자리에서조차 선생께서는 기독교 울타리 - 물론 큰 울타리 이었겠으나 - 밖에서 자신과 자기 생각 나아가 다석 사상이 논의되는 것을 원하지 않으셨다. 필자 역시도 다석을 기독교 밖 사상가로 자리매김하는 것 이상으로 기독교 사상가로서, 교회를 위한 교사로 이해하는 것에 큰 의미를 두는 편이다. 전자보다는 후자의 작업이 지난하긴 하지만 현실 속에서 구체적 힘을 행사할 수 있다고 믿는 까닭이다.

그럼에도 다석신학 속에 이 두 측면이 함께 있는 것을 부정할 수 없다. 평소 균형 잡아 강론하시던 선생께서 상술한 정황에서 삶의 후반기에 기독교적인 한 면을 취해 당신의 전적 입장으로 삼은 것이라 생각된다. 본래 다석은 물론 함석헌 역시도 유불선 역시 하늘로부터 계시 받을 것은 다 받은 종교라 했고, 인간 속에는 하늘의 씨앗(바탈)이 있어 누구라도 저마다의 방식으로 성불할 수 있고 성자(誠者)일 수 있으며 예수가 될 수 있다고 보았다. 하지만 이는 『천부경』의 삼재론(三才論)에 입각한 상경의 '귀일(歸一)' 사상과 하경의 '인중천지일'(人中天地一)을 전제로 한 것이었다. 주지하듯 다석에게 이 책은 '하늘 일 쪽월'로서 우리 민족을 하늘로 이끄는 서적이었다. 다석에게 삼재(三才) 곧 '하늘-땅-인간'은 '계소리-예소리-제소리', '불성(佛性)-고행(苦行)-성불(成佛)', '천명지위성(天命之謂性)-속성지위도(率性之謂道)-수도지위교(修道之謂敎)'를 일컬으며, 또한 '성부-성자(십사가)-성령'으로 언표된다. 각각 형태는 다르나 개별 종교는 시원의 하나ㅡ를 품어 결국 그 하나로 돌아간다는 것이다. 이렇듯 다석에게 하늘(天 혹은 一)의 급진적 내재화·보편화가 가능했고 우리는 그것을 소위 '얼 기독론'이라 명명할 수 있겠다. 함석헌은 이를 '뜻의 존재론'이라하여 역사적으로 풀었고, 김흥호는 실존이란 삶의 존재 방식으로 일컬었다. 이럴 경우 다석은 서구의 종교 다원론자를 닮았다. 붓다, 예수, 공자와 우리 각자가 존재론적으로 차이가 없게 된 때문이다. 하지만 다석은 붓다나 공자와 달리 이른 나이에 '제 뜻 버려 하늘 뜻 구한' 예수를 유일무이한 자신의 스승으로 삼았기에 그의 '얼 기독론'은 '스승 기독론'으로 전이 되었고 그래서 더욱 힘이 있다. '얼' 기독론으로서의 보편적이며 다원적인 길 대신-물론 그를 부정하지 않았으나-특별하게 혹은 무제약적으로 예수의 제자가 된 것이다. 여기서 말하는 '스승 기독론'은 서구의 '높은 기독론'(high Christology)와 달리 '길을 가다 길이 될 것'을 요구하는, 즉 자신을 산 제물로 바치라는 수행적 종교로서 동양(修行)적 기독교라 할 것이다. 일상이 대속(代贖) 아닌 것이 없으니 이제 네 몸을 바치라는[自贖] 말이었다. '몸을 줄여 마음을 늘리라'는 것이다. 그럼에도 '얼'과 '스승', 이 둘은 전후의 관계이자 선택 사안일 뿐 결코 상호 배타적일 수는 없다. 단지 김흥호 선생은 후자의 길에 방점을 두고 자신의 존재를 그에 맞춰 기독교적으로 탈존(脫存)시킨 것이다. 우리 기독교인들은 선생처럼 예수를 스승 삼아 우리 자신을 탈존시키면 그것으로 충분하다. 따라서 다석 사상을 기독교 밖에서 귀일(歸一)의 종교로서 확대해석하는 시도와 더 이상 갈등관계에 놓일 필요가 없을 듯싶다.

2주기를 추모하는 자리에서 필자는 제목이 말하듯 선생을 바울적 자의식의 소유자로 명시했다. 선생에게 바울이 중요했던 것은 당시로선 세계 전체를 품었던 헬라의 보편적 지혜와 자신의 특별함(선민의식)을 보증했던 유대 율법에 정통한 사상가라는 사실 때문이다. 희랍적인 보편적 지혜와 특수주의를 야기시킨 율법 사유에 정통한 학자로서 바울은 회심 이후 기독교를 전했고, 그가 전한 복음은 그렇기에 유대인은 물론 이방 헬라 사람들에게도 설득력이 있었다는 것이다. 주지하듯 다메섹 체험이란 우선 바울적 정체성을 구성했던 거짓된 보편성과 특수주의를 부정하는 것이었고, 나아가 '마치-처럼 (as if)'가 말하듯 각각의 존재들에게 저마다의 방식처럼 되는 삶 - 차이를 횡단하는 보편성 - 을 창발시킨 것이다. 달리 말해 기독교가 그로 인해 배타를 넘어 절대(絕對)의 종교가 되었다는 말이다. 이처럼 향후 중국, 인도 대륙으로 기독교를 전하기 위해 이 땅의 기독교인들에게 필요한 것은 당연히 유불선, 곧 동양종교에 대한 넘치는 지혜라 하겠다. 그들에게 그들처럼 되면서도 그들을 아우르고 넘어서는 기독교 사상가가 필요하다는 것이다. 당시 바울과 같은 위상을 지닌 존재가 이 땅의 목사, 신학자여야 한다는 뜻이다. 그렇기에 그는 연경반을 통해서 성서를 가르치며 동양경전을 설명했고 고전을 읽으며 성서 말씀을 풀어냈던 것이다. 선생의 강의에선 성서가 경전으로, 경전이 성서의 가르침으로 자유자재로 풀어졌다. 하지만 그의 평생 노력은 지적호기심을 지닌 소수의 사람들을 만족시키기 위함이 아니라 바울적 자의식을지닌 존재를 가르쳐 키워내기 위함이었다. 우리 중에 그런 사람이 누구인지누가 그런 사람이 되면 좋겠는지를 묻는 일이 그래서 소중하다. 앞으로 전개될 기독교의 미래를 위해서 말이다. 그렇기에 필자는 다석 사상을 기독교적실존으로 풀어 낸 선생의 견해를 지금도 따르고 있다.

　이렇듯 바울적 자의식을 키워 나감에 있어 각 종교를 대변하는 역사적 인물 세 사람이 선생에게 중요했다. 하나는 불교의 바탕에서 유교를 섭렵한 승려 '종밀', 그리고 이후 주자학을 비판하며 '심즉리'(心卽理)설, 즉 신유학을 바탕으로 불교는 물론 도교까지 섭렵한 '양명', 그리고 그의 직계 스승으로서 유불선을 통섭한 다석 유영모가 바로 그들이다. 앞서 말한 대로 평생 스승다석은 말할 것도 없고 선생은 종밀과 양명을 좋아했으며 감신대에서 강의할 때, 이들의 사상을 번갈아가며 학생들에게 강조·역설하였다. 유교를 다숙지한 불교만이 유교를 이길 수 있고 불교를 송두리째 담을 수 있는 유교, 심즉리(心卽理)의 양명학을 통해 불교를 넘을 수 있는 것이며, 다석의 기독교가 유불선을 품음으로써 선생님 말씀대로 기독교(복음) 하나만 알면 모든 것이 해결되는, 마주하는 것을 끊는 '절대'(絶對)의 종교가 될 수 있었다는 것이다. 김흥호에게 바로 이런 존재들이 선생이자 스승이었고 바울 역시 이런 선상에서 선생의 탈존(脫存)을 도왔던 인물이었다. 선생의 바울적 자의식은 이런 동양적 사상 풍토 속에서 형성되었고, 그 자의식이야말로 세상을 구할 힘인 것을 부정할 수 없겠다. 그렇다면 유불선을 품을 수 있는 복음은 과연 어떤 것일까? 선생은 이를 '일좌식 일언인'(一座食 一言仁)이라 푼 적이 있다. 다석의 수행[自贖]적 기독론을 그리 정리한 것이다. 이것은 소위 케리그마의 문제이다. 향후 더욱 치열하게 비(非)신화화를 넘어 비(非)케리그마화를 거쳐 再케리그마화의 과정이 요구될 것이다. 선생을 좇는 우리가 일본 내 교토학파의 신학적 작업을 학습하여 그를 넘어서야 할 이유가 여기에 있다.

필자는 15년간을 선생과 옆방에서 지냈으며 그 덕분에 선생과 독대하며 다석을 배웠다. 자신이 다석에게 많은 시간 홀로 배웠듯 자신도 그리 하는 것이라 말하며 우둔한 제자를 거두어 주셨다. 때론 학생들과 교실에서 그분 강의를 청강한 적도 있었고 가끔씩 연경반을 찾아 배운 바 있었다. 언젠가는 붓글씨도 가르쳐 주셨고, 선생님 가정의 대소사에 목사로서 부르시어 예식을 집행토록 하신 적도 있다. 지금껏 감동으로 기억하고 있는 것은 정초 세배 가면 아침부터 일만 이천 쪽에 달하는 『다석일지(多夕日誌)』 원고를 교정하던 모습이다. 팔순을 넘기신 선생께서 정초 벽두부터 스승의 유고를 정리하고 계신 것에 더 이상 할 말을 잃었다. 스승과 제자라면 이분들의 모습을 배워 이런 관계여야 하겠다는 생각이 지금도 마음속 가득하다. 여하튼 선생 덕에 다석을 배웠고 부족하나마 몇 권의 책도 낼 수 있었다. 함석헌학회에도 기웃거리며 자주는 아니나 박영호, 정양모 신부 등과 더불어 다석의 시(詩)를 순수 한글로 번역하는 일에도 참여 중이다. 그러면서 다석의 제자, 함석헌 써클의 관계자들과 교제하게 되었고 그리고 오늘과 같이 현재 김흥호 선생님의 흔적도 접하고 있다. 그러면서 드는 생각 하나를 제시하는 것으로 오늘 선생님을 추모하는 글을 마감할 생각이다.

앞서 언급했듯 일본에 교토학파가 있듯 한국에서 사상적 계보, 더구나 기독교 영역에서 그런 틀거지가 형성되어야 한다는 것이 다석을 공부하며 느낀 필자의 소감이다. 하지만 지금 다석 이후 그를 토대로 형성된 다양한 흐름들이 저마다 뿔뿔이 흩어져 있다. 이들 그룹 간의 사상적 교류는 물론 인간적 유대 역시 형성되어 있지 않다. 어느 경우는 상호 적대적 입장을 표하며 이들 그룹들을 서로 엮고자 하는 필자의 시각을 매도하기도 했다. 그럼에도 필자는 이 땅에 소위 '다석학파'의 기독교가 굳게 뿌리내려야 한다고 믿는다. 이 말에도 이의가 제기 될 수 있다. 굳이 이름 한다면 '씨알학파'라 해야 한다는 견해도 있기 때문이다. 초기 다석에게 배운 안병무를 비롯한 민중신학 계열에서 하는 말이다. 하지만 이것은 부차적 문제일 것이며 각 그룹의 직계 스승의 생각을 따르고 연구하면서도 전체를 통섭하는 시각을 위해 저마다 노력해야 옳다. 다석에게 연원을 둔 독창적이며 통섭적인 기독교가 모두의 협력 속에서 새롭게 연구·토론된다면, 무엇보다 종교개혁 500년을 3년 앞둔 시점에서 그 작업이 시작될 수 있다면 우리는 2017년을 가장 값지고 의미 있게 보낼 수 있을 것이다.

고인이 되신 선생님께서도 우둔한 제자의 이런 마음을 헤아리실 줄 믿고 감히 2주기를 맞아 선생님 앞에서 이런 제안을 올려 본다. 바울적 자의식을 지닌 선생님의 마음이 스승을 따르는 제자들 속에 부활되어 이 땅의 기독교, 교회를 명실공히 절대(絶對)의 종교로 만들 수 있기를 간절히 소망하며 글을 그친다.

## 2. 박영호, 정양모, 박재순의 저술에 대하여
### - 『다석 전기』, 『다석을 이렇게 본다』, 『유영모와 함석헌』

평소 다석(多夕)을 사랑하여 그를 연구하고 그처럼 살려 하는 학자들의 책
출판을 기념하고 의미를 살피는 뜻 깊은 시간을 갖게 된 것을 함께 기뻐한
다. 박영호의 『다석전기』(2012)는 이전에 소개된 다석 생애를 광대하게 다시
풀어낸 것이고, 정양모의 『나는 다석을 이렇게 본다』(2009)는 다석의 기독교
이해에 주목했으며, 박재순의 저술 『유영모와 함석헌』(2013)은 다석과 함석
헌 어록에서 유사한 말씀을 찾아 상호 관련짓고 이를 쉽게 풀어 낸 것으로,
삶을 반추할 수 있는 명상·영성 서적으로 손색이 없다. 출판 시점에 비해
시기적으로 본 기념회가 다소 늦었으나 다석 사상 연구자들이 함께 모여 그
의 사상적 깊이를 가을밤에 나눌 수 있음에 오늘 자리가 뜻 깊다 아니할 수
없을 것이다.

필자 역시 다석(多夕)을 흠모하는 학자로서 향후 다석 사상이 다음 세 방향
에서 연구되기를 바란 적이 있었다. 첫째는 난해하게 씌어진 다석의 글들을
가독성 있게 풀어내는 일로서 이는 다석의 직계 제자들, 특히 박영호의 몫으
로 남아 있다. 이를 위해 다석 사전을 만들기 위해 노력하고 있고 오늘의 책
『다석 전기』는 바로 다석을 옳게 이해할 수 있는 중요한 토대가 될 것이다.
둘째는 다석 사상을 동시대적 담론들과 마주하게 하여 그의 진리를 보편화
시키는 작업이다. 최근 차이를 강조하는 탈근대 담론을 비판하며 새로운 보
편성을 강조하는 철학자들의 방한이 있었는데, 이를 비롯한 서구의 여러 시
각과의 대화가 요구된다. 이 점에서 정양모가 다석의 신관, 기독론을 신약
성서학자의 시각에서 풀어준 것은 부분적이긴 하나 대단히 의미 깊다. 마지
막으로 필자는 개인 다석이 아닌 다석(혹은 씨알)학파의 사상적 요체와 계보를

밝힐 것을 주장했다. 이는 소위 일본 교토학파의 철학과 견줄 만한 한국적 사상의 광맥을 캐기 위함이다. 〈씨알재단〉을 이끌고 있는 박재순의 함석헌 관련 저술은 이를 위해 크게 기여할 바가 있을 것이다.

 몇 년 사이에 우리는 다석의 직계 제자로 알려진 몇 분을 잃었다. 한 분은 한국의 거유 유승국 선생으로 그는 자신의 방에 다석의 얼굴을 붙여 놓고 매일 그와 대면하며 하루 일과를 시작하셨던 분이다. 임종 5일 전 나는 아내 이윤선 교수와 함께 그의 병상을 찾았었는데 선생은 힘든 몸을 일으켜 세운 채 다석 선생을 기억하며 다음의 말을 써주었다: "하나님 뜻 받아 사람나이다." 하늘 뜻 받아 태어나 그 뜻대로 사는 존재가 바로 사람이라는 글을 물 한 모금 넘기지 못하는 상태에서 우리에게 자필로 써주었다. 또 한 분은 다석에게서 '현제'라는 호를 받으신 김흥호로서 필자에게 다석을 가르치셨던 분이다. 다소 먼 곳에서 투병생활하신 탓에 자주 뵙지 못하다 부음을 접했고 달려간 영안실에서 영정과 대면했다. 그곳에는 선생의 뜻이라 하며 절로서 조의를 표하는 것을 금한다고 씌어 있었다. 기독교식 장례를 치르기 위함이었다. 순간 의외란 느낌을 지울 수 없었으나 평생 다석을 교회의 교사(부)로서 자리매김하고픈 의중의 표현이라 믿고 섭섭함을 접고 돌아왔다. 오늘 북 콘서트 자리에서 고인이 된 두 분을 언급하는 것은 다음 두 이유에서이다. 우선 이들은 다석이 말했던 제소리의 화신(化身)들로서 '행한 것만큼만 아는 것'이란 진리를 실천하신 분들인 까닭이다. 다석 사상의 힘이 삶(실천)에서 나온 것임을 잊지 말자는 것이다. 다음은 이들이 진리의 보편성과 특수성을 혼동하지 않고 양자를 함께 긍정했던 종교인들이었던 까닭이다. 저마다 유불선과 회통한 다석 사상을 수용했으되, 한 분은 진실된 유교학자의 길을 걸었고 한 분은 기독교 목사로서의 교회 내적인 삶을 살았다는 것이다. 필자 역시도 다석 사상의 핵심을 이런 차원에서 찾고 싶다. 이제 그분들이 '없이 계신 하느님'

에게로 돌아가 그와 하나 된 이후로 다석을 가르치는 새로운 스승들이 우리 앞에 현존하게 된 것에 감사하며, 오늘은 그 세분들이 알려준 지혜에 흠뻑 취해 '하나님과 우리', '다석과 우리'가 '나녀 너나'의 관계로 바뀌기를 맘껏 기대한다.

첫 번째로 박영호의 『다석전기-류영모와 그의 시대』는 다석 사상의 역사적 배경과 토대를 알리는 저술로서 다석 연구에서의 자료적 가치가 지대하다. 비록 저자가 류영모를 알리기 위해서가 아니라 그가 깨달은 진리 세계를 전달할 목적으로 썼다고는 하나 사실 이 둘은 서로 나뉠 수 있는 주제는 아닐 것이다. 이 책을 통해 다석의 어린 시절, 친구 관계, 혼인 시절 그리고 생업에 종사하던 모습을 알게 된 것 역시 즐거운 일이었다. 또한 우리는 이 책속에서 한국 근현대사의 주역들, 그들 간의 정신적 교감의 역사를 배울 수 있었다. 신채호, 안창호, 조만식, 이승훈, 정인보, 문일평 그리고 이광수 등과 다석 선생의 친분은 그를 신비적으로, 때론 이상적으로만 알던 우리에게 살과 피를 지닌 인간의 모습을 보게 한 것이다. 톨스토이 그리고 간디의 삶이 다석 사상의 밑거름이 되었다는 것도 선생의 위대함을 조금도 가리지 않는다. 평생 농부가 되기를 원했던 그의 소박한 꿈도 그를 더욱 앙망하게 만든다. 다석의 제자들, 특히 함석헌을 비롯한 모든 이들을 롱펠로의 시 〈화살과 노래〉의 내용에 견주어 평가한 대목은 우리 가슴을 뭉클하게 했다. 선생 스스로가 위대할 수도 있으나, 역으로 제자를 통해 위대하게 되는 이치를 표현한 까닭이다. "아주 오랜 훗날의 일이다. 나는 친구의 가슴에서 내가 부른 노래를 고스란히 찾아내었다." 이 이야기는 예수의 제자를 만들지 못하는 교회는 그를 한갓 이념이나 신화로 만든 탓이라 질타했던 본회퍼 목사를 떠올리게 해 준다.

결국 『유영모의 전기』를 통해 저자가 말하고자 한 것은 다석에게 하느님이 그 자신이었다는 사실이다. 하느님과 인간의 존재론적 차이 대신 인간 자신의 밑둥(바탈)에서 하느님을 찾은 것이다. 시종일관 강조하듯 얼나로 불리는 하느님의 씨앗이 우리 속에 있기 때문이다. 그 씨앗(본뜻마음)이 영아(靈我) 혹은 범신(凡神)과 같은 것이기에 그에게 성서가 동양고전 속에서 동시에 동양고전이 성서의 시각에서 자유롭게 풀러질 수 있었던 것이다. 이는 마치 사서삼경(四書三經)을 자기 마음의 각주라 여긴 양명이나, 언어(말)로는 다르나 뜻으로 보면 같지 않은 것이 없다는 원효의 생각과 정확히 중첩된다. 하지만 육체(탐진치)로서의 예수와 '제 뜻 버려 하늘 뜻 구한' 그리스도 간의 대별이 중요하듯 그리스도와 중생들 간의 구별 역시 소멸되지 않는다. '성자(誠者) 천지도야(天之道也), 성지자(誠之者) 인지도야(人之道也, 중용)'란 말이 바로 그것을 일컫는다. 인간 역시도 길을 가다 스스로 길이 되는 백사천난(白死天難)의 삶(십자가)을 살아야 할 존재라는 것이다. 하지만 저자는 다석 사상의 백미를 '미정고(未定稿)로서의 예수' 속에서 찾기를 주저하지 않았다. 이는 인간 역시도 예수처럼 살 수 있고 더 큰 일도 할 것이란 확신으로서 '완전고'(完全稿)로서의 존재론적 서구 기독론과 함께할 수 없는 부분이다. 책의 말미에 저자는 다석의 마지막 법어가 '나너 너나'였음을 알리고 우리 역시도 몸성히(단식), 마음 놓이(단색)를 통해 '바탈'(本然之性)을 태워 스스로 길이 되고 생명을 품은 성근 열매가 될 것을 주문하고 있다.

　벌써 출판된 지 4년을 넘긴 다석학회 회장 정양모의『나는 다석을 이렇게 본다』는 여러 면에서 뜻 깊은 책이다. 오래전 그는 일아 변선환 학장의 종교재판과 그의 이른 죽음을 지켜보며, 향후 한국 교회에 그 같은 학자들이 100명은 나와야 한국 교회가 달라질 것이라 애도한 적이 있었다. 그런 저자가 본인도 비슷한 곤경에 처하게 되고 급기야 다석을 만나 어느 성서학자도 근접할 수 없는 학문적 정직함과 용기를 갖고 그를 빌어 자신의 이야기를 풀어

놓고 있는 것이다. 유영모에 대한 시인 고은의 혹평(만인보)을 책머리에 소개한 것은 분명 그의 어리석음을 질타할 목적에서였을 듯싶다. 책 말미에 기록된 다석과 가톨릭 성서학자인 저자와의 범상치 않은 인연의 깊이를 생각하면 그 의도가 분명해진다. 오래전부터 필자는 다석 연구의 반열에 성서학자인 저자의 참여가 없었다면 그에 대한 연구가 오늘처럼 신뢰를 얻지 못했을 것이라 생각해 왔다. 이 점에서 이 책은 기독교 신학계를 위해 무엇보다 큰 의미가 되었다. 아울러 가톨릭과 다석의 관계를 알리는 몇몇 기도문들도 다석의 심중을 헤아리는 대단히 중요한 자료가 될 것이다. 다석이 성모 마리아 입상을 좋아했다는 것도 처음 알게 되었다. 이 책에서 저자는 대체로 다석의 예수관에 초점을 맞춰 기술한 듯하다. 나름 정리한 다석의 그리스도론을 개념화했고 그가 썼던 예수 시편을 10수나 찾아 소개한 것이다. 이런 예수 이해의 틀로서 저자가 부정신학의 전통을 사용한 것은 매우 적절하다 싶었다. 그러나 저자가 하느님, 예수를 논할 때에 무엇보다 그의 한글적 의미를 우선시한 것에 크게 공감한다. 우리 글의 계시적 성격, 곧 그것이 정음(正音)을 넘어 '천문'(天文)이라는 다석의 말을 인정한 것이다. 저자가 분석한 예수는 '효자', '얼 사람' 그리고 '하느님 뜻 받들다 순직한 자' 그러나 '정작 하느님과는 동일 본질이 아닌 존재' 등이다. 마지막 표현은 '예수가 하느님은 아니다'라는 것인 바, 대속사상을 거부하며 스스로를 비(非)정통으로 여기는 다석의 견해를 대변하고 있다.

우선 저자는 유교문화권에서 예수를 모름지기 효자라 하는 것을 반대할 이유가 없다 하였다. 앞서 감리교 신학자 해천 윤성범 역시 이미 '효 기독론'을 천명했기 때문이다. '얼 사람' 역시 인간 모두가 내재적 신성을 지닌 존재라는 동양적 에토스로서 이해할 수 있는 개념이다. 하지만 예수가 얼 사람일 수 있으나 얼 사람이면 누구나 그리스도란 것을 기독교인들이 힘겨워할 것을 걱정했다. 이는 인습화된 대속사건을 일탈하는 것으로서 저자 역시도 이런 생각이 시대상과 부합할 수 없다고 생각했다. 오히려 저자는 하느님 뜻 받들다 순직한 존재로서 고백하는 것에 의미를 두었다. 이는 예수 죽음의 일차적 요인을 하느님 나라에 대한 열정에서 찾고자 하는 역사적 예수 연구가들의 정서와 부합될 수 있겠다. 결국 저자는 니케아 칼케돈에서 정식화된 양성 기독론(vere Deus, vere Homo) 대신 다석의 '얼 기독론' 혹은 '스승(순직) 기독론'에 무게중심을 실었다. '아버지께로 돌아간 예수를 우리 머리에 이자는 것이다.' 이런 사상적 토대를 저자는 다석의 귀일사상에서 보았고, 이를 신중심적 다원주의 사조와 유사한 것으로 이해하였으며, 중생들 역시 자신 속의 얼(그리스도)을 쫓아 작은 그리스도(길)로 사는 것이 서구신학보다 훨씬 힘이 있을 것이라 믿었다. 이 책의 실제적 공헌은 바로 저자의 이런 주장을 뒷받침할 만한 다석의 예수 시편을 정확히 선별하여 풀어 소개한 데 있다. 이들 글에서 독자인 우리는 예수의 존재론적 신격을 벗겨내고 다원주의적으로 혹은 수행적 차원에서 예수를 바라보는 저자의 의도를 읽을 수 있다. 최근 필자는 정양모의 한 직계 제자로부터 다석을 교회의 교사로 보려는 김홍호 식의 다석관보다 하느님 씨앗을 깨달은 자 모두가 종교, 신분 모든 차이를 막론하고 하느님 외아들이라는 종교 다원적 시각(박영호)을 더 옳게 보았다고 전해 들었다.

  올해 중반에 출간된 박재순의 저술은 다석뿐 아니라 그의 제자 함석헌을 더불어 사유할 수 있게 하는 보기 드문 노작이다. 학계 현실이 저마다 이들 어른들을 뿔뿔이 제각기 연구하고 추종하는 양태인 것에 비해 〈씨알 재단〉을 세워 '씨알'이란 이름하에 한국을 대표하는 - 불교의 원효와 지눌, 유교의 퇴계와 율곡에 견줄 만한 - 두 기독교 사상가를 묶어 낸 것은 크게 가치 있는 일이라 하겠다. 두 사상가의 글을 병렬시키되 이들 생각이 크게 다르지 않고 서로 같은 내용을 전(傳)한다 본 것이다.

　더욱이 난해한 말씀들을 수 차례 곱씹어 누구든지 읽고 느낄 수 있는 언어로 바꿔 하루 한걸음씩 자신들을 성찰할 수 있도록 명상록을 만든 아이디어와 열정을 높이 평가하고 싶다. 이 책 덕분으로 다석학파의 사상이 대중화되어 이 민족을 생각하는 백성으로 만들어 줄 것이다. 짧은 지면이기에 1년 12달, 365일의 어록을 다 살필 수 없어 유감이나 몇몇 경우만 살펴도 이 책의 의미와 가치를 짐작할 수 있을 듯싶다. 우선 1년 첫 달을 위해 저자가 선택한 말씀 중에서 눈에 띄는 것은 '제소리'와 '스스로 함'이란 두 분 선생님의 핵심 화두이다. 뽕을 먹지만 비단 실을 내는 누에를 보며 인간 역시도 제소리를 내야 할 존재임을 각성시켰고, 그것이 바로 하느님 숨(말숨)쉬는 자의 삶이라 했으며, 그때 비로소 씨알에게 스스로 함과 맞섬의 힘이 생긴다고 본 것이다. 하지만 이 과정이 쉽지 않을 터, 모진 비바람이 몰아칠 것인 바, 비바람을 '빌고 바라는 일'로 풀어낸 다석의 천재적 언어성을 잘 소개해 주었다. 독립기념일로 시작되는 3월, 저자는 함석헌의 역사 이해에 주목한다. 역사란 살아서 그 뜻을 드러내라는 절대명령이란 것이다. 즉 역사는 처음이 있어 마지막이 있지 않고, 마지막이 있어 처음이 있다고 했다. 역사란 의로운 자의 피를 먹고 자란다는 말도 소개되어 있다. 이와 견줄 다석의 말씀도 분명하다. 하느님을 머리에 이어야 - 이마 - 세상을 이길 수 있다는 것이다. 즉 종교란 자신을 깊이 파 내려가 자신을 옳게 섬기는 일로서 인간을 자유케 한다고 했다. 민주 혁명의 달인 4월, 저자는 믿음이란 상식적인 것, 상식이란 세상을 아는 것으로서 세상을 앎이 곧 이웃 사랑이란 함석헌의 말씀을 강조했다. 환난을 이기는 길은 그것을 하느님 사랑으로 아는 길밖에 없다는 말씀도 눈에 띈다. 이는 자신의 몸을 잘 움직이는 사람이 남을 잘 움직이는 사람이라는 다석의 생각과 잘 잇닿아 있다. 동족상쟁의 비극을 추모하는 6월의 장에서 앞서도 언급했던 '나기는 너/나로 났어도 살기는 하나로 살자'는 다석의 글이 눈에 들어왔다. 이는 개인주의와 집단주의 양편을 거부하고 개체 속의 전체, 전체 안의 개체를 강조하는 함석헌에게로 이어진다. 혁명은 이런 씨알만이 할 수 있다는 것이다. 환난을 신의 섭리로 알자는 함석헌의 역사관 - '뜻으로 본 한국역사'에 나타난 - 역시 6월의 말씀으로 소개되었다. 7월에도 이와 유사한 어록들이 모아져 있다. 힘있는 자들은 좋은 날들을 즐기나 씨알들은 비바람 부는 궂은 날을 살면서도 빌고 바란다는 다석의 글과, 생명의 본성은 대듦에 있다는 함석헌의 말이 중첩되어 읽혀진다. 기독교의 유입은 계급주의, 사대주의 그리고 숙명론을 타파하기 위함이란 말도 덧붙여 있다. 8월 광복절을 기념하며 이 땅 민족의 고난이 세계사를 위한 의미 때문이라는 함석헌의 말을 앞세웠고, 이와 더불어 '내가 곧 나라인 것' - 나는 나라 - 을 알리는 다석의 주체철학 역시 소개되었다. 남에게 심부름시키지 말고 네 몸 네가 거두는 것이 독립이자 자주란 것이다. 그러면서 내가 너에게 진 것은 참이 못되어 그런 것이라 했고, 날 때부터 하느님 씨앗 갖고 태어났음을 아는 씨종(씨알) 한 명만 있어도 그것이 바로 '나라'고 '전체'라는 가르침을 개천절이 있는 10월의 이야기로 풀어주었다. 12월 성탄절 메시지로 저자는 하늘 소리와 땅 소리가 하나로 결합된 존재가 씨알(예수)이며 죽기 위해 - 자신을 제사지내기 위해 - 온 사람이 바로 큰 사람(예수)이라 칭한 두 스승의 이야기를 창조적으로 엮어 냈다. 이처럼 절기와 때에 맞추어 그리고 조화롭게 두 분 사상을 매일 양식으로 풀어낸 저자의 창조적 작업에 경의를 표하고 싶다.

이상에서 필자는 간략하게나마 다석 사상의 맥을 잇는 선생님들의 최근 저서 3권을 살펴보았다. 이 책들은 저마다 특색 있게 향후 다석 연구를 위해 그리고 저변 확대를 위한 지대한 공헌을 할 것이라 사료된다. 이미 언급했듯이 박영호를 중심으로 다석의 일차적 자료들이 상당수 풀어졌고, 이에 더해 준비 중인 다석 사전이 편찬될 경우 다석 연구 전성기가 도래할 것이다. 또한 정양모와 같은 성서학자를 비롯한 여러 학자들에 의해 다석 사상과 기독교 안팎의 동시대 담론들과의 조우가 필요하다 생각한다. 아울러 필자 역시도 수 차례 강조했고 〈씨알 재단〉의 박재순이 시도하듯 다석 사상을 개인적 차원이 아닌 학파의 차원에서 다뤄야 마땅한 일이다. 훌륭한 스승들의 넓은 가르침을 후학들이 좁혀 갈등 하는 것은 옳지 않다. 다른 것은 달리 그러나 연속성을 갖고 연구하는 풍토가 요구되는 바, 이 콘서트를 통해 그 계기가 마련되기를 바란다. 이런 차원에서 필자는 소위 '다석학파' 혹은 '씨알학파'의 공통된 시각을 다음처럼 정리할 생각이다.

우선 필자는 대학의 '민'(民)을 씨알로 푼 다석의 혜안에 탄복한다. 이때 씨알은 분명 주자(新民)의 해석과 달리 양지(良知, 본뜻마음)를 말한 양명 식 관점(親民)과 닮아 있다. 개인과 전체를 아우르는 씨알 속에서 우리는 형이상/하 간의 차이를 인정하나 주체적 능동(수행)성을 통해 그 간격마저 넘고자 하는 역동성을 읽을 수 있다. 그리하여 필자는 다석학파의 씨알 개념을 서구에 낯선 불이(不二)적 사유의 산물이라 생각해 왔다. A=非A의 서구적 한계를 수행을 통해 넘어설 수 있다는 것이다. 하지만 '인중천지일'(人中天地一)이란 천부경의 끝말이 적시하듯 이는 본래 돈오(頓悟; 믿음)의 세계가 강조되었기에 가능한 일이다. 따라서 '씨알'은 '없이 있는 하느님'(바탈)의 가시적 드러남(현존)이라 해도 틀리지 않다. 다석이 염재신재(念在神在)를 말하고, 함석헌이 생각하는 백성이 될 것을 바라는 것도 모두 하늘씨앗(양지), 즉 본각(本覺)을 시각화시키려는 목적에서였다. 다석과 함석헌이 결국 기독교의 대속사상을 비정통적 방식으로 해석한 것 역시 이런 차원에서 이해할 일이다. 최근 역사적 예수 연구가들(보그, 크로산 등)이 복음서를 비롯, 바울 서신 속에서도 - 최근 기존 바울을 비판하는 '새 관점 학파'라는 것도 등장했다 - 화해론의 차원에서 '하나'(전체)에로의 참여를 위한 원리를 제시하는 바, 씨알 사상과 잇댈 수 있는 부분이 보인다. 성서 연구의 경향이 현저히 달라지는 만큼 다석 연구가들 역시 이들 두 사상가 시대의 기독교관에서 자유로울 필요가 있을 것이다.

여하튼 이런 시각에서 다석과 함석헌을 아우르려 할 때 이들 간의 연속성과 더불어 차이가 눈에 띄는 것도 사실이다. 그러나 구별이 결코 불연속을 뜻하지 않고 시대가 필요로 하는 해석(관점)의 차이가 필요하다는 것이 필자의 확신이다. 그렇기에 이제는 개별적 연구보다는 사상사적·학파적 차원의 연구가 더 한층 필요한 것이다. 이들 관계성을 언급한다면 다음처럼 정리될 듯싶다. 무엇보다 삼재론에 터해 유불선을 비롯하여 기독교를 회통(不二)시킨 다석이 '없이 있는 하느님'을 인간의 바탈에서 찾았다면, 함석헌은 그것을 민족의 역사 속에서 '뜻의 존재론'으로 지평 확대시켰다 말할 수 있겠다. 다석이 인간 누구게나 존재하는 개체적 차원의 본각(本覺)의 세계를 강조한 것에 견줄 때, 함석헌은 그것을 시대가 요구하는 대로 훨씬 역사화시켰던 것이다. 또한 다석이 이처럼 얼(바탈)을 강조했으나 부자유친의 종교적 수행(孝, 십자가) 역시 필연적으로 요구했던 것처럼 함석헌 역시 역사적 지평에서 '뜻의 담지자로서의' 민중을 긍정했음에도 그것은 오로지 고난의 능동적 수용(섭리론)을 통해서만 역사화시킬 수 있다고 말한 것과 같은 이치이다. 결국 이런 과정을 통해 씨알은 개별아를 초월하여 일즉다(一卽多) 다즉일(多卽一)의 정신세계를 살아 낼 존재이기에 미래적 희망은 이들 속에 있다 하였다.

타자를 또 다른 나로 보는 것은 오로지 뜻을 지닌 씨알의 할 일이고 이는 탐진치를 벗겨낼 때만 가능한 것으로서 끝까지 맞서 '스스로 해야' 할 과제이다. 다른 말로 이는 자기 십자가를 지는 행위인 바, 전체 구원 없이는 개인 구원의 불가함을 역설한다. 10차 WCC 대회를 치른 우리가 세계교회에게 내놓을 유산이 바로 이들의 생각일 터인데 이 땅에서 서구 이야기만 난무하는 현실이 너무도 안타까울 뿐이다.

## 3. 다석의 또 다른 제자, 임락경의 「우리 영성가 이야기」

책 모두에 쓰여 있듯이 사람의 삶에서 가장 중요한 것은 '무엇을 먹고 누구를 만나는가'일 것이다. 전자는 인간의 몸을 위한 것이고 후자는 정신적 삶의 영향사를 일컫는 것이라 하겠다. 사람이 사람을 만나 달라지고 그 쓰임새가 크게 변화되는 경우를 종종 보아 왔으나, 촌놈 목사의 경우 이런 모습이 너무도 확연하다. 우선 그의 작은 체구 속에 이렇듯 많은 분들의 삶과 사상, 신앙적 유산이 녹아 있다는 사실이 놀랍고, 그것을 기억해 내어 남들 자는 이른 새벽, 고된 몸을 이끌고 오늘과 같은 큰 책을 만들어 주었으니 이 또한 경이롭다. 그의 일상이 노동의 연속이며 이곳저곳 발길 옮겨야 할 때가 적지 않았을 터인데 긴 시간 공들여 자신을 들여다보고 신앙의 어른들을 찾아냈으니 그의 수고가 고맙고 그 공로를 크게 치하해야 할 것이다.

이 책의 가치는 예수를 만나 달라진 한국인의 신앙 양식을 여실히 살핀 데 있다. 어느덧 이 땅의 교회 강단이 우리들 전통을 잊고 서구적 인물과 사건만을 예화로 선포하고 있으나, 이 책은 한국적 심성 속에 뿌리내린 신앙이 얼마나 견고하고 철저하며 삶 지향적인 것인지를 무언으로 항변하고 있다. '오직 믿음'이라는 종교개혁 원리가 중세의 면죄부보다 더 타락했다는 말이 회자되는 현실에서 믿음과 삶을 하나로 엮어 낸 이들 신앙의 스승들이 한국 교회에 할 말이 많을 것 같다. 이들의 삶을 한국 교회에 알려 이 땅의 교회를 달리 만들고 싶은 것이 각고의 노력을 다한 저자의 마음이리라. 물론 소개된 인물 중 유영모, 이현필과 같이 이미 유명해진 분들도 없지 않다. 글을 남기고 좋은 제자들을 두었기에 가능한 일이었다. 하지만 여러 인물들은 이들을 심비(心碑)에 새긴 임락경의 증언이 없었더라면 땅에 묻힌 보화로 머물렀을 존재들이다. 하늘이 이렇듯 많은 스승들을 만나 다층적인 삶을 살게 했던 까닭에 '우리 신학 이야기'가 세상에 나오게 되었으니 촌놈 목사 역시 예사로운 존재는 아닐 듯 싶다.

본래 저자는 이 글을 연재할 때 제목을 '우리 신학 이야기'로 정했었다. 곱씹어 읽어 보면 이유가 명확해진다. 오래전 임락경은 필자에게 이세종 같은 인물을 제자들의 석사논문 주제로 다뤄 줄 것을 부탁했다. 그 약속을 지금껏 지키지 못해 죄송하나, 당시부터 그는 예수를 만나 자신의 삶을 달리했던 스승들 속에서 한국 고유한 가치를 찾고 싶었던 것이다. 즉 복음과 한국적 심성이 만나 표현되는 삶의 양식의 독창성, 창조성에 주목했다. 서양인의 합리적 신학과 한국인의 심성 속에 언표된 신앙 양식이 얼마나 다른지 찾고자 한 것이다. 그가 '우리 신학'이란 말을 쓴 것이 너무도 적절하고 뜻 깊다. 이를 토착화 신학이라 불러도 손색이 없을 것이다. 물론 우리 영성가 이야기라 해도 그 뜻은 조금도 달라지지 않는다. 여하튼 자신이 쏟아 놓은 증언을 토대로 본격적인 신학 작업을 하는 것은 다른 사람의 몫일 수밖에 없다. 그의 역할은 '우리 신학'이란 자의식 하에 경험으로 축적된 원 자료를 가감 없이 제공하는 데 있다. 따라서 이 책의 가치는 대단히 중요하다. 가공되지 않은 천연석을 갈고 닦아 귀중한 보화, 곧 '우리 신학'으로 체계화하는 것이 향후 신학자들의 과제여야만 한다. 그간 임락경과의 잦은 만남은 없었으나 중요한 시점에는 늘 함께 있었다. 예순 환갑잔치에 화천에 갔었고, 내가 사는 횡성 시골집에도 발걸음 하셨으며, 대화문화아카데미 창립 날, 한겨레신문사 조현 기자가 주관하는 '휴심정' 연말 모임을 통해서도 만날 수 있었다. 회갑 잔칫날을 기해 옛 가요에 대한 단상과 소회를 밝힌 『돌파리 잔소리』의 서평을 맡겨 주셨고 또한 지금 『임락경의 우리 영성가 이야기』에도 같은 역할을 맡

기었으니 고맙고 감사할 따름이다. 목사님의 노고를 치하하는 심정으로 이하에서 본 책의 흐름과 감상, 의미 등을 엮어 서평을 대신하고자 한다.

앞서 말하였듯 촌놈 임락경은 자연치유가로서 인간 몸을 건강하게 만들려 동분서주했다. 좋은 먹거리를 찾고, 민간 치유법을 되살렸으며, 풍수 지리적 환경이 나쁘지 않은 곳에서 생활하라 했고, 그 역시 화천에서 장애우들과 더불어 농사짓고, 자신의 방식대로 대안·창조·희생의 삶을 살아 낸 의자(醫者)이자 생명운동가라 하겠다. 이 책을 통해 임락경을 키운 정신적 자양분이 무엇이었는가 알 수 있었다. 그를 만든 신앙 스승의 이야기를 기억과 경험에 근거하여 날것으로 우리에게 전하고 있는 것이다. 크게 보아 저자의 심중 8할 정도는 이현필과 이세종, 유영모의 영향으로 구성되어 있다 해도 좋을 것 같다. 서서평 선교사와 최흥종 목사, 가장 최근 만났던 강원용 등이 나머지를 채웠다 해도 틀리지 않을 것이다. 주지하듯 유영모와 이현필은 저자에게 한국이 낳은 두 인물로 추앙된다. '서울의 유영모와 광주의 이현필'이라는 말이 그것이다. 이 책 역시 이들에 관하여 가장 많은 지면을 할애했다. 흥미로운 것은 이들 두 분의 예수 믿는 방식이 크게 달랐으나 동광원을 중심으로 지금껏 삶의 흔적들이 중첩되어 있다는 사실이다. 자신의 재산을 한국식 수도원인 동광원에 기증한 유영모, 그리고 신앙관이 다름에도 강사로 부른 이현필과의 관계는 비정통 기독교인인 다석과 정통주의 신앙을 고집하던 김교신 간의 〈성서조선〉을 매개로 한 사제지정과 비교해도 좋을 것이다. 임락경이 다석에게서 배운 것은 하루 일식과 삶과 죽음의 날 수를 계산하며 인생을 사는 태도였고, 새벽을 깨워 다스리는 삶의 방식이었다. 한마디로 '몸(잠)'을 줄여 마음을 크게 늘리는 것'이 신앙이며 기독교의 본질인 것을 배운 것이다. 따르는 제자 한 사람을 옆에 두지 않고 스스로 서는 자립(自立) 인생을 가르친 것 역시 다석이란 스승을 통해 깨달은 바였다. 다석은 저자에게 진실로 '예수 믿는 이'였고 끊임없이 생각하는 염재신재(念在神在)의 존재였다. 다석이 이승 훈과 안창호 등과 교제하며 일한 것도 예수를 자신이 따라야 할 스승으로 삼 았던 까닭이다. 그것은 제도 교회 안에서 세례 받고 교인이 되는 것과는 다 른 삶이었다. 십자가로 덕을 보는 대속이 아닌, 그를 짊어지고 따르는 자속 의 삶을 살고자 했던 까닭이다. 살아서 죽음을 없이 하는 것을 종교의 본령 이라 생각했기에 하루하루가 그에게 죽음 연습의 장일 뿐이었다. 식색을 초 월하는 것이 그의 구체적 실상이자 예증일 것이다. 하지만 다른 신앙적 입장 역시 존중했기에 믿는 방식에 관한 시시비비 논쟁을 다석은 즐겨 하지 않았 다. 살아생전 임락경은 거의 20년간 다석 선생을 찾아뵈었고 자신이 그의 끝 물 제자인 것을 깊이 감사하며 살고 있다. 오늘의 임락경이 있기까지 다석의 영향이 골수까지 미쳐 있다는 말이다. 나는 다석 사상을 연구하는 자로서 그 의 생생한 증언을 통해, 평소 알지 못했고 글을 통해 느낄 수 없었던 유영모 의 진면목을 새롭게 접할 수 있어 감사했다.

저자의 직계 스승 이현필을 말하기 위해서 이세종 목사를 먼저 말하지 않 을 수 없겠다. 저자는 이세종을 토착적 기독교의 효시라 불러도 좋다고 자신 한다. 자신의 호칭 '이공'(李公)을 그리스도를 만난 후 '이공'(李空)으로 바꿔 불 렀기 때문이다. 주님 앞에서 자신을 무화(無化)시켜 생명의 역환을 발생시킨 것이다. 그래서 저자는 이세종을 한국의 예수와 같은 분이라 칭할 수 있었 다. 다석보다 조금 이른 시기(1883년) 전남 화순에서 태어난 이세종은 천성적 근면 탓에 부를 쌓았으나 자식이 없어 무당의 산당을 지어 그곳에서 지성을 다해 빌었던 사람이다. 그러나 정작 무당이 먼저 죽자 그곳을 예배당으로 만 들어 예수쟁이가 되었다. 자식을 얻기 위해 빌던 사람이 하느님 섬기는 일에 열심을 내기 시작한 것이다. 이 과정에서 이세종은 성서의 말씀 그대로를 살 았다. 문자 그대로 믿는 것을 넘어 그대로 살았다는 말이다. 가난한 자에게

임하는 복을 얻기 위해 그는 자신의 재물 일체를 버릴 수 있었던 것이다. 자신의 돈을 빌려간 차용증서를 빚진 사람 앞에서 불사르기도 했다. 하지만 정작 그는 옷 한 벌만을 걸치고 가난하게 거지처럼 살았다. 의식주 문제를 성서 말씀에 근거하여 초월했던 것이다. 자신의 삶을 이해 못한 부인이 몇 차례 집을 나간 적도 있다. 이런 삶을 일컬어 성서와의 동시성을 이룬 삶이라 말할 수 있겠고 본회퍼의 말대로 영적 해석학이라 이름 붙여도 좋겠다. 하느님 온전하심을 그대로 자신 속에 실현시키는 것을 신앙의 오롯한 과제라 생각한 것이다. 이런 이세종을 엄두섭은 '호세아를 닮은 성자'라 칭했다. 이런 이세종을 감신대 교수로서 최초의 조직신학자로 알려진 정경옥이 만났고 그를 '자기를 이긴 사람, 참된 사랑의 사도'라 칭했다는 사실은 필자에게는 놀라운 발견이었다. 궁금하다면 『새가정』(1937년 7월호)에 실린 정경옥의 '숨은 성자를 찾아서'를 보라. 이런 선생을 쫓으며 신앙을 배운 이가 바로 동광원의 창시자 이현필이었으며 책에 서술된 이세종에 대한 글 대다수가 3년간 동광원에 머물면서 이현필에게서 듣고 배운 것이라 저자는 밝히고 있다.

저자 임락경은 이 책에서 유영모를 일컬어 '큰 스승'이라 했고 이현필을 향해서는 '나의 옛 스승'이라 불렀다. 이 책에 언급된 모든 이들이 신앙의 스승들이겠으나 스승으로 명기한 이는 이 둘뿐이다. 여기서 '큰'이 사상적 차원에서의 평가라면 '옛'은 삶의 친근감 내지 친화도를 적시한다고 볼 수 있겠다. 그러므로 생전에 꼭 다시 뵙고 싶은 이가 이현필이고 다음이 유영모라 한 것이다. 이현필은 임락경에게 구체적 삶의 스승이었다. 동광원에서 3년간 살았던 공동체적 경험 때문일 것이다. 이세종의 산당 성경공부를 통해 기독교에 입문한 이현필은 1940년대 말 그를 따르던 몇몇 중요 인물들과 함께 개신교 수도(독신) 공동체인 동광원을 세웠다. 스승의 권유를 무릅쓰고 결혼했던 이현필이 다석은 물론 이세종처럼 해혼(解婚)한 것도 이 무렵이었다. 이현필은 늘 산에서 기도하다 새벽을 맞을 만큼 새벽을 사랑하였다. 육을 괴롭게 하여 영이 맑아질 수 있다면 그는 기도를 통해 어떤 고통도 인내할 수 있다고 생각했다. 신사참배 거부로 겪어야 했던 고통은 그에게 문젯거리도 되지 않았다. 그가 한번 집회를 하면 집을 떠나 출가하는 수도자들이 부지기수로 생겨나 교회와 가정이 그를 두려워했다는 이야기도 전해진다. 언급하였듯 이현필과 동광원은 나눌 수 없는 관계로 얽혀 있다. 이현필은 동광원 사람들에게 너무도 큰 인물로 각인되어 있는 것이다. 지금도 그를 추종하는 제자들이 동광원에 거주하며 공동체를 운영하고 있다. 추위에 떠는 거리의 고아들을 위해 자신의 이불을 수 차례나 갖다 주며 그들과 함께했던 삶을 기억하는 까닭이다. 이현필에게 그리스도 사랑이란 '내가 추워 떨고 있을 때 사랑하는 제자가 아궁이에서 밥 먹는 것을 보고 기뻐하는 것'과 같은 감정이었다. 이는 가장 구체적인 것으로서 감당키 어려운 과제일 것이다. 그럴수록 그는 구원과 무관한 교리를 갖고서 그를 율법처럼 지키는 신앙적 태도를 용인치 않았고 스스로 선을 넘기도 했다. 법과 원칙을 존중하되 그것의 노예로 사는 것을 거부한 것이다. 그러나 그도 스승처럼 한 벌의 옷으로 만족하고 행복할 수 있는 성서적 사람인 것은 분명했다. '아! 기쁘다 기뻐.' 하며 임종했다는 일화는 지금도 가슴을 먹먹하게 만든다.

이 책에서 저자가 크게 주목하는 다른 스승은 선교사 서서평과 그와 함께 일했던 최흥종 목사이다. 그는 선교사 중에서 예수를 잘 믿고 예수처럼 살았던 이로서 서서평만 한 존재가 없다는 극찬을 아끼지 않았다. 전라도 지역에 파송된 독일계 미국 장로교 선교사였던 서서평(1880-1934)은 간호학 전공자로서 한일장신대의 모체가 되는 성경학교를 세웠고, 그곳에서 여성 및 민족의식을 고취시켰으며, 수많은 나환자들의 친구로 일생을 함께했다. 혹자는 서서평을 가톨릭교회의 어떤 성녀보다 훌륭하다 평하기도 한다. 그녀는 이웃 사랑을 실천했을 뿐 여타의 사람들처럼 사회사업을 하지 않았던 까닭이다. 이런 서서평 선교사를 일컬어 임락경은 예수를 정말로 잘 믿은 사람이라 소박하게 평하였다. 예수처럼 산 사람이 바로 예수를 잘 믿은 사람이란 것이다. 다행히도 그녀의 전기가 출간되어 읽혀지게 되었으니 감사한 일이다. 그의 전기를 쓰신 분이 이 책에서 저자가 자신을 '타락시킨 존재'라 한 백춘성 장로였다. 소소한 일상과 담쌓고 살았던 자신에게 일상의 기쁨을 되찾아 주었던 때문이다. 그로써 저자는 종교생활이 금기를 지키는 것과 동일시되는 오류를 벗을 수 있었다. 성과 속의 일치를 꿈꾸며 자유롭게 새 삶을 살 수 있는 기반이 마련된 것을 임락경은 크게 고맙다 하였다.

저자가 서서평 선교사를 알게 된 것은 최흥종으로 인함이었다. 본래 주먹깨나 쓰며 일신상 호의호식을 일삼던 그였으나 기독교를 만나 민족의 문제에 눈뜨게 된 최흥종은 조상에게 물려받은 큰 땅을 병원 부지로 기증하는 역사도 일궈 낸 장본인이었다. 나환자촌에서 서서평과 만나 동갑내기로서 평생을 함께 활동한 이야기도 전해진다. 손양원 목사와의 관계로 더 유명해진 여수 애양원도 최흥종 목사가 세운 것이다. 당시의 사회적 통념과 달리 그에게는 나환자 역시 조선의 백성이요 그리스도가 사랑하는 존재들이었던 까닭이다. 이런 삶을 위해 최흥종은 자신에게 오방(伍放)이란 호를 부여하였다. 다섯 가지 욕심, 즉 명예욕, 물질욕, 식욕, 성욕, 수면욕까지 버리겠다는 마음의 발로였다. 혈육에 매이지 않고 사회적으로 구속되지 않으며 정치적으로 나서지 않고 종파를 초월하여 살겠다는 다짐으로 풀이되기도 했다. 특히 종파마저 초월하여 살겠다는 다짐에서 종교적 개방성을 지닌 흔치 않은 분이라 저자는 평가했다. 김구로부터 정치 참여를 권유받기도 했으나 그마저 초월했던 큰 영혼의 소유자이기도 했다. 그의 장례식이 서서평 선교사에 이어 두 번째로 광주 사회장으로 치러졌다는 것을 볼 때 그를 향한 세상의 평가를 가늠할 수 있다. 임락경은 당시 82세 되신 최홍종 목사와의 만남을 그 어떤 스승과의 만남 이상으로 중히 여기며 살았다. 저자는 자신이 돌파리 의사가 된 것도 동양인의 병은 동의보감으로 고친다는 최홍종 목사의 통찰에서 연유한 것이라 고백한다.

　마지막으로 저자가 크게 의미를 둔 사람은 의외로 자유, 진보주의 신학자이자 목사인 강원용이었다. 주로 보수신학의 산실로 평가받은 평양 신학교 출신 목사들의 영향 하에 있던 저자였으나 한국신학대학 출신으로 크리스찬 아카데미 활동을 주도한 강원용을 이 반열에 세운 것이 한순간 낯설었다. 1976년 수원 아카데미에서의 첫 만남이 운명적인 사건이 되어 저자의 삶에 또 다른 단층이 형성되었던 것이다. 서양 교육을 출중하게 받고 남 못지않은 카리스마를 지녔음에도 자신의 실수와 잘못에 대해 솔직 담백한 강원용 목사의 모습에 임락경은 매력을 느꼈다. 지금껏 보아온 성자의 이미지와는 전혀 달랐으나 현실 문제에 대한 정치적 판단과 신학적 이해가 한편으로 치우친 자신의 삶에 중용을 선사했다는 것이다. 우리 사회를 위한 중간 집단 교육을 받으면서 성장한 인물들이 아카데미 출신인 것을 보면서 저자는 기독교에 대한 이해 지평을 확장시킬 수 있었다. 이곳에서 종교 간 대화의 구체적 모습이 가시화된 것을 본 것도 임락경의 자유혼을 키우는 데 도움이 되었다. 저자는 법정, 김수환, 오재식 등과의 사귐도 의미 깊었다고 고백한다. 그러나 임락경이 일방적으로 이런 정황을 수용한 것은 아니었다. 농부인 자신이 인텔리 진보 목사 강원용을 만난 것도 영광이지만 강원용이 자신과 같은 무지렁이 농부를 만난 것도 축복임을 인정할 것을 요구했다. 이처럼 강원용과의 만남은 저자에게 양가적 감정을 갖게 했다. 강원용의 임종 시 임락경은 노동자, 농민이 주관하는 추모 예배를 주관했다. 이름이 말하듯 용(龍)처럼 살고 가셨다는 사실 자체를 부정할 수 없었던 때문이다. 이처럼 강원용은 임락경에게 다른 기독교의 모습을 각인시킨 스승이었다.

이 외에도 한국 기독교 역사에 두루 기억될 무수한 인물들이 저자의 스승으로 언급되었으나 일일이 다 언급할 수 없어 유감이며 안타깝다. 70세를 맞는 임락경 목사의 삶을 이해하기 위해서라도 이 책에 언급된 모든 이들을 읽고 생각하며 우리 속에 체화시켜 내야 할 필요가 있다. 짧은 기독교 역사 속에 이렇듯 자신의 삶을 불사른 기독교 스승들이 있었다는 현실이 너무도 감격스럽다. 그간 이름도 빛도 없이 존재감을 잃은 채 존재했었으나 이 책을 통해 그들의 혼을 다시 불러내어 오늘을 사는 우리 속에 작동케 하는 것이 이들을 기리는 방식이 될 것이다. 예수를 닮고자 했고 그와 같은 삶을 살아냈던 신앙의 스승들이 이처럼 많이 있건만 도대체 오늘의 교회, 기독교는 왜 이렇게 엉망이 되었는지도 긴 호흡으로 되물을 일이다.

이제 마지막으로 그의 책 『우리 영성가 이야기』가 주는 역사적 · 신학적 의미를 짧게 정리해 볼 생각이다. 이 책의 출판으로 우리는 무엇을 배울 것이며 어떻게 달라져야 할 것인가를 고민해야 하는 까닭이다. 우선 앞서 언급했듯 이 책은 그간 한국사 및 한국 교회사 교과서에 충실히 소개되지 않은 살아 있는 인물들을 생동감 있게 그렸다는 점에서 그 의미가 지대하다. 이름도 빛도 없이 산 그들의 이름을 기억하고 역사를 회복시키는 것은 우리의 몫이다. 둘째로 한 사람의 인격이 형성됨에 있어 이렇듯 많은 신앙의 스승들이 필요했음을 우리는 경이롭게 지켜보아야 한다. 다양한 사상이 어우러져 새로운 세계가 창발되는 모습이 임락경이라는 인물을 통해서 드러난 것을 귀하게 생각해야 할 것이다. 진보와 보수를 아울러 새 인격을 드러내는 신비한 역사 앞에 머리를 조아릴 일이다. 셋째로 한국 기독교가 초창기 역사에 민족과 함께했고 항시 민중 곁에 가까이 있었음을 재차 환기할 필요가 있다. 예수를 믿는다는 것이 오늘처럼 교회 생활에 충실한 것과 크게 달랐음을 기억할 일이다. 넷째로 초기 한국 기독교인들에게 있어 예수 곧 예수 믿기는 성서와 동시성을 사는 일임을 기억해야 할 것이다. 자신의 이름을 '공'(空)으로 바꾸었다면 그에 걸맞는 삶을 살아내는 것을 당연지사로 여긴 것이다. 이 점에서 그들은 참으로 예수의 제자들이었다. 그들로 인해 오늘의 교회가 존재하건만 오히려 우리는 지금 제자 됨을 잊고 있다. 이 점에서 그리스도의 제자를 만들지 못하는 교회는 예수를 한갓 신화나 이념으로 만들고 있는 것이란 지적을 귀담아 들어야 할 것이다. 다섯째로 이들 초기 기독교 스승들은 예수에 전념하면서도 결코 좁은 울타리를 치지 않았다. 이는 교리가 아니라 삶으로 신앙을 드러냈기에 가능했다. 이를 일컬어 현대 신학은 수행적 진리라 하는 바, 이미 앞선 시대에 우리는 서양의 미래를 살아 냈던 것이다. 마지막으로 우리는 이들 속에서 한국적 기독교, 토착화된 기독교의 전형을 생각할 수 있다. 서양의 기독교와 다른 한국 기독교의 포용성·실천성 그리고 공동체성에 대한 각별한 이해와 연구가 필요한 시점이 되었다. 예컨대 동광원의 존재는 우리에게 신학적 연구 대상이 되어야 마땅하다. 설립 역사, 그곳의 정신세계·공동체적 삶·종교 간 포용성 등은 한국 고유의 기독교성을 알리는 지표가 될 것이다.

끝으로, 유영모를 비롯한 훌륭한 스승들을 모시고 지난한 삶을 기쁘게 살아오신 임락경 목사의 칠순을 축하하며 그분으로 인해 한국적 영성가들, 위대한 신학들이 세상에 알려진 것을 고맙게 생각한다. 앞으로도 더욱 건강한 모습으로 심비에 각인된 스승들의 흔적을 척박한 한국 교회에 전달하는 역할을 감당해 주길 바란다. 종교개혁 500주년을 앞두고 '다시 프로테스탄트'의 기치가 이들 신앙 선배들의 삶을 통해 드러나길 바라며 글을 마감한다.

## / 주석 /

### 서론: 타자의 텍스트, 자기 발견적 눈 그리고 신학의 재구성

1  N. Berdyaev, *Slavery and Freedom*, Newyork: Charles Scribner's, 1923.
2  본래 이 책은 2006년에 『*The Great Transformation*』이란 이름으로 출간되었다.
3  J. 리프킨, 『공감의 시대』, 이경남 역, (서울: 민음사, 2010). 참조.
4  박노해, 『그러니 그대 사라지지 말아라』, (느린 걸음, 2010), 368-369. 여기서 반인반
   수란 비정규직 노동자들이 대세인 상황에서 일의 가치를 비롯하여 누리는 권리가 모
   두 절반으로 줄어든 기형적 상태를 지칭한다.
5  와쓰지 대쯔우로, 『풍토와 인간』, 박건주 역, (도서출판 장승, 2001).

### 1부 기독교 속의 '다른' 텍스트

### 01 기독교 속의 '다른 기독교'

1  본 논문은 2014년 1월 14일 성공회대학교에서 열린 '성공회 사제 신학 연수회'에서 발
   표했던 것으로, 내용을 크게 보완, 확대하여 재정리하였다. 제목도 수정하였다.
2  서강대학교 신학연구소, 『철학과 신학』 22호(2013년 봄), 154-155.
3  주지하듯 '경장'은 일본에 의해 조선이 강제 구조조정당한 것이고 '혁명'은 이 땅을 새
   롭게 하려는 농민들의 자발적인 봉기였다. 오늘 한국교회도 개혁하지 못하면 사회로
   부터 개혁당하는 꼴을 경험할 것이다. '경장'이 될 것인지 주체적으로 '혁명(개혁)'을
   이룰 것인지를 고민해야 할 카이로스적 시점에 이른 것이다. 신년사에서 박근혜 대통
   령이 2014년을 동학 혁명이 아닌 갑오경장의 맥락에서 그 120년의 역사를 재론 한 것
   은 이 점에서 안타까운 일이 아닐 수 없다.
4  함석헌, 『뜻으로 본 한국역사』, (서울: 한길사, 1997), 317.
5  필자가 속한 감리교단의 경우, 소위 가장 부유하다고 평가되는 서울연회 소속 교회들
   조차 반수 정도가 미자립 상태에 있다.
6  이 점에서 본회퍼는 루터 종교개혁의 한계를 간파했다. 하지만 새로운 수도원 운동은
   현실 가톨릭 수도원에로의 복귀를 뜻하지 않는다. 神 없는 현실에서 神 앞에 서는 삶
   의 새 모습을 기대할 뿐이다. 세상안에서 세상밖을 사는 모습이다.
7  2013년 10월 17일 생명평화마당 주관으로 감리교신학대학에서 70여 개의 작은 교회
   들이 모여 첫 박람회를 개최했다. 기독교안팎의 저널에서 이를 기독교적 대안 운동
   으로 평가해 주었다. 당시 발표된 필자의 소논문을 참조하라. 이정배, '서구 기독교
   를 한국에서 꽃피우자- 한국적 교회 론이 가능한가?', 〈2013년 교회론 심포지엄(2013,
   9.24)〉, 생평마당 신학위원회, 2013, 19-23.

8  J. Cobb, *Spiritual Bankruptcy*, (Abingdon press 2010). 참조. 이 책은 박만 역으로 기독교 연구소에서 지난 4월 중순 출판되어졌다. 한글 제목은 『영적인 파산-행동을 요청하는 예언자의 외침』이다. 콥 교수는 전 지구적 재앙 앞에서 행위를 촉구하지 않는 종교성의 폐해를 적시했다. 한글 번역판 25-30 참조.

9  A. 바디유/ S. 지젝/민승기 역, 『바디유와 지젝, 현재의 철학을 말하다』, (서울: 길 2013), 25.

10  J. 리프킨/이경남 역, 『공감의 시대』, (서울: 민음사, 2010)

11  H. 콕스/김창락 역, 『종교의 미래』, (서울: 문예출판사, 2010)

12  D. 그리핀/김희헌 역, 『위대한 두 진리』, (서울: 동연, 2011)

13  C. 암스트롱/정영목 역, 『축의 시대-종교의 탄생과 철학의 시기』, (서울: 교양인, 2010)

14  T. 베리/김준우 역, 『신생대에서 생태대로』, (서울: 에코조익, 2006)

15  K. 윌버, *Integral Sprituality: A Startling New Role For Religion in the Modern and Postmodern*, (Boston and London: Integral Books 2006).

16  P. 클레이튼/이세형 역, 『신학이 변해야 교회가 산다』, (서울: 신앙과 지성사), 3부 내용 참조.

17  이정배, 『켄 윌버와 신학-홀아키적 우주론과 기독교의 만남』, (서울: 시와 진실, 2008), 67 이하의 글.

18  A. 네그리/ M. 하트/ 윤수종 외 역, 『제국』, (서울: 이학사, 2001), 198-199.

19  A 바디유/현성환 역, 『사도바울: 새로운 보편주의 윤리를 찾아서』, (서울: 새 물결, 2008), 13. 이런 바디유의 해석을 뒷받침할 수 있는 신학 책으로는 M. 보그/ J. 크로산/ 김준우 역, 『바울의 첫 번째 서신들』, (서울: 한국기독교연구소, 2010), 특별히 46-68을 보라.

20  이정배, 『고독하라, 저항하라 그리고 상상하라-2017년, 종교개혁 500년을 앞둔 한국 교회를 향한 돌의 소리들』, (서울: 동연, 2013), 102-103.

21  여기서 필자는 로마서 8장 17절 이하의 말씀에 주목한다. 성령의 역할이 탄식하는 자를 대신하여 탄식하는 일이란 것이다. 그렇기에 이곳에서의 탄식 소리를 듣는 것이 바로 성령체험일 것이며 그를 공감이라 부를 수 있다고 생각한다.

22  이정배, 『고독하라, 저항하라 그리고 상상하라』, 2013, 1부 첫 논문(55-95)을 참고하라.

23  여기서 고독, 저항 그리고 상상은 각기 키에르케고어, 본회퍼 그리고 李信에게서 배운 개념들이다. 상상력이란 개념은 오래전 G. 카우프만으로부터 얻은 것이기도 했다. 이신, 『슐리얼리즘과 靈의 신학』, (서울: 동연, 2011), 155-169.

24  J. 스퐁/이계준 역, 『예수를 교회에서 해방시켜라』, (서울: 한국기독교연구소, 2008) 필자는 이 책에서 '거친 호출'이란 말을 배웠다. 이 말은 다음과 같은 문맥에서 나온 것이다. "…교회가 박물관으로 끝장나지 않도록 그리고 성직자들이 웃기는 만화의 주인공이 되지 않도록 우리는 재차 이 '거친 호출'에 우리 자신을 헌신하게 되기를 바랍니다. 그것은 우리를 보다 안락한 생활에서 벗어나도록 만들어 철저하게 진실을 말하는

일로 이끌어간 호출이었습니다. 어떤 교리도 두려워 말고, 지적으로 정직하며 감정적으로 만족시키며 사회적으로 중요한 종교를 추구하는 일에서 우리가 서로를 지지하게 되기를 바랍니다."

25 J. 카푸토/최생렬 역,『종교에 대하여』, (서울: 동문선, 2003), 66-67.

26 S. Kierkegarrd, *Attack upon Christentum*, (Boston: Beacon Press 1966), 45. 이 말은 키에르케고어의 말인 동시에 본회퍼 신학의 골자였다. 성서신학자들도 종교개혁 가들의 신학을 바울 오독의 결과라 보았다. M. 보그/ J. 크로산,『바울의 첫 번째 서신들 (2010)』, 16-17.

27 이 점에서 '교회 밖에는 구원이 없다'는 교부 시프리안에게 연원을 둔 명제는 새롭게 해석되어야 마땅할 것이다. 이 말은 본래 성직자의 존재(위상)을 강조할 목적으로 사용되었다.

28 D. Bonhoeffer, *Widerstand und Ergebung*, (Meunchen 1970), 315.

29 이혁배, "나카자와 신이치와 경제적 성령론",「신학사상」163집, (서울: 한국신학연구소), 155-157 참조. 자본주의(교환)를 넘는 방식으로 순수한 증여가 대안으로 제시되었다.

30 E. Kaeseman, *The Beginning of Christian Theology*, (Philadelphia: Fortress press 1969), 102. 하지만 이런 생각도 최근 역사적 예수 연구가들에 의해 비판되나 필자는 묵시문학적 영향사를 일정부분 동의하고 싶다. 성서의 예수 상을 지혜 문학서와 지나치게 연루시키는 것은 기독교의 역동성(종말 성)을 약화시킬 위험이 있는 때문이다.

31 이신,『슐리얼리즘과 靈의 신학』, 2011, 133-136.

32 위의 책, 154.

33 한국 문화신학회 편,『한류와 K-Christianity: 한류로 신학하기』, (서울: 동연, 2013). 필자의 첫 논문 참조. 지난 WCC 10차 대회 마지막 날 폐회예배 설교에서 정치적 탄압으로 두 손을 잃은 남아공의 한 흑인 목사는 이 땅의 종교들, 영성을 배우지 못하고 돌아간 것을 뉘우친다는 설교를 하였다. 정작 한국 기독교인들이 성서무오설, 배타적 구원론을 강변한 것과는 너무도 대조된다.

34 유물론적 신학을 주창하는 지젝 같은 이는 교회를 성령 공동체라 이름하며 예수 죽음 이후 탄생한 교회만이 기독교의 모든 것이 되었다고 보았다. 하지만 이 공동체에게 인간을 새로운 주체로 만들어 기존 담론을 극복하는 역할이 주어졌음을 강조하였다. 예외자를 만드는 이 시대에 스스로 예외자가 됨으로 예외자를 만드는 정치체제를 전복시키기 위함이다. Adam Kotsko, *Zizeck and Theology*, (T&T Clark 2008), 126-127.

35 D. Bonhoeffer, *Act and Being*, (Newyork: Harper & Raw, 1956), 107. 이정배,『고독하라, 저항하라 그리고 상상하라』, 2013, 67 참조.

36 로빈 마이어스/김준우 역,『언더그라운드 교회』, (서울: 한국기독교연구소, 2013), 91-94.

37 위의 책, 13. 여기서 예수는 자유주의자도 보수주의자도 아닌 로마로 대표되는 당시 체제의 정복자로 묘사되고 있다.

38 위의 책, 107 이하 내용.

39 위의 책, 161-163.

40 위의 책, 79-80.

41 M. 보그/ J. 크로산/김준우 역, 『첫 번째 바울 서신들』, 2011, 57.

42 당시 이들은 '믿음 없는 행위'를 걱정한 것이지 '행위 없는 믿음'을 염려한 적이 결코 없었다.

43 로빈 마이어스/김준우 역, 『언더그라운드 교회』, 2013, 78-79.

44 A. 네그리/ M. 하트/ 정남영 외 역, 『공통체』, (서울: 사월의 저서, 2013).

45 'Radical'이란 말 속에 '근본'과 '급진'의 양면이 있음을 기억하라.

46 본 운동을 주창할 목적으로 필자가 썼던 취지문을 다소 길지만 다음처럼 소개할 생각이다. 이하 내용은 본 취지문의 내용을 정리한 것이다. "목사의 크기가 교회의 크기에 좌우된다는 말이 회자된 지 이미 오래다. 이 말에 저항하고 싶으나 그리 할 수 없는 것이 가슴 아픈 현실이다. 어느 교단 이건 7-80%에 이르는 교회들이 미자립 상태이니 그들을 지원하는 대형교회의 위상을 부정하기 힘겁다. 이 땅을 찾은 WCC 관계자들마저 한국 초대형 교회들을 기웃거렸다하니 그 위세를 충분히 가늠할 만하다. 상황이 이렇다보니 목회를 꿈꾸는 젊은이들이 저마다 대형교회를 이루려 하며 그들처럼 되고자 한다. 신학대학조차 이렇듯 성장을 위한 목회기술을 가르치는 곳으로 변질 중이니 더더욱 걱정스럽다. 하지만 지난 몇 년 경험하듯, 다수 초대형 교회들의 도덕적 타락과 지향성의 왜곡으로 전체 기독교가 한국 사회로부터 뭇매를 맞고 있다. 하느님 신앙보다 돈에 대한 신뢰가 교회의 근간을 이루면서 저마다 최고가 되려는 욕망에 사로잡혀 교회가 아닌 바벨탑을 쌓아 왔던 것이다. 하여, 사회, 언론으로부터 세습으로 야기된 종교권력에 대한 비난이 극에 이르고 있다. 작으나 건강한 교회들조차 이들로 인하여 선교 자체를 할 수 없는 지경에 이르게 된 것이다. 주위를 살피면 교회를 등졌거나 혹은 원치 않게 유배당한 교우들의 숫자도 적지 않은 상황이다. 자본의 힘에 굴복한 한국교회는 신도를 양산했으나 예수 제자들을 키울 수 없었다. 일찍이 제자 없는 교회를 향해 본회퍼 목사는 기독교를 이념과 신화로 만든 탓이라 일갈했다. 이념과 신화로 전락한 기독교로는 세상을 섬길 수도 구원할 수도 없을 것이다. 그럼에도 언제부턴가 이런 현실을 아파하되 실망치 않고 제자의 삶을 살기로 작정한 건강한 목회자들과 평신도들이 생겨났고 그런 교회들이 이 저 곳에서 눈에 띈다. 이미 권력이 된 기성교회, 정작 생명을 주지 못하면서 구원기관, 제도로 전락한 안정된 교회를 지향키보다 예수 삶을 좇아 소외된 이들과 함께 하며 세상과 소통하고 현장의 소리를 청취하는 소위 예수살이 공동체를 소망한 것이다. 이는 제도와 조직으로서의 교회에 안주하지 않고 교우들 간의 인격적 만남을 중시하며 교리가 아닌 삶을 나누고 세상 안에 있되 세상 밖을 사는 대안적 신앙 양식을 창출하기 위해서이다. 이처럼 대교회 목회가 아니라 예수 제자 직을 감당하려는 교회들이 적지 않건만 이들 대다수는 기성교회에 묻혀 알려지지 않았고 오히려 현실 교회로부터 곱지 않게 평가되었다. 처음부터 인습화된 교회관을 따르지 않았기에 교우들 역시 선뜻 마음을 주기 어려웠고 오늘의 모습에 이르기까지

지난한 과정을 겪어야만 했다. 세상을 사랑하되 우환의식을 갖고 그를 바라보았기에 세상적 가치에 동화되는 것이야말로 이들이 먼저 염려해야 할 사안이었다. 이처럼 작은 교회, 대안적 가치를 지향하는 소수의 교회와 목회자 그리고 평신도들이 WCC 부산대회를 앞두고, 더 멀리는 종교개혁 500주년이 되는 2017년 시점을 염두에 두면서 '작은 교회가 희망이다.' 란 화두를 내걸고 대안적 가치를 추구하는 작은 교회들의 박람회를 개최하기로 결의하였다. 한국 사회가 초대형 교회들의 존재양식을 거부하는 상황에서 예수정신에 입각한 작은 교회들이 모여 기독교의 존재이유를 한국 사회에 새로운 방식으로 천명할 목적에서다. 거듭 말하지만 여기서 '작다'는 것은 숫자적 의미보다 대안적 삶의 물음과 더욱 직결된 사안이자 주제이다. 이것은 성장이 아니라 성숙이 한국교회가 직면한 최대 과제가 되었음을 적시한다. 목사로서, 그리고 기독교인으로서의 자신의 정체성, 자존감을 교회의 크기가 아닌 예수 정신의 유무, 즉 사회 및 자연에 대한 우환의식에서 보려는 첫 시도인 것이다. 물론 이들 교회들도 아직은 부족하고 더욱 달라져야 할 과제를 안고 있을 터, 그렇기에 행여나 작은 교회 박람회가 대형교회를 비판하는 이념적 투쟁의 형태로 비쳐지지 않기를 소망한다. 단지 공통된 고민을 갖고 자신들 공간에서 새로움을 창조했던 교회들로부터 상호 배움과 자극을 얻기 위함일 뿐이다. 오랜 세월 남달리 특색 있는 카리스마 공동체를 일궈 왔을 터, 그들 삶의 흔적들이 유배당한 기독교인들에게 한줄기 희망의 빛이 되기를 바라는 마음 간절하다. 무어보다 금번 기회를 통해 힘겨웠을 지라도 제자의 삶을 살고자 했던 이들 교회와 목회자 그리고 평신도들이 함께 만나 힘을 주고받으며 관계망을 형성할 수 있었으면 좋겠다. 이를 통해 한국 교회의 미래를 달리 만들 수 있는 계기가 마련된다면 이보다 기쁜 일이 어디 있을 것인가? 금번 박람회가 첫모임이니 만큼 부족한 부분이 많을 것이라 생각된다. 하지만 이런 취지에 공감하는 교회와 목회자 그리고 평신도들의 헌신적 참여로 난관이 극복될 것이란 확신도 없지 않다. 하여 본 취지에 마음을 합할 수 있는 교회들, 혹은 이런 교회를 지원하고 뒷 배경이 되어 줄 많은 신앙인들이 생겼으면 좋겠다. 미약한 시작이지만 이런 시도가 작은 날개 짓 되어 세상을 변화시킬 수 있는 동력이 될 수 있다는 것이 본 대회를 준비하는 이들의 믿음이자 확신이다. 이번 기회를 통해 감춰졌던 작은 교회들이 세상에 널리 알려져 '작은 교회가 희망'이란 메시지를 한국 교회와 사회에 각인시키는 계기가 되길 바라며 작은 교회 박람회의 취지를 전한다."

47 M. 보그/ J. 크로산/김준우 역, 『바울의 첫 번째 서신들』, 2011, 68-74. 특별히 바울이 로마교회 교우들에게 보낸 서신을 가지고 로마교회를 찾았던 바울의 메신저가 여성이었던 것을 생각해 볼일이다. 당시 뵈뵈란 이름의 그 여성은 바울을 대신하여 어려운 신학적 토론을 감당할 만큼 능력자였다. 더 근본적으로는 부활의 첫 증인이 여성이었던 것도 기독교 역사에서 중요한 성찰을 준다. 가룟 유다를 대신하여 12 제자의 반열에 위치했었으나 이후 가부장제로 치닫던 기독교의 제도화 과정에서 마리아 복음서는 정경에서 제외되었던 것을 알아야 한다.

48 최근 경복궁 옆에 위치한 옛 기무사 자리에 국립현대 미술관이 개장되었다. 오픈 기념

으로 전시된 기획의 주제가 'Connection and Unfolding', 즉 '연결과 펼쳐짐'이었다. 동과서, 남과 여, 물질과 정신, 인간 내외면의 상호 연결성을 통해 창발 되는 새로운 펼쳐짐을 여러 작품을 통해 보여주고 있다. 이들 예술가들의 작품 속에 표현된 아방가르드(前衛) 정신이야 말로 '여성적인 것'이라고 생각할 수 있겠다. 특히 이에 관해다음 책을 참조하라. 이은선, 『한국 생물 여성 영성의 신학-종교(聖). 여성(性). 정치(誠)의 한몸짜기』, (서울: 모시는사람들, 2011).

49 Adam Kotsko, *Zizeck and Theology* (2008), 139-140.

50 필자는 고독, 저항, 환상을 종종 '믿음의 눈', '의심의 눈' 그리고 '자기 발견의 눈'이라는 해석학적 관점으로 달리 표현하여 사용한다. 해석학적 시각에서 이렇게 풀어 사용될 수 있다는 것이 필자의 생각이다. 또한 이를 실존적 대화, 변증법적 대화, 대화적 대화란 말로도 치환하여 사용한다. 이정배, 『선한 벗들과 함께 신학하기-철학, 과학, 종교 간의 간학문적 대화』, (서울: 한들출판사, 2000), 100-127.

51 한국 문화 신학회 편, 『한류와 K-Christianity: 한류로 신학하기』, 2013, 44-56. 이외에도 심광현, 『興한민국』, (서울: 현실문화연구, 2005), 그리고 신은경, 『풍류-동아시아 미학의 근원』, (서울: 보고사, 1997) 등을 보라.

52 한국 문화신학회 편, 앞의 책, 67-70.

53 N. Berdyaev, *Slavery and Freedom* (1923), (Newyork: Charles Scribner's, 1923), 119.

## 02 가톨릭 속의 개신교적 에토스

1 서강대학교 신학연구소 편, 「새 복음화와 한국 천주교회- 제 2차 바티칸 공의회 50주년 기념 심포지엄」, 2012, 11.2-3 참조.

2 한국천주교 주교회의 편, 『복음의 기쁨- 현대세계 복음 선포에 관한 교황의 권고』, (서울: 천주교중앙회의, 2014), 23.

3 서강대학교 신학연구소편, 『철학과 신학』 22호(2013년 봄), 154-155.

4 얼마 전 명동 성당에서 열린 가톨릭 정의구현사제단 창립 40주년 기념강연회에 참석하여 박기호 신부의 글 논찬을 통해 배운 것이 있다. 현실적으로 교종의 메시지와 맞서려는 분위기가 없지 않으나 다행히도 진보적 성향의 주교들이 많은 관계로 가톨릭에게 주어진 과제를 감당해 낼 것이란 자신감이었다. 당일 발표된 박기호 신부의 글 제목은 "사제단과 교회쇄신", 「천주교정의구현 사제단 창립 40주년 감사미사와 학술대회 자료집」, (2014년 9월 22일), 52-66 참조.

5 이는 가톨릭 신학자 심상태 박사로부터 듣고 배운 말이다. 가톨릭 신학이 성도들과 함께 반보씩 앞으로 나가는 반면 개신교 신학은 신학자 개인이 성큼 몇 걸음 앞서가는 특징이 있다 하였다. 상호 장단점이 있겠으나 그것이 이 두 종교들 간의 차이라 하였고 변선환 선생의 종교재판 역시 이런 관점에서 이해했다.

6 김근수, 『교황과 나-개혁가 프란치스코와 한국』, (서울: 메디치, 2014), 15.

7 이 말은 본래 故 김수환 추기경의 언사이다. 그가 한국 교회 성직자들에게 내뱉은 고

언 중 하나로 알려져 있다. 교종 역시도 같은 마음으로 추기경 모임을 주도했다 들었다. 이정배, 『고독하라, 저항하라, 그리고 상상하라-2017년 종교개혁 500년을 앞둔 한국교회를 향한 돌의 소리들』, (서울: 동연, 2013), 254.

8  김근수, 앞의 책, 25.

9  이하 내용은 앞의 책 49-53의 내용을 필자 나름대로 재구성한 것이다.

10  이하 내용은 위의 책, 39-49의 내용을 필자 나름대로 재구성했다

11  하라카라 스케이로, 『마태오 릿치-동서문명 교류의 인문학적 서사시』, 노영희 역, (서울: 동아시아, 2001), 171. 이하 내용. 이정배, 『간문화 해석학과 신학적 상상력-신학의 아시아적 재(再)이미지화』, (서울: 감신대출판부, 2005), 73-97 참조. 주지하듯 릿치의 명저 『천주실의』는 개종주의가 아닌 가톨릭과 유교간의 적응주의 관점에서 쓰여 진 최초의 책으로 크게 주목받고 있다.

12  주지하듯 칼 라너는 유럽 가톨릭의 포괄주의를 넘고자 하는 아시아 신학자 R. 파니카와 더불어 '익명의 기독교인' 논쟁을 시도한 것으로 유명하며 또한 전임 교종인 라찡거의 추기경 시절 그가 구티에레즈의 해방신학을 비판할 때 그를 정통신학의 노선에서 변호해 준 것으로도 유명하다. 김근수 위의 책, 194-195 참조.

13  이하 내용은 앞의 책, 54-63 내용을 요약 재구성한 것이다. 아쉽게도 지난 월드컵 대회에서 아르헨티나는 준우승에 머물렀으나 당시 축구스타 메시는 오직 교황에게 우승컵을 바치겠다는 일념으로 뛰겠다고 입장을 밝혔었다. 이처럼 교종은 아르헨티나가 사랑하는 인물이었고 이는 그가 아르헨티나를 사랑했기에 받은 선물이었다.

14  이중 일부만 소개하면 다음과 같다. "…책임 있는 사람들의 침묵을 용서해 주소서. 당신 자녀들의 정치적 충돌, 자유의 말살, 고문과 감시, 정치적 박해와 사상적 강요에 참여한 것을 용서허소서." 이는 마틴 루터 킹의 다음 말과도 잇대어 있으며 오늘 세월호 참사 앞에서의 다수 교회의 현실을 상기시켜준다. "우리 시대의 최고의 비극은 아한 자들의 아우성이 아니라 선한 자들의 침묵에 있다." 앞의 책, 62-63.

15  당시 아르헨티나는 백성의 1/4이 당시 기준으로 최저 빈곤층의 삶을 살고 있었다.

16  위의 책, 72-73.

17  앞의 책, 80.

18  전통 신학에서 선악과는 하느님처럼 되려는 인간의 교만을 상징하는 원죄교리와 연결되었으나 해방(민중)신학의 차원에서 선악과는 공(公)인 것을 사(私)적으로 취하는 자본논리로 해석된다.

19  위의 책, 198.

20  앞의 책, 200.

21  『복음의 기쁨』, 45.

22  앞의 책, 47-49.

23  『거룩한 창녀』란 책의 출판으로 이제민 신부는 재직 중이던 광주 가톨릭 신학대학을 떠나야 했고 그의 책은 출판금지를 당했다.

24  『복음의 기쁨』, 53 이하 내용.

25 『복음의 기쁨』, 1장, 3장과 5장이 복음 선포와 선포자들에 대한 내용으로 되어 있다. 이 책의 3/5에 해당되는 분량인 것을 유념할 일이다.

26 박기호, 위의 글, 52. 다석 유영모의 말대로라면 설교, 곧 복음 선포는 '제소리'를 일컫는다. 누에가 뽕을 먹고 실을 내듯 성서말씀을 자기화하여 자기 소리로 내뱉을 때 비로소 말씀의 육화가 가능한 때문이다. 신학자 본회퍼 역시 그리스도 제자를 만들지 못하는 교회-신자나 교인을 만드는 교회-는 예수를 한갓 신화나 이념화하는 것이라 말한 바 있다.

27 『복음의 기쁨』, 13.

28 『복음의 기쁨』, 17

29 『복음의 기쁨』, 18. 고린도 전서 9장 16절 참고.

30 『복음의 기쁨』, 24.

31 『복음의 기쁨』, 32-33.

32 김근수, 위의 책, 155.

33 『복음의 기쁨』, 33.

34 『복음의 기쁨』, 36.

34 『복음의 기쁨』, 37.

35 〈한겨레신문〉, 2014년 8월 19일자 5면 참조. 이 점에서 교종은 복음에 투신하려는 사제들 선택하는 일에 각별한 관심을 기울러 줄 것을 권고했다. 『복음의 기쁨』, 92.

36 『복음의 기쁨』, 83.

37 『김수환 추기경 전집』, 김수환 추기경 전집 편찬위원회 편, 2001, 17권, 208. 사목헌장 88항 내용.

38 『복음의 기쁨』, 114. 이런 차원에서 볼 때 사랑의 교회를 비롯한 개신교회 내에서 설교 표절 시비가 불거지는 현실은 하느님의 것을 도적절하는 일과 다름없어 보인다.

40 『복음의 기쁨』, 115.

41 『복음의 기쁨』, 119-120.

42 『복음의 기쁨』, 121-122. 이외에도 예술적인 비유적 언어를 많이 사용할 것, 말씀을 간결하게 전할 것, 자기에게 익숙한 언어만을 고집하여 사용치 말 것 등의 권고가 있다.

43 『복음의 기쁨』, 123. "독사의 자식들아 너희가 악한데 어떻게 선한 것을 말할 수 있겠느냐? 마음에 가득 찬 것을 입으로 말하는 법이다"(마태 12장 34절)

44 『복음의 기쁨』, 124.

45 『복음의 기쁨』, 134-135.

46 『복음의 기쁨』, 143.

47 J. Cobb, *Spiritual Bankruptcy*, (Abindon press 2010). 서론 참조.

48 누가복음 22장 27절, 마태복음 25장 40절 참조.

49 『복음의 기쁨』, 146.

50 『복음의 기쁨』, 147. 그러나 실상 교종의 권고 중 자연 생태계에 대한 이해가 상대적으로 약했다. 하지만 프란시스코 성인을 따른 교종의 생각이 이에 미치지 못할 리 없

다 판단하여 자연을 본문보다 훨씬 강조했다.

51 이 말은 JPIC 발의자인 C, 봐이젝커가 그 공로를 인정받아 바젤대학교에서 명예 신학 박사를 수여하는 자리에서 행한 연설의 골자이다. C. 봐이젝커, 『시간이 촉박하다』, 이정배 역, (서울: 기독교서회, 1986).

52 『복음의 기쁨』, 149.

53 '무관심'의 세계화란 교종께서 방한 시 말씀한 내용이다. 오늘 우리 시대를 가장 잘 표 현하는 말이라 생각하여 기억해 두었다. 『복음의 기쁨』, 150.

54 『복음의 기쁨』, 151. "누구든지 세상 재물을 가지고 있으면서도 자기 형제가 궁핍한 것을 보고 그에게 마음을 닫아 버리면, 하느님 사랑이 어찌 그 사람 안에 머물 수 있겠습니까"(요한 1서 3장 17절)

55 『복음의 기쁨』, 153.

56 여기서 교종은 세계적 불공평의 원인을 낭비사회, 소비사회 탓으로 보기도 한다. 이 역시 구조적 문제이긴 하겠으나 본 책에서는 크게 다뤄지지는 않았다. 『복음의 기쁨』, 155. 세르주 라투슈, 『낭비 사회를 넘어서』, 정기현 역, (서울: 민음사, 2012) 참조.

57 『복음의 기쁨』, 158. "그들이 우리에게 바란 것은 가난한사람을 기억해 달라고 한 것 인데, 그것은 바로 내가 마음을 다해 해오던 일이었습니다."(갈 2장 10절). 이 본문은 예루살렘 공동체를 바울이 방문했을 때 그곳 구성원들이 바울에게 질문했던 내용이 다. 본 논문을 쓰면서 새롭게 발견한 성서본문이다. 가난 문제를 두 공동체 모두 정통 성의 기준으로 삼았다는 것은 교회가 진정 새롭게 회복시킬 진리임이 틀림없다.

57 『복음의 기쁨』, 159.

58 『복음의 기쁨』, 160.

59 『복음의 기쁨』, 163.

60 이하 내용은 『기독교 사상』 2013년 12월호(166-180)에 실린 성정모 교수와의 인터뷰 내용을 재구성한 것이다. 인터뷰 제목은 '시장의 욕망을 넘어 하나님 나라의 욕망을 향하여'이다. 그의 다른 책들이 한국어로 번역 출판되었으나 아직 접하지 못했다. 올 10월 중에 한국신학계를 방문한다하니 아마도 필자가 본 글을 발표할 시, 그와의 만남 이 이뤄진 상태일 것이다.

61 김근수, 위의 책, 203 이하 내용.

62 앞의 책, 205-207.

63 이에 관한 주제를 다룬 책으로 르네 지라르의 『희생양』이란 책을 참조할 것.

64 요한 1서 4장 12절. "지금까지 하나님을 본 사람은 없습니다. 그러나 우리가 서로 사랑 하면, 하나님이 우리 가운데 계시고, 또 하나님의 사랑이 우리 가운데서 완성된 것입 니다".

66 이것은 최근 '계획적 진부화'란 말로서 잘 개념화되고 있다. 새로운 제품을 위해 제품 의 생명을 1년 단위로 아니면 더욱 짧게 계획적으로 조작하고 있다는 사실이다. 세르 주 라투슈, 『낭비 사회를 넘어서』, 2012.

67 한마디로 세계적 가난의 문제가 인간 욕망 구조와 맞물려 있다는 사실이다. 이는 곧

생태계 재난의 문제와도 직결된 사안인 것을 해방신학의과제로 인식한 것이다.

68 이는 장 보드리야르의 언어로서 자본주의의 꽃인 '광고' 속에서 인간의 욕망을 부추기는 방식을 지칭한다. 이는 아시아 지역에서 오리엔탈리즘을 확대 재생산시키는 주역이다.

69 『복음의 기쁨』, 60.

70 『복음의 기쁨』, 60-61.

71 『복음의 기쁨』, 64-65.

72 『복음의 기쁨』, 69.

73 『복음의 기쁨』, 98.

74 『복음의 기쁨』, 98-99.

75 『복음의 기쁨』, 98.

76 『복음의 기쁨』, 99.

77 『복음의 기쁨』, 100.

78 『복음의 기쁨』, 같은 면.

79 『복음의 기쁨』, 같은 면.

80 『복음의 기쁨』, 192. 이는 복음과 이웃종교가 상호 보완될 수 있다는 말일 터인데 초월성과는 다른 맥락이기에 교종의 본뜻을 총체적으로 파악하기 힘겹다.

81 이를 비신화화를 넘어 비케리그마화(Entkerygmatizierung)라 명명한다. 불트만 좌파의 시각이다.

82 대표적 학자로 종교학자 정진홍을 꼽을 수 있겠다. 엘리아데에 기초한 그의 종교학적 시각은 종종 기독교 신학자들에게 신선한 충격을 주고 있다. 이정배, 『토착화와 생명문화』, (서울: 종로서적, 1992), 참조.

83 『복음의 기쁨』, 100-101.

84 울리히 벡, 『자기만의 신』, 홍찬숙 역, (서울: 도서출판 길, 2013), 216-217. 주지하듯 간디는 자기 종교인 힌두교에 절망하고 신약성서 속 산상수훈에 심취했고 그 빛에서 자기 경전 『바가바기타』를 다시 독해함으로써 비폭력이란 보편적 가치를 말할 수 있었다는 것이다. 울리히 벡은 이를 일컬어 간디 속의 '이중 종교성'이라 했다.

85 〈한겨레신문〉 8월 19일 화요일 5면 참조. 이하 내용은 여기 실린 내용을 요약, 정리 재구성한 것이다.

86 가톨릭교회 내 비판적 언론지인 '지금 여기'는 이를 비유적으로 언급했다. 대략적인 내용을 다음처럼 소개한다. "한 성직자가 어느 수도원에 들어갔다. 그를 본 수도원장은 경내에 쓰레기를 치우고 다시 자신을 찾으라 했다. 하지만 경내는 청결했고 치울 쓰레기가 발견되지 않았다. 한참이나 쓰레기를 찾던 성직자는 쓰레기가 바로 자신인 것을 알았고 스스로 수도원 밖으로 떠났다"는 내용이다.

87 김근수, 위의 책, 200.

88 박기호, 앞의 글, 52.

89 특별히 스페인 지역에서 유입된 선교단체(수도원)의 경향성이 개인적 차원의 신심위

주의 보수성을 띠고 있다고 한다.

90 '순수증여'를 '경제적 성령론'이란 이름하에 신학 화하는 흐름도 생겨나는 중이다. 이혁배, '나카자와 신이치와 경제적 성령론', 『신학사상』, 한국신학연구소편 163집(2013 겨울), 155-157.

91 『복음의 기쁨』이란 주제를 갖고 감신대, 한신대 그리고 서울신대 총장들이 혜화동 가톨릭대학 교정에서 공동 심포지엄을 열었고 상당한 호응을 피차 나누었다.

92 필자가 속한 감리교회의 경우 감리교를 대표할 만한 두 개의 대형교회들이 매물로 나왔다. 개신교 전체로 보면 MBC 보도에 따르면 2014년 매물로 나온 교회가 412건이라 하였다. 이는 전년도 대비 100% 이상 증가율을 보이고 있다.

93 며칠 전 〈한겨레신문〉에 실린 통계자료를 보았다. 여기서 말하는 성직자는 가톨릭교회를 포함한 경우이다. 정확한 일자를 기억 못해 유감이다.

94 대표적인 경우가 전두환 시절에 만들어져 죄 없는 아이들을 착취하고 심지어 죽여 생매장 했던 〈형제원〉 사건이다.

95 마커스 보그 외, 『바울의 첫 번째 서신들』, 김준우 역, (서울: 한국기독교연구소, 2011), 46 이하 내용 참조.

96 테드.W. 제닝스, 『데리다를 읽는다/ 바울을 생각한다』, 박성훈 역, (서울: 그린비, 2014), 1장 서론 논문
알랭 바디유, 『사도바울-제국에 맞서는 보편윤리를 찾아서』, 현성환 역, (서울: 새물결, 2008).

97 *Theologischen Realenzyklopaedia*, Bd. 18, Walter de Gruyter, 143. 이정배, 『고독하라, 저항하라 그리고 상상하라』, 2013, 64-68 참조.

98 개신교회에서 가톨릭을 향해 따뜻한 마음을 보내지 못하는 큰 이유는 가톨릭교회가 예수정신과는 이질적인 로마제도를 수용했다는 점일 것이다. 이뿐 아니라 진보적 기독교의 경우 가톨릭교회가 여성사제직을 거부하는 것은 어떤 이유에서건 평등성의 차원에서 납득키 어려운 사안일 듯싶다. 오히려 성(聖)의 평범성 차원에서 사제직의 과감한 해체, 일명 평신도 사제, 평신도 공동체의 필요성을 주장하는 여성신학자도 있다. 이은선, 『한국 생물여성 영성의 신학』, (서울: 모시는사람들, 2011). 참조.

99 J. 리프킨, 『생명권 정치학』, 이정배 역, (서울: 대화출판사, 1996), 1부 내용 참조.

100 주지하듯 '작은 교회가 희망이다', '생명평화교회가 희망이다'란 주제를 내걸고 올해로 두 번째 작은교회 박람회가 2014년 10월 11일 감신대 교정에서 열렸다. 70여 개 교회와 단체들이 함께하며 생명평화 가치를 함께 공유했다. 두 번째 박람회의 취지문을 다음처럼 소개한다. "지난해에 이어 두 번째 작은 교회 박람회가 열리게 되었다. 세 개의 탈(脫)로 상징되는 새로운 가치에 터한 작은 교회 운동에 대해 첫 번째 행사에서 보여준 열기와 관심은 기대 이상이었다. 교단 내 선교부 총무, 신학대학 총장들 심지어 이웃종교인들 조차 본 행사를 관심했고 이곳 신대원에서는 이를 자체 프로그램화하여 논의를 구체화시키는 중이다. 기독교 방송들 역시 마음을 다해 홍보해 주었다. 이에 우리는 본 행사를 종교개혁 500(2017)년을 앞둔 정황에서 두 번째 종교개혁의 의미

로 받아들여 더욱 심혈을 기울여 준비할 생각이다. 더욱이 올해는 새로운 상황이 무기력한 한국 교회를 더없이 힘겹게 했다. 세월호 참사를 통해 우리는 한국 사회의 총체적 부실을 보았고, 뭇 생명을 수장시킨 국가의 무능함에 분노를 넘어 절망하였다. 하지만 울를 더욱 애통케 한 것은 이를 바라보고 대처하는 교회들의 안이한 인식, 공감 능력의 부재, 신앙이란 이름하에 마구 외쳐지는 상식이하의 발언들로 인해 한국 교회가 또 다시 뭇매를 맞고 있는 현실이다. 하느님 뜻 논쟁으로 비화된 역사관 문제 역시 대형교회들의 무례함, 무지함 그리고 몰상식을 만천하에 들어낸 것으로서, 이후 한국 교회의 미래는 이들로 인해 실종될 위기에 처해 있다. 이 모두는 국가와 교회가 성공, 성장이라 가르쳤던 것이 실상은 실패로 치닫는 첩경인 것을 반증할 뿐이다. 자체 속 무수한 비리를 감추려 정부의 눈치를 살폈고 권력의 도움으로 교회 존속을 도모하려는 대형교회들의 정의롭지 못한 행태를 목도하며 우리는 감히 그 배에 승선한 승객들을 향해 가만있지 말고 뛰어 내릴 것을 요청할 것이다. 이미 우리는 첫 모임을 통해 탈(脫)성장, 탈(脫)성직 탈(脫)성별의 가치를 갖고 생명과 평화를 위해 일하는 교회들의 현존을 확인했다. 영적, 인문학적으로 더욱 성숙해 지려했고 지역 내에서 평신도와 함께 민주적 공동체를 꿈꿨으며 여성 능력을 중히 여기는 방식으로 곳곳에서 여러 형태로 자리매김한 작은 공동체의 건강함에 매료되었던 때문이다. 그렇기에 성장의 욕망을 버리지 못한 채, 여전히 교회 확장, 유지에 급급한 대형교회 성직자들의 '가만히 있으라' 는 소리에 저항할 것을 바라고 싶다. 민족과 교회의 앞날에 생명의 떡이 아닌 무거운 돌덩이를 안기는 이들에 대한 거룩한 분노, 그들 존재 양식과의 철저한 단절과 단념이 세월호 참사 이후 이 땅의 목회자, 평신도 모두가 품어야 할 그리스도의 마음이라 믿는 때문이다. 예수와의 동시성을 살아내는 그리스도 제자를 만들지 못할 경우 그것은 그리스도를 한 갓 신화나 이념으로 만들 뿐 이라는 한 신학자의 말을 정말 긴급하게 수용할 때가 된 것이다. (중략) 필자는 이런 작은 교회 운동을 교종이 말한 '지속적 복음화'의 개신교적 응답의 일면이라 확신한다. 가톨릭교회보다 오히려 가난해지는 교회의 모습을 더 잘 존속 발전시킬 수 있다고 보는 것이다.

101 울리히 벡, 『위험사회-새로운 근대성을 향하여』, 홍성태 역, (서울: 새물결, 2006), 21-29.

102 『복음의 기쁨』, 92.

## 03 민중, 토착화 신학자가 본 정치신학 속의 범재신론

1 정경옥 박사께서 남기신 유명한 말 하나를 소개한다. "나는 신앙에서는 보수이나 신학 함에 있어서는 자유주의자다."

2 이중에서 이용도와 김교신은 각기 33세, 44세로 세상을 떠났으나 이들은 저마다 '영적 기독교', '조선적 기독교'라는 사상적 유산을 남겼다. 이들은 다른 방식으로 기독교를 토착화시켰다고 평가받는다. 이정배, 『한국 개신교 전위 토착신학연구』, (서울: 기독교서회, 2003), 50-97

3  특별히 필자가 번역한 다음의 책이 거론되었다. J. 리프킨, 『생명권 정치학』, 이정배 역, (서울: 대화출판사, 1996). 참조

4  '범우주적 사랑 공동체'란 개념은 이전(1981년)에 간헐적으로 사용되다가 1983년에 이르러 내용이 집약되었고 임종 한 해전인 1986년에 거듭 강조되었다. 그러나 본 주제에 대한 장공의 문제의식이 1948년부터 지속되었다는 것이 장공 연구가들의 공통된 생각이다. 장공 사상의 전체적 맥락을 파악치 못한 필자로서 이들 의견에 동조할 수밖에 없겠으나 인생 후반에 이르러 장공 사상이 일정부분 지평확대된 것에 방점을 두고자 한다. 초반에는 이웃종교들과의 관계도 생각할 여지가 적었고 '우주적 그리스도'란 말도 사용할 처지가 아니었던 때문이다. 김경재, "장공의 우주적 사랑의 공동체에 관하여"『장공사상연구논문집: 장공 탄생 100주년 기념논문집2』, 김재준 목사 탄생 100주년 기념사업위원회 편(오산: 한신대학교 출판부, 2001), 1. 김희헌, 『하나님만 믿고 모험하라』, (서울: 너의 오월, 2013), 201. 219. 특히 본 책의 각주 36참조.

5  김경재, 앞의 글, 1-2.

6  바르트와 니버가 장공 신학의 중추적 역할을 했던 것은 주지의 사실이다. 『김재준 전집』 1권, (오산: 한신대학교 출판부, 1992), 375-376 참조.

7  이하 내용은 각주 4에서 언급한 83년, 86년에 썼던 두 편의 설교문에 근거하여 필자 나름으로 재서술한 것이기에 꼭 필요한 경우를 제외하고는 특별히 각주를 달지 않을 생각이다. 이들은 『김재준 전집』 18권, 528 이하에 실려있다.

8  『김재준 전집』 16권, 173 이하.

9  『김재준 전집』 18권, 533-534.

10 "나는 아직 미완성입니다. 나는 내 목표를 잡았다는 것도 아니고, 완전하게 됐다는 것도 아닙니다. 다만 나는 뒤에 있는 것을 잊고 앞에 있는 것을 잡으려 온 몸을 앞으로 기울여 달려가는 것뿐입니다."

11 실제로 1986년 10월에 행한 '우주적 사랑의 공동체'란 제하의 두 번째 글에서 장공은 仁에 대해 많은 지면을 할애하고 있다. 임종 직전의 설교임을 기억한다면 그 의미가 적지 않을 것이다.

12 JPIC를 발의한 공로로 C. F. 폰 봐이젝커가 명예 신학박사 학위를 받는 자리에서 행한 연설의 핵심 내용이다. 전문은 다음 책에 실려 있다. 이정배, 『토착화와 생명문화』, (서울: 종로서적, 1992). 참조.

13 실제로 본회퍼에겐 루터의 두 왕국설에 대한 비판으로서 가정, 사회 등 인간 공동체를 '은총의 대상'혹은 '교회의 조약'으로 여긴 흔적들이 많다. 이는 바르트의 자연신학에 대한 거부를 뜻하는 것이기도 했다. 이정배, 『고독하라, 저항하라 그리고 상상하라-2017년 종교개혁 500년을 앞둔 한국교회를 향한 돌들의 소리』, (서울: 동연, 2013), 68-69. *Theologische Realenzyklopaedia*, Bd.18, Walter deGruytler 1989, 139 이하.

14 존 캅, 『영적 파산-행동을 요청하는 예언자의 외침』, 박만 역, (서울: 한국 기독교 연구소 2014), 1-15.

15 손규태, '장공 김재준의 복음이해와 한국민족', 『민중신학자료』 제 7권, 한국신학연구

소, 109. 이는 본래 유동식 교수의 평가라 한다. 유동식, 『한국신학의 광맥』, (서울: 다산글방, 1981), 165 참조.

16 『김재준 전집』 4권, 154-159.

17 『김재준 전집』 2권, 거지반 본 책의 전 내용이 이런 주제를 담고 있다. 주로 1950년대 전후로 쓰여진 글들이다. 『김재준 전집』, 4권, 157.

18 오히려 장공 속에서 함석헌과 김교신의 양면을 모두 보았다고 필자는 말하고 싶다.

19 『김재준 전집』 1권, 382.

20 『김재준 전집』 12권, 81, 385.

21 『김재준 전집』 12권, 438-445.

22 M. 보그, 크로산, 『바울의 첫 번째 서신들』, 김준우 역, (서울: 기독교연구소, 2011). 여기서 화해론은 참여적 속죄론이라 불리기도 한다.

23 『김재준 전집』 18권, 97-98.

24 『김재준 전집』 7권, 339-342.

25 『김재준 전집』 18권, 97. 여기서 장공은 신채호의 '조선 상고사'는 반드시 읽어야 될 책으로 명시했고 '삼일신고' 같은 것은 기독교를 민족종교로 정착시킴에 있어 큰 도움이 될 책이라 천명했다. 따라서 재래의 진리와 기독교 전통을 접화(接化)시키는 건설적 태도를 종용하였다. 원불교에 대한 호감도 상당할 정도로 표출되어 있다.

26 김경재, 앞의 글, 6.

27 『김재준 전집』 7권, 37 이하 내용.

28 주로 『김재준 전집』 18권에 집중되었으나 그 외에도 12, 14, 15, 16, 17권에도 한 두 편씩의 글이 실려 있다.

29 『김재준 전집』 18권, 315. 317.

30 『김재준 전집』 11권, 208.

31 『김재준 전집』 11권, 211.

32 이 점에서 장공은 16세기 북구 자유경제적 자본주의 사회에서 탄생, 성장한 신교가 가난한 빈민이 절대다수인 70년대 한국적 토양에서 성장, 결실할 수 있을까를 반문했다. 『김재준 전집』 11권, 212.

33 『김재준 전집』 11권, 216-217.

34 이 시점이 1953년 10월이다. 그렇다면 6.25전쟁이 막 종료된 직후일터인데 당시 이런 글이 나온 것이 생경할 정도다. 아마도 과학 무기의 살상을 보며 이런 생각을 한 것이라 여겨진다. 하지만 장공은 이 글에서 자연철학까지 언급하며 내용을 심화시켰다. 『김재준 전집』 3권, 29-34

35 『김재준 전집』 3권, 31.

36 특별히 장공은 화이트헤드의 『과학과 근대세계(Science and the modern World)』에서 이런 예를 보았던 것인데 그 시점이 이르다는 것에 대해 놀라움을 금할 수 없다.

37 『김재준 전집』 3권, 32-33.

38 『김재준 전집』 4권, 470 이하 내용.

39 『김재준 전집』 4권, 471.

40 시편 8편, 로마서 8장 이하 내용 참조.

41 장공은 시종일관 우주적 차원의 구원이 인간을 통해 이뤄진다고 믿은 것이다. 이 점이 장공의 강점이면서도 약점이라고 필자는 생각한다, 그 이유는 마지막 장에서 구체화시킬 것인 바, 장공의 성육신이해에서 비롯했다고 볼 수 있다. 『김재준 전집』 4권, 155.

42 『김재준 전집』 4권, 473, 각주 4. 45 참조.

43 『김재준 전집』 15권, 111-113.

44 『김재준 전집』 15권, 112.

45 『김재준 전집』 15권, 113. 대략 이 시기가 1981년 6월경인 것 같다. 각주 4. 42를 참고하라.

46 『김재준 전집』 17권, 7.

47 『김재준 전집』 17권, 9.

48 『김재준 전집』 17권, 14.

49 『김재준 전집』 18권, 528-532 내용 참조.

50 김동환, '김재준의 정치사상', 『신학사상』 164집 2014/봄, 142-143. 김경재, 앞의 글, 2-3. 여기서 김경재는 이것이 '죽음 이후에도 영생한 몸으로서의 인간의 거주 공동체'인 것을 강조했다. 장공이 자유주의 신학자가 아닌 것을 변증하기 위함이다. 물론 이는 전통적인 천당개념과는 달리 역사의 궁극적 목적(텔로스)을 적시하나 우주적 변화의 비전을 사후세계로 연장시키는 것에 방점을 두는 것이 장공의 본뜻이었는지는 재고할 여지가 있다. 오히려 트뢸치의 말처럼 '피안은 차안을 위한 힘(Die Jenseitigkeit ist kraft der Dieseitigkeit)이라는 차원에서 본 개념을 이해하는 것이 좋을 듯싶다.

51 필자는 복음을 '자유'와 동일한 의미로 보는 장공에게서 비종교적 해석학의 맹아를 볼 수 있었다. 그가 개개인을 '인간 성전'(교회)으로 보는 것도 자유가 복음의 본질이며 자유의 실천이 교회의 과제인 것을 강조할 목적에서였다고 생각한다. 인간 주체성으로서의 자유를 장공에게 있어 하느님도 어찌할 수 없는 특권이라 하였다. 자유인은 불가능을 정복한다는 것이다. 『김재준 전집』 3권, 124-129

52 김동환, 앞의 글, 144-145. 여기서 저자는 장공에게서 新정통주의에 반하는 인본주의 냄새가 물씬 풍긴다고 말하였다. 하지만 이것도 옳은 판단이 아닌 것 같다. 오히려 본회퍼의 비종교적 해석을 통해 이런 오해를 불식시킬 수 있다는 것이 필자의 생각이다. 손규태, '장공 김재준의 복음이해와 한국민족', 『민중신학자료』 7권, 한국신학연구소, 125-126.

53 김희헌, '장공 김재준의 생애와 사상', 『한국신학의 선구자들』, 김희헌, 박일준 펴냄, (서울: 너의 오월 1984), 157-161. 『김재준 전집』, 12권, 88 이하 내용 참조.

54 『김재준 전집』 9권 289.

55 김희헌, 앞의 글, 160.

56 언급된 두 성서 본문은 신약성서학자 E. 케제만을 원용하여 필자가 찾은 것이다. 케제만은 창세기와 로마서의 두 본문을 상호 연결지을 때 하느님 뜻(공의)이 잘 밝혀질 뿐

아니라 기독교인의 책무가 명시될 것이라 보았다.

57 『김재준 전집』 4권, 534.

58 『김재준 전집』 1권, 184. 김희헌, 앞의 글, 158 참조. 필자는 여기서 우주적 그리스도를 발견했다. 본 진술은 상당히 이른 시기에 행해진 것으로 장공이 우주적 그리스도에 대한 이해를 갖고 사용했는지는 알 수 없겠으나 그리 해석될 수 있는 충분한 여지가 있다. 그렇다면 자연과 우주에 대한 진술이 그의 생애 말기에 주로 행해졌다는 필자의 논지도 다소 수정될 필요가 있을 것 같다. 각주 4번 참조.

59 토론토 연합교회에서 행한 1983년 1월 16일자 설교문 2쪽 참조. 과문한 탓인지 모르겠으나 『김재준 전집』에서 이 설교문을 발견치 못했다. 여기서 장공은 우주적 그리스도(Cosmic Christ)란 말을 처음 사용했던 것 같다.

60 앞의 글, 3쪽.

61 『김재준 전집』 18권, 528-532.

62 지면관계상 여기서는 장공의 신학적 사유를 우주적 그리스도론과 범재신론의 틀에서 읽을 수 있다는 가능성만 짧게 제시할 생각이다. 이하 내용은 주로 Ilia Delio, *Christ in Evolution* (New york: Orbis books, 2008)에서 배운 것이다.

63 우주찬가와 기독론을 연결시킨 빌립보서, 그리스도의 우주적 비전을 말한 골로새서, 그리스도를 통해 만물의 화해을 노래한 고린도 전서 그리고 전 우주를 구원하는 중심으로서의 에베소서의 교회론 등이 구체적 실례이다. 이정배, 『빈탕한데 맞혀놀이-多夕으로 세상을 읽다』, (서울: 동연, 2011), 303.

64 어거스틴은 당대의 사회적 혼란을 해결할 목적으로 이전까지 인간의 자유(금욕)를 위해 긍정적으로 활용되던 창세기 본문(1장-3장)의 해석방향을 부정적으로 바꾸었다. 인간 타락, 원죄의 본문으로서 뿐 아니라 자연타락의 실상을 오히려 읽어낸 것이다. 일레인 페이걸스, 『아담, 이브, 뱀-기독교 탄생의 비밀』, 류점석 외, 아우라 2009, 1장과 6장의 내용을 보라.

65 J.A. Lyons, *Cosmic Christ in Origin & Teilhard de Chardin*(London: Oxford Univ. press, 1982), 9-10. 대표적 학자로는 루터파에 속한 지틀러(Sittler)를 들 수 있겠다.

66 H. Richard Niebuhr, *Radical Monotheism and Western Culture*(Harper Torch books, 1960), 24-37. 김경재, 『이름 없는 하느님』, (서울: 삼인, 2010), 26 이하에서 재인용.

67 김경재, 앞의 글, 6-7. 여기서 삼위일체는 주로 몰트만의 '페리코레시스' 개념을 지칭했다.

68 인도 신학자 파니카는 이를 '인간 원리' 대신 '그리스도 원리'라 칭한다. 그러나 철저 유신론은 아직 '인간원리'에 머문 듯 보인다. I. Delio, 앞의 책, 157.

69 L. C. Schneider, *Beyond Monotheism-A Theology of Multiplicity*, (Abindgdon press, 2008), 15-104(1부 내용-). D. 그리핀, 『위대한 두 진리-과학적 자연주의와 기독교 신앙의 새로운 종합』, 김희연 역, (서울: 동연, 2010). 참조. 본 명제를 근거로 생태학적 논문을 발전시킨 필자의 글 역시 참조할 필요가 있다. 『고독하라, 저항하라 그리고 상상하라』 속에 실린 논문, "유일신론으로부터의 탈주 그리고 성육신의 재구성:생태학적

성례전"(319-336)을 보라

70 마거스 보그, 『기독교의 심장』, 김준우 역, (서울: 한국기독교연구소, 2009), 108-117.

71 R. 류터, 『가이아와 하느님』, 전현식 역, (서울: 이대출판부. 2002). 이 책에서 저자는 자신의 여성신학과 그에 따른 정치 신학적 관점이 리프킨의 영향 사 속에 있음을 각주에서 여러 차례 밝혔다.

72 J. 리프킨, 앞의 책, 418 이하 내용.

73 대략 여기서 말하는 생명권이란 대륙붕에서부터 40마일 가량 수직 상승된 총체적 공간으로서 여기서 지구상의 일체 생명현상이 발생된다. 이런 생명권의 시각에서 종의 서식지를 중심하여 지도를 다시 그리고 그 경계를 확보하여 공유지를 확장하는 정치적 행위를 리프킨은 생명권 정치학이라 했다. 한마디로 기업형의 근대 국가론을 넘고자 하는 시도라 할 것이다.

74 J. 리프킨, 앞의 책, 1부 내용, 특히 94-156 참조.

75 위의 책, 108-121.

76 울리히 백, 『위험사회』, 홍성태 역, (서울: 새물결, 2006), 역자 서문 참조.

77 세르주 라투슈, 『낭비 사회를 넘어서』, 정기현 역, (서울: 민음사, 2014). 참조.

78 울리히 백, 위의 책, 20-21.

79 세르쥬 라트슈, 위의 책, 22-23.

80 심지어 현대인의 필수품인 핸드폰의 주기가 1년으로 계획되어 있다고 한다. 여하튼 매년 제 3세계로 수출되는 폐 컴퓨터가 1억 5천만대에 이르는 바, 이들 속에 포함된 중금속, 수은, 니켈, 카드뮴, 비소, 납 등의 유해물로 수입국의 자연, 사람들이 생태적 위협을 받고 있는 것이 분명한 사실이다. 앞의 책, 32.

81 J. 리프킨, 위의 책, 382-383.

82 지난 4억 년간 태양은 더욱 뜨거워졌고 많은 태양 빛으로 인해 지구상에서 광합성 작용이 활발해진 탓에 산소비율이 높아질 수밖에 없었으나-만약 산소 비율이 1% 높아질 경우 지구상에 화재 날 확률이 60% 상승된다고 한다- 옴살스런 지구의 작용으로 인해 자동 조절되어 왔다는 것이다. 이는 결국 인간 중심주의 만으로 지구생태계를 유지, 존속시킬 수 없음을 적시한다.

83 칼 프리드리히 봐이젝커, 『시간이 촉박하다』, 이정배 역, (서울: 기독교서회, 1987). 서문 참조.

84 『김재준 전집』 7권, 312-313. 심지어 장공에게서 '토착화' 혹은 '토착화 신학'이란 말까지 언급된 것을 특별히 감리교 신학자로서 크게 유념할 필요가 있다.

85 C. Keller & L. Schender(eds), 198 이하 내용.

86 이정배, 『고독하라, 저항하라, 그리고 상상하라- 2017년 종교개혁 500년을 앞둔 한국교회를 향한 돌의 소리들』, 2013, 334 참조.

87 김희헌, 『하나님만 믿고 모험하라』, 220-221.

88 J. 리프킨, 위의 책, 372-378.

89 앞의 책, 388-401.

90 장회익,『과학과 메타과학』, (서울: 지식산업사, 1990), 223

91 이것은 우리시대 영성심리학자인 켄 윌버(Ken Wilber)의 발상이다. 이정배,『켄 윌버와 신학-홀아키적 우주론과 기독교의 만남』, (서울: 시와 진실, 2008), 67-112 참조.

92 이것은 JPIC를 발의한 공로로 스위스 바젤대학교에서 명예 신학박사 학위를 수여하는 자리에서 봐이젝커가 그를 수락한 연설에서 한 말이다. 그 말을 정확히 옮기면 다음과 같다. "정의, 평화 그리고 생태계 파괴가 고쳐지지 못하는 한 기독교 정신의 구현은 요원하다."

93 J. 리프킨, 위의 책, 402-412. 463-472.

94 『김재준 전집』17권, 14.

95 필자는 이를 민중뿐 아니라 민족의 문제를 아우르려 했던 장공신학의 포용성 때문이라고 보았고 나아가 그것이 우주적 사랑의 공동체를 논할 수 있는 근거라 생각하였다.

## 2부 타자의 텍스트 속의 기독교

## 01 이슬람 종교의 기독교적 재발견

1 프랑스식의 동화(통합)주의도 영국식의 자유주의도 두 문화 간의 평화로운 공존을 위한 충분한 답이 될 수 없다는 서구 학자들의 평가를 두 차례 이슬람 세미나에서 배웠다. 다문화주의의 실를 유럽나라들이 인정했다는 것이다. 강미옥,『보수는 왜 다문화를 선택 했는가』, (서울: 상상너머, 2014), 2016 참조.

2 고트홀드 레싱,『현자 나단』, 윤도중 역, (서울: 지만지, 2009). 참조. 여기서 레싱은 '신의 반지'란 우화를 통하여 이들 간의 갈등을 치유코자 하였다. 이들 세종교가 저마다 神으로부터 진자 반지를 부여받았다고 믿고 있다는 것이다.

3 『현자 나단』의 모티브를 발전시켜 대화이론을 전개시킨 최근 책으로 페터 슬로다이크,『신의 반지-세 일신교의 평화론운 공존을 위한 제안』, 두행숙 역, (서울: 돈을새김, 2007)이 있다.

4 한스 큉,『한스 큉의 이슬람-역사. 현재. 미래』, 손성현 역, (서울: 시와 진실, 2012).

5 여기서 말하는 오리엔탈리즘은 '동양 열등주의'로 번역되는 것이 옳다. E. 사이드,『오리엔탈리즘』, 박홍규 역, (서울: 교보문고, 1991).

6 소위 정통파 기독교는 이런 기독교를 '에비오니즘'이라 하여 이단 화했다. 이 종파가 아라비아로 건너가 주후 7세기까지 그곳에 존재했음을 증명하는 자료들이 상당 수 남아있다.

7 비단 이런 주장은 큉 만이 아니다. 큉의 주장은 추후 설명하기로 하고 여기서는 유대인 철학자, 야콥 타우베스의 자료를 소개한다. 그의 책,『바울의 정치신학』, 조효원 역, (서울: 그린비, 2012), 58.

8 이 글을 쓰는 순간에도 인터넷 상에는 이슬람 극우세력, 극 보수의 무슬림들이 이라크 내 기독교 지역을 점령하여 그곳 주민들을 죽이고 성폭행하며 개종을 강요한다는 소

식이 떠돌고 있다. IS라는 이슬람 국가가 시리아 지역에 태동되기도 했다. 필자 보기에 이렇듯 악행을 행하는 이들도 큰 문제이나 이런 모습으로 이슬람을 각인시키는 기독교 측 반응도 결코 옳지 않다. 이들이 무슬림인 것은 분명하나 꾸란에 순종하는 이들이 결코 아니며 이슬람의 대다수도 아닌 까닭이다.

9  한스 큉, 앞의 책, 130 이하 내용.

10 유대교의 경우 코란의 절대성에 상응하는 것은 이스라엘이란 '땅'이라 말 할 수 있다. 하느님이 주신 땅에 대한 확신이 오늘날 팔레스타인 분쟁의 주원인이 되고 있다. 예수의 절대성과 코란의 무흠함이 그 나름의 부정성을 낳고 있듯이 말이다.

11 위의 책, 141.

12 위의 책, 936 이하 내용 참조.

13 3장에서 상세히 재론하겠으나 꾸란이 정경 화되는 역사적 과정은 다음과 같다. 아부 바르크의 임시판본, 우스만의 통일 꾸란 그리고 1923년에 나온 완전한 판본 등이 그것이다. 위의 책, 150-155.

14 김영경,『경전으로 본 세계 종교』이슬람 편, (서울: 한국전통문화연구원, 2001), 759.

15 〈꾸란〉 4:116 김영경, 앞의 책, 760에서 재인용.

16 한스 큉, 위의 책, 167.

17 앞의 책, 175. 김영경, 위의 책, 760-761 〈꾸란〉에는 6일간의 천지창조와 비슷한 기록이 없다. 오직 이 세상의 지속가능성이 오로지 하느님께 달렸다는 주권사상이 강조될 뿐이다. 그렇기에 이슬람 역시 선악 이원론을 거부하는 점에서 기독교와 동일하나 하지만 마지막 심판에서 이 둘을 구별하는 한에서 같지 않다. 〈꾸란〉 14:42-52 참조.

18 김영경, 앞의 책, 762-763.

19 한스 큉, 위의 책, 184-186.

20 M 보그 & 크로산,『첫 번째 바울 서신들』, 김준우 역, (서울: 한국기독교연구소, 2011) 참조.

21 김영경, 위의 책, 815-833 참조.

22 한스 큉, 위의 책, 200.

23 앞의 책, 212.

24 김영경, 위의 책, 835-836.

25 물론 움마와 이슬람 국가가 언제든 함께 발전된 것이라 볼 수는 없을 것이다. 하지만 이 둘의 상관성이 이슬람을 이해하는데 있어 핵심인 것은 틀림없다. 앞의 책, 834.

26 한스 큉, 위의 책, 218-223.

27 앞의 책, 223.

28 예컨대 개종치 않는 자에게 개종자 보다 과한 세금을 물릴지언정 개종을 강제로 강요하지는 않았다는 것이다. 하지만 이슬람을 배교한 자에 대한 처단에는 단호했다. 하지만 꾸란에 나와 있다는 이유로 배교자 처형을 용인하는 것은 수용되기 어려운 일이다. 꾸란의 재해석이 결정적으로 필요한 이유라 하겠다. 김영경, 위의 책, 813.

29 이하 내용은 한스 큉, 위의 책, 223-226, 234-235를 요약 정리한 것이다. 김영경, 위의

책, 838-839. 〈꾸란〉 5:43-49.

30 앞의 책, 252-253.

31 앞의 책, 253.

32 P. 틸리히, 『고대 기독교 사상사』, 송기득 역, (서울: 한국신학연구소, 1991). 참조.

33 좀 더 정확히 말하면 유일, 전능, 창조 그리고 심판의 하느님과 그가 보낸 예언자 무함마드에 대한 고백이 바로 이슬람을 근거 짓는 신앙고백 '샤하다'이다.

34 한스 킹, 위의 책, 254 이하 내용. 김영경, 위의 책, 787-814 참조.

35 본 장에서는 네 가지 실천적 의무에 대해서는 그 중요성에도 불구하고 많이 다루지 않을 생각이다. 이슬람적 사유 패러다임의 발전 과정에 집중할 목적에서이다. 이하 내용은 한스 킹, 앞의 책, 254-280의 압축적 내용이다.

36 한스 킹 외에 이런 식으로 이슬람 역사를 개괄하는 학자들이 없지 않았으나 그래도 신학적 대가인 그의 논지에 더욱 설득력이 있었다. 김정위 외, 『이슬람 사상의 형성과 발전』, 대우학술총서 274, (서울: 아카넷, 2000) 참조.

37 한스 킹, 위의 책, 표지 안쪽 면 참조. 여기에 이슬람 패러다임의 역사적 발전과정을 상세히 도표화 하였다. 이들 각각의 패러다임은 기독교의 경우 초기 유대 묵시적 유형, 고대 헬레니즘적 모형, 중세 로마 가톨릭 패러다임, 종교개혁 시대의 개신교적 형태 그리고 근대 진보, 이성적 패러다임 등과 비교될 수 있다. 위의 책, 287. 한스 킹은 이런 유형을 만들어 낼 수 있도록 이슬람 역사를 조리 있게 서술한 책으로 아이라 M. 라피투스, 『이슬람 세계사』 1/2 , 신연성 역, (서울: 이산, 2008)을 꼽았다.

38 한스 킹, 앞의 책, 296 이하 내용.

39 한스 킹은 무슬림들의 돼지고기 혐오를 유럽인들의 개고기 혐오와 비교하며 그리 이해할 것을 바란다. 하지만 종교의 음식규정은 풍토와 관계된 것이기에 이슬람의 확산을 위해서도 재고될 필요가 있을 것이다, 앞의 책, 299.

40 김영경, 앞의 책, 795.

41 여기서 중핵은 이슬람 신앙 공동체이고 국가란 그를 중심으로 세워진 나라가 되었다. 한스 킹, 위의 책, 310 이하 내용.

42 앞의 책, 311.

43 앞의 책, 312-314.

44 여성에게 베일을 씌우는 것을 비롯하여 이슬람이 비판받는 일체 가부장적 유산은 실상 아랍문화의 산물이다. 물론 이슬람이 앞서 말했듯 아랍 문화를 변혁시킨 것도 적지 않았으나 그 역도 동일하게 진리인 것을 수용해야만 할 것이다. 이런 사실에 입각하여 우리는 모든 신학적 질문과 대답은 구체적인 시공간 속에서 생겨나는 것으로 시공간이 달라지면 질문과 대답도 달라 질 수 있다는 토착화의 시각을 견지할 필요가 있을 것이다. 아랍 부족문화에서 비롯한 이슬람의 가치, 규범을 오늘에 적용시키는 것은 종교의 후퇴를 의미할 뿐이다. C. 베스터만, 『신학해제』 1권, 이정배 역, (서울: 대한기독교서회, 1990). 특별히 H. 오트 교수의 조직신학 부분을 보라.

45 한스 킹, 위의 책, 318-319.

46 당시 개종은 실상 세금 감소를 의미했다. 앞서 말했듯 개종 대신 피지배자들에게 세금 액수를 높였던 것이다.

47 심지어 우마르라는 칼리파는 노에의 손에 의해 죽임을 당하였다. 한스 큉, 앞의 책, 339.

48 이외에도 카리즈파가 있다. 순니는 순나(sunnah), 곧 관습과 전통을 따르는 자들로 이슬람의 다수를 차지하고 있으며 에어자의 후계자를 폭넓게 선정한다. 반면 시아파는 소수로서 이란 이라크 지역에 거주한다. 오직 무함마드의 친인척에서 후계자가 될 수 있다고 믿고 있다. 오늘날의 지도자 이맘도 모두 이런 선상에서 정한다. 카리즈파는 도덕적 엄격주의를 표방하는 무슬림으로서 오만 지역에 분포되어있다. 최고의 도덕적 존재이면 누구라도 심지어 에티오피아 노예라도 예언자의 후계자가 될 수 있다고 말할 정도로 종교성이 강하다. 한스 큉, 앞의 책, 357-358.

49 앞의 책, 364.

50 앞의 책, 368.

51 앞의 책, 370-371.

52 앞의 책, 377.

53 앞의 책, 386.

54 다음 말을 주목하라. "…이슬람 예술은 기존 예술 전통(헬레니즘, 이란 전통)을 무슬림 공동체의 정체성, 즉 여태껏 미약한 상태였던 그 정체성에 맞게 변혁하는 과정에서 형성되었다." 구체적인 예로 사람이나 동물의 상이 회화에서 완전히 사라진 것이다. 또한 소피아 성당이 모스크로 채색된 것 역시도 비잔틴 예술의 이슬람 화라고 말할 수 있겠다. O. Graber, *The Formation of Islamic Art*, 209, 한스 큉, 앞의 책, 391에서 재인용.

55 앞의 책, 397.

56 앞의 책, 416.

57 이하 내용은 앞의 책, 417-432의 내용을 임의로 요약 정리했다.

58 앞의 책, 419.

59 특히 앞의 책, 429-430를 보라

60 앞의 책, 445-447 참조.

61 이 시기에 '아라비아 나이트'를 중심한 〈천일야화〉를 창작해 냈다. 당시는 이슬람의 전성기였다.

62 앞의 책, 450 이하 내용.

63 앞의 책, 453.

64 앞의 책, 457.

65 앞의 책, 463.

66 앞의 책, 476-478.

67 그렇기에 이를 일컬어 '이슬람 스콜라주의'라 부르기도 한다.

68 앞의 책, 484-485.

69 앞의 책, 493-495.

70 앞의 책, 511-514. 이하 내용은 이 부분을 재구성한 것이다.

71 이슬람에게 목적론적 신증명이 가능해 진 것으로 하느님 속성을 논할 수 있게 된 것이다.

72 앞의 책, 519 이하 내용.

73 이런 초월론자들은 신의 속성 자체도 부정하는 입장으로서 일명 '수만파'(sumanites)와의 접촉을 통해 인도사상의 영향을 많이 받았다 한다. 앞의 책, 521-524 참조.

74 앞의 책, 527.

75 앞의 책, 534.

76 어느 종교나 마찬가지로 이런 신학적 전복 이면에는 권력의 속성이 개입되어 있다. 무타질리파가 권력에서 밀려난 것이다. 기독론을 정식화했던 니케아 회의 이후 아리우스/아타나시우스 논쟁도 이런 권력의 영향에서 자유롭지 않았다. 『어떻게 예수가 하느님이 되었는가?』, 한인철 역, (서울: 한국기독교연구소, 2008) 참조.

77 앞의 책, 557-558, 576-577 참조.

78 울라마는 성직자는 아니다. 신학자거나 법률학자인 경우가 많았다.

79 앞의 책, 572.

80 앞의 책, 586-587.

81 사실 수피즘을 신플라톤주의, 기독교 사막 교부들 그리고 인도 불교의 명상 등에 영향을 입은 것이라 보는 시각도 있으나 최근에는 무슬림의 독창성이 더욱 강조되는 추세라 한다. 앞의 책, 592.

82 카렌 암스트롱, 『신의 역사』, 593.

83 윤리적 신비주의는 신학자 A. 슈바이쩌가 동양의 신비주의에 반하여 기독교 즉 바울의 경우를 지칭하여 사용했던 개념이다. 바울이 많이 사용한 그리스도 아의 존재 (Sein in Christo)를 윤리적 신비주의로 해석한 것이다. A. Schweitzer, *Die Mystik des Aposteles Paulus*, Gesammelte Werke Bd. 4, Zuerich 1929. 참조.

84 한스 큉, 위의 책, 597-598.

85 앞의 책, 599.

86 앞의 책, 602-603. 김영경, 위의 책, 781-783 참조.

87 대표적인 사람으로 알 할라즈(al- Hallaj)란 수피가 알려져 있다. 앞의 책, 604.

88 앞의 책, 610-611. 613-614. 한스 큉은 수피즘의 수도원을 중세 기독교 수도원과 흡사하게 여겼다. 공동체의 이상, 기도 체계, 수도회의 규칙 등에서 내용적 유사성을 본 것이다.

89 앞의 책, 619-620.

90 앞의 책, 629-630. 대표적 학자로서 무함마드 알 가잘리(1058-1111)를 꼽는다. 이 학자는 중세 가톨릭 신학의 신구자 토마스 아퀴나스와 비견된다. 이질적인 것을 종합한 사상가라는 차원에서이다.

91 앞의 책, 63-635.

92 앞의 책, 666-667. '이븐시나'라는 철학자를 이슬람 철학의 정점으로 꼽는다.

93 이 경우 진리를 존재론적 이분법의 차원에서 말하는 것이 결코 아니다.

94 앞의 책, 675.

95 앞의 책, 715.

96 인도의 무굴 제국, 페르시아의 사파비 제국 그리고 터키의 오스만 제국이 그것들이다.

97 앞의 책, 741-742.

98 주지하듯 서구의 근대성과를 적극적으로 수용한 제국은 터키의 오스만 제국이었다. 나머지 제국들이 여전히 중세적 모형에 자족하던 시기 오스만 제국만이 이슬람 근대화 패러다임에 입문했다. 앞의 책, 750-751.

99 앞의 책, 759-763 내용. 대표적 주자로 1839-1887년간 생존했던 자말 알 딘 알 아프가니(Jamal ad-Din al-Afgani)를 들 수 있다. 이 사람은 완전치는 않으나 부분적으로 서구의 루터와 비교되기도 한다.

100 앞의 책, 772-773.

101 앞의 책, 772-773.

102 앞의 책, 779-814 참조.

103 앞의 책, 850-852.

104 앞의 책, 853.

105 앞의 책, 861-862.

106 앞의 책, 1V부 4, 5, 6장(864-951)의 내용이 이에 해당된다.

107 앞의 책, 871.

108 앞의 책, 874-878. 여기서 한스 큉 역시 양성 기독론의 문제점을 인식하고 대신 하느님 아들로서의 예수이해를 이슬람에게 납득시키고자 한다. 이와 관계된 좋은 서적이 최근 번역 출판되었다. 위터 윙크, 『참사람-예수와 사람의 아들 수수께끼』, 한성수 역, (서울: 한국기독교연구소, 2014).

109 앞의 책, 875-876.

110 이런 견해는 후일 양자설이란 이름하에 정통 기독교로부터 정죄되었다.

111 앞의 책, 886-887.

112 앞의 책, 889-890. 이를 한스 큉은 '이슬람화된 예수'라 불렀다.

113 앞의 책, 891-892.

114 앞의 책, 892.

115 앞의 책, 899.

116 앞의 책, 900.

117 앞의 책, 902.

118 앞의 책, 904.

119 앞의 책, 906-907. 여기서 한스 큉은 사도행전에 나오는 최초의 순교자 스테판의 이야기를 근거로 성부, 성자. 성령의 관계를 설명한다.

120 앞의 책, 913-914.

121 앞의 책, 916-917.

122 앞의 책, 923.

123 앞의 책, 928.

124 앞의 책, 929.

125 앞의 책, 930.

126 Guentet Lueling, *Wiederentdeckung des Propheten Muhammad, Eine Kritik am 'Christlichen' Abendland*, Erlangen 1981, 동 저자, *Ueber den Ur-Qur'an, Aufsaetze zur Rekonstruktion vorislamicher christlicher Koransprache*, Berlin 2000. 앞의 책, 934 재인용.

127 앞의 책, 934. 실제로 무함마드 당시 기독교를 배경한 아람어가 아라비아 지역에 통용되었고 꾸란에도 아람어 차용 흔적이 나온다고 한다.

128 Fazlur Rahman, *Islam*, Chicago 1979, 100. 앞의 책, 938-939 재인용.

129 앞의 책, 941.

130 앞의 책, 942-945.

131 1990년대에 이르러 이런 식의 해석학적 이슬람 학을 발전시킨 집단이 있는데 소위 '앙카라 학파'라 불리고 있다. 앞의 책, 944-945.

132 D. Weiss, *Von einer Neuorientierung des islamischen Orients? Alte Krekungen und neue Kooperationsperspektiven in einer globalisierten Welt* (Manuskript 2004). 앞의 책, 948. 에서 재인용

133 울리히 벡, 『자기만의 신』, 홍찬숙 역, (서울: 도서출판 길, 2013), 68.

134 한스 큉, 위의 책, 1157.

135 울리히 벡, 위의 책, 105-106.

136 앞의 책, 106.

137 한스 큉, 위의 책, 1127.

138 앞의 책, 1128.

139 앞의 책, 1131.

140 앞의 책, 1135.

141 앞의 책, 1136.

142 앞의 책, 1137.

143 앞의 책, 1140. 울리히 벡, 위의 책, 106. 여기서 벡은 '세계시민신학'이란 말도 사용한다.

144 앞의 책, 1149. 앞전 페이지에서는 생태 문제도 언급했다. 1143. 참조. 다행히도 한 이슬람 학자 는 이런 세계윤리가 이슬람 정신과 완전 일치한다고 천명했다. A. Asghar Engineer, *Die Erklaerung zum Weltehos, -eine Islamische Antwort*: K. H Schreiner(ed.), Islam in Asien, Bad Honnel 2001, 114-122. 앞의 책, 1150에서 재인용.

145 이하 내용은 앞의 책, 1150-1152를 요약하여 재서술한 것이다.

146 앞의 책, 1151-1152.

147  앞의 책, 1153.

148  앞의 책, 1154. 이 말은 유엔 사무총장을 지낸 코피 아난의 말인데 필자의 방식으로 정리해서 소개했다. 울리히 벡, 위의 책, 214-216. 여기서 울리히 벡 역시도 종교들의 공통성에 기초한 큉의 세계윤리는 특수성을 포기하는 것이라 비판했다. 이 점에서 마지막에서 필자가 다룰 토착화는 큉을 넘어서는 시도라 할 것이다.

149  R. 불트만,『서양 고대 기독교 사상』, 허혁 역, (서울: 이화여대출판부, 2003), 조태연, "신을 먹고 신처럼 되어- 바울 신학의 밀의 종교적 기원", 이화여대 인문대학교수 학술제 발표논문(1997, 5.9)참조.

150  주후 49년 갈라디아란 곳에서 베드로를 매개로 바울과 야고보간의 중재회담도 있었다. 예루살렘 공동체에서 바울의 이방인 선교에 있어 할례와 율법을 문제 삼지 않겠다는 약속을 했고 반면 바울 공동체는 야고보에게 많은 선교자금을 지원했다. 벌써 이 시점부터 상황의 역전이 발생하기 시작한 것이다.

151  대표하는 책으로 M. 보그&J. 크로산,『예수의 마지막 일주일』, 오희천 역(서울: 중심, 2007).

152  A. 바디유,『사도바울』, 현성환 역, (서울: 새물결, 2003), 테드 W. 제닝스,『데리다를 읽는다/바울을 생각한다』, 박성훈 역, (서울: 그린비, 2014), 야콥 타우베스,『바울의 정치신학』, 조효원 역, (서울: 그린비, 2012), 조르조 아감벤,『남겨진 시간』, 강승훈 역, (서울: 코나투스, 2000) 등을 보라.

153  역사적 예수 연구가들은 예수의 역사성을 잃고 믿음의 현실만 강조하는 기독교를 일종의 가현설(Doceticism)과 다름없다고 여긴다. 이정배, "기독교의 하느님 나라-현재/미래, 차안/피안, 개인/전체의 이분법을 넘어",『유토피아 인문학』, (서울: 석탑출판(주), 2013), 139-146 참조.

154  이하 내용은 M. 보그 & J. 크로산, 앞의 책 내용을 필자가 임으로 요약 정리한 것이다. 구체적 페이지 표시는 생략한다.

155  이것은 가장 먼저 기록된 마가복음서의 증언이다. 동정녀 탄생, 심지어 선재설과 같은 교리가 여기서 발견되지 않는다. 심지어 마가서 끝자락(16장 9-16절)에 나오는 부활 신앙도 후대에 첨가되었다는 것에 성서학자들의 대다수가 동의한다.

156  물론 이에 대한 반론도 없지 않다. 역사적 예수 연구자들 사이에서도 견해차가 있는 것도 사실이다. 하지만 이 글에서 이런 토론을 열거하는 것은 별 의미가 없다. 대속 신앙 뿐 아니라 부활 신앙 모두가 예수의 하느님 나라 열정에서 비롯한 결과물, 후대의 신앙고백이란 것에 주목하면 좋을 것이다.

157  이태원에 있는 이슬람 성전 건립에 있어 부지 제공을 비롯한 한국 정부의 지대한 후원이 있었다.

158  실제로 소수 이슬람 과격단체들에 의해 불교 문화권의 유산들이 파괴되는 경우도 많았다. 이는 아시아 지역에서 이슬람과 불교가 공존하기 어렵다는 현실의 한 단면이기도 하다.

159  울리히 벡, 위의 책, 199.

160 앞의 책, 216.

161 가장 최근의 책으로는 임낙경, 『임낙경의 우리 영성가 이야기』, (서울: 홍성사, 2014).

162 이 말은 유학자로서 기독교인이 된 탁사 최병헌 목사의 말이다. 그는 정동감리교회 초대 한국인 목사이면서 감리교신학대학교의 전신인 협성신학교 종교 변증학 교수였다.

163 이는 감리교 신학자 해천 윤성범의 토착화 방법론이다.

164 이는 연세대 명예교수인 감리교 신학자 소금 유동식의 방법론이다.

165 이는 감신대 학장을 지낸 일아 변선환 교수의 지론이다.

166 와쓰지 데쯔우로, 『풍토와 인간』, 박건주 역, (서울: 도서출판 장승, 2003). 참조.

167 이정배, '생태학(풍토)적 관점에서 본 기독교와 먹거리', 미간행 논문(2013년 12월 발표) 참조.

168 그러나 지금 이순간도 이슬람권에서 들려오는 소식은 우리의 논의를 절망케 한다. 그러나 선한 이웃들이 훨씬 많기에 희망의 끈을 놓칠 수 없다.

169 교종의 책, 『복음의 기쁨』, (서울: 한국 천주교 주교회의 편, 2004), 193.

## 02 유물론의 기독교적 이해

1 여기서 '공통체'는 Common Wealth의 한국어 번역으로서 포스트 마르크시스트로 불리는 네그리와 하트의 세 번째 공동저서 명이다. 『제국』과 『다중』에 이어 『공통체』란 책에서 이들은 사적 개인과 공적 국가라는 양극적 개념대신 약자들에 의한 자발적 구성의 실체로서 공통체를 주장하고 있다. A. 네그리, M. 하트, 『공통체』, 정남여 외 역, 서울: 사월의 저서, 2013.

2 이 두 학자들이 한국에 왔을 때 청중들이 보여준 반응은 대단했고 지젝은 지금 경희대 석좌교수로 활동하고 있다. 당시 이들이 함께 엮은 책 『바디유와 지젝, 현재의 철학을 말하다』, 민승기 역, (서울: 도서출판 길, 2013)이 널리 읽거졌다.

3 이 글의 전개를 위해 다음의 책 순서에 따랐음을 밝힌다. Adam Kotsko, *Zizek and Theology*, (T&T Clark press 2008). 이 글의 전체 내용도 이에 토대한 것임을 밝힌다.

4 본 책의 부제는 '보편성의 기초'(The foundation of Universalism)로 되어 있다. 바디유의 『사도바울』에 대해 지젝의 논쟁을 담은 책이 바로 데카르트의 Cogito 개념을 새롭게 이해한 『까다로운 주체』 즉 The Ticklish Subject: The Absent Centre of political Ontology, Verso Books, London & NewYork 1999이다.

5 Adam Kotsko, 2. 이 말은 본래 지젝의 책, *The Puppet and the Dwarf,: The perverse core of Christianity*(Cambridge: MIT press, 2003) 6에 실려 있다.

6 이상과 같은 총체적 정리는 Adam Kotsko, 서문 참조. S. 지젝 & J. 밀뱅크, 『예수는 괴물이다(*The Monstrosity of Christ*)』, 배성민 외 역, (서울: 마티, 2013).

7 이런 시각은 프랑스 철학자 알뛰세르의 견해로서 이데올로기의 지평을 넓히는데 일

조하였다.

8  Adam Kotsko, 19-20.

9  Adam Kotsko, 8-9. 도니 마이어스, 『누가 지젝을 미워하는가?』, 박정수 역, (서울: 엘 피, 2005), 44-45.

10  이는 데카르트의 Cogito 개념에 대한 지젝의 특별한 독해의 결과이다.

11  김현강, 『슬라보예 지젝』, 이룸, 2009, 27-28, 30.

12  이는 근대적 행위주체와 포스트모던의 탈주체성 모두를 비판하는 새로운 주체성을 일컫는다.

13  일명 라캉은 프로이드로 귀환(return to Freud)한 근본적 프로이드 주의자로 불린다.

14  Adam Kotsko, 13-15. 김현강, 위의 책, 31-32. 여기서 실재(계)는 상상계, 상징계와 더 불어 라캉의 정신분석학의 핵심 개념이나 가장 결정적 의미를 지닌 것은 역시 실재이 다.

15  대표적인 논객들이 바로 〈제국〉, 〈다중〉 그리고 〈공통체〉의 저자들인 네그리와 하트 등이다.

16  이 책의 원명은 *The Sublime Object of Ideology*(London & Newyork: Verso 1989)로서 이수련에 의해 2002년 인간사랑에서 번역 출판되었다. 이 책은 지젝의 많은 저서 중 한권을 택해 읽을 경우 으뜸으로 추천되는 책이다.

17  Adam Kotsko, 16-17

18  M. Volf, 『노동의 미래, 미래의 노동』, 이정배 역, (서울: 한국신학연구소, 1993), 2부 내용 참조.

19  여기서 스탈린주의란 당시 지젝이 거하던 유고슬라비아의 티토정권이 택했던 이데올 로기이기도 했다. 지젝이 마르크스주의의 내적 모순을 파헤칠 수 있었던 것은 프랑스 철학자 알튀세르의 영향이었다고도 말할 수 있다.

20  바로 초기 작품인 『이데올로기라는 숭고한 대상』이 이런 구조로 전개되어 있다고 볼 수 있다.

21  Adam Kotsko, 21.

22  초기 마르크스주의를 능가하는 것으로 칭송받던 자유민주주의가 점차 민족(종족)주 의를 비롯한 다양한 신(新) 이데올로기의 근원지로서 지젝에게 부정적으로 평가받게 되었다는 말이다.

23  이는 본래 알튀세르의 주장으로서 이데올로기적 진리가 일상에서 자명한 것으로 받 아들여진다는 것이다. 이는 일명 '파스칼의 논증'이라 불리는 바, 이데올로기(믿음)가 사람의 일상을 습관화 시킨다는 뜻이다. Adam Kotsko, 24.

24  Adam Kotsko, 27. 바로 여기서 우리는 전통적 이데올로기 비판의 한계를 인정하는 지 젝의 성숙한 모습을 볼 수 있다.

25  Adam Kotsko, 30.

26  *The Sublime Object of Ideology*, 36. Adam Kotsko, 30에서 재인용

27  Adam Kotsko, 33.

28 Adam Kotsko, 34. 이를 또한 실재의 '내적 장애'란 말로서 언표하기도 한다.

29 마르크스에게 있어 이것은 계급투쟁의 형태로 나타난다. 자본가와 노동자간의 적대가 바로 보편(실재)에 위치한다는 것이다. 이를 일컬어 이데올로기의 초(超)구조라 했다. 하지만 정작 실재는 지젝에게 있어 무엇으로 환원될 수 없다는 의미에서 언제든 절대(파괴)적 '빔'(empty)으로서 언표 된다. Adam Kotsko, 34. 36.

30 Adam Kotsko, 36-37.

31 Adam Kotsko, 37-38. 지젝은 여기서 공산주의조차 이데올로기적 환상에서 자유롭지 못했다고 보며 사회주의 붕괴를 이 점에서 과소평가하면 아니 될 것을 주장하였다.

32 여기서 전체주의의 지도자는 가치를 직접적으로 현시하는 돈으로 비유된다. 돈에 대한 충성이 한 지도자에 대한 충성으로 비유될 수 있다는 것이다.

33 Adam Kotsko 39-40.

34 각주 28 내용을 참조할 것.

35 Adam Kotsko, 40-41.

36 Adam Kotsko, 42. 본 주제를 다룬 지젝의 핵심저서로 *Tarrying with the Negarive: Kant, Hegel and the Critique of Ideology*(Durham: Duke University press 1993)이 있다. 특별히 208-230을 보라.

37 앞의 책은 런던 Verso 출판사에서 1996년 출간되었고 나중 책은 같은 곳에서 일 년 뒤인 1997년 출판되었다. 나중 책은 『환상의 돌림병』이란 제목으로 인간사랑출판사에서 2002년 번역 출판되었다. 각주 36에 언급된 『부정적인 것에 머물기』에서 칸트가 중심주제였다면 『나뉠 수 없는 잉여』에서는 쉘링이 중요인물로 다뤄졌다.

38 이 주제를 다룬 책이 바로 *For they know not what thet do*(London & New York 1991)이다. 이 책 역시 박정수에 의해 인간사랑에서 『그들은 자기가 하는 일을 알지 못하나이다』란 제목으로 2004년 번역 출판되었다.

39 Adam Kotsko, 43-46.

40 김현강, 위의 책, 172. 여기서 보편속에 내재하는 예외의 지점을 '징후'라 일컫는다.

41 앞의 책, 173. '포함시키는 제외'란 이탈리아 좌파철학자 아감벤의 용어이다. G. Agamben, *Homo sacer*, (Frankfurt am Mein, 2002), 31.

42 G. Agamben, 앞의 책, 27. 김현강, 앞의 책, 173에서 재인용. 본래 예외란 꺼내다, 빼내다라는 동사에서 파생된 것으로 예외가 있기 전에 반드시 전체적 상황이 존재하며, 전체에서 빼내어진 것으로서의 예외는 전체와 여전히 관계를 맺고 있는 것이라 보았다.

43 알랭 바디유, 슬라보예 지젝, 『바디유와 지젝, 현재의 철학을 말하다(2013)』, 41-44.

44 이와 더불어 인종차, 계급투쟁 역시 '적대로서의 실재'의 다른 예이겠으나 지젝은 성차를 실재의 가장 기본적 모순이라 봄으로써 이데올로기로부터 현실을 구하는 일에 있어 마르크스의 한계를 넘어서고자 했다. Adam Kotsko, 46-47. 각주 28 내용과 비교하라.

45 지젝이 라캉의 성차개념을 논할 때 반여성적 가부장제를 대표하는 오토 바이닝거

의 책 *Sex and Character*를 논거로 삼았다. 남성은 고귀하고 능동적 영혼의 소유자이
며 여성은 수동적이고 비천한 물질적 속성으로 묘사되었다. 토니 마이어스, 위의 책,
154-157 참조.

46 *The Ticklish Subject* 256. 『까다로운 주체: 정치적 존재론이 부재하는 중심』, 이성민
역, 도서출판 b, 2005, 김현강, 앞의 책, 176에서 재인용.

47 김현강, 앞의 책, 178. 이 점에서 지젝은 유대인 여성 철학자이자 한나 아렌트 연구자
인 버틀러와 주체성에 관한 유익한 토론을 하였다고 스스로 고백한 바 있다.

48 *The Ticklish Subject*, 275. 김현강, 앞의 책, 179 참조.

49 주체란 상징적 질서 내부에 그것이 기입되기 이전의 공백, 무(無)라는 것을 지젝은 데
카르트 연구를 통해 새롭게 밝혀낸 것이다. 이는 라캉의 연구가 있었기에 가능했다.
즉 라캉은 데카르트 명제, 'cogito ergo sum'을 '나는 내가 생각하지 않은 곳에 존재한
다'는 것으로 바꿔 이해했기 때문이다.

50 이진경, 『자크 라캉: 무의식의 이중구조와 주체화』, (서울: 새길, 1995), 51 이하 내용.
증상이 이데올로기적 환상에 의해 타자와 동일시되고 그런 동일화 과정 속에서 탄생
된 주체를 말한다면 증환은 이런 증상에게 존재론적 위상을 부여하는 상태라 하겠다.
즉 환상이 만든 허위 이데올로기에 지속적으로 복무하는 주체를 '증환적'이라 이름 할
수 있다는 것이다.

51 그러나 여기서 중요한 것은 지젝이 남성과 여성을 상징적 성으로 고착화 시킬 의도가
없다는 사실이다. 남성/여성을 결코 본질주의적 관점으로 해독치 않았다는 것이다.

52 Adam Kotsko, 48-49.

53 이는 물론 섹스, 성교가 가능치 않다는 말과 무관한 언사다. 더 이상 상징화가 불가능
하다는 뜻이다. 토니 마이어스, 위의 책, 170-171.

54 Adam Kotsko, 49.

55 지젝은 정통 기독교의 神뿐 아니라 유전자로 일체를 해명하려는 과학적 무신론 역시
거부한다. 그의 유물론적 신학은 결코 도킨스 類의 무신론과는 성격을 달리한다. 여
성적 원리(Not-all)로서 세계를 보았기에 종래와 달리 성육신을 더욱 철저화시킬 수 있
었던 것이다.

56 이는 칸트 철학의 역동적 자기모순에 해당되는 것으로서 지젝은 이에 라캉의 성차개
념을 부과하여 달리 해석하고 있는 것이다. 神과 자유 같이 현상 밖의 실재를 보편적
이성범주로 이해하는 것은 구성적 예외의 실례로서 역동적 이율배반이라 하겠다.

57 이렇듯 지젝은 라캉의 성차개념을 대타자(주인기표)와 실재와 연결시켰고 이를 근거
로 앞서 말한 헤겔의 종합(Synthese)역시 일종의 틈(빔), 즉 양 극단 간의 틈을 수용
하여 전환(Schift)을 만들어 내는 과정이라 이전과 다른 해석을 할 수 있었다. Adam
Kotsko, 50-51.

58 *The Ticklish Subject*, 89. 김광현, 위의 책, 78-79. 이 말은 헤겔에게서는 실체는 자신을
외화시켜 타자를 정립하고 타자와 자신을 통일시킨다는 뜻이었다.

59 Adam Kotsko, 50-51. 본 주제에 관한 지젝의 견해는 *Tarrying with the Negative* 에 소

개되어 있다. 데카르트, 칸트를 위시한 독일 관념론 철학을 라캉식으로 전유한 논거가 제시되었다. 또한 *For they know not what they do*에서도 '사라지는 매개자'란 개념이 일관되게 사용되었다.

60 이 말은 독일 관념론 철학이 이데올로기화된 실재의 철학이었다면 지젝은 이것을 '주체'의 철학으로 관점 이동시켰다는 뜻이다. 여기서 주체는 여전히 선험적 의미를 급진적 방식으로 부여 받는다.

61 이하 내용은 쉘링의 저서 *Weltalter*에 따른 것으로 다음 책에서 배운 것이다. Adam Kotsko, 52-53.

62 지젝은 쉘링의 神이 인간주체의 한상과 구조적으로 유사하다고 보았다. Adam Kotsko, 54.

63 Adam Kotsko, 55-56.

64 Adam Kotsko, 56.

65 Adam Kotsko 57.

66 대중적 프로이드 해석에 의하면 이 경우 초자아는 공식적 도덕법에의 복종을 요구받는 것과 등가이겠으나 지젝은 이를 라캉에 따라 향유(기쁨)의 개념으로 전유했다. 위의 책, 58.

67 우리 사회에 만연된 기혼자의 매춘 행위에 대한 관용, 고속도로의 한계속도 규정 위반 같은 것이 이에 해당될 것이다.

68 Adam Kotsko, 59-60.

69 Adam Kotsko, 60.

70 토니 마이어스, 위의 책, 82-83.

71 더욱 엄밀히 말하자면 '사적 경향성의 보편화'라 해도 좋다. '오직 믿음', '오직 은총'이란 종교개혁 원리가 바로 개신교의 자본주의화를 추동했다는 것이다.

72 이것이 바로 헤겔의 변증법이 동일성의 철학으로 정의될 수 없는 핵심 이유이다. 김현강, 위의 책, 76-77.

73 이 점에서 지젝은 가톨릭 신학을 배경한 급진적 신학자 존 밀뱅크와 논쟁한다. 변증법에 기대는 지젝과 달리 밀뱅크는 존재유비의 역설(paradox)철학에 근거하여 기독교의 미래를 전망하였다. 마지막 장에서 이에 관한 내용을 언급할 것이다. 본 책 『예수는 괴물이다』의 부제가 *Paradox or Dialect*로 되어 있음을 주목하라.

74 이하 내용은 Adam Kotsko, 위의 책, 60-65를 요약 정리한 것이다.

75 지젝은 그러나 정신이상(Psychosis)에 대해서 그리 많이 언급하지 않았다. 질서에 굴복시키는 힘 자체를 인정할 수 없었기 때문이다. 반대로 히스테리에 대한 언급은 의외로 많다.

76 Adam Kotsko, 62. 그렇기에 지젝은 이들이 종교적 가르침에 실상 헌신할 수 없었다고 비판한다.

77 남자들의 경우 자신의 건강에 문제 있음에도 결단코 병원에 가지 않으려는 상태라 할 것이다.

78 이 점에서 히스테릭 주체는 주체의 원초적 형태로서 '사라지는 매개자'와 병렬적으로 이해될 수 있다.

79 Adam Kotsko, 64. *Ticklish Subject*, 297.

80 이하 내용은 Adam Kotsko, 65-69를 나름대로 요약 정리한 것이다. 이렇듯 증상에 대한 치유를 위해 지젝 은 라캉 후기 저작의 중요 개념들을 원용한다.

81 *Indivisible Remainder*, 36. Adam Kotsko, 66에서 재인용.

82 지금껏 히스테릭 주체는 대타자로서 상징적 권위를 지닌 부모를 기쁘게 할 수 없었다는 이유로 그를 부정하고 폭력적 존재로 살아왔다. 이는 부모를 여전히 대타자로 상정하고 그에 기생하며 산 꼴이었다. 하지만 이런 고통 속의 환자는 그러나 부모 역시 결핍의 존재인 것을 확인하면서 부모 역시 자신이 진짜 원하는 것을 알 수 없었음을 앞 필요가 있다. 자신의 결핍을 외부에서 채울 수 없다는 것을 그리고 그것이 결코 상처가 아닌 것을 아는 것이 바로 치유책이다.

83 Adam Kotsko, 67.

84 Adam Kotsko, 67-68.

85 Adam Kotsko, 68-69.

86 누가복음 16장 1-13절 내용.

87 알랑 바디유의 말로는 '사건'이 이에 해당된다.

88 이는 곧 라캉의 정신분석학에 반영된 기독교이야기를 지젝의 방식으로 재구성하는 작업이라 하겠다. Adam Kotsko, 71-72.

89 이런 주제를 다룬 책이 *Ticklish Subject*(까다로운 주체)인 것을 앞서 언급했다. 앞의 책, 72.

90 여기서 지젝은 주인기표가 '사라지는 매개자'를 은폐시킬 경우 환상을 횡단할 수 없을 것이라 우려했다. 기존하는 대타자를 강화시킬 수도 있다는 것이다. Adam Kotsko, 72-73.

91 이런 생각을 담은 지젝의 두 저서가 중요하다. *The Sublime Object of Idelogy*와 *Indivisible Remainder*가 그것이다. 앞의 책은 베냐민에 대한 지젝의 독해이며 나중 책은 쉘링의 신학적 언어를 다루었다. 지젝은 베냐민을 통해 역사를 신학적으로 읽을 수 있는 눈을 배웠다.

92 *The Sublime Object of Idelogy*, 139. Adam Kotsko, 74에서 재인용. 물론 이것은 발터 베냐민의 명제였으나 지젝은 이를 정신분석학적으로 전개시켰다.

93 Adam Kotsko, 75. 이는 지젝이 '못생긴 난쟁이에 의해 비밀리 조정되는 꼭두각시'란 베냐민의 명제를 토대로 언급한 것이다. 지젝은 이를 불가능하게 만들었던 것을 스탈린주의라 하였다. 그것은 눌린 자들의 궁극적 승리가 역사적 필연성에 의해 보장된다는 여전히 승리자의 관점을 반영했던 결과이다. 한마디로 '중단으로서의 혁명'이란 개념의 부재 때문이다.

94 Adam Kotsko, 76.

95 *Indivisible Remainder*, 7.

96  Adam Kotsko, 79.

97  Adam Kotsko, 78-79. *The Ticklish Subject,* 3장 참조. 알랭 바디유, 슬라보예 지젝, 『바디유와 지젝, 현재의 철학을 말하다(2013)』, 25. 여기서 바디유는 철학의 과제를 사유의 선택, 사유와 권력의 거리두기 그리고 예외를 다루는 일 이라 칭했다.

98  Adam Kotsko, 79.

99  *The Ticklish Subject* 145. 위의 책 79. 81. 실제로 바디유의 신학적 전유에 있어 십자가는 상대적으로 축소되었다. 그에게 십자가는 그리스도가 인간이었다는 기표에 불과했다. 이 점에서 오히려 지젝이 루터의 십자가 신학의 제자인 것이 각인 되었다.

100  정확히 로마서 7장 7-18 그리고 19-25절을 보라. 이에 대한 논의는 *The Ticklish Subject*의 번역본 『까다로운 주체』 238-244를 참고할 수 있다.

101  Adam Kotsko, 79-80.

102  Adam Kotsko, 80.

103  지젝과 달리 바디유에게 법과 사랑은 죽음과 삶의 대립처럼 평행적으로 이해되었다. 진리사건은 그에게 새로운 시작을 뜻했을 뿐이다. *The Ticklish Subject*, 145, 148.

104  *The Ticklish Subject*, 154

105  Adam Kotsko, 81.

106  Adam Kotsko, 82.

107  Adam Kotsko, 83-84.

108  이는 공산권이 무너진 이후 민족주의로 환원되는 과정에서 자본주의와 결탁된 특히 발칸반도에 위치한 동구권 국가들의 참담한 현실을 잘 반영하고 있다. 여기서 야기된 민족차별주의 실상에 지젝은 깊이 천착하였다

109  이 책은 2000년에 출판된 것으로 '*Why the Christian Legacy is worth Fighting for*'라는 부제를 달고 있다. 김재영 역으로 쉽게 읽을 수 있다. 『무너지기 쉬운 절대성(인간사랑』, 2004 참조.

110  Adam Kotsko, 84. 예컨대 디카페인 커피, 다이어트 소다, 지방 없는 아이스크림 등으로 대변되는 건강관심은 도착의 구조적 원리로서 설명될 수 있다는 것이다.

111  Adam Kotsko, 85.

112  *Puppet and the Dwarf*, 53. 위의 책, 86에서 재인용.

113  이 경우 즐거움은 소위 '죄된 즐거움'이라 불릴 수 있다.

114  Adam Kotsko, 87. 본래 지젝은 *Fragile Absolute*에서 불교를 찬양한 적이 있으나 *Puppet and the Dwarf*에서는 오히려 부정적으로 평가했다. 선불교가 일본에서 군국주의에 봉사했던 것도 이런 부정적 평가에 역할하였다.

115  여기서 이런 말이 가능하다. "Christianity is the only frame for pegan freedom."

116  *Puppet and the Dwarf*, 97 Adam Kotsko, 88에서 재인용.

117  슬라보예 지젝, 『믿음에 대하여』, 113. 이 점에서 예수를 요하복음 13장에 의거 未定稿로 보았던 多夕 유영모의 기독론을 연상시킨다. 이정배, 『빈탕한데 맞혀놀이』, 동연, 2011.

118 필자는 이런 시도가 성서학적으로 옳은지 판단할 여력이 없다. 단지 기존 바울이해
　와 상당히 다른 것에 일단 놀랐고 뜻에 있어 일정부분 공감한다. 그러나 전적으로 동
　의할 생각은 없다.

119 Adam Kosko, 88. 이하 내용은 주로 이 책 88-93 내용을 재구성하여 쓴 것이다.

120 초기사상이라 함은 지젝이 기독교에 대한 글을 썼던 시기로서 『믿음에 대하여』,
　『까다로운 주체』 그리고 『꼭두각시와 난쟁이』에 근거한다. 이때 지젝은 프로이드의
　Mose and Monotheism의 내용을 근간하여 유대교를 이해하였다. 하지만 『꼭두각시
　와 난쟁이』에서 이런 입장을 뒤집기 시작했다.

121 슬라보예 지젝, 『믿음에 대하여』, 139.

122 *Puppet and the Dwarf*, 68. Adam Kotsko, 90-91에서 재인용.

123 *Puppet and the Dwarf*, 69, Adam Kotsko, 91에서 재인용.

124 *Puppet and the Dwarf*, 126-127.

125 Adam kotsko, 92.

126 앞의 책, 93.

127 이런 생각은 그의 후반기 저술, 즉 Parallax View(시차적 관점)에서 나타난다. 이 책
　427을 보라. 욥, 십계명, 나아가 예수 나아가 바울로 이어지는 이런 유대적 기독교이
　해의 정당성 여부는 별도로논의 될 사안이 것이다. 이 글에서는 이런 지젝의 견해를
　일단 따를 것이고 결론에서 다소나마 비판적 의견을 제시할 생각이다.

128 Adam Kotsko, 94. 러시아 정교회 소속 성서신학자 K. 스텐달 역시 바울의 회심을 인
　정치 않았다. 그의 책, *Paul among Jew and Gentiles*(Mineapolis:Fortress 1976), 80. 참
　조. 그는 WCC켄버라 대회에서 성령을 새명의 에너지(Energy for Life)로 풀어 낸 바
　있다.

129 Adam Kotsko, 94-95.

130 Adam Kotsko, 95.

131 *For They know not what they do*, 29. 78. Adam Kotsko, 95에서 재인용.

132 고린도전서 7장 29-31절 참조. "…이제부터는 아내 있는 사람은 없는 사람처럼하고,
　우는 사람은 울지 않는 사람처럼 하고 기쁜 사람은 기쁘지 않은 사람처럼 하고 무엇을
　산 사람은 그것을 가지지 않은 사람처럼 하고, 세상을 이용하는 사람은 그렇게 하지
　않는 사람처럼 하도록 하십시오. 이 세상의 형체는 사라집니다."

133 Adam Kotsko, 96.

134 Adam Kotsko, 96-97.

135 지젝은 진화 생물학자인 도킨스 등과 많은 지면을 할애하여 논쟁했다. 자신을 변증
　법적 유물론이라 부르며 이들 환원적 유물론자와 구별되기를 원했던 것이다.

136 Adam Kotsko, 97. '그리스도 죽음이후 남는 것은 성령이며 그 광채를 기억하는 공동
　체'라는 것이 지젝 기독교이해의 본질이다. 『믿음에 대하여』, 99.

137 『믿음에 대하여』, 98-99.

138 이것이 神이 스스로에게 불가해 하다는 말뜻이며 오로지 '구체성' 속에서만 존재한

다는 의미이다.

139 Adam Kotsko, 97.

140 물론 지젝은 인간이 오로지 인간일 수 없는 이유도 적시한다. 모든 인간에게 신적 불꽃이 존재한다고 보았던 때문이다. 이것이 뜻하는 바를 적시치 않으나 동양적 사유와의 접목 가능성을 예상해본다. "초월성은 내가 사랑하는 몸뚱이 속에서 반짝인다." 『믿음에 대하여』, 98.

141 『믿음에 대하여』, 98-99.

142 Adam Kotsko, 98. 이는 *Puppet and the Dwarf*에서 다룬 내용이다. 이 책의 부제가 '기독교의 변태적 핵심(*The Perverse core of Christianity*)'으로 되어 있는 것에 주목하라. 본 책 102-110를 참고할 것. 김현강, 위의 책, 249 참조. 필자는 여기서 지젝 역시 기독교를 공산권 토양에서 토착화 시켜내려는 학자로 보고 싶다.

143 Adam Kotsko, 98-99.

144 Adam Kotsko, 99.

145 이는 곧 자신을 버린 神을 희망하는 일이기도 하다.

146 *Puppet and the Dwarf*, 6. Adam Kotsko, 99-100.

147 왜냐하면 유대교는 유일한 우상파괴적 종교였기 때문이다. 『믿음에 대하여』, 136 이하 내용.

148 이에 대한 언급은 주로 *Indivisible Remainder*에서 다루고 있다. 바디유와 지젝이 함께 쓴 『과학과 진리』, (서울: 정신분석과 문화센타, 2000)도 참조할 수 있다. Adam Kotsko, 101-103.

149 Adam Kotsko, 102.

150 Adam Kotsko, 103.

151 대표적 경우로 E. 윌슨의 『통섭론(Concilliance)』을 들 수 있겠다. 기독교가 전통적으로 일체를 神에게 환원했다면 이는 일종의 유전자 환원주의라 하겠다. 윤리, 종교마저 유전자의 결과물로 보았다.

152 Adam Kotsko, 104-105.

153 Adam Kotsko, 105.

154 Adam Kotsko, 105-106.

155 Adam Kotsko, 106. 이하 내용은 본 페이지의 내용을 축약한 것이다.

156 이것은 'brute fact' 곧 '이성(정신)없는 사실'과 같은 뜻으로 사용되었다.

157 이 두 개념은 *Indivisible Remanider* 마지막 장의 주제로서 쉘링에게서 배운 내용이다.

158 Adam Kotsko, 107.

159 *Individual Remanider*, 230. 위의 책, 107에서 재인용.

160 본래 시차는 별들이 태양을 도는 지구회전과정에서 각기 다른 위치에 있는 듯 보인다는 의미로 사용되었다. 하지만 지젝은 이를 자신의 변증법적 유물론 철학을 개진하기 위한 차원에서 적극 활용하고 있다. 슬라보예 지젝, 『시차적 관점(*Parallax View*)』,

김서영 역, (서울: 마티, 2011), 14.

161 Adam Kotsko, 108-109.

162 Adam Kotsko, 109.

163 Adam Kotsko, 같은 면 하단. 이것은 본래 바디유와 쉘링의 언어였으나 지젝이 이를 철학이 아닌 신학적으로 재해석하였다. 『믿음에 대하여』 2부 주제가 '똥을 싸야 한다'로 되어 있음을 기억하라. 이것은 神의 구체성과 직결되는 사안이다.

164 *Parallax View*, 187. Adam Kotsko, 110.에서 재인용.

165 이 점에서 지젝은 기독교와 말로 현대과학에 가장 잘 부합되는 종교인 것을 역설했다.

166 이는 곧 라캉의 정신분석학을 인지과학과 연계시킨 것을 뜻한다. 지젝의 발전된 시각을 반영한다.

167 Adam Kotsko, 112-113. 여기서 지젝은 의식의 창발을 Antonio Damasio의 저서들, *The Feeling of what happens: Body, Emotion and the Making of Consciousness* (Newyork: Vintage 2000)과 Descartes' Error:Emotion, Reason, and the Human Brain(Newyork: Quill, 1955)에 의거하여 설명한다. 이하 내용은 특별히 Adam Kotsko 가 정리한 내용을 재구성한 것이다.

168 *Parallax View*, 225.

169 Adam Kotsko, 113. *Parallx View*, 226 이로써 지젝은 이들 세자아를 변증법적 단계 로 이해코자 하였다.

170 Adam Kotsko, 113-114.

171 Adam Kotsko, 114.

172 *Parallax View*, 231

173 Adam Kotsko, 114.

174 Adam Kotsko, 116. 이런 이유로 지젝은 존재유비(Analogia entis)를 말하는 가톨릭 신학보다는 그가 지닌 변증법적 특성 때문에 개신교 신학(Analogia fidei)을 선호했다. 이런 맥락에서 가톨릭 신학자 존 밀뱅크와의 토론을 엮은 책이 『예수는 괴물이다』인 것을 앞서 언급했다.

175 Adam Kotsko, 116-118. 이 점에서 지젝은 W.Pannenberg의 『신학적 인간학(*Die Theologische Anthropologie*)』, (Vandenhoeck & Ruprecht, 1993)과 동일한 입장을 취했다. 진화론을 수용했던 그 역시 자연 상태인 에덴동산, 곧 원죄 이전의 무구한 상태 로의 복귀를 부정했기 때문이다. 그러나 유대주의에 대한 이해는 상호간 너무 달랐다.

176 Adam Kotsko, 119.

177 Adam Kotsko, 120.

178 *Parallax View*, 75 참조.

179 지젝은 키에르케고어의 실존변증법에서도 視差를 발견한다. 시차란 심미적 쾌락, 윤리적 삶 그리고 종교적 단계들 사이에서 이를 보는 것이다.

180 Adam Kotsko, 121.

181 Adam Kotsko, 122. *Parallax View*, 79.

182 Adam Kotsko, 122.

183 Adam Kotsko 123. *Parallax View*, 90. 이는 라캉을 칸트식으로 독해한 결과이다. 인간은 단순히 사회법에 복종하는 존재가 아니며 그렇다고 키에르케고어의 경우처럼 神으로부터 의미를 보장받을 수도 없다. 오로지 자신의 한계를 멍에로 생각하는 주체라는 것이 지젝의 견해이다. 어려운 자유에 직면하여 주인을 필요로하는 대중적 신앙과는 크게 다르다.

184 Adam Kotsko, 123. 죽음충동의 신학화는 지젝이 베냐민을 통해 배운 생각이었다.

185 이정배, 『현대자유주의 신학사조』, (서울: 감신대 출판부, 1991) 참조. 이외에도 본회퍼, 토마스 알타이저 등의 현대 신학자들이 거론될 수 있을 것이다. Adm Kotsko, 149-154 참조.

186 Adam Kotsko, 123-124.

187 Adam Kotsko, 124-125.

188 Adam Kotsko, 126.

189 Adam Kotsko, 126-127.

190 Adam Kotsko 127-128.

191 이 점에서 우리는 지젝의 공동체론과 네그리의 공통체론과 비교 검토할 필요가 있을 것이다. 네그리가 다중의 힘에 근거한 자신의 〈공통체론〉에서 지젝을 비판하는 관점도 숙지할 사안이다. 이는 결국 마르크스를 탈현대 시각에서 읽고자 했던 네그리와 마르크스를 그 자신의 한계로부터 극복하려는 지젝 간의 차이라 말 할 수 있겠다.

192 Adam Kotsko, 139. 여성신학자들 중에는 지젝을 가부장적 섹스언어에 경도되어 있다고 오해하는 경우가 있었다. 해방신학, 흑인신학 역시 아직은 지젝과 대화하는 추세는 아니다.

193 J. D. Caputo, *The Weakness of God: The Theology of the Event*, (Indiana Univ. press, 2006). 하지만 카푸토 역시 지젝을 부정하지 않았으나 지지를 표명하지도 않았다. 본래 그는 데리다의 해체주의를 갖고 기독교를 독해했던 신학자였기에 해체주의를 싫어한 지젝에게 호감을 갖지 않았다.

194 Adam Kotsko, 149-154 참조.

195 신은희, '지젝의 기독교 비평연구: 死神신학에서 招魂신학에로', 『신학사상』157권 (2012 여름), 79-116 참조.

196 크레스턴 데이비스, '성 토요일 혹은 부활의 일요일? 너무도 다른 논쟁을 무대에 올리며', 『예수는 괴물이다』 42.

197 Adam Kotsko, 130-131.

198 Adam Kotsko, 131-132.

199 이 점에서 지젝은 대체주의자(Supercessionist)로 명시된다. 바울 운동이 유대교 내 새로운 운동이란 것이다. 따라서 기독교와 유대교의 대립을 백해무익하다 보았다.

200 Adam Kotsko, 132.

201 『예수는 괴물이다』 403 이하 내용. 참조.

202 물론 지젝에게 신화적 언어가 초자연적 기사를 담았기에 중요했던 것은 아니었다. 오히려 그는 신화를 전통적 개념으로 이해하는 것을 거부한다. 오히려 과거를 재활성화(구원) 시킬 목적에서 신화를 중시할 뿐이다. Adam Kostko, 133-134. 참조.

203 Adam Kotsko, 134.

204 Adam Kotsko, 145.

205 Adam Kotsko, 146.

206 Adam Kotsko, 147.

207 Adam Kotsko, 148.

208 Adam Kotsko, 147

209 Adam Kotsko, 133-134.

210 Adam Kotsko, 134, 『예수는 괴물이다』, 196-202.

211 '존재유비'를 부정한 대표적 신학자는 바로 신정통주의 신학자 '칼 바르트'였다. 가톨릭 신학과의 그의 논쟁과 더불어 개신교 안에서 벌어진 소위 '자연신학' 논쟁도 그가 주도했다.

212 Adam Kotsko, 136-137.

213 여기서 '신비적'이라 함은 지젝이 비판했던 동양적 혹은 불교적이란 말과 동일한 맥락이다. 때론 가상현실과 같은 의미로 사용될 수도 있을 것이다.

214 이를 위해 『예수는 괴물이다』 책의 서설을 쓴 크레스턴 데이비스의 글을 참고하여 요약, 정리 할 것이다. 이 책 15-47을 보라.

215 앞의 책, 23.

216 위의 책, 30.

217 위의 책, 35.

218 위의 책, 36.

219 슬라보에 지젝, 『죽은 신을 위하여. 기독교 비판 및 유물론과 신학의 문제』, (서울: 도서출판 길, 2007), 42.

220 『예수는 괴물이다』, 37.

221 여기서 그리스도 죽음은 '사건을 중단하는 사건'(interruptive event)이라 했다. 앞의 책, 37 참조.

222 위의 책, 38. 이 점에서 지젝은 '두 세 사람이 모인 곳에 내가 그들 속에 있다.'는 성서를 문자 그대로 믿어야 한다고 주장했다.

223 위의 책, 38. 한국의 초현실주의 신학자 李信 또한 성육신을 神이 인간(육신)이 된 것을 넘어 육신을 다시 영적인 존재로 만드는 일이라 하였다. 그의 책 『슐리얼리즘과 靈의 신학』, (서울: 종로서적, 1992), 167.

224 『예수는 괴물이다』, 251. 이는 밀뱅크가 부정신학의 전통을 수용했기에 가능한 일이었다. 그는 에크하르트, 쿠자누스 등의 신비가들의 역설을 유비의 새 차원으로 통합시켰다.

225 앞의 책, 같은 쪽.

226 위의 책, 255-256. 259-260. 이 점에서 지젝은 변증법은 상대(타자)를 부정함으로 신비를 없애나 사이논리로서 유비는 신비를 유지시킨다고 말했다.

227 위의 책, 284.

228 위의 책, 같은 쪽.

229 위의 책, 39.

230 위의 책, 42. 본래 최초의 복음서인 마가의 경우 부활의 이야기가 부재했던 것을 기억할 필요가 있다. 16장 9-20절의 부활 기사는 주후 2세기경의 첨언이란 것이 성서학자들의 공인된 견해이다.

231 이 글에 인용된 지젝의 원저의 내용은 필자의 확인을 거친 것임을 밝힌다.

232 Adam Kosko, 139. Ivan Petrella(ed), *Latin American Liberation Theology: The Next Generation* (Maryknoll: Orbis 2005), 53.

233 Adam Kotsko, 139-140.

234 이는 주체의 결핍을 치유함을 뜻한다.

235 제 3세대 그리스도 연구소 엮음, 『박근혜 정부의 탄생과 신학적 성찰』, (서울: 동연, 2013), 232-233.

236 본회퍼는 세계 안에서의 약한 하느님, 그것이 그가 우리를 돕는 유일한 방식이라 말했다. Adam Kosko, 150-151.

237 〈한겨레신문〉 2014년 3월 3일자 28면 참조. 『황해문학』 2014년 봄호에 실린 진태원 교수의 글 참조. 여기서 저자는 한국에 부는 지젝에 대한 인문학적(신학적) 열풍을 비판했다. 이마저도 미국화의 바람이란 것이다.

## 03 한류와 K-Christianity

1 이 글의 원래 제목은 '한류와 K-Christianity' 였고 2013년 WCC 한국 대회를 염두에 두면서 내용을 대폭 줄이고 보완하여 달리 구성한 것이다. 이 글은 두 가지 목적 하에 재구성된 것인데 첫째는 한류의 문화 담론을 명시하는 일이었고 둘째는 이런 한류가 현지에서 어찌 수용될 것인지를 관심을 갖는 것이었다.

2 여기서 '자체 동일성'과 '자기 동일성'을 분명히 구별코자 한다. 전자는 사물이 존재하는 방식이라면 후자는 인간의 존재 방식으로서 주변과 관계하며 자신을 창조해가는 것을 적시한다. 전자가 혈통으로서 종족을 말한다면 후자는 문화로서의 겨레를 일컬을 수 있다. 아무리 서구가 민족을 허구적 산물이라 하더라도 '자기 동일성'을 부정하기는 어려울 것이다. 이기상, 『지구촌 시대와 문화 컨텐츠』, (서울: 한국외국어대학교출판부, 2009), 135-136. 심광현, 『興한민국』, (서울: 문화연구, 2005), 275-276. 심광현역시 역사적 지리적 환경에서 선택의 주체가 활동하기에 고유한 문화가 형성될 수 있다고 보았다. 나아가 민속학자 임재해는 우리 민족의 문화적 유전자(DNA)를 언급하기도 했다. 임재해 외, 『고대에도 한류가 있었다』, (서울: 지식산업사, 2007), 21 이하

내용.

3  이 경우 通涉은 최근 사회(진화) 생물학자인 E. 윌슨이 사용한 統攝(Consilience)과
   는 전혀 다른 의미이다. 앞의 통섭은 혼종성과 등가이나 나중 것은 일종의 환원주의
   성격을 띠게 된다. 이정배, 『빈탕한데 맞혀놀이-多夕으로 세상을 읽다』, (서울: 동연,
   2011), 118-119 참조.

4  관련 자료는 다음과 같다. 심광현, 『흥한민국』, 현실문화연구 2005, 신은경, 『풍류-동
   아시아 미학의 근원』, (서울: 보고사, 1999). 이도흠, '한류와 불교', 『한류, 종교에게 묻
   다』, 한국문화신학회 발표 미간행 논문(2011년 11월 3일), 유동식, 『풍류도와 한국사
   상』, (서울: 연세대 출판부, 1998).

5  구연상, '한류의 근원과 미래', 미간행 논문, 1.

6  M. M. Kraidy, *Hibridity Or the Cultural logic of Globalization*, (Philadelphia Temple
   Univ. press, 2005), 88.

7  심광현, 『한류의 미학적 특성과 문화 정치적 의미』, 4-5.

8  장형철, '혼성화 이론으로 바라 본 한국 개신교의 성장과 감소', 『담론』 201, 한국사회
   역사학회 2012, 15권 2호, 140-141.

9  앞의 글, 141-142. 여기서 저자는 남미에 있어 서구와 동질화될 수 없는 근대성이 있
   는데, 그의 특징은 전통과 탈현대와도 얼마든지 교차할 수 있는 혼종성이라는 것이
   다. N. G. Canclini, *Hybrid Culture, Stratages for Entering and Leaving Modernity*,
   (Minneapolis Univ. press, 2005),

10 백원담, '한류와 동아시아 문화 선택', 미간행 논문, 4-8 참조.

11 이는 중국어로 쓰여 진 한영진의 말이다. 백원담, 앞의 글, 5에서 재인용. 여기서 저자
   는 김민기의 '지하철 1호선'을 이에 대한 구체적 예로 들었다.

12 여기서 필자는 '틀'의 개념을 다음 책에서 채택했다. 파커 J. 파머, 『비통한 자들을 위
   한 정치학』, 김찬호 역, (서울: 글 항아리, 2012), 136. 과거 전통 속에서 지금의 한류와
   공시적인 혼종성 개념을 찾는 일은 DNA와 같은 결정적 답이 아니라 토론될 수 있는
   틀을 얻고자 함이다.

13 김부식, 『삼국사기』 상권, 김종권 역, (서울: 대양서적, 1972), 129.

14 심광현, 앞의 책, 69.

15 최민자, 『통섭의 기술』, (서울: 모시는사람들, 2010). J. 리프킨, 『공감의 시대』, (서울:
   민음사, 2011). 특별히 리프킨은 앞선 다른 책을 통해서 '나는 접속한다 고로 존재하
   다'라는 명제를 도출해 냈다.

16 심광현, 앞의 책, 70-71.

17 이하는 최민자, 앞의 책, 26-31을 필자 나름대로 재구성한 내용들이다.

18 이 경우 '슘'은 역시 다른 한자어인 '函과 대별된다. 후자는 겹겹이 쌓인 러시아 인
   형처럼 큰 상자가 작은 상자들을 수없이 포함하는 상태를 일컫는 것으로 의당 統攝
   (Consilience)과 짝할 수 있는 개념이다. 따라서 불변적 실체개념이 유지되기에 반생
   명적 제국주의의 틀을 벗기 어렵다. 이정배, 『빈탕한데 맞혀놀이-多夕으로 세상을 읽

다』, 96-97.

19 한국 민족종교연구회 편,『한국 민족종교의 원류와 미래』, 86-87 참조.

20 조흥윤,『한민족의기원과 샤머니즘』, (서울: 한국학술정보(주), 2003), 45. 임재해 외, 앞의 책, 44.

21 조흥윤, 위의 책, 43-44. 여기서 언급된 'Deus Optiosus' 는 본래 '일하지 않는 신' 혹은 '게으른 신'을 일컫는다. 임재해, 앞의 책, 34-43. 여기서 이 두 학자들은 모두 한국 민족문화 속에 다른 나라 것과 다른 독특함이 있음을 강조했다. 그것을 '원형'이라 보는 가에 대해서는 이견이 있겠으나 천신신앙과 음주가무 문화는 고유한 문화적 유산이라 하였다.

22 이도흠, '풍류, 삼재. 화쟁 과 한류', 한국 문화신학회 발표 2011, 11.3(미간행논문), 37 이하 내용.
한국민족종교협의회 편, 앞의 책, 57-64. 우실하,『오리엔탈리즘의 해체와 우리문화 바로 읽기』, (서울: 소나무, 1997), 73-172.

23 한국의 고대 경전인 천부경, 삼일신고 등에 三才論이 핵심담론으로 자리하고 있다.

24 신은경, 앞의 책, 40-42. 이 점에서 심광현은 풍류란 말로 한중일 미학의 공통점을 보려는 신은경을 비판한다. 한국적 풍류의 독특성을 간과했다는 것이다. 필자도 이 점에서 동의하는 바다. 심광현, 앞의 책, 71-72.

25 천부경은 上中下經으로 구성되어 있는 바 이는 下經의 결론에 해당되는 말이다.

26 최치원은 난랑비 序에서 부모에 효도하고 나라에 충성하는 것 역시 풍류의 一面이라 하였다.

27 심광현, 앞의 책, 87. 신은경, 앞의 책, 89. 신은경은 이들 두 개념을 풍류성의 하위개념으로 설정했다. 무심 역시도 흥과 한과 더불어 하위개념으로 정리되어 있다.

28 여기서 地文은 '터무늬'라는 순 우리말의 한자어이다. 건축가 승효상이 즐겨 쓰는 개념이기도 하다.

29 심광현, 위의 책, 88-95. 심광현, '한류의미학적 특성과 문화 정치적 의미', 5-9.

30 심광현, 위의 책, 82. 和近哲郞,『풍토와 인간』, 박건주 역, (서울: 도서출판 장승, 1993).

31 심광현에 따르면 이런 無心은 오히려 중국적 미학의 특징이다. 동일한 풍류라도 흥이 위주인 한국의 경우와 다르다는 것이다. 이 점에서 興과 無心을 풍류의 하위개념으로 본 신은경과 견해가 달랐다. 그렇기에 흥은 여기서 민족 고유한 샤머니즘의 산물이라 보는 것이 옳다.

32 이정호,『훈민정음의 구조와 원리, 그 역학적 연구』, (서울: 아세아문화사, 1990), 39-65 참조.

33 심광현, 앞의 책, 93.

34 여기서 공감력은 情을 오늘의 시각에서 달리 표현한 말일 수 있다.

35 임재해, '민족문화의 전통과 한류의 민족문화적 의식', 미간행 논문, 6.

36 이도흠, 앞의 글, 16-25.

37 이도흠, 위의 글, 20.

38 이 점에서 심광현은 김지하가 恨을 興보다 앞세운 것에 대해 이견을 표출한다. 그러면 서도 흰 그늘의 미학이 지닌 脫균형성을 높이 평가했다. 심광현, 앞의 책, 216-217.

39 같은 책, 216.

40 김지하, 김용옥 등이 대표적으로 이런 생각을 하는 학자들이고 심광현 역시 이런 생각을 표출하는데 주저함이 없다. 심광현, 앞의 책, 223. 이에 더해 필자는 2019년 3·1독립선언 100년을 맞는 이 사건 역시 풍류의 공시성 차원에서 이해할 부분이 있다고 믿는다.

41 J. 하위징어, 『호모 루덴스』 이종인 역, (서울: 연암서가, 2011), 21.

42 함석헌, 『뜻으로 본 한국역사』, 함석헌 전집 1권, (서울: 한길사, 1986), 323.

43 김수이 편저, 『한류와 21세기 문화비전』, (서울: 청동거울, 2008), 14.

44 위의 책, 16-17.

45 〈한겨레신문〉 2013년 2월 8일 자, 29면에 실린 '가족드라마의 진화'를 보라. 본 기사는 막장드라마가 전 세계적인 추세라 하면서 그 이면에 경제력을 잃은 부모의 권위 실추, 과도한 개인주의, 돈지상주의, 생명천시, 지독한 감각(자극)주의, 성공주의 등을 꼽고 있다. 그럼에도 불구하고 한국인의 정서에 부합되는 것은 비록 과거와 같은 기준으로 재단될 수는 없지만 궁극적으로 가족 공동체를 지키려는 지난한 몸부림에 있다고 보았다. 즉 전통 가치에로의 단순 회귀가 아니라 현실 속에서 새로운 관계를 정립코자 하는 가치관을 여전히 중시한다는 것이다. 그 예로서 '넝쿨 채 굴러온 당신'과 '내 딸 서영이'를 꼽는다.

46 함석헌, 앞의 책, 466 이하 내용.

47 심광현, 앞의 책, 280-281.

48 위의 책, 218-220, 257.

49 C. Keller & L.C. Schneider(eds), *Polydoxy- Theology of Multiplicity an Relation*, (Abindon, 2011), 238-257. 특히 이런 논거는 인도신학자 타타마닐이 제시한 것으로서 그가 쓴 논문 제목 "God as Ground, Contingency and Relation"에서 확연히 드러난다.

50 앞의 책, 91-104 참조. 이를 달리 말하면 '수목형'에서 '리좀형'으로의 전환이라 해도 좋을 듯싶다. 물론 교리가 아닌 수행 혹은 영성의 종교를 지향한다는 말과도 통할 수 있다.

51 한병철, 김태한 역 『피로사회』, (서울: 문학과지성사, 2010).

52 주지하듯 레비나스는 주저 〈어려운 자유〉(Difficult freedom)를 통해 향유하는 자신의 삶과 결별될 때 비로소 하느님 앞에 서게 된다는 것을 'adieu'란 인사말을 통해 설명하였다. 'adieu'의 a를 대문자로 써서 분리시킬 때 곧 'A Dieu'가 될 경우 그것이 바로 '신 앞에 선다'는 뜻이란 말이다.

53 이정배, '한국 교회를 향한 돌의 소리들'-고독하라, 저항하라 그리고 상상하라: 키에르케고어, 본 회퍼, 李信의 고언」, 『신학사상』 2012 봄, 45-84 참조.

54 브라이언 보이드, 『이야기의 기원- 인간은 왜 스토리 텔링에 탐닉하는가?』, 남경태 역, (서울: 휴머니스트, 2013), 9-24. 〈한겨레신문〉 2월 16일자 22면 참고. C.Keller & L.C.

Schneider, 앞의 책, 19-33.

55 함석헌, 앞의 책, 323.

56 파커 J. 파머, 앞의 책, 111-125.

57 이반 일리치는 기독교가 이런 삶, 곧 문화 선택을 선택하지 못한다면 그것은 최선을 최악으로 만드는 것과 같다고 하였다. 그의 책, 『이반 일리치의 유언』, 이한·서범석 역, (서울: 이파르), 92-95.

58 파커 J. 파머, 앞의 책, 192. 필자는 이런 성서적 언급을 연민적 상상력이라 칭할 수 있다고 보았다.

59 JPIC 를 발의한 책자는 『시간이 촉박하다(Die Zeit draengt)』이다.

60 이는 중세 신비가 M. 카르트의 기본 생각이다.

61 이 글 1장에서 필자가 개진한 방법론을 여기서 사용할 것이다.

62 본 개념을 필자는 제 1회 세계 한류국제학술대회(2013년 10월 18일) 자료집 75쪽에 실린 장원호의 글에서 인용했다.

63 세계 한류 국제학술대회 자료집, 이병민의 글, 93쪽.

64 임마누엘 페스트라이쉬(이만열), 『한국인만 모르는 다른 대한민국』, (서울: 21세기북스, 2013), 47-52 참조

65 제 1회 한류 국제학술대회 자료집, 이은선의 글, 79쪽 참조.

66 신윤환, 이환우 편, 『동아시아의 한류』, (서울: 전예원, 2006), 207-208.

67 지금 한국은 '친구'의 속편이 만들어져 흥행에 성공하고 있다. 속편은 반드시 필패한다는 속설을 깬 채 말이다.

68 임마누엘 페스트라이쉬(이만열), 앞의 책, 231-234.

69 이는 지난 여름 터키 방문 시 굴지의 한 민영방송국 국장과의 대화 속에서 들은 말이다.

70 임마누엘 페스트라이쉬(이만열), 앞의 책, 38-45.

71 최근 필자는 이주노동자 인권연대 관계자들로부터 이주노동자들의 실태를 전해 들었다.

72 2013년 11월 27일 자 Korea Times 1면을 보라.

73 브라이언 보이드, 『이야기의 기원, 인간은 왜 스토리 텔링에 탐닉하는가?』, 남경태 역, (서울: 휴머니스트, 2009), 167-184 내용 참조.

## 04 24절기 문화담론에 대한 기독교적 성찰

1 본 논문은 2012년 12월 〈음식과 종교〉를 주제로 연구해 온 한국종교연합의 마지막 모임에서 발표한 것을 자귀 수정하고 당시 지적된 사안을 보완하여 재정리한 것이다.

2 와쓰지 데쯔우로, 『풍토와 인간』, 박건주 역, (서울: 도서출판 장승, 1993), 33-134, 137-187 참조. 이하 내용은 본 내용을 요약, 재서술한 것이다.

3 이는 대표적으로 간디의 말로서 전해진다. 간디의 자서전을 보라.

4 A&P 휘트만,『성서 속의 생태학』홍성광역, (서울: 황소걸음, 2004), 서문 중. 이하 내용은 이 책을 통해 배운 내용을 나름대로 확대 재구성한 것이다.

5 위의 책, 73-74.

6 위의 책, 87. 힌두교를 믿는 인도의 경우 소는 '신성한' 동물이기에 음식으로 금지되어 있다.

7 위의 책, 159-160.

8 위의 책, 90.

9 위의 책, 98-100.

10 위의 책, 121 이하 내용.

11 학자들 중에는 바울의 생물학적 지혜의 일천함을 다름 구절을 들어 설명한다. "모세의 율법에는 곡식을 밟아 떠는 소의 입에 망을 씌우지 마시오 라고 되어 있습니다. 이것은 하느님이 소를 염려해서 하신 말씀입니까? 전적으로 우리를 위해 하신 말씀이 아닙니까? …밭가는 사람이나 타작하는 사람은 제 몫을 받을 희망을 갖고 일합니다.(고전9:9-10) 이보다 근본적으로 바울이 썼던 로마서 14장 13-23절에는 소위 식탁 논쟁이라 불리는 사건이 기록되어 있는데 주로 유대인 기독교인들과 이방인 기독교들 간의 먹는 음식의 문제로 생긴 갈등을 조정하려는 바울의 노력들이 나타난다. 유대인, 즉 앞서 본대로 율법에 따라 주로 육류를 먹었던 이들과 율법을 전통으로 갖지 못한 이방인들은 채소를 먹었는데 이 일로 바울 공동체 안에 반목이 생겼던 것이다. 이때 바울은 음식 문제로 다투면 하느님께서 누구라도 받아들이지 않을 것이라 하면서 율법보다 소중한 것은 성령 안에서의 평강과 기쁨이라고 권면했다. 이는 분명 맞는 말이기도 하지만 레위기 음식규정의 본래 뜻을 손상시키면서까지 강조될 것은 아니라고 생각한다. 오히려 바울은 모든 음식이 다 깨끗하여 부정한 것이 없다고 말하면서 먹는 것을 갖고 믿음의 사람들이 다투지 말 것을 호소하고 있다. 관련된 성서 구절들이 적지 않은 것을 보면 당시 이 문제가 심각했던 것을 알 수 있다. 그러나 이런 바울의 해결책은 음식문화에 대한 생태적 관점을 놓쳐 버린 듯 보인다. 갈라디아서 2장. 사도행전 10장 등을 참고하라.

12 이정배, '24절기 문화의 본질과 기독교 생명문화',『間문화 해석학과 신학적 상상력-신학의 아시아적 再이미지화』, (서울: 감신대출판부, 2005), 255 이하 내용 참조.

13 이정배,『한국적 생명신학』, (서울: 도서출판 감신, 1996), 225 이하 내용. 이후 내용은 이 글을 정리하여 서술한 것이다.

14 인간의 장기는 사계절 기후 조건에 맞게 자기 조절 능력을 갖고 있다. 추울 때 장기는 오히려 뜨거운 상태가 되고 더울 때는 반대로 아주 차게 바뀌어 진다. 이것이 전통적으로 인간이 하늘과 땅의 오행중 가장 빼어난 氣를 갖고 태어났다고 말한 뜻이라 하겠다. 위의 책, 242 이하 내용.

15 실제로 salvation, wholeness, healthy, holiness 등이 동일한 어원에서 생겨난 것을 주목할 필요가 있다. 다석의 말로서 '몸성히-마음놓이- 바탈태우'가 이를 적시한다. 의학적으로는 교감신경과 부교감신경간의 상호 조화의 경지라고 보아도 좋을 것이다. 위

의 책, 222.

16 이하 내용은 이정배, 『간문화 해석학과 신학적 상상력』, 261 이하 내용 참조할 것.

17 『한국 민속대관』 4권, 고려대학교 민족문화연구소, 1995, 232-257 참조.

18 누가복음 3장 23-38절 참조. 마태복음 1장 17절까지 기록된 그의 족보와 비교할 때 누가의 족보이해는 유교와 상통한다. 필자는 이를 근거로 '예배와 조상제사'를 관계시켜 논문을 썼던 적이 있다.

19 J. 엘룰, 『도시의 의미』, 최홍숙 역, (서울: 한국 로고스연구원, 1988), 186 이하.

## 3부 신학 텍스트로서 이 땅의 현실

## 02 한국신학에 대한 논쟁

1 이 개념을 처음 접하는 분들을 위해 설명하자면 이것은 불트만의 비신화론에 대한 좌파적 시각으로서 성서의 케리그마 역시 상수가 아닌 것을 말하는 것으로, 방향은 다르겠으나 오히려 오늘날 역사적 예수의 문제의식과 동일한 측면이 있다. 바젤의 신학자 프릿츠 부리의 신학적 입장이었다.

2 H. Ott, 이정배 역, 『신학 입문 II』, (서울: 대한기독교서회, 1991). 이 책은 사실 구약신학자 C. 붸스터만이 편집한 것으로서 오트는 여기서 조직신학 편을 집필하였다.

3 L. Scheider, *Beyond Monotheism: A Theology of Multiplicity*, Abingdon press 2008.

4 물론 루터는 이후 독일 신비주의와 결별했으나 그럼에도 신앙 안에서 그리스도와의 연합이라는 그의 신학 기저(에토스)는 독일 신비주의와 무관하다고 말할 수 없을 것입니다.

5 대표적 신학자로 G. Kaufmann을 들 수 있겠습니다. 그의 영향력 하에 S. 멕페이그의 여성신학과 생태신학이 출현한 것을 우리는 잘 압니다. 참고로 카우프만의 주저 중 『신학 방법론』을 감신대 부설 기독교통합학문연구소에서 번역 출판해 냈습니다.

6 조정래, 『황홀한 글감옥』, (서울: 민음사, 2009).

## 03 세월호 이후 신학과 아우슈비츠 이후 신학

1 한 문학가에 의하면 지난해 나찌 및 히틀러에 관한 책자가 의외로 많이 번역, 출간되었음을 적시했다. 우리 사회가 그와 유사해졌다는 반증이란 것이다. 〈한겨레신문〉(2015년 1월 1일)에 실린 장정일의 『독서일기』를 보라.

2 한강, 『소년이 온다-오월, 피지 못한 아이들의 영혼을 위한 노래』, (서울: 창비, 2014). 5·18광주사태를 배경한 이 소설 속에서 우리는 세월호 참사로 인한 수많은 이들의 고통을 상상할 수 있다.

3 이 땅의 신학자들 편, 『곁에 머물다-그 봄을 기억하는 사람들이 겨울 편지』, (서울: 기독교서회, 2014), 125-127. 여기서 구약신학자 김은규는 세월호 참사를 학살로서 규정

한다. 논란의 여지가 많은 표현이나 국가에 대한 배신감을 이렇게 표현할 수밖에 없는 백성들 정서를 이해해야 할 것이다. 아우슈비츠 사건과 세월호를 비교한 필자의 발상도 이런 정서에서 비롯했다. 김애란 외,『눈먼 자들의 국가』, (서울: 문학동네, 2014), 45-46. 여기서도 박민규는 세월호 참사를 국가가 국민을 구조하지 못한 것이 아니라 구조하지 않은 사건이라 재차 강조했다.

4  민주사회를 위한 변호사 모임,『4.16 세월호 민변의 기록』, (서울: 생각의 길, 2014), 2장 참고. 여기서 본 책은 세월호 참사 원인 규명에 대한 검찰 측 주장에 대한 강한 의혹을 제기하고 있다.

5  성정모,『시장. 종교. 욕망』, 홍인식 역, (서울: 서해문고, 2014), 1장 논문 참조. 김동진,『피케티 패닉』, (서울: 글항아리, 2014), 19. 이 책에서 저자는『21세기 자본론』을 쓴 피케티의 말을 인용하여 이를 '초부유층의 사회 포획현상'이라 명명했다. 종교가 인간의 죄를 토대로 존재하듯이 경제는 약자들의 빚을 근거로 존재하는 유사성을 갖고 있다 할 것이다. 죄가 없어지지 않듯이 빚 역시 사라질 수 없는 것이 자본주의 구조이다. 우리나라의 경우 미래를 저당 잡힌 청년 빚쟁이들이 일백만을 넘는다 한다.

6  박노해,『그러니 그대 사라지지 말아라』, (서울: 느린 걸음, 2010), 368-369.

7  이는 교종께서 한국을 방문했을 때 이 땅의 교회들과 성직자들에게 하신 말씀 중 일부이다. 종교기관들의 수익사업 실상을 꼬집은 것이다.

8  필자가 학생들을 시켜 조사한 대략적인 결과에 의하면 소위 대형교회 중에서 부활절 설교에 세월호를 언급한 비율이 5%에도 이르지 못했다. 언급했더라도 거의 피상적 수준이었고 이후 오히려 세월호 참사 및 그 유족들을 폄하, 왜곡하는 보수적 발언들이 언론에 노출되었다.

9  뉴스앤조이 이사라 기자가 쓴 기사 "내가 믿었던 신앙이 나를 배신했다"를 보라. 이 기사는 세월호 희생자인 단원고 고 김주희 양의 어머니 이선미씨와의 인터뷰를 근거로 기술된 것이다. 독실한 기독교인이었던 이선미 씨는 기독교인들에게 말이 아닌 행동으로서 기독교인 됨을 보여 줄 것을 호소하였다. 이외에도 신학을 공부한 예은이 엄마 박은희 전도사의 수차례 증언도 같은 내용을 담고 있다. 십자가를 버린 교회의 실상에 대한 그녀의 비판이 우리들 폐부를 찔렀다.

10  다행히도 NCCK 소속 신학자들에 의해 '세월호 以後 신학'이란 이름하에 신론(정의), 기독론(저항), 성령론(기억) 그리고 교회론(동행)을 주제로 단행본 책이 세월호 참사 1주기를 맞는 그 시점까지 출판될 예정이어서 기대가 크다. 이정배, "기독교의 하느님 나라-현재/미래, 차안/피안, 개인/전체의 이분법을 넘어",『유토피아 인문학』, 최규홍 외, (서울: 석탑출판, 2013), 135-176. 참조.

11  이은선, 이정배,『묻는다, 이것이 공동체인가-눈먼 국가, 귀먹은 교회, 세월호 以後의 우리들』, (서울: 동연, 2015) 참조. 본 책에서는 언론 문제를 비중 있게 다루지 않았기에 부제에서 뺐다.

12  각주 3에서 언급한 문학가들의 세월호 관련 문집『눈먼 자들의 국가』속 모든 글들이 바로 이 물음을 적시했다. 그들이 국가를 물었다면 우리 신학자들은 교회가 있었는가

를 질문해야 할 것이다.

13 생평마당의 기획을 통해 두 차례 선보인 작은 교회 박람회, 그 속에서 선포된 '작은 교회가 희망이다'란 메시지가 이런 변화의 한 표증일 것이다.

14 테드.W. 제닝스, 『데리다를 읽는다/바울을 생각한다-정의에 대하여』, 박성훈 역, (서울: 그린비, 2014) 참조. 여기서 데리다는 정의를 신적 차원으로 독해하며 이것이 법을 넘어서 있다고 강변한다. 그렇기에 정의를 위해서 범법자가 되는 것을 용납하고 장려한다.

15 G. 아감벤, 『아우슈비츠의 남은 자들』, 정문영 역, (서울: 새물결, 2012), 230-231.

16 앞의 책, 231-232.

17 여기서 아감벤은 아우슈비츠가 오늘날의 죽음의 수용소, 즉 혼수상태, 식물인간의 삶을 관리하는 생명정치 시스템을 닮았다고 보았다. 이는 대단히 중요한 통찰로서 우리 시대를 아우슈비츠와 연계하여 생각할 이유를 제공한다. 앞의 책, 230 참조.

18 앞의 책, 235.

19 이 경우 대표적 신학자가 올해 그의 죽음 70주년을 맞는 본회퍼 목사이다. '하느님 앞에서 하느님 없이'란 명제가 바로 이를 잘 보여준다.

20 이는 루터의 두 왕국설에 대한 비판이자 세속성 혹은 자연 자체를 부정하는 칼 바르트의 계시 신학과도 크게 논쟁하는 부분이다. 본 회퍼를 중심한 세속화 신학이 이 점을 옳게 적사한다. E. 베트케, 『디트리히 본회퍼』, 김순현 역,(서울: 복있는 사람, 2007), 256. *Theologische Realenzyclopaedia*, Bd.7, Walter de Gruyter 1989, 151-152.

21 D. 죌레의 『대리자(*Stellvertreter*)』에 대한 필자의 서평논문이 『신학과 세계』, (서울: 감리교 신학대학교, 1979) 에 실려 있다.

22 이 경우 대표적 신학자로 민중신학자 서남동을 들 수 있겠다.

23 J. Baptist Metz(Herg.), *Christologie nach Auschwitz*, Lit verlag 1998.

24 앞의 책, 2.

25 T. 드라이버, 『변화하는 세계 속의 기독교』, 김쾌상 역, 대한기독교서회, 1983.

26 테드 W. 제닝스, 『데리다를 읽는다/바울을 생각한다-정의에 대하여』, 15-53. 여기서 십자가 사건을 정치적 관점에서 독해 할 것을 주장한다.

27 마거스 보그 외, 『바울의 첫 번째 서신들(2011)』, 김준우역, 한국 기독교연구소 안타깝게도 마거스 보그 교수가 지난 1월 말 72세의 나이로 운명하였다. 개인적으로 깊이 애도를 표한다.

28 심지어 바울을 최초의 복음서인 Q와 연관시켜 이해하기도 한다. 바울 서신 속의 예수 전승이 중요하게 부각되고 있는 것이다. 비교적 보수권의 성서 신학자 김세윤도 이 점을 강조한다. 김세윤, 『바울 신학의 새 관점-바울 복음의 기원에 관한 재고』, (서울: 두란노 아카데미, 2013), 411-486 참조.

29 『복음의 기쁨』, 한국천주교교회협의회 편, 2014, 158. 갈라디아서 2장 10절 참조.

30 주지하듯 유동식은 유대교를 통해 신약서의 예수가 전승 되었듯 우리 민족에겐 儒佛仙의 배경에서 예수가 이해될 것을 주장했다. 우리들 종교가 구약성서에 해당될 수

있다는 말이다.

31 *Christologie nach Auschwitz*, 2-3.

32 하지만 이런 주장으로 변선환은 20년 전 종교재판을 받아 감리교에서 출교되었다. 이는 한국 교회가 아직 아우슈비츠 이전에 머물고 있음을 반증하는바, 세월호 참사에 대한 무감각 내지 홀대 역시 이런 정서의 반영일 터, 이런 반응이 지속될 경우 기독교가 오히려 세상에 의해 정말 사망선고를 받을 것이다. 이 점에서 최근 필리핀을 방문한 교종은 지금 한 마리 양만 우리(교회)에 있고 99마리 양이 우리 밖에 있는 상황임을 강조하며 교회가 울타리 안에 있는 한 마리 양만 먹이는 데 관심 갖기 보다는 밖에 서성이는 99마리 양을 돌보는데 주력할 것을 요구했다고 한다.

33 우리는 이를 해체적 재구성이라 불러도 좋겠다. 脫기독교적 기독교라 해도 틀리지 않다. 이정배, 『한국적 신학의 두과제-토착화와 세계화: 탈민족적 민족주의, 탈기독교적 기독교』, (서울: 한들출판사, 2003).

34 『복음의 기쁨』, 98.

35 L. 리프킨, 『공감의 시대』, 이경남 역, (서울: 민음사, 2010), 특히 59-100, 733-762 참조.

36 황태현, 『감정과 공감의 해석학』 1.2, 청계, 2015 참조.

37 *Christologie nach Auschwitz*, 4

38 물론 이런 시도가 과거 부정적으로 평가된 양자론(에비오니즘)과 같다는 뜻은 아니다. 하지만 하느님 아들이란 표현은 헬라적 사유에서 수용될 수 없는 독특한 유대적 유산이다. 유대적 기독교의 특색을 지닌 이런 기독교(에비오니즘)가 주후 7세기 아라비아 반도로 까지 전해져 초기 꾸란, 즉 마호멧의 최초 정신적 유산이 되었다는 것이 한스 큉의 명제중 하나이다. 이런 시도는 오늘날 역사적 예수 연구라는 이름으로 다시 복원되고 있다. 한스 큉, 『이슬람』, 손성현 역, (서울: 시와 진실, 2006).

39 우리는 여기서 윤성범 이란 신학자를 떠올릴 수 있다. 그는 〈中庸〉의 '誠者 天地道也, 誠之者 人之道也'의 말을 하느님(계시)과 孝(믿음)라 풀었다.

40 J. 몰트만, 『십자가에 달린 하느님』, 김균진 역, (서울: 기독교서회).

41 울리히 벡, 『자기만의 신』, 홍찬숙 역, 도서출판 길, 2013. 이정배, 『빈탕한데 맞혀 놀이-多夕으로 세상을 읽다』, (서울: 도서출판 동연, 2011), 199-221 참조. 울리히 벡의 저서 1장에 나오는 에티 힐레줌이란 여성의 '자기만의 신'의 고백을 참조하라. 多夕 사상과의 같음이 느껴질 것이다.

42 Christologie nach Auschwitz, 4.

43 이은선, "세월호 참사, 神은 죽었다, 나의 내면의 神은 이렇게 말한다", 세월호 아픔에 함께하는 그리스도교 여성 토론회(2014년 11월 14일) 발표논문, 23-36.

44 Christologie nach Auschwitz, 4-5. 문광훈, 『발터 베냐민- 가면들의 병기창』, (서울: 한길사, 2014), 436 이하 내용 참조.

45 M. 브로더젠, 『발터 벤야민』, 이순애 역, (서울: 인물과 사상사, 2007), 200-201. 문광훈, 앞의 책, 1부 내용, 특히 438. 발터 베냐민, 『역사의 개념에 대하여, 폭력비판을 위

하여, 초현실주의 외』, 발터 베냐민 선집 5, 최상만 역, (서울: 도서출판 길, 2014), 37-45.

46 이를 일명 '신적 강제력'이라 부르기도 한다.

47 A. 네그리 외,『다중』, 조정완 역, 세종서적, 2009, 이정배, '민족과 탈민족 논쟁의 시각에서 본 토착화 신학-A. 네그리의 〈제국〉과 〈다중〉의 비판적 독해를 중심으로',『신학사상』151집(2010 겨울), 151-201 참조. 문광훈, 앞의 책, 445-454. 참조 여기서 베냐민도 인간의 자연적 덕성을 일정부분 강조했다. '마음문화'란 표현을 즐겨 쓴 것이 구체적 실례일 것이다. 언어를 통해 인간 마음이 소통될 것을 믿은 것이다.

48 이 사유는 동양사상과의 대화를 중시하는 신과학자 F. 카프라에 의해 마르크스의 유물론적 변증법 사유에 견줄 동양적 사유의 핵이라 평가된다. 필자는 이를 베냐민 식으로 읽을 수 있다고 생각한다. 문광훈, 앞의 책, 599-604 참조.

49 *Christologie nach Auschwitz*, 5.

50 각주 46번 참조.

51 이정배,『고독하라, 저항하라 그리고 상상하라-2017년 종교개혁 500년을 앞둔 한국교회를 향한 돌의 소리들』, (서울: 동연, 2013), 55-95. 이중에서 본회퍼에 관한 부분을 참고하라.

52 참여적 속죄론은 역사적 예수 연구자들인 보그와 크로산의 주개념으로서 대속(칭의)적 속죄론에 대한 재해석이다. 성서의 핵심을 칭의론이 아닌 화해론에서 찾고자 했다.

53 자속적 대속론이란 多夕 유명모의 개념으로서 대속과 자속이 결코 둘이 아님(不二)을 강조한다. 이정배,『빈탕한데 맞혀놀이-多夕으로 세상을 읽다』, (서울: 동연, 2011), 1부 논문들 참조.

54 변증법적 역설이 신화적 사유를 버린 반면 전일적 사유는 신화적 세계상을 철학화 했기에 양자의 차이점은 너무도 분명해 보인다. 유사아 야스오,『몸의 우주성』, 이정배·이한영 공역, (서울: 모시는사람들, 2011), 서론 부분 참조.

# / 찾아보기 /

풍류 233, 235, 236, 237, 241, 244
풍토 24, 25, 26, 34, 262
풍토성 262

## [ㅎ]

하느님 148, 151
하느님 나라 74, 108, 118
하느님 나라 운동 134
하느님 말씀 149
하느님 사랑 116
하느님 신앙 147
하디스(순나) 140
하이라키 70
한 59, 244, 245
한국 교회 43, 80
한국기독교 335
한국신학 293, 295, 296, 298, 301, 305,
　　　　309, 312
한국종교문화 161
한국종교인평화회의(KCRP) 123, 164
한류 225, 228, 229, 230, 232, 236, 239,
　　　244, 250, 252, 253, 255, 257,
　　　259, 260
한류 드라마 243, 249
한류 열풍 233
한류의 현지화 260
한스 큉 124, 131, 150, 154, 155, 159
함석헌 34, 38, 45, 90, 101, 287, 306, 309
합리적 신학 141
합리적 학문 140
해방신학 63, 64, 65, 73, 76, 88
헤겔 172
헤겔 변증법 178
현묘지도 233, 236, 253
호전성 156
혼종성 230, 231, 232, 236, 254, 255, 331
혼합주의 291

홍익이화 235
화군생 236
후천개벽 사상 57
홍 59, 227, 238, 239, 241, 242, 244, 245,
　　247, 258
희랍적 기독교 159

## [기타]

『복음의 기쁨』 61, 62, 63, 67, 80, 83,
　　　　84, 88, 89, 91
〈우파니샤드〉 27
『축의 시대』 23
3·1운동 102, 103
24절기 261, 263, 270, 271, 274
24절기 문화 274, 275, 276, 278, 279
K-Christianity 226, 227, 232, 246, 250,
　　　252
K-Pop 229, 233, 239, 257, 258
Not-all 186, 213, 205
WCC 대회 83, 250